자기의 분석

(수정번역판)

The Analysis of the Self

Heinz Kohut

자기의 분석(수정번역판)

발행일   2005년 9월 1일
지은이   하인즈 코헛
옮긴이   이재훈
펴낸이   이준호
펴낸곳   현대정신분석연구소 (구 한국심리치료연구소)
주소   서울시 종로구 새문안로5가길 28, (적선동, 광화문플래티넘) 918호
전화   02) 730-2537~8
팩스   02) 730-2539
홈페이지   www.kicp.co.kr
E-mail   kicp21@naver.com
등록   제22-1005호(1996년 5월 13일)

정가   25,000원
ISBN   89-87279-09-X (93180)

THE ANALYSIS OF THE SELF

자기의 분석

(수정번역판)

하인즈 코헛 지음

이재훈 옮김

현대정신분석연구소
Korean Institute for Contemporary Psychoanalysis

역자 서문

현대 정신분석학에서 가장 영향력 있는 이론가로 평가받고 있는 하인즈 코헛의 명저 「자기의 분석」(The Analysis of the Self)이 우리말로 번역된 것을 기쁘게 생각합니다.

이 책이 지닌 가치는 무엇보다도 자기(自己) 안에 생긴 상처를 분석하고 그 상처를 치유하는 방법을 제시하고 있다는데 있습니다. 그런 점에서 이 책은 이 시대를 살아가는 모든 사람들에게 가장 핵심적인 문제에 대한 통찰을 제공해 주고 있다고 하겠습니다.

아마도 상처받은 사람들을 돌보고 치유하는 일에 종사하는 각 분야의 전문가들이 이 책의 독자가 되리라고 생각합니다. 이 책을 통해서 독자 여러분들의 인간에 대한 이해와 사랑이 깊어질 수만 있다면, 이보다 더 큰 보람은 없을 것입니다.

교정과 편집과정을 맡아 수고해주신 이은경, 김수경, 두 간사 님들과 장인숙 님께 깊은 감사를 드리며, 이 책이 출판되게 된 기쁨을 한국심리치료연구소 가족들과 함께 나누고 싶습니다.

1999년 1월 15일
서초동에서

목차

서문

　자기애, 즉 리비도가 자기에게 집중된 상태(Hartmann)에 대한 주제는 그것이 마음의 반쪽에 해당하는 내용에 대해 말하고 있다는 점에서 매우 광범위하고 중요하다. 마음의 다른 반쪽은 물론 대상에 관한 것이다. 그러므로 자기애의 문제에 대한 포괄적인 이해를 제시하는 일은 한 사람의 지식과 기술로 해낼 수 있는 한계를 훨씬 넘어서는 거대한 분량의 작업이 될 것이다.

　그러나 그 과제의 크기보다 더 중요한 점은 어떤 분야에 대한 포괄적인 이해를 제시한다는 사실은 그 분야에 대한 연구가 어느 정도 이루어졌거나, 상당한 수준에 도달했음을 전제로 한다는 사실이다. 주제에 대한 포괄적인 접근을 하는 것은 교재를 작성할 때처럼 특정 영역의 연구에서 일련의 중요한 진전들이 이루어진 후에 새롭게 획득한 지식들을 균형있게 제시하기 위해 보다 객관적인 평가와 통합과정이 요청되는 시점에 적합할 것이다. 현재로서는 자기애의 주제에 관한 한 이와 같은 상황이 아니다.

　자아로부터 자기를 개념적으로 분리함으로써 지나칠 정도로 단순하긴 하지만 정신분석학적 초심리학에 새롭고 결정적인 진전을 이룩한 점(Hartmann); "정체성"의 습득과 유지 및 이 (전)의식적 정신내용이 노출되는 위험들에 관한 연구(Erikson); 어머니와 아동의 연합 모체로부터 점차로 개별적인 심리생물학적 존재가 형성되는 과정에 관한 연구(Mahler); 최근 몇 해 동안 이루어진 중요한 정신분석학적인 임상-이론적 연구(Jacobson) 및 임상적 연구(A. Reich)—이 모든 연구들은 정신분석가들이 대상세계, 즉 심상들 또는 대상 표상들의 발달적이고 역동적인 변천과정이라는 주제에 대해 점차 깊은 관심을 보이고 있음을 증언하고 있다. 이 연구들은 원본능의 맥락 안에 있는 욕동의 과정보다는 자아의 인지적 과정에게 중심적인 위치를 부여하고 있는 것으로 드러나고 있다.

자기애에 대한 이론적 문제에 접근하고자 할 때 부딪치게 되는 어려움 중의 하나—이전에 널리 퍼져 있던 자기에 대한 리비도 집중과 자아 기능에 대한 리비도 집중 사이의 혼란이 더욱 심각해졌다는 점—는 빈번하게 대상관계가 자기애를 배제한다고 가정한다는 사실이다. 실은 이 책에서 강조될 것이지만 그와는 반대로 가장 강렬한 자기애적 경험들 중의 얼마는 대상들과 관련되어 있다. 그 대상들은 자기와 본능적 투자를 위해 사용되거나, 자기의 일부분으로 경험되는 대상들이다. 나는 이 후자를 자기-대상이라고 부를 것이다.

우선 몇 가지 기본적인 개념들에 대한 명료화 작업이 필요할 것이다. 한편으로 자기(self)의 개념과 다른 한편으로 자아(ego), 초자아(superego), 원본능(id)의 개념, 그리고 성격과 정체성의 개념들은 개념 형성의 서로 다른 차원에 속하는 것들이다. 자아, 원본능, 초자아 등은 정신분석학 안에서 구체적이고 높은 수준의 정신적 기구를 일컫는 말이며, 이것은 직접적인 경험과는 어느 정도 거리를 갖고 있는 개념이다. 정체성이라는 용어가 그러하듯이, 성격이라는 용어는 일반적인 의미에서 종종 유용하게 사용되지만, 본래 정신분석학적 심리학의 용어가 아니다. 그것은 심층 심리학적 관찰보다는 사회적 행동에 대한 관찰 그리고 타자들과의 상호작용 안에 있는 개인이 자기 자신의 (전)의식적 경험에 대해 서술할 때 더 잘 어울리는 이론적 틀에 속하는 것이다.

그러나 자기라는 개념은 정신분석적 상황 안에서 생겨나고 개념화된 것으로서, 비교적 낮은 수준의 정신 기구, 또는 직접적인 경험에 가까운 정신 내용을 지칭하는 개념이다. 따라서 그것이 정신 기구는 아니지만, 마음속에 있는 구조이다. 왜냐하면 (a) 그것에는 본능적 에너지가 집중되어 있고 (b) 그것은 시간 안에서의 계속성, 즉 지속성을 지니고 있기 때문이다. 정신 구조로서의 자기는 한걸음 더 나아가 정신적 위치를 또한 가지고 있다. 좀더 구체적으로 말한다면, 다양한 자기 표상들—종종 일관성을 갖지 못하는—은 원본능, 자아, 초자아의 삼중구조 안 뿐만 아니라 단일한 마음의 기구 안에도 현존한다. 예컨대, 상호 모순적인 의식적 및 전의식적 자기 표상들—즉 과대주의와 열등성—이 나란히 존재하면서, 자아의 영역 안에 널리 퍼져 있거나 원본능과 자아가 하나의 연속체를 이루고 있는 정신 영역의 일부분을 차지할 수 있다. 그때 자기는, 대상 표상들과 아주 유사하게도, 정신 기구의 내용을 지칭하지만, 그렇다고 해서 정신 기구들 중의 하나를 구성하는 것은 아니다.

이와 같은 이론적 명료화는 두 개의 목표를 통합하고자 하는 이 책의 중심 주제를 위한 기본적 틀을 제공한다. 그 목표들은 자기애의 일반적인 영역 안에 있는 일단의 특정한 정상적 또는 비정상적 현상들에 대한 깊이 있는 서술을 제공하는 것과 그것들이 발생한 특정한 발달단계에 대한 이해를 제공하는 것이다.

이 책에서 다루는 내용은 그 자체가 광범위한 것이지만, 그 또한 자기애에 관한 연구의 일부분에 지나지 않는다. 구체적으로, 이 연구는 거의 전적으로 자기애적 성격 분석에서 작용하는 리비도적 세력들의 역할에 집중되어 있다. 공격성의 역할에 관한 논의는 별도로 취급될 것이다. 다른 한편, 이 책은 1959년, 1963년(Seitz와 공동으로), 1966년, 1968년에 출판된 일련의 연구들을 확장시켜 얻은 산물이다. 사례 자료와 그것으로부터 이끌어낸 결론들, 그리고 이 논문들에 포함된 개념들은 이 책 전체를 통해서 자유롭게 사용되고 있다. 이 책의 내용은 과거에 쓰여진 논문들에서 시작된 자기애의 리비도적 측면에 관한 연구 결과들을 정리하고 완성한 것이다.

제 1 장

개론적인 고찰

이 책의 주제는 자기애적 성격의 정신분석 과정에서 발생하는 특정한 전이 또는 그와 유사한 현상, 그러한 현상에 대한 분석가의 반응 및 역전이에 관하여 연구하는 것이다. 이 연구는 우울증, 분열증(이러한 환자들의 치료는 이 분야에 특별한 관심과 재능을 지닌 정신분석가들에 의해 수행되고 있다), 또는 정신병보다 좀더 가벼운 상태이거나 혹은 겉보기에 정신병으로 보이는 경계선 상태에 초점을 맞추는 것이 아니라 이보다는 덜 심각한 문제라고 할 수 있는 성격장애[1]에 가까운 사람들에게 초점을 맞추고 있다. 현재 그들에 대한 치료는 정신분석 실제에서 상당히 많은 부분을 차지한다. 우리는 때때로 이러한 상황들이나 이런 상황과 관계가 있어 보이는 심한 장애들 간에 경계선을 긋는 일이 분명 쉽지 않음을 알 수 있다.

---

1 이 책에서 제시한 여러 사례들 중에 정신병에 해당하는 환자는 유일하게 G뿐이다. 다른 모든 환자들은 사회에 비교적 잘 적응하며 사회활동 기능에 큰 장애가 없는 사람들이다. 그러나 그들은 다른 한편 성격장애로 인해 일에서 생산성이 떨어지고 행복감 및 내적 평화를 느끼지 못하는 비교적 심한 장애를 겪고 있는 사람들이기도 하다.

이러한 자기애적 성격장애의 치료에 익숙하지 않은 치료자는 분석 과정에서 반복적으로 일어나는 환자의 일시적인 퇴행현상을 정신병을 암시하는 증상으로 보기 쉽다. 그러한 증상 자체만을 볼 때, 치료자나 환자 모두는 그 증상들(예컨대, 편집적인 의심, 혹은 자기 지각의 심각한 변화 및 망상적 신체 감각)로 인해 곧 현실감각을 상실하는 것은 아닌가라고 염려하게 되지만, 그러나 놀랍게도 이러한 일시적인 퇴행 경험에 대해 크게 걱정할 필요는 없는 것으로 보인다. 왜냐하면 전체적인 분석상황은 여전히 안심할 수 있는 것으로 남아 있으며, 퇴행을 촉발시켰던 사건은 대체로 설명될 수 있기 때문이다. 이 점은 퇴행이 일어날 때 환자 자신이 전이 장애(예컨대, 치료자에 의해 거절받는 상황)를 일으킨다는 사실을 곧 인식하는 현상을 보더라도 알 수 있다. 분석가가 일단 환자와 친숙해지면—그리고 특히 자기애적 전이 형태 중 하나가 발생함과 동시에,—그는 전반적으로 환자의 중심적인 장애가 정신병이 아니라는 결론에 이르게 되며, 이후의 분석과정에서 일시적으로 심각한 퇴행 현상이 발생하더라도 이러한 확신을 계속 유지할 수 있다.

분석이 가능한 자기애적 성격장애의 병리를 정신병 및 경계선 병리와 어떻게 구별할 수 있는가? 분석과정 초기에 불길한 증상이 나타나고, 위험한 퇴행적 변동이 발생하더라도, 환자와 분석가가 비교적 안전한 느낌을 가질 수 있는 것은 환자의 행동과 증후군 그리고 분석과정의 어떤 특성 때문인가? 나는 이 시점에서 그러한 질문들을 논의하는 것에 대해 주저하지 않을 수 없다. 왜냐하면 이 책 전체를 통해서 이론에 대한 이해와 임상적 설명에 대한 이해가 독자의 생각 안에 통합됨에 따라, 차별적 진단의 문제들이 차츰 명백하게 드러날 것으로 믿기 때문이다. 뿐만 아니라 정신병리에 대한 나의 접근 방법이 임상 현상을 행동 규범에 기초하여 진단하고 구별하는 질병의 속성이나 병리적 증후군으로 보는 전통적인 의학적 치료모델을 따른 것이 아니라, 심층 심리학적 인식의 안내를 받고 있기 때문이다. 그러나 나는 여기에서 먼저 역동적－구조적 및 발생학적인 용어를 사용하여 분석이 가능한 환자들이 지닌 병리의 본질과 그러한 개인들의 성격장애에 대한 초심리학적인 이해를 바탕으로 그들이 호소하는 고통을 어떻게 이해할 수 있는지에 관하여 개괄할 것이다.

이러한 환자들은 자아의 영역에서 원초적 자기(archaic self)와 밀접하게 관련되어 있고, 자기애적 리비도가 집중되어 있는 원초적 대상(자기대상들, 즉 자기로부터 분리되고 독립된 것으로 경험되지 않는 대상)의 영역에서 특정한 장애로 인해 고통을 겪는 사람들이다. 이린 사례에서 중심적인 정신병리는 정신 발달 시간의 축에서 볼 때 생애의 보다 초기에 그 고착점이 있음에도 불구하고, 이런 환자들의 정신조직의 결함뿐만 아니라 그들이 가지고 있는 건강한 요소들에 대해서 강조하는 것이 중요하다.[2]

부정적인 면에서 이러한 환자들은 원초적인 과대적 자기의 구성물과 원초적이며 과대적으로 평가되고, 자기애적으로 리비도가 집중된 대상에 고착되어 있다고 말할 수 있다. 원초적 자기 및 대상의 형태가 성격의 전체 부분에 통합되지 못했다는 사실은 다음의 두 가지 중요한 결론에 이르게 한다: (a) 옛 구조를 유지하는데 에너지가 사용됨으로써 에너지 고갈을 가져오며, 이로 인해 성인의 성격과 그 기능이 약해진다. (b) 그리고 그들이 성인으로서 수행하는 현실적인 활동들은 이러한 원초적인 자기의 주장이 분출됨에 따라 침범 당

---

2 정신병리가 지닌 성질이 꼭 장애의 심각성과 관련되어 있지 않다는 점을 강조하는 것이 중요하다. 현실 자아를 압도하는 유아적 대상 리비도 집중의 대대적인 침범에 의해 야기되는 심각한 임상적 상황(예를 들면, 정신병 수준에 속하는 히스테리적 몽롱상태)이 존재한다; 그리고 자기애적 리비도 집중의 결과로 인해 자아의 일부분이 일시적으로 제대로 기능하지 못하는 상황(예를 들면, 실언)이 존재한다. 자기애적 실언에 대한 생생한 사례를 위해서는 코헛(1970a)을 보라.

하고, 방해받는다. 다른 말로 하면, 이 원초적인 자기의 구성물을 유지하는데 에너지가 소비됨으로써 어떤 측면에서는 본능 에너지가 무의식적이고 억압된 원본능적 대상에게 사용됨으로써 나타나는 고전적인 전이 신경증과 유사한 결과가 발생한다.

이 환자들의 정신병리가 심각한 것이기는 하지만, 그것은 정신병이나 경계선 병리와는 구별되는 특정한 요소들을 가지고 있다는 것을 인식하는 것이 중요하다. 자기애적 성격장애를 앓는 환자들은 정신병이나 경계선 병리로 고통 당하는 환자들과는 달리 본질적으로 어느 정도의 응집적 자기와 응집적이고 이상화된 원초적 대상을 형성한 사람들이다. 그리고 이 환자들의 원초적 자기 또는 자기애적으로 집중된 원초적 대상은 정신병과 경계선 상태에서 지배적으로 나타나는 상황과는 달리 돌이킬 수 없는 해체 가능성에 의해 심각하게 위협받지 않는다. 이 환자들은 비교적 응집적이고 튼튼한 정신의 형태를 성취한 결과로, 특별하고 튼튼한 자기애적 전이를 형성할 수 있으며, 이러한 자기애적 전이는 보다 깊은 퇴행에 의해 파편화되는 일없이 원초적 자기 구조의 치료적인 활성화를 허용한다: 따라서 그들의 경우에는 분석이 가능하다. 여기에서 튼튼한 자기애적 전이 가운데 하나가 자발적으로 형성된다면, 그것은 이러한 환자들의 병리를 한편으로는 정신병이나 경계선 병리와 구별하고, 다른 한편으로는 일반적인 전이 신경증과 구별할 수 있는 가장 바람직하고 믿을 수 있는 진단의 표시가 된다. 예비 분석에 대한 평가는 겉으로 드러난 행동이나 증상을 주의 깊게 살핌으로써 이끌어낸 결론보다 더욱 가치있는 진단과 예후적인 판단을 가능케 한다.

다음의 전형적인 두 가지 꿈은 우선 자기애적 성격장애의 분석에서 나타나는 자기애적 전이의 성격에 대해 이해하고, 특히 이 전이에서 활성화되는 특정한 정신병리가 정신병적 해체에까지 이르지는 않는다는 사실을 이해하는데 도움이 될 것이다.

꿈 1: 환자는 지구를 돌면서 지구로부터 점점 멀어지는 로켓트 안에 있다. 그럼에도 불구하고, 그는 지구(자기애적으로 집중된 분석가, 즉 자기애적 전이)에서는 보이지 않으나 궤도 중앙의 강력한 인력(引力) 덕택에 통제를 상실한 채 우주공간으로 발사되지(정신병) 않고 보호받는다.

꿈 2: 환자는 그네를 타고 있다. 그네는 앞뒤로 흔들리면서 점점 더 높이 올라간다—그러나 결코 환자가 공중으로 날아가 버리거나, 그네가 통제되지 않고 한 바퀴 돌아 버리는 것과 같은 심각한 위험은 없다.

첫 번째 꿈은 본 논문에 언급되지 않은 두 환자가 거의 동일하게 꾼 꿈이고, 두 번째 꿈은 환자 F가 분석 작업을 통해 활성화된 강렬한 원초적 과시주의에 의한 자극 때문에 불안을 느끼고 있던 시점에서 꾼 꿈이다. 첫 번째 꿈을 꾼 두 환자의 자기애적 전이에서 드러난 것은 그들이 잠재적이고 항구적인 자아 상실의 위험(즉 정신분열증)으로부터 보호받고 있다는 사실이다. 여기에서 위험은 치료 중에 원초적인 과대적 환상이 활성화된 결과로서 일어난다. 두 번째 꿈을 꾼 환자의 자기애적 전이에서 드러난 것은 그가 자아에 대한 잠재적으로 위험한 과잉 자극(급성 조증의 상태)으로부터 보호받고 있다는 사실이다. 과잉 자극은 분석 중에 원초적이고 과시적인 리비도의 활성화 결과로 인해 위협적인 것이 되었다. 이런 꿈에서 묘사된 분석가에 대한 환자의 전이 관계는 이 두 경우 모두에서 비인격적인 것(끌어당기는 중력의 힘; 환자와 연결된 그네의 중심)—관계의 자기애적 본질에 대한 뚜렷한 표현—으로 나타나고 있다.

비록 자기애적 성격장애의 본질적인 병리가 정신병의 병리와는 실제적으로 다르다 할지라도, 전자에 대한 연구는 우리가 후자를 이해하는데 크게 기여한다. 암세포가 광범위하게 퍼져서 죽어 가는 환자의 치료과정에서 암세포에만 전념하는 것보다는 오히려 건강한 유기체 조직에서 악성적 세포나 악성에 가까운 세포에 대한 반응을 깊이 있고, 폭 넓게 조사하는 것이 더 유익한 것과 마찬가지로, 치료적으로 통제되고 제한된 상황에서 자기와 자기대상이 파편화되어 가는 현상을 탐구하고, 자기애적 성격장애에서 흔히 발생하는 유사-정신병적 현상을 자세하게 관찰하는 것은 정신병을 이해하는데 훨씬 더 도움이 될 것이다. 따라서 나는 이 논문이 정신병 및 경계선 병리에 관심을 갖고 있지 않음에도 불구하고, 여기에서 다루고 있는 분석이 가능한 성격장애에서 드러나는 심각한 정신병리에 관한 논의를 통해서 정신병 및 경계선 병리에 관한 나의 견해를 어느 정도 제시할 수 있을 것이라고 생각한다.

자기애적 성격장애의 사례에서 그러하듯이, 정신병적 장애는 (a) 대상 사랑으로부터 (b) 자기애로, 그리고 (c) 자체 성애적 파편화(auto-erotic fragmentation)와 (d) 현실에 대한 2차적인 (망상적) 재구성의 퇴행 경로를 따라가는 방식으로만 조사되어서는 안된다. 그 보다는 부분적으로 다른 길—정신병적 병리에 대한 연구에서 확인된 바, 자기애가 독립적인 과정을 따라 발달한다는 가정을 받아들여서—을 따라 퇴행을 추적하는 것이 더 유익하다. 이때 퇴행은 다음의 경로를 따라 일어난다: (a) 더욱 고도로 발달된 자기애의 형태가 해체됨; (b) 원초적 자기애의 자리로 돌아가는 퇴행이 발생; (c) (자기애적으로 집중된 원초적 대상의 상실을 포함하여) 원초적 자기애적 자리의 파괴와 이에 따른 자기와 원초적 자기대상의 파편화; 그리고 (d) 정신병적인 형태에서 드러나는 바, 원초적 자기와 원초적 자기애적 대상이 이차적으로 (복구) 재생됨[3]

앞에서 언급된 마지막 단계는 자기애적 성격장애를 분석하는 동안

---

3 정신병에 대한 최근의 초심리학적 접근을 알아보기 위해서는 Arlow와 Brenner (1964)를 보라. 여기에서 제시된 입장과는 대조적으로, 이 저자들은 정신병은 갈등들과 방어들로 인해 그 환자들의 증상들과 행동장애들이 나타나는 것으로서, 즉 전이 신경증의 참조틀 안에서 적절하게 설명될 수 있다고 믿고 있다.

에 단지 일시적으로 나타난다. 그러나 이와 관련된 일시적인 현상들로 인해, 정신병에서 확고하게 형성되는 병리적 형태 안에 숨겨져 있는 세부적인 것들을 관찰할 수 있다. 예를 들면, 응집적이고 원초적이며 자기애적인 구성물(과대적 자기와 이상화된 부모상)을 ⓐ 그것이 파편화를 향해 움직임으로써 퇴행적으로 변형된 형태와 ⓑ 비교적 분명하게 경직되고 만성적인 정신병적 상황이 형성될 때 이 상황으로부터 벗어나기 위한 대응물과 비교한다면 우리는 많은 것을 배울 수 있을 것이다.

예를 들면 리비도가 과도하게 집중되고 단절된 신체와 정신 및 그 기능들의 파편화에 대한 환자의 세부적인 경험들은 치료과정 안에서 리비도가 응집적으로 집중된 과대적 자기와 이상화된 부모상으로부터 일시적으로 퇴행하는 현상을 통해 관찰될 수 있다. 과대적 자기나 이상화된 부모상은 의사소통 능력과 자기를 관찰할 수 있는 능력이 크게 저하되어 있거나 왜곡된 정신병적 퇴행에서는 찾아보기 어렵다. 그러나 자기애적 성격장애를 분석하는 동안에 발생하는 가벼운 퇴행적 변동을 통해, 이런 퇴행적 변형에 대한 미묘한 사항들을 많이 알게 된다. 즉 우리는 분석을 통해서 신체 감각이나 자기 지각능력의 다양한 장애들, 언어능력의 퇴보, 사고의 경직화, 그리고 자기애적 구성물의 일시적인 파편화를 관찰하는 자아의 반응뿐만 아니라 이전의 종합적이고 협응적인 사고과정이 분리되는 과정을 자세하게 살펴 볼 수 있으며, 비교적 여유있게 연구할 수 있다(이런 장애를 분석하는 동안에 발생한 어떤 변동들을 조사하려면 4장의 도표 2를 보라). 그리고 특히 상대적으로 건강한 원초적 자기애적 구성물(과대적 자기; 이상화된 부모상)을 그것의 정신병적 대응물(망상적 과대주의; "영향력을 만들어내는 기계"[Tausk, 1919])과 비교하는 것은 유익하다.

정신병이나 경계선 병리의 사례와 분석이 가능한 자기애적 성격장애의 사례를 구별하는데 중요한 특징은 다음과 같다: (1) 전자는 응집적인 자기애적 구성물을 만성적으로 포기하며(견딜 수 없는 파편화와 원초적 자기애적 대상의 상실을 피하기 위하여), 그것들을 망상으로 대체하려는 경향이 있다; (2) 후자는 대체로 단지 부분적인 파편화를 향해 움직이는 최소한의 일시적인 변동만을 보여주며, 여기에서 망상은 기껏해야 일시적으로 일어나는 경향일 뿐이다. 정신병과 자기애적 성격장애에 대한 이론적인 이해를 통해, 후자의 정신 장애에서 유지될 수 있는 비교적 건강한 원초적 과대주의와, 전자에서 발생하는 냉담하고 오만한 정신병적인 과대 망상 사이의 유사성과 차이점을 연구할 수 있다. 그리고 같은 방식으로 자기애적 성격장애를 지닌 환자에게 나타나는 전이에서 발견되는 바, 자기애적으로 집중되어 있고, 전지전능하며 찬양 받고, 이상화되며 정서적으로 지원하는 부모상에 대한 비교적 건강한 상상적 구성물과 정신병에서 발견되는 아주 강력한 박해자와 조종자, 즉 그 전지 전능함이 냉담하고 공감적이지 않으며 비인간적이고 악한 '영향력을 만들어내는 기계'와 같은 요소들을 비교할 수 있다. 끝으로 역시 중요한 것은, (사랑 받는 대상과 성숙한 관계를 맺는 능력이 약하다는 관점보다는 오히려) 자기애의 취약성에 대한 관점에서 잠재적인 정신병적 성격을 조사하는 것이 정신병과 경계선 상태를 이해하는데 크게 기여할 수 있다는 것이다. 예를 들면 다음과 같은 전형적인 두 가지 특징을 설명할 수 있다: (1) 퇴행을 촉발하는 사건은 종종 대상 사랑의 영역보다는 오히려 자기애적 상처의 영역에 놓여 있다; 그리고 (2) 심지어 심각한 정신병적 장애에서도 자기애적 영역에 심각한 장애가 전혀 없다면 대상 사랑의 능력은 비교적 방해받지 않은 상태로 남아 있을 수 있다.

　다음의 도표는 두 가지 주요한 자기애적 구성물들의 발달단계와 동시에 그것들의 대응물, 즉 (a) 자기애적 성격장애와 (b) (정신 분열적-편집적) 정신병과 경계선 상태 안에 나타나는 퇴행적 변형의 과정들에 대한 예비적인 개요를 제시하려는 의도를 지니고 있다.

표 1

과대적 자기 영역에서의 발달과 퇴행	전능한 대상 영역에서의 발달과 퇴행	
1) 성숙한 형태의 긍정적인 자존감; 자기 확신	1) 타인에 대한 성숙한 형태의 찬양; 동정할 수 있는 능력	정상 상태
2) 관심에 대한 유아(唯我)적 주장: 과대적 자기의 단계	2) 강력한 대상과의 융합에 대한 강박적 욕구: 이상화된 부모상 의 단계	자기애적 성격장애
3) 과대적 자기의 핵들(파편들): 정신신체 건강염려증 (hypochondria)	3) 이상화된 전능 대상의 핵들 (파편들);괴상한 신비적 종교 감정: 막연한 경외감	
4) 과대적 자기의 망상적 재구성: 냉담한 편집적 과대주의	4) 전능 대상의 망상적 재구성: 영향력을 행사하는 강력한 박해자	정신병

실선으로 연결된 화살표는 자기애적 성격장애의 정신분석 치료에서 나타나는 자기애적 형태로의 이동을 가리킨다(4장의 표 2를 보라); 점선으로 된 화살표는 이러한 장애들이 치료되는 방향을 가리킨다. 그리고 점선과 실선이 번갈아 나오는 긴 화살표는 정신병적 퇴행으로부터 회복될 수 있는 정도를 보여주며, 실선이 끊겨 있는 부분은 정신병적 퇴행으로부터 회복될 수 없음을 보여준다.

퇴행적 정신구조와 그것에 대한 환자의 지각, 그리고 환자와 그것들과의 관계는 정신병과 자기애적 성격장애 모두에서 성화(sexualize)된다. 정신병에 있어서, 이 성화에는 원초적 과대적 자기와 이상화된 부모상뿐만 아니라, 이 구조들의 망상적 복제물들—드러난 정신병의 내용을 구성하는—도 포함될 수 있다. 이 성화 현상은 원초적 과대적 자기와 이상화된 부모상이 붕괴되기(자체 성애적 파편화) 전에 리비도가 이런 퇴행적 정신 구조들에 일시적으로 집중됨으로써 발생하는 것이다. 프로이트(Freud, 1911)에 의해 처음으로 묘사되고, 초심리학적으로 설명된 정신병에서의 성화와 자기애적 성격장애의 분석과정 중 종종 발생하는 다양한 형태의 자기애적 전이의 성화를 비교하는 것은 흥미로운 일이다. 자기애적 전이의 성화된 모습은 (a) 이미 치료 이전에 형성되어 있던 성도착(性倒錯) 경향의 직접적인 연속체로서 대체로 분석 초기에 만나게 되던지 (특히 이상화된 부모상의 성화와 3장의 Mr. A의 사례에서 나타나는 과대적 자기의 변형, 즉 제 2자아나 쌍둥이 자아의 성화에 관한 확대된 논의를 보라); 아니면, (b) 자기애적 성격장애 분석의 종료 단계에서 상태가 일시적으로 악화되는 동안에 만나게 된다(7장을 보라).

이 책은 정신병적 환각과 망상 형성에 대한 정신분석 이론을 포괄적으로 연구하기 위한 자리가 아니다. 그러나 현재 연구의 틀 안에서 정신병적 환각과 망상이 과대적 자기와 이상화된 부모상이 해체됨에 따라서 형성된다는 것은 강조될 필요가 있다. 정신병에서 이러한 구조들은 붕괴되지만, 단절되고 파편화된 그 구조들은 이차적 망상으로 재조직되고 재배열되며(Tausk, 1919; Ophuijsen, 1920을 보라), 남아 있는 정신기능의 통합 능력을 통해 합리화된다. 우리는 자기애적 성격장애 분석에서 가장 심각한 퇴행적 변동의 결과로 드러나는 정신병적 망상 또는 환각과 닮은 현상들과 종종 마주치게 된다. 예를 들어, Mr. E는 치료 초기에 분석가와의 분리로 인한 스트레스 때문에 일시적으로 자신의 얼굴이 자기 어머니의 얼굴이 되었다고 느꼈다. 그러나 이러한 정신병적 환각과 망상은 정신병과는 대조적으로, 환자가 감당할 수 없고 지속적인 신체-정신-자기(body-mind-self)의 파편화 경험으로부터 도피하기 위해 확고하게 세운 병리적 구조의 구성물에서 기인하는 것은 아니다. 그것들은 치료과정에서 형성된 특정한 자기애적 전이의 장애에 대한 반응으로서, 초기의 부분적이고 잠정적인 자기애적 구조가 붕괴되는 순간에 일시적으로 발생하는 것이다.

자기애적 성격장애의 핵심 부분을 이루는 특정한 고착과 퇴행의 성향, 또는 발달의 정지를 가져오는 특정한 환경 요소 (예를 들면, 부모의 성격; 어떤 외상적인 실제 사건)의 역할에 대한 평가는 이 연구의 후반부에서 다루어질 것이다. 그러나 이 시점에서 자기애적 성격장애의 발생학에 관해 잠시 살펴보는 것은 한편으로는 정신병과 경계선 상태, 다른 한편으로는 자기애적 성격장애에 대한 개념적인 기초를 확실하게 세우는데 도움이 될 것이다. 발생학적 관점에서 볼 때, 우리는 부모의 성격 (및 많은 다른 환경적 상황)과 선천적인 요소들이 상호작용하여 적절한 발달 시기에 응집적 자기의 핵과 이상화된 자기대상의 핵이 형성되는 과정이 방해받을 때, 정신병이 발생된다는 가정을 이끌어 낼 수가 있다. 그러므로 나중에 형성된 자기애적 구조는 텅빈 것처럼 보이고, 따라서 부서지기 쉽고 약해 보인다. 이런 상황(즉 정신병 경향이 있는 성격)에서 자기애적 상처는 원초적 자기애의 단계 너머(원시적 형태의 결합적인 과대적 자기나 결합적이고 이상화된 부모상 너머)로 퇴행으로 이끌기 쉽고, (자체 성애적) 파편화의 단계로 인도하기 쉽다.

나는 이 시점에서 지금까지 진술한 내용을 (a) 역동적 효과와 (b) 예비 정신병적 (혹은 정신병 경향이 있는) 성격의 발생학적 배경이라는 두 가지 관점에서 설명하고자 한다. 첫 번째 것은 주로 임상적인 측면에서 중요하며, 두 번째 것은 이론적 측면에서 더욱 중요하다.

우리는 성격의 기본적인 자기애적 구성물이 지닌 허약함으로부터 발생하는 역동적인 결과들을 수정하고자 할 때, 그 중심적 결함과 관련되어 있는 위험한 퇴행 가능성에 대한 특정한 방어 양식에 관심을 갖는다. 이러한 방어는 대체로 그 결과로 **분열성 성**격을 가져오며, 그 방어조직(경계선 상태 안에 포함시켜야 하는)은 특징상, 기본적인 병리적 성향이 정신병으로 발달하는 경향성을 지니고 있는 성격들 가운데 발견된다; 그러나 이러한 방어조직은 분석이 가능한 자기애적 성격장애를 지닌 환자에게는 나타나지 않는다. 분열성 방어조직은 개인이 자기애적인 취약성의 범위를 넘어 돌이킬 수 없고, 통제할 수 없는 퇴행 상태로 들어가는데 대한 위협에 대처하기 위한 노력의 결과로 볼 수 있다. 따라서 이러한 개인은 자기애적 상처에 노출되는 것을 피하기 위해 다른 사람들과 거리를 갖는다.

앞의 설명과는 반대로, 이런 사람들이 친밀한 관계를 맺지 못하는 것은 사랑하지 못하는 그들의 무능력 때문이며, 다른 사람들이 공감적이지 않고 냉담하거나 적대적인 태도로 자신을 대할 것이라고 생각하기 때문이라고 할 수 있다. 그러나 이런 가정은 옳지 않다. 많은 분열성 환자들은 다른 사람들과의 관계를 최소한으로 유지하려고 하면서도 사실상 다른 사람들과 의미 있는 접촉을 할 수 있으며, 일반적으로 다른 사람들이 자신에 대해 나쁜 의도를 갖고 있다고 의심하지 않는다. 그들이 다른 사람들과 거리를 두는 것은 단지 자신들의 자기애적 취약성과 퇴행의 경향성에 대한 정확한 평가에서 나온 것이다. 이런 이유로, 그 환자들이 사람과의 접촉을 거의 필요로 하지 않는 일(심미적인 분야에 대한 관심과 일; 또는 추상적이고 이론적인 주제에 대해 연구하는 일 등)에 상당히 많은 리비도적 자원을 집중시키는 것은 그들 자신이 갖고 있는 것과 자신들의 약함에 대한 정확한 평가에 근거하고 있다는 사실을 심리치료자가 인식하는 것이 중요하다. 따라서 치료자는 소중하고도 창조적이며, 개인적이고 섬세하게 이루어진 정신적 균형을 깨뜨리고 횡포를 부리는 난폭자가 되지 말고, 환자의 방어 구조의 불완전함에; 환자의 일과 관심 그리고 대인 관계에서 일어나는 리비도 전개 과정의 불완전함에; 그리고 중심적인 정신병리, 즉 환자의 퇴행 경향성에 깊은 관심을 기울여야 한다. 후자와 관련하여 치료자는 치료과정 초기에 작은 자기애적 상처들의 결과로서 환자의 작은 정서적 후퇴가 발생할 때 서두르지 말고 주의 깊게 조사하는데 관심을 두어야 한다. 그러나 이어서 행해지는 발생학적 상황에 대한 재구성은 지금 - 여기에서 드러나는 환자의 취약성에 대한 조사를 보충해 주며, 성격의 이런 부분을 극복하기 위해 노력하는 환자의 자아에게 더 큰 도움을 줄 것이다.

그러므로 곧이어 상세한 논의가 뒤따르겠지만, 분열성 환자들에 대한 치료는 일반적인 정신분석보다는 정신병의 구조를 수정하는데 필요한 치료전략과 이와 조화를 이루는 정신분석적인 지식을 갖춘 심리치료 유형이 적절하다고 할 수 있다. 또한 정신 치료의 한 형태로서의 정신분석은 치료 상황에서 본질적으로 치료자의 이론을 적용하거나 치료자가 환자로 하여금 더 많이 통찰하게 하고, 또 자신을 더 많이 통제할 수 있게 해주기 위한 설명—심지어 발생학적인 내용을 포함해서—을 제공하는 것으로 정의되어서는 안 된다고 나는 생각한다. 이 모든 특징들은 정신분석 치료의 일부이면서도 여기에는 본질적인 그 무엇인가가 덧붙여져야 하는데, 그것은 다음과 같이 요약될 수 있다: 환자의 성격 안에 있는 병리적 핵이 치료 상황에서 활성화되고 치료자와의 특정한 전이 영역 안으로 들어온다. 그 후에 병리의 핵은 극복과정을 통해 차츰 용해되며, 이러한 과정을 통해 환자의 자아는 이 특정한 영역에서 지배를 성취할 수 있게 된다. 그러나 만일 전이에서 일어나는 퇴행이 자기의 심각한 파편화를 가져온다면, 즉 치료자와의 자기애적 유대(그 특징상 자기애적 성격장애의 분석 중에 형성된)가 붕괴되는 만성적인 전(前)자기애적 단계로 끌려간다면, 그러한 과정이 계속되어서는 안 된다. 실제로 분열성 성격의 중심에는 이렇게 바람직하지 않은 방향으로 전개될 수 있는 위험이 도사리고 있기 때문에, 여기에서 바람직한 치료는 정신분석이 아니라 정신분석적으로 정교화된 통찰 치료, 즉 자아 파편화의 퇴행이 일어나지 않게 하는 치료라고 할 수 있다(이런 치료의 문제들은 본 장 끝 부분에서 다른 관점을 가지고 한번 더 논의될 것이다).

앞에서 주어진 역동적-발생학적 주제의 두 번째 설명은 사람을 멀리하는 분열성 환자들의 태도를 이해하는데 도움이 되기보다는 그들의 장애를 자기애적 성격장애와 비교하는데 더 큰 도움이 된다; 그것은 정신병에서 발견되는 자기 파편화의 경향성을 야기시키며, 또한 자기애적 성격장애 안에 존재하는 응집적 자기를 보존하려는 경향성을 불러일으키는 내재적, 선천적 요소의 역할과 관련되어 있다. 물론 유전적 요소에 대한 상대적인 중요성과 관련된 어떤 명확한 진술도 정신분석 경험에 기초해 이루어질 수는 없다. 그러나 환자의 초기 환경—특히 그의 부모의 정신병리를 포함하여—을 재구성한 후에 환자의 장애가 실제보다 더 심각하다고 결론 내릴 수밖에 없는 경우가 종종 있는 것 같다. 다른 말로, 우리는 그런 사례에서 발달 초기의 중요한 시기에 아이가 거세되는 심적 상처에 노출되었음에도 불구하고, 아이 내면에 원초적이고 과대적이며 응집적인 자기와 이상화된 부모상을 보존하려고 하는 내적 요소가 존재한다는 가정을 이끌어 낼 수 있다. 우리는 이런 상황에서 특히 안나 프로이트(Anna Freud)와 소피 댄(Sopie Dann)의 유명한 보고서(1951)를 생각하게 된다. 그 보고서는 조사된 아이의 실제 병리와 심적 상처가 극도로 심각했던 초기 환경(포로 수용소)에 비추어 예상했던 것만큼 깊거나 심각하지 않았다는 인상적인 사례를 포함하고 있다.

본 연구에서 언급된 환자들 중에 E의 성격장애는 외상적 초기 환경에 기초해서 판단할 때 치료과정에서 실제로 드러난 것보다 더 심각했던 것으로 가정된다. 그는 태어나서 몇 개월 동안 어머니와 떨어져 인큐베이터에서 자랐다. 그가 집으로 돌아온 이후에도 악성 고혈압을 앓고 있던 어머니는 그에게 전혀 친근감을 느끼지 않았다. 그가 허약하다고 생각했기 때문에 그를 안아주는 사람이 아무도 없었다. 그는 또한 아버지에게서도 거부당했고, 가족들과 융화되기가 몹시 어려웠다. 그러나 이런 모든 열악한 환경에도 불구하고, 이 환자의 정신구조는 정신병적이지 않았으며, 분석하는 동안에 응집적 자기가 해체되었으나 그것은 일시적이고 대처힐 수 있는 것이었다. 예컨대, 그는 생애 초기에 촉각적인 자극에 대한 욕구를 시각적인 영역으로 전환시켰던 것 같았다. 그러나 이런 전환은 후에 성도착적 관음증적 행동뿐만 아니라 시각적인 영역에서 중요한 승화의 가능성을 가져왔다. 어쨌든 시각적인 자극은 자기(self)의 핵을 충분히 지원해 주었던 것으로 보인다. 따라서 자기의 핵은 대체로 응집성을 유지할 수 있었거나 적어도 일시적인 파편화 후에 빠르게 재형성될 수 있었다.

　나는 이제 자기애적 성격장애로 고통받는 환자들이 호소하는 몇몇 증상에 대해, 특히 (분석 가능한) 자기애적 성격장애와 정신병 및 경계선 상태 사이의 차이점과 관련시켜서 진술하려고 한다. 분석가로 하여금 정신병 및 경계선 상태와 자기애적 성격장애를 구별할 수 있게 하는 두드러진 내용은 무엇인가? 나는 처음에 나의 접근방법이 반복되어 나타나는 여러 증상에 따라 질병의 속성을 설명하고, 임상적 진단범주를 확립하려고 하는 전통적인 의료 목적과 거의 일치하지 않는다는 점에 대해 말한 바 있다. 그러나 나는 앞에서 초심리학적 용어를 사용하여 본질적인 정신병리의 윤곽을 진술했기 때문에, 이 책에서는 외적으로 드러나는 장애의 증상뿐만 아니라 그 의미와 관련하여 논의하려고 한다.

자기애적 성격장애를 가지고 있는 환자가 보여주는 증상은 (정신병의 어떤 기간 동안에 그리고 어떤 경계선 상태에서도 그럴 수 있듯이) 잘못 정의되기 쉽다. 환자는 대체로 증상의 본질적인 측면에 초점을 맞출 수 없음에도 불구하고, 직무 장애, 성도착적 경향성과 같은 이차적인 문제들을 인식하고 서술할 수 있다. 환자가 호소하는 막연한 초기의 증상은 병리적인 장애를 지닌 구조(자기)가 자아 관찰 기능의 자리와 근접해 있다는 사실과 관련이 있다(이 맥락에서 1912년 7월 4일에 프로이트가 빈스방거에게 보낸 편지[Binswanger, 1956, 9, p. 44]를 보라). 말하자면, 눈은 자기 스스로를 관찰하지는 못한다.

그러나 분석과정에서 나타나는 초기 증상의 모호성에도 불구하고 가장 중요하고 특징적인 증후는 분석과정이 진전됨에 따라, 특히 자기애적 전이의 한 형태가 나타날 때 점차 명료하게 인식된다. 환자는 예민하게 경험되는 편만한 공허감에 대해 호소할 것이다. 이런 감정은 정신병 및 경계선 상태의 상황과는 반대로 자기애적 전이가 형성되자마자 완화되지만, 분석가와의 관계에 장애가 있을 때는 우울증이 심해진다고 호소할 것이다.

환자는 때때로 특히 자기애적 전이가 무너질 때, 자신은 전적으로 진짜가 아니라는 느낌 또는 적어도 자신의 정서가 무디다는 느낌을 갖게 되고, 이를 치료자에게 알리려고 노력할 것이다; 그리고 그는 자신이 하는 일에 아무런 흥이 없으며, 주도성이 부족하기 때문에 반복되는 일상적인 일만을 찾고 있다고 덧붙일 수도 있다. 환자의 이러한 호소들과 이와 유사한 그밖의 많은 호소들은 고갈된 자아의 상태를 나타낸다. 왜냐하면 자아는 원초적 과대적 자기의 비현실적인 주장으로부터, 또는 자존감과 자기애적 영역에서 정서적 지원을 해주는 사람을 필요로 하는 갈망에 대해 스스로 담을 쌓아야 하기 때문이다.

그러나 정신병과 경계선 상태에서 나타나는 유사한 현상과는 반대로, 이런 증상들은 여기에서 고정되지는 않는다. 환자의 증상이 일시적인 것이라는 확실한 증거는 분석이 진행되는 동안, 또한 분석 상황 밖에서 나타나는 환자의 반응과 관련하여 그리고 분석이 시작되기 전에 있었던 일, 즉 환자의 지난 과거를 주의 깊게 집중적으로 조사함으로써 얻을 수 있다. 예를 들면, 만연된 건강염려증에 몰두하는 것 같던 환자의 증상이 갑자기 사라질 수 있으며(대체로 외부로부터 찬사를 받거나 환경으로부터 관심의 대상이 됨으로써), 그는 갑자기 자신이 살아 있고 행복하다고 느끼게 된다. 그리고 비록 잠깐 동안이지만 주도성을 가지고 행동하며, 세상 안에 깊고 활기 있게 참여하고 있다는 느낌을 갖게 된다.

그러나 이런 상향적(上向的) 변동은 일반적으로 잠깐 동안 지속될 뿐이다. 그것들은 불안한 흥분의 원인이 되기 쉽다; 그것은 불안을 불러일으키고, 곧 다시 공공연하게 경험되거나 혹은 오랜 시간 동안 기계적으로 수행해 온 활동 뒤에 숨겨져 온 만성적인 지루함과 수동성의 느낌을 갖게 한다. 더욱이 거기에는 대체로 커다란 자기애적인 취약성이 현존해 있다. 이것이 바로 앞에서 말한 불안한 흥분에 의해 야기된 불편함과 함께 환자 자신의 고조된 즐거움을 곧 다시 가라앉히고, 되찾은 활기 있는 행동을 오랫동안 유지하지 못하게 만드는 원인이 된다는 사실을 인식하는 것—최소한 치료자에게는—은 어려운 일이 아닐 것이다. 환자에 대한 거절, 환자의 기대에 미치지 못한 인정의 결핍, 관심의 부족과 같은 요소들이 다시금 앞에서 말한 고갈 상태를 가져올 수 있다.

앞의 내용들은 자기애적 성격장애 정신병리의 개요와 그 장애의 기본적인 병리와 관련된 임상적 특성들에 대한 개요를 서술하고 있다. 그 개요는 주로 자기애적 성격장애와 정신병 및 경계선 상태를 비교하는 것으로서 두 부류의 정신 장애가 지닌 본질적인 병리를 대

조시키고, 그들의 임상적 징후를 비교하는 것으로 이루어져 있다.[4]

그러나 내가 관심을 갖는 사례들은 정신병에 대한 진단의 문제뿐만 아니라 정신병리의 전체 범위 안에서 다른 쪽 끝 부분에 있는 전이의 문제를 또한 제시한다. 그리고 임상 상황의 복잡성 때문에 처음엔 어떤 특정한 사례가 자기애적 성격장애로 진단을 내려야 하는지 판단하는 것이 쉽지 않다는 것을 인정해야 한다. 자기애적 성격장애의 특징이 고전적인 전이에서도 발견되며, 반대로 전이의 특성을 지닌 기제들—그것이 심각한 정신병이든지 가벼운 자기애적 성격장애이든지—이 자기애적 성격장애에서도 발생한다.

복잡하게 섞여 있는 정신병리 형태와 그에 따른 진단 분류의 문제는 나중(7장)에 논의될 것이다. 그러나 이 시점에서 비록 임상적으로 전이 신경증과 자기애적 성격장애가 공통적인 특징을 많이 가지고

---

4 이 앞의 논의는 주로 분석이 불가능한 정신분열적 정신병, 특히 종종 경계형 장애로 언급되는 숨겨지거나 방어된 정신병의 사례들로부터 분석이 가능한 자기애적 성격장애를 구별하는데 초점을 두고 있다.

비록 자기애적 성격장애의 분석에서 자기애적 성격장애와 조울적 정신병 사이를 왕복하는 모습을 일시적이고 경미한 조울적 정신병과 비슷한 것으로 보고 연구할 수도 있겠으나, 여기에서는 분석이 가능한 자기애적 성격장애와 분석이 불가능한 조울적 정신병을 상세하게 비교하는 작업은 하지 않을 것이다. 그러나 다시금, 정신분열증과 경계형 사례들에서 주로 나타나는 상황과 유사하게, 자기애적 전이를 유지할 수 있는 환자의 능력은 대체로 그의 원초적 과시주의와 과대주의가 그의 응집력 있는 자기의 전체 구조 안에 통합된 상태로 있으며, 그와 비슷하게 일시적으로 확대된 자기-대상이 대체로 그의 응집력을 지닌 이상화된 부모상의 전체 구조 안에 통합된 상태로 있다는 사실과 관련되어 있다. 그러므로 치료적 전이의 변천에 따라 발생하는 조적 흥분과 우울한 기분 사이의 변동은 다만 일시적인 현상일 뿐이며, 자기애적 균형은 빠르게 이전의 상태로 회복된다. 그러나 조울적 정신병의 경우, 그 두 개의 기본적인 자기애적 구조들이 불안정하게 세워졌기 때문에 다양한 외상들의 충격에 쉽게 부서지는 경향을 지닌다. 그때 그것들은 원초적 리비도 집중들을 담아낼 수 없으며, 따라서 과대적 자기가 지닌 과시주의와 과대주의는 자아를 침몰시키고(조증), 이상화된 부모상이 지닌 전능한 공격성은 환자의 현실적인 자존감을 파괴한다(우울증).

있다고 할지라도, 이 두 부류의 정신 장애의 본질적인 병리적 구조와 드러나는 중요한 몇몇 증상들은 일치하지 않는다. 그 차이점들에 대해서는 다음의 사실들을 언급함으로써 서술할 수 있다.

복잡하지 않은 전이 신경증의 사례에서, 병리는 일차적으로 자기(self), 또는 원초적인 자기애적 자기대상 안에 자리잡고 있지 않다. 그 중심 병리는 (원초적인) 리비도적이고 공격적인 추구와 관련된 구조적 갈등에 있다. 이런 리비도적이고 공격적인 추구들은 경계가 분명한 응집적 자기로부터 나오며, 본질적으로 자기로부터 완전히 분화된 내상을 지향하고 있다.[5] 다른 한편, 자기애적 성격장애의 중심적인 정신병리는 주로 자기 및 원초적 자기대상과 관련이 있다. 이런 자기애적 형태들은 다음과 같은 두 가지 방식으로 정신병리의 원인과 관련되어 있다: (1) 그것들은 리비도가 충분히 집중되어 있지 않기 때문에 일시적으로 파편화되기 쉽다; 그리고 (2) 그것들이 비록 리비도가 충분히 집중되거나 또는 과도하게 집중되어 응집성을 보유하고 있다고 하더라도, 성격의 나머지 부분과 통합되어 있지 않기 때문에 성격의 성숙한 다른 면들은 자기애적 에너지를 박탈당하게 되고, 그 에너지를 충분히 공급받지 못하는 상태에 처하게 된다.

복잡하지 않은 전이 신경증의 사례에서, 자아는 금지된 (근친상간적-오이디푸스적 또는 전 오이디푸스적) 대상에 대한 본능적 추구의 분출에 의해 위협받을 때, 불안으로 반응한다. 그 위험은 신체적인 처벌의 위협으로 또는 정서적 버림받음의 위협으로(즉 거세불안, 대상의 사랑을 상실하는데 대한 두려움, 혹은 대상 상실의 두려움으로[프로이트, 1926]) 경험될 수 있다. 한편, 자기애적 성격장애에서 자아의 불안은 주로 성숙하지 못하고 취약한 자기에 대한 자각과 관련되어 있다; 그것이 직면하고 있는 위험은 자기의 일시적인 파편화와 관련되

---

5 원초적 자기—대상(심리구조의 전조)과 심리구조, 그리고 진정한 대상 사이의 구별을 위해서는 2장을 보라.

어 있거나, 주관적 과대주의의 원초적 형태 또는 원초적이고 자기애적으로 과장된 자기대상이 자아의 영역을 침범하는 것과 관련되어 있다. 따라서 심리적 불편함을 느끼게 되는 것은 주로 자존감을 조절할 수 없으며, 정상 수준에서 그것을 유지하지 못하는 무능력 때문이라고 할 수 있다; 그리고 이 중심적인 심리적 결함과 관련된 성격의 특정한(병리적) 요소는 불안한 과대주의와 흥분에서부터 가벼운 당혹감과 자기 의식, 또는 심한 수치감, 신체 건강염려증과 우울증 등으로 확장되는 전체 범위와 관련된다.

주요 정신병리가 자기애적 성격장애의 영역 안에 있는 환자는 방금 언급했던 특정한 심리적 불편함과 함께 대상 상실과 대상 사랑의 상실에 대한 두려움, 그리고 거세불안에 노출된다. 더욱이—어느 정도 정당하게—전이 신경증에서는 거세불안이 불편함의 첫째가는 출처이며, 다음에 대상 사랑의 상실에 대한 두려움이 오고, 끝으로 (종종 발생하는 중요한) 대상 상실의 두려움이 나타나는 반면에, 자기애적 성격장애에서는 그 순서가 역전된다; 즉 대상 상실의 두려움이 처음에 자주 나타나는 불편함의 중요한 출처이며, 거세불안은 맨 나중에 나타나는 출처이다.

이러한 비교 진술은 사실이기는 하지만 여전히 불완전하고 피상적이다. 자기애적 성격장애에서의 (1) 수치심, (2) 대상 사랑의 상실, (3) 대상 상실의 경험들이 전이 신경증에서의 (a) 죄책감, (b) 거세불안의 경험보다 우세하다는 것은 더 이상 설명할 필요가 없는 진단적인 기정 사실이 아니라, 자기애적 성격장애의 정신병리에서 중심적인 역할을 하는 자기대상이 본질적으로 전이 신경증에서의 대상과 같지 않다는 사실로부터 온 직접적인 결론이다. 자기애적 성격장애에서 대상은 원초적이며, 자기애적으로 집중되어 있고 전구조적이다 (2장을 보라). 그러므로 환자가 위협하는 대상에 대한 반응으로서 자신을 처벌하거나 사랑을 철수하든지 또는 일시적으로 없어지거나 영원히 사라지든지, 그 결과는 항상 환자의 자기애적 불균형 또는 결함 상태로 나타난다. 환자가 자기 응집성과 자존감을 유지할 수 있고, 목표 지향적 이상에 대해 보상을 제공하는 관계를 유지할 수 있는 것은 대상의 현존, 대상이 제공하는 찬성,[6] 혹은 다른 유형의 자기애적 지지에 달려 있다. 그러나 전이 신경증에서 그와 유사한 심리적 사건들은 대상-본능적 에너지가 집중된 대상(즉 분리되어 있고 독립적인 것으로 경험된 대상)으로부터 처벌받는 것에 대한 두려움을 불러일으키며, 자신의 사랑이 받아들여지지 않을 것—이차적으로 자존감의 하락과 함께—이라는 사실과 관련된 긴장감, 부재하는 대상을 동경하는 외로움과 같은 감정을 불러일으킨다.

환자가 제시하는 불평들을 평가하는데 이러한 고려들로부터 어떤 도움을 얻을 수 있는가? 다른 말로, 우리는 정신 장애의 특정한 요구에 정신분석적 전략(해석의 방향)을 적용하기 위해 어떻게 초기부터 정신분석적 진단을 확립할 수 있는가? 환자의 장애가 자기애적 성격장애이지 일반적인 전이 신경증이 아니라는 것을 어떻게 인식할 수 있는가?

한편으로는, 자기애적 성격장애와 다른 한편으로는, 정신병과 경계선 상태 사이의 차이점과 관련하여 앞에서 제안했던 접근법이 여기에서도 역시 적절하게 적용될 것이다: 차이점은 주로 표면적인 증상을 관찰하는 것에 기초할 것이 아니라, 중심적인 정신병리에 대한 치료자의 초심리학적 이해에 기초해야 한다.

물론 확실히 구분되는 정신 신경증적 억압과 증상들(공포증, 강박관념, 강박증, 히스테리 현상)이 나타난다면, 그것은 전이 신경증일 가능성이 크다. 반면에, 우울한 기분, 직무에 대한 흥미의 결핍과 주도성

---

6 어떤 경우에 환자의 자존감이 낮아지게 되는 것은 대상의 사랑을 상실하는데 있지 않고, 대상의 칭찬을 상실하는데 있다고 말할 수 있을 것이다.

의 부족, 무덤덤한 대인관계 경험 그리고 정신 신체적 상태 및 다중적인 성도착적 경향에 대한 불편감과 같은 증상들을 호소하는 환자는 자기애적 성격장애일 가능성이 크다. 그러나 환자가 호소하는 이러한 드러난 증상들은 믿을 만한 지표가 못된다. 환자가 원래의 구체적인 금지, 겉으로 보기에 경계가 분명한 불안, 그리고 전이 신경증에 속하는 장애로 보이는 다른 어려움들에 대해 호소한다 하더라도, 치료자는 잠시 후 주도성이나 흥미 결핍에 대한 환자의 막연한 호소를 듣게 될 것이다. 때때로 윤곽이 분명한 억압이나 공포증 배후에는 막연하게 퍼져 있는 자기애적인 취약성이 있으며, 자존감 및 그 조절 능력의 결함이 존재할 뿐 아니라, 환자의 이상 추구 체계 안에 광범위한 장애가 현존한다는 것을 더 자주 발견하게 될 것이다.

자기애적 성격장애에서 나타나는 증상들은 환자를 정신분석적으로 치료할 것인지를 결정하는 진단의 문제에서 믿을 만한 지표가 못된다는 사실이 다시 한번 강조되어야 한다. 이러한 경고와 함께 (진단의 문제에서 유일하게 신뢰할 수 있는 해답을 한번 더 강조하기 전에) 자기애적 성격의 정신병리가 더 구체적이고 눈에 띄는 증후로 나타나는 사례에서 발견되는 몇몇 특징들을 열거하면 다음과 같다: (1) 성적인 영역에서; 성도착적 환상, 성교에 대한 흥미 결핍; (2) 사회적인 영역에서; 직무 장애, 의미 있는 관계를 형성하거나 그것을 유지하지 못하는 무능력, 비행 행동; (3) 성격 특성에서; 유머 부족, 다른 사람들의 욕구나 감정에 대한 공감의 부족, 비례 감각의 결여, 통제되지 않는 격노로 공격하려는 경향성, 병리적인 거짓말; (4) 정신 신체적 영역에서; 신체 및 정신 건강에 대한 건강염려증적 몰두, 다양한 신체기관의 무력 증세.

자기애적 성격장애의 사례에서 이런 호소들과 증후들이 실로 자주 발생하는데, 정신분석가가 이러한 환자의 호소들을 자세히 조사할 때 그것의 밑바닥에 자기애적 성격장애가 깔려 있음을 확신할 수 있다

하더라도, 중요한 진단 기준은 표면에 나타난 증후군이나 삶의 역사를 평가하는데 기초를 두는 것이 아니라 자발적으로 발생하는 전이의 성질에 기초를 두고 있음을 알 수 있다. 이 책에서는 자기애적 성격장애를 분석하는 동안 활성화되는 특정한 전이(혹은 전이 신경증과 같은 구조)를 다루기 때문에, 우리는 현재의 중심적인 문제를 직접 다룰 수 있을 것이다.

여기에서는 서로 관련된 두 가지 질문이 제기된다. 자기애적 성격의 정신분석 치료에서 정말로 전이가 일어나는가? 그리고 만일 그렇다면, 그 전이의 성질은 무엇인가?

우리는 전이에 대한 폭넓은 연구를 통해 자기애적 성격장애의 임상 상황을 복잡하게 만드는 불확실성 너머에 있는 많은 기본적인 이론적 문제들과 부딪치게 되었다. 만일 자기애적 성격장애에서 전이가 일어난다고 가정한다면, 우리는 다음과 같은 질문으로 이와 관련된 문제를 요약할 수 있을 것이다: 전이의 개념은 무엇인가? 그리고 그 개념이 정신분석 치료에서 전이 신경증과 관련된 유사한 이론 체계만큼 자기애적 구조 및 그것의 활성화와 관련하여 이론적으로 적절하게 사용되고 있는가?

프로이트의 엄격한 초기 초심리학적 정의(1900)에 의하면, 전이라는 용어는 억압된 유아적 대상-리비도[7] 충동들과 현재의 대상과 관련된 (전)의식적 추구가 융합된 것을 의미한다. 이 이론에 따르면, 임상적 전이는 일반적인 정신기제의 특정한 예로서 이해될 수 있다: 분석가에 대한 환자의 전의식적 태도는 억압된 유아적, 대상 지향적 소망들의 매개체가 된다. 그런 전이들(대상 지향적이며 억압된 추구와 전의식적 소망 및 태도의 융합으로 정의되는)은 자기애적 성격장애 환자

------

7 물론 자기애의 개념과 자기애적 본능 투자의 개념은 프로이트가 그의 책, 「꿈의 해석」 제 7장에서 전이를 초심리학적으로 정의했을 당시에는 아직 이론화되지 않은 것들이었다.

안에서 일어나며, 치료과정에서 특정한 자기애적 퇴행에 참여하지 않은 성격의 다른 부분 안에서도 활성화된다. 그러나 현재의 맥락에서, 우리는 정신 신경증의 특징을 보이는 환자에게서 자기애적으로 퇴행하거나 고착된 성격의 부분을 살펴보는 것보다는, (1) 자기애적 구조들(예를 들면, 자기에 대한 원초적 상)이 전이 신경증에서 존재하는 억압의 상태와 (최소한 어느 정도) 일치하는 상태에서 발생하는지; 그리고 (2) 전이 신경증에서 발견되는 역동적이고 구조적인 상태에 비견할 만큼, 성격의 전의식적 태도와 융합되는지에 관한 물음들을 물어야 한다.

나는 이처럼 우리가 직면하는 문제들에 대한 이론적 틀을 제시하고 나서, 임상적 및 이론적 의미에서[8] 전이의 개념을 형성하는데 따르는 여러 가지 복잡한 내용들을 일단 제쳐놓고, 자기애적 성격장애에서 발생하고 또 그 장애의 분석에서 활성화되는 전이(혹은 전이 비슷한 구조)를 더욱 임상적이고, 경험적인 관점에서 분류하는 것에 관심을 가질 것이다. 이를 위해 나는 먼저 전에 발표한 논문(1966a)에서 제안한 내용을 간단히 개괄해 보겠다.

일차적 자기애의 평형 상태는 모성 돌봄의 피할 수 없는 결함에 의해 방해받게 된다. 이때 아이는 이전의 완전함을 (a) 과대적이고 과시적인 자기상, 즉 **과대적 자기**를 만들어 냄으로써; 그리고 (b) 찬양 받으며 전능한 자기대상, 즉 **이상화된 부모상**을 만들어 냄으로써 대치시킨다.

"과대적" 그리고 "과시적"이라는 용어는 아이의 유아적(唯我的) 세계관 그리고 칭찬받는 데서 얻는 즐거움과 편집증 환자의 기괴한 망상이나 성인 성도착자의 원초적 성적 행동으로부터, 성인의 기능 및 가장 작은 비성적인 만족에 이르기까지의 광범위한 현상을 포괄하는

---

8 이 문제들의 이론적 측면들에 관한 논의를 위해서는 코헛(1959), 코헛과 자이츠(1963)를 참조하라. 이 이론적 고찰들이 지닌 임상적 적용 가능성에 관한 논의를 위해서는 9장을, 특히 Mr. K의 사례를 보라.

용어이다. 프로이트(1921)가 모든 리비도적 욕동 요소들을 무엇보다 중요하게(a potiori)[9] 그리고 근원적으로 성적인 것으로 언급한 이후에 발달적, 발생학적 그리고 역동적 현상에 대해서 가장 뚜렷하고 가장 명확히 규정할 수 있는 증상의 이름을 사용하는 것은 정신분석에서 이미 확립된 실제가 되었다. 통일된 용어와 개념 형성에 기초하여 다양한 현상들에 대해 발생적 역동적 개념을 일괄적으로 적용하는 것은 위험이 따르는 일임은 당연하다. 예를 들어, 하트만(Hartmann, 1960)은 이런 영역에서의 남용에 대해 경계하였고, 이러한 논리적 실수를 "발생학적 오류"라고 부른다.[10]

다른 한편, 외견상 다양한 한 부류의 현상들을 같은 용어 아래 포함시킴으로써, 즉 그것들을 더욱 분명하게 명명함으로써 그것들의 발생학적이고 역동적인 통일성을 확인하는 것이 때때로 아주 중요할 때가 있다. 그러한 "발생학적" 용어는 우리에게 올바른 의미를 가장 강력하게 환기시켜 줄 것이다. 게다가 그것은 내적 저항 및 사회적 저항을 활성화시킬 것이다. 또한 사회적 저항은 역설적으로 개념적 분야—특히 심리적 콤플렉스 상태를 다루는 학문—와 틀림없이 가장 적절하게 관련되어 있다. 그러나 새로운 아이디어는 결국 가장 적절하게 자극된 정서적 저항을 점진적으로 극복해나갈 때에 비로소 수용될 수 있다.

현재의 연구에서는 **이상화된 부모상**과 대응되는 과대적이고 과시적

---

9 프로이트가 어떤 이유에서 모든 리비도 세력들을 성적인 것으로 언급했는지를 설명할 때 사용한 이 a potiori라는 용어가 그에게 무엇을 의미했는지를 정확히 밝히기란 쉽지 않다. potior 라는 단어가 지닌 많은 의미를 중에 이 맥락에서 가장 잘 어울리는 것은 "보다 중요한"이라는 의미가 될 것이다. 다른 말로 하면, 프로이트는 "성적"이라는 용어를 성기적 성이라는 의미에서만이 아니라 전성기적 욕동요소(성기적 성의 전조)를 포함하는 의미로 사용했으며, 이 두 가지 서로 연관된 현상 집단들 중에서 성기적 성을 더 중요하게 여겼다고 할 수 있다.

10 "발생학적 오류"라는 용어와 개념에 대한 정의는 Langer(1957, p. 248)를 보라.

인 구조를 나타내기 위해 **과대적 자기**(전에 "자기애적 자기"로 사용되던 것 대신에)라는 용어를 사용할 것이다. 일반적으로 자기애적 리비도가 자기에게 집중되어 있기 때문에, "자기애적 자기"라는 용어는 중복 언어로서 어느 정도 정당화될 수 있는 언어라고 생각된다. 그러나 내가 여기에서 과대적 자기라는 용어를 선호하는 것은 그 용어가 "자기애적 자기"라는 용어보다 더 큰 연상 작용을 불러일으킨다는 사실에 근거하고 있다. 그러나 나는 이론적인 분야에서 대체로 자기애적 자기라는 용어를 포기하지 않는다. 나의 일반적인 견해에서 자기애는 본능적으로 에너지가 투자되는 목표물(즉 그것이 주관적인 자신이던지 다른 사람이던지 간에)에 따라 정의되는 것이 아니라, 본능적 에너지 충전(charge)의 속성이나 질적 특성에 따라 정의되는 것이다. 예를 들어, 어린아이는 다른 사람에게 자기애적 리비도를 집중시키고 따라서 그들을 자기애적으로, 즉 자기대상으로 경험한다. 아이는 그러한 사람들(자기대상)을 통제할 것을 기대하는데, 그 통제는 성인이 다른 사람을 통제하는 것보다는 자신의 신체와 정신을 통제하는 것에 더 가깝다. 때때로 '그 사람이 대상 본능적 집중—자해에서 볼 수 있는 중화되지 않은 공격성 또는 정신분열증 환자의 자기 소외 경험에서 볼 수 있는 **대상**-리비도적 집중과 같은—을 자신에게 사용할 수도 있지 않은가?' 라는 질문에 대해서는 이 연구에서 논의하지 않을 것이다. 어느 정도 중화된 대상-리비도적 집중이 주체에 의해 주체에게 투자된다는 사실은 이미 상당히 많은 관찰 연구를 통해서 확립된 바 있다.

용어상의 문제보다 더 본질적인 것은 발달적이며, 역동적인 자기애적 구성물의 위치에 대한 관심이다. 두 가지 기본적인 자기애적 구성물들이 자기애적인 완전함에 대한 본래적 경험의 일부를 보전하기 위해 사용하는 중심적인 기제들("나는 완전하다", "너는 완전하며 나는 너의 일부이다")은 물론 서로 대조적이다.[11]

그러나 그것들은 처음부터 공존하였으며, 그것들의 개별적이며 대체로 독립적인 발달의 흐름은 별도로 자세하게 조사될 수 있다. 최적의 발달 조건에서, 원초적인 과대적 자기의 과시주의와 과대주의는 점차 길들여지며, 전체적인 구조는 궁극적으로 성격 안에 통합되고, 자아 동조적(ego-syntonic) 야심들과 목적들 및 활동의 즐거움 그리고 중요한 자존감의 측면이 필요로 하는 본능적 연료를 공급하며, 이상화된 부모상 역시 이와 유사하게 호의적인 상황에서 성격 안에 통합된다. 그것은 이상화된 초자아로서 내사되기 때문에 이상을 안내하는 지도력을 공급함으로써 정신조직을 구성하는 중요한 요소가 된다. 그러나 만일 아이가 심각한 자기애적 상처를 경험한다면, 그때 과대적 자기는 적절한 자아 내용으로 융합되지 못하고, 변화되지 않은 채 남아 있으면서 원초적인 목적들을 성취하기 위해 노력하게 된다. 그리고 아이가 자신이 찬양하는 성인에게 실망하여 심적 상처를 경험한다면, 그때 이상화된 부모상 역시 변화되지 않은 형태로 유지되고, 긴장을 조절하는 정신구조로 변형되지 않으며, 접근할 수 있는 내사의 상태[12]에 도달하지 못하고, 자기애적 항상성을 유지할 필요가 있는 원초적이며, 잠정적인 자기대상으로 남아 있게 된다.

이 책에서 추구하는 사고의 주요 흐름은 앞에서 개괄한 두 가지

---

11 이 과정들이 전 언어적이고 전 개념적이며, 위에서 언급된 용례적인 문장들은 다만 환기적 의미에서 사용되고 있다는 것을 처음부터 강조할 필요는 거의 없다. 이것은 마치 프로이트가 편집증에 작용하는 기제들에 관한 설명에서 사용한 유명한 진술과도 같다(1911, pp. 63ff.). 자기애 발달 안에 있는 두 가지 주요 흐름을 결정하는 중심적 기제들에 대한 적절한 서술은 초심리학적인 것이 될 수 밖에 없다. 그럼에도 불구하고, 과대적 자기(어느 정도 프로이트의 순수한 쾌락 자아[1915a]의 개념에 일치하는)가 국가와 인종에 대한 자부심과 편견(선은 모두 "내면"에 있고 나쁘고 악한 것은 모두 "바깥"에 있다고 믿는) 등과 같은 성인의 경험에서 유비를 찾을 수 있는 반면에, 이상화된 부모상에 대한 관계는 진실된 신자가 그의 신과 갖는 관계(신비적 융합을 포함하여)에서 유비를 찾을 수 있다고 말할 수 있다.

12 이 맥락과 관련하여 변형적 내면화(transmuting internalization)에 대한 논의(2장)를 보라.

기본적인 자기애적 형태의 개념화에 맞추어져 있다. 이 연구의 본론 부분은 다음의 네 가지 주제로 구성된다: (1) 치료 과정에서 이상화된 부모상이 활성화됨으로써 일어나는 전이(이상화 전이라고 부른다); (2) 과대적 자기가 활성화됨으로써 일어나는 전이(포괄적으로 거울 전이로 언급된다); (3) 이상화된 부모상을 활성화시키는 환자의 전이에 대한(역전이를 포함하는) 치료자의 반응; 그리고 (4) 환자의 과대적 자기가 활성화되는 동안에 발생하는 문제들.

그러나 성격에 대한 보다 일반적이고 서론적인 진술이 여전히 필요하다. 따라서 여기서는 특정한 자기애적 전이에 대한 세부적이고 체계적인 논의를 시작하기 전에, 여러 임상적 및 이론적 주제들을 간단히 소개할 것이다.

나는 임상적 관찰을 통해서 얻은 확신에 기초해서 나의 서술을 시작할 것이다. 분석가가 환자를 침범하거나 방해하지 않는 방식(즉 분석가의 분석 태도)으로 환자에게 적절한 주의를 기울인다면, (1) 자기애적 성격장애의 경우, 특정한 치료적 퇴행이 시작되며; (2) 그에 상응하는 특정한 전이 상황이 발생하는데,[13] 그것은 환자의 무의식적인 자기애적 구조(이상화된 부모상과 과대적 자기)와 분석가에 대한 심리적 표상이 결합된 것이다. 분석가에 대한 심리적 표상은 치료적으로 활성화되고, 자기애적으로 집중된 구조들 안으로 들어 온다.

앞에서 지적했듯이, 가장 심각한 퇴행은 신체-정신-자기(body-mind-self)가 그 기능과 함께 고립되고 파편화되는 경험을 활성화시키며, 이는 자기애적으로 집중된 원초적 대상이 파괴되고 상실되는 상황을 야기시킨다. 이런 **파편화된 자기의 단계**[14]는 프로이트(1914)가 **자체성애**

---

13 나는 여기에서 자기애적 전이의 확립을 방해하는 저항들을 다루지 않았다. 그것들은 나중에 논의할 것이다.

적 단계라고 언급한 발달단계와 일치한다(또한 Nagera, 1964를 보라). 퇴행에 포함되지 않은 성격의 일부는 중심적인 파편화에 대처하려고 시도할 것이다. 예를 들어, 환자는 자신에게 파편화의 경험(건강염려증적 걱정)을 설명하려고 시도하며, 그 파편화 경험에 대해 묘사할 말(건강염려증적 호소[Glover, 1939])을 찾으려고 할 것이다. 정신의 건강한 부분은 치료자와 맺는 치료적 유대를 형성하게 하고, 바람직한 치료 관계가 형성되는 것을 가능하게 할 것이다. 그러나 퇴행의 중심 영역, 즉 원초적인 이상화 대상의 파편화뿐만 아니라 원초적 과대적 자기의 파편화는 본질적으로 환지의 건강한 정신의 **부분**이 도달할 수 있는 범위 너머에 있다. 다른 말로, 환자가 정신의 주변 영역에서 퇴행의 효과를 경험할 수는 있지만, 파편화된 신체-정신-자기와 자기대상의 경험은 심리적으로 정교화될 수 없다.[15]

여기서 결정적으로 중요한 것은 병리의 중심 영역이 치료자에 대한 지각을 포함하여 전의식적 사고 내용과 안정적으로 융합할 수 없다는 사실이다: 병리의 중심 영역은 전이 형성을 위해 사용될 수 없다. 따라서 그런 환자에게 (통찰을 제공하는 것을 포함하는) 심리 치료적 지지를 통해 도움을 주는 것이 가능하다 할지라도, 분석 상황은 형성되지 않는다. 즉 병리의 중심 영역은 치료자에 대한 (전)의식적 표상과의 바람직한 전이 융합으로 들어갈 수 없다. 사실 이런 사례들

---

14 만약 통일성과 응집성을 향한 내재된 발달적 잠재력에 대한 강조를 원한다면, Glover의 용어를 변형시킨 말인 '자기의 핵들의 단계(a stage of self nuclei) 라고 말할 수 있을 것이다(Gedo와 Goldberg, 1969).

15 환자가 신체-정신-자기 또는 자기대상이 파편화되는 경험을 부정적인 용어를 사용하여 서술하고 있는 것은 중요한 의미를 갖는다. 예컨대, 자신의 입술이 "이상하게" 느껴지고, 자신의 신체가 "낯설게" 느껴지며, 자신의 사고가 "기이하게" 생각되는 등의 모든 용어들은 그 퇴행적 변화들이 본질적으로 그 환자의 심리적 구조 바깥에서 일어나고 있다는 사실을 말해준다. 그러므로 발달적 견해에서 볼 때, 이 파편화들은 심리발달단계 이전의 것이라고 말할 수 있을 것이다.

에서 심리치료자가 정신병리의 핵으로부터 분명히 구별된 채로 있는 것이 가장 중요하다—그가 만일 이런 분리를 성취하지 못하고 환자의 망상에 끌려 들어가게 되면, 그는 환자 정신의 건강한 부분과의 유대를 상실하게 되고, 따라서 치료 수단을 상실하게 된다. 그러므로 심리 치료자와 현실적이고 친밀한 관계를 유지하는 것은 정신병과 경계선 상태의 치료에서 가장 중요하다. 그리고 이런 사례들은 소위 **치료적 동맹 또는 작업 동맹**(Zetzel, 1956: Greenson, 1965, 1967)의 중요성을 강조하는 견해의 타당성을 입증해준다.

그러나 정신병 및 경계선 상태에서 우세한 상황과는 반대로, 전이 신경증과 자기애적 성격장애 분석에서 치료적 활성화의 장애가 발생하는 것은 일반적으로 환자와 치료자 사이의 현실적인 유대가 붕괴되었기 때문이 아니다. 그와 같은 유대의 붕괴는 특별히 치료자의 따스한 행동을 통해 적극적으로 회복되어야 한다(Jacobson, 1967을 보라). 대부분의 경우에 치료의 어려움은 대상 본능적 또는 자기애적 전이가 나타나는 것에 있다. 그 전이는 저항이 되기 때문에 통찰을 제공하는 해석을 통해 환자의 자아를 강화된 통제 아래로 가져올 필요가 있다. 따라서 내 견해로는, 이런 형태의 정신병리 치료에서, 치료자와의 일반적이고 비전이적인 친밀 관계에 일차적인 중요성을 부여하는 것은 잘못된 것이다. 이러한 실수는 분석할 수 없는 장애(정신병과 경계선 상태)와 분석할 수 있는 정신병리(전이 신경증과 자기애적 성격장애) 사이의 차이점에 대한 초심리학적인 정의를 충분히 인식하지 못한 것에 기초해 있다.

전이에서 치료자에 대한 지나친 요구 및 기대로 나타나는 원초적 자기애적 에너지의 침범은 환자가 치료자와 갖는 현재의 현실적인 관계에서 발생하는 요소라고 잘못 생각할 수 있다. 이런 견해는 당연한 논리적 귀결로서 정신구조를 교정하는 정서적 경험에 사용되는 소망 충족과 같은 치료 활동과 설득, 권고 그리고 훈계와 교육에로 이끌 것이다. 이와 같이 이차적으로 끌어낸 자아 기능의 치료적 변화는 전이 결속의 확립 또는 치료자와의 전적인 동일시에 달려 있다. 그러나 이런 변화들은 원초적 자기애적 구조가 전이에서 남김없이 활성화될 수 있는 가능성을 방해하며, 이때 이전의 원초적 목표에 묶여 있던 에너지는 자유롭게 풀려나서 성격의 성숙에 사용될 수 있게 되는 심리적 변형을 이룰 수 있는 가능성을 방해한다.

　정신병 및 경계선 상태와는 대조적으로, 자기애적 성격장애의 중심적인 정신병리는 자기애의 단계[즉 프로이트 이론(1914)에 따르면 자체성애 단계 다음에 오는 심리적 발달단계]에 속하는 심리학적으로 정교화되고, 응집적이며 다소 안정된 자기애적 형태와 관련이 있다. 나는 일반적으로, 이 단계를 응집적 자기의 단계라고 부르겠다. 신체-정신-자기 및 자기대상의 파편화는 정신병과 경계선 병리의 중심 영역과 관련된 전이 발달을 방해한다. 그러나 자기애적 성격장애에서 심리적으로 정교화되고 응집적인 특정한 자기애적 형태의 치료적 활성화는 분석과정의 중심이 된다. 자기애적 "대상"(이상화된 부모상)과 자기애적 "주체"(과대적 자기)는 비교적 안정된 형태이며, 자기애적 리비도(이상화하는 리비도; 과대적-과시적 리비도)에 의해 집중되어 있고, 그 리비도는 분석가에 대한 (자기애적으로 지각된) 심리적 표상과 비교적 안정적으로 융합되어 있다. 따라서―비록 그것이 자기애적으로 집중된 것임에도 불구하고―대상에 대한 리비도 집중은 항구적으로 이루어져 있다(Hartmann, 1952를 보라). 이러한 자기애적 전이 융합의 상대적인 안정성은 병리적인 자기애적 성격의 분석 과제(체계적인 극복과정)를 위한 전제 조건이 된다.

　다음에 이어지는 논의 전체를 통해 염두에 두어야 할 점은 과대적 자기(그리고 그 전이의 활성화)와 심지어 이상화된 부모상(그리고 치료자의 심리적 표상과의 치료적 융합)은 정신분석적 의미에서 엄격히 말해 대상으로서의 위치를 갖고 있지 않다는 사실이다. 그것은 이 두 구조들에 자기애적 리비도가 집중되어 있기 때문이다. 사회심리학의 개념적 틀에서, 그리고 보다 제한된 범위의 순수한 지각과 인식의 틀 안에서, 이런 자기애적 전이들은 대상관계로 생각될 것이다; 그러나 리비도 집중(예를 들면, 이것은 환자가 무엇을 기대하는가를 인식하는 것과 같은 자기애적 대상의 인지적 정교화뿐만 아니라 자기애적 대상의 지각 유형에 큰 영향을 미친다)의 성질을 고려하는 심층 심리학적 관점에서 볼 때, 대상은 자기애적으로 경험되는 것이다. 이전에 말했듯이, 예컨대 자기애적으로 집중된 대상과 그 기능에 대한 기대는 성인이 다른 사람들에 대한 경험 및 그들을 통제하는 경험보다, 자신에 대해 그리고 자신의 신체와 정신을 통제할 수 있다는 기대와 더욱 가깝다(이는 일반적으로 그러한 자기애적 "사랑"의 대상은 주체의 기대와 요구에 의해 억압당하고, 구속된다고 느끼는 결과를 초래한다). 따라서 내적 경험을 주의 깊고 꼼꼼하게 조사함으로써, 자기 및 과대적 자기가 지닌 대상의 위치와 이상화된 부모상 사이의 구별을 어느 정도 허용한다: 전자는 주체의 질적 내용을 갖고 있으며, 후자는 잠정적 형태의 자기애적(즉 이상화하는) 리비도로 집중된 원초적 잠정적인[16] 자기대상이다. 그러나 두 전이 모두에서 활성화된 환자의 기본적인 심리적 태도는 본질적으로 자기애적 자리에 속해 있음을 보

---

16 이상화된 부모상을 일시적 대상으로 성격화하는 것은 상대적인 의미에서만 그와 같이 이해되어야 한다. 즉 이상화된 부모상은 과대적 자기 및 그것의 리비도 집중과의 비교에서만 일시적이다. 보다 정확히 말해서, (1) 원초적 자기-대상이 (2) 심리구조를 통해서 (3) 진정한 대상으로 발전해 가는 일련의 발달과정에서 이상화된 부모상은 명백하게 원초적 자기-대상(심리구조의 전조)의 범주에 속한다. 왜냐하면 그것은 나중에 아이의 정신이 수행하게 될 기능을 수행하기 때문이다. 다른 말로, 이상화된 부모상은 아직 하나의 독립된 대상으로 경험되는 것과는 거리가 먼 대상이다. 그러나 과대적 자기와 비교한다면, 그것은 대상이 지닌 특성들의 흔적을 보여주는 것으로 여겨지는데 그 이유는 그 대상에 이상화 리비도가 투자되기 때문이다. 그러나

여준다.

이상화 전이(이상화된 부모상)에서 활성화되는 구조는 거울전이(과대적 자기)에서 활성화되는 구조와는 아주 다르다. 그러나 그것들은 모두 자기애적 본능 에너지로 집중되어 있다는 점에서 구별이 어려운 사례들이 많다. 그렇지만 다음과 같이 그것들을 분명하게 구별하는 것은 해설을 위해서 뿐만 아니라 실제로 많은 사례에서 경험적으로 논증되고 정당화된다.

4장과 12장에서 다루어질 이상화 리비도는 비록 그 역할이 종속적인 것이기는 하지만, 충분히 발달한 대상-리비도적 추구에 접착됨으로써 진정한 대상의 리비도 집중이 이루어지는 성숙한 정신에 의해서도 마찬가지로 사용된다.

담요 등의 중간대상에 대한 아이의 내적 태도에 관한 위니캇의 유명한 서술은 원초적 대상의 문제를 나의 관점과는 다른 관점에서 접근한다(이와 유사한 Mahler의 공식화를 위해서는 8장을 보라). 나의 초심리학적 개념들은 본질적으로 자기애적 성격장애를 가진 성인들의 분석으로부터 온 자료를 재구성하고 외삽하는데 기초한 것이다. 이 절차는 심리적 경험의 의미에 대해 여기에서 아이에 대한 직접적인 접근을 통해 제공된 것 보다도 더 섬세한 의미를 포착할 수 있도록 허용한다. 왜냐하면 (a) 원래 경험이 조금도 그 생생함이 감소되지 않은 채 재생되며 (b) 그 경험에 대한 언어적 의사소통이 크게 촉진되기 때문이다. 따라서 이 공식화들은 Winnicott과 다른 사람들에 의해 서술된 현상들을 포함한다(예컨대, Wulff, 1946을 보라). 그러나 현재의 공식화—특히 (a) 과대적 자기와 환경의 관계 그리고 (b) 이상화된 부모상과 환경의 관계—는 공감적인 서술의 수준을 넘는다. 그것들은 이 현상들에 대해서 초심리학적 용어를 통한 설명을 제공한다.

제 1 부

전능 대상의 치료적 활성화

2장
이상화 전이

전능 대상(이상화된 부모상)의 치료적 활성화는 초기의 정신 발달 단계에서 나타났던 전이의 두 가지 측면 중 하나인 **이상화 전이**를 재생시키는 것이다. 그것은 일차적인 자기애가 필요로 하는 심리적 평정이 방해 받은 후에, 정신이 상실한 자기애적 우주적 완전함의 경험을 원초적으로 이상화된 자기대상에게 부과함으로써, 자기애적 완전함에 대한 경험의 일부를 남겨 놓고자 하는 데서 기인하는 현상이다. 이때 모든 행복과 힘은 이상화된 대상 안에 존재하기 때문에, 아이는 그 대상과 분리될 때 공허감을 느끼고 무력해진다. 따라서 아이는 이상화된 대상과 연합 상태를 계속 유지하려고 한다.

초기 경험에 대한 정신분석적 이론은 그 나름의 어려움과 위험 요소를 지니고 있다. 정신분석적 관찰의 주된 방법으로 치료자가 환자를 공감해 주는 것과 관련해서, 환자는 치료자가 자신과 다르다고 느낄수록 치료자의 공감을 신뢰하지 못한다. 따라서 초기 정신 발달 단계들에 대한 정신분석학 이론은 우리들이 우리 자신 스스로와 공감할 수 있는 능력이 있는지에 대한, 즉 우리 자신의 과거 정신구조가 어떤 것인지에 대한 도전이 된다. 그러므로 어떤 특정 상황에서 우리는 정신분석적 초기 이론에 대한 느슨한 공감적 근접(loose empathic approximations)에 만족할 수밖에 없으며, 보다 초기의 심리 상태를 설명하기 위해 후기의 심리적 서술을 끌어들이는 성인 중심주의를 피해야 한다. 그리고 공감을 통해 관찰한 심리적 내용을 사실 그대로 표현하기보다는 우리가 이해한 것을 기계적이고 신체적인 유비를 사용하여 표현하는 것으로 만족할 수밖에 없다. 따라서 나는 초기 정신 발달 단계의 심리적 내용에 대해서는 거의 언급하지 않을 것이다. 대신에 그 시기의 정신 기구에 만연되어 있는 일반적인 상태에 관심을 두려고 한다. 달리 말하면, 우리는 긴장 또는 긴장(그리고 긴장을 일으키는 환경)의 해소와 관련된 심리 상태를 서술하려고 한다. 일반적으로 여기에서는 원초적 경험(무의식 환상과 관련된)의 내용을 설명하는 것을 목표로 삼지 않는다.

독자들은 우선 이 논의가 앞에서 논의한 이상화 전이에서 활성화된 심리적 구성물에 대한(그리고 나중에 논의될 과대적 자기의 치료적 활성화에 대한) 내용 모두를 적용해야 한다고 느낄는지도 모른다; 그리고 전이를 이상화된 대상의 초기 상태가 활성화된 것으로 보는 한, 우리의 이론은 분명히 심리적인 상태나 아이의 정신기구의 상태에 관심을 가져야 하며, 우리가 이해할 수 없는 초기 단계의 관념적인 내용에 관심을 가질 필요가 없다.

그러나 상호 관련된 이 두 종류의 상황으로 인해 우리는 이상화 전이의 심리적인 내용에 대해 더 많은 것을 이해할 수 있게 되었으며, 그것들에 관한 이전의 고찰들에 기초하여 설명했던 것보다 더 자세하게 설명할 수 있게 되었다. 이전의 고찰들은 다음의 두 가지로 설명될 수 있다:

(a) 아이의 인지 기구가 성숙됨으로써 환경의 세부적인 내용을 더욱 더 인식할 수 있을 때, 그리고 정서 반응이 증가하고 충동을 조절

하는 기구가 성숙함으로써 아이가 자기 주변에 있는 중요한 인물들을 사랑할 수(그리고 미워할 수) 있을 때, 즉 아동기 상들에 대해서 대상 본능적 리비도 집중[1]을 사용할 수 있을 때, 원초적이고 (일시적인) 이상화된 자기대상의 발달이 시작되며, 또한 이 발달의 흐름은 사라지지 않는다; (b) 환자가 원초적 경험에 상응하는 유사한 후기 경험들의 기억을 회상함으로써 자기애적 전이에서 활성화되는 원초적 (일시적) 자기대상의 작용을 표현할 수 있도록 해주는, 즉 유사한 심리적 경험을 통해 보다 초기 시절의 경험까지 바라볼 수 있도록 해주는 심리 기관의 경향성이 그것이다.

어린아이의 이상화가 희미하게 지각되는 원초적인 어머니의 젖가슴을 향해 있던지 또는 명확하게 인식되는 오이디푸스적인 부모를 향해 있던지 간에, 그것은 발생학적으로 그리고 역동적으로 자기애적 상황에 속한다. 비록 이상화하는 리비도 집중이 (아이가 잠재기로 이동해 감에 따라) 점점 중립적이고 본능 억제적(aim-inhibited)이 된다 하더라도, 그것들은 계속해서 자기애적 특성을 보유한다. 특히 초기 발달의 나중 단계에서, 이상화(이제 강력한 대상 본능적 리비도 집중과 공존하는)는 초자아를 형성하는 시기 적절한 내면화 과정에 참여함으로써 성격의 항구적인 구조에 가장 강력하고 튼튼한 인상을 남기기 때문에, 본질적으로 자기애적 성질이 비교적 후기 발달단계에서 조차도 변화되지 않고 남게 된다는 것을 기억하는 것이 중요하다.

심리적 발달에 있어서 초기 대상에 대한 집중(리비도적이고 공격

---

1 내가 대상-본능적 리비도 그리고 자기애적 리비도라는 용어를 사용하는 것은 본능적 투자를 위한 목표물을 뜻하는 것은 아니다. 그것들은 본질적 경험의 심리적 의미를 추상화한 것이다. 따라서 여기에서 논의된 전이 관계의 기초를 형성하는 대상들은 자기애적 리비도에 의해 투자된 것들이다. 다른 한편 (1장을 보라), 자기는 때때로 대상-본능적 리비도 집중에 의해 투자될 수도 있다. 이것은 (a)객관적인 자기-평가가 이루어지는 동안에, 그리고 (b)환자가 거울 속의 자신을 마치 낯선 사람처럼 느끼는 정신분열증 초기에 발생한다.

적인)의 문제가 가지는 두드러진 중요성을 강조하거나, 또는 「성욕에 관한 세 편의 에세이」(Three Essays on the Theory of Sexuality, 1905)에서 프로이트에 의해 처음 시작되었던 바, 대상을 향한 리비도 집중의 변천에 대한 체계적 연구가 지니는 가치를 여기에서 강조할 필요는 없다. 아이(정상적인)가 대상을 자신에게서 분리된 독립적인 존재로 경험하는 반응이 점점 증가한다는 사실을 인정함에도 불구하고, 동시에 우리는 전체적인 정신구조 안에 자기애적 구성요소가 영속적으로 존재한다는 사실을 알 수 있으며, 따라서 그것들의 발달에 따른 변화 과정을 조사할 수 있다. 그러므로 전 오이디푸스기 후기와 오이디푸스 시기에 부모 대상을 이상화하는 것은 부모와 아이의 관계에서 대상에 대한 확고한 리비도 집중이 이루어지고 있으면서도 동시에 원초적 이상화가 연속되는 것으로—그리고 나중에 이상화된 대상은 여러 발달단계를 거치면서 원초적인 이상화를 계승하는 것으로—이해하는 것이 유용할 것이다.

이상화는 자기애 발달의 두 가지 주된 통로 중의 하나이다. 이상화하는 자기애적 리비도는 진정한 대상 리비도와 결합함으로써 성숙한 대상관계에서 중요한 역할을 할 뿐만 아니라, 창조성이라는 말로 표현될 수 있는 사회문화적으로 중요한 활동을 위한 리비도의 주 자원이 된다. 그리고 이상화하는 자기애적 리비도는 우리가 높이 평가하는 지혜의 구성요소를 이룬다(Kohut, 1966a). 그러나 현재의 상황에서 다시 강조되어야 할 점은 다음과 같다: 부모상의 이상화된 면을 대상 리비도에 집중된 부모상의 광범위한 부분들과 결합하는 것은 시기 적절한 (재)내면화 과정에 강력하고 중요한 영향을 미치며, 따라서 성격구조의 두 가지 항구적인 핵—(a) 중화하는 정신의 기초 조직 (b) 자기애적 본능에너지가 집중된 이상화된 초자아—을 형성하는데 강력한 영향을 미친다는 것이다.

자기애적 영역에서 발생하는 이런 기본적인 내면화 과정의 몇몇 세부적인 내용들은 상세한 설명을 필요로 할 만큼 중요하다. 아이가 부모를 이상화할지라도, 이상화된 심리적 구성물은 실제의 경험(부모의 실제적인 성질에 대한 아이의 인식)을 통해 수정되고 변경될 수 있다. 그리고 점진적으로 부모의 공감능력이 감소하면서 아이는 오이디푸스 이전 단계 동안에 부모상에 투자했던 이상화 리비도의 일부를 철수시켜서 그것들을 욕동 통제구조를 형성하는데 사용할 수 있게 된다. 부모(정상적인 경우, 이런 상황에서 가장 중요한 역할을 하는 사람은 물론 부모 중에 아이와 같은 성을 가진 쪽이다)에 대한 대대적인 (그러니 시기 적절한) 오이디푸스적 실망은 궁구적으로 초자아의 이상화를 이끌어 내는데, 이것은 자기애적 퇴행의 위험으로부터 성격을 보호하는데 필요한 아주 중요한 발달 과제이다.

달리 표현하면, 대상 리비도(그리고 공격성)가 집중된 오이디푸스 대상을 시기 적절하게 내면화할 때, 이것은 이전에 부모가 아이에게 지시했던 명령과 금지, 칭찬, 꾸지람 그리고 처벌 등의 역할을 떠맡는 초자아를 형성하는 과정이라고 말할 수 있다.[2] 그러나 아이가 오이디푸스 시기에 부모와의 관계에서 자기애적 측면을 내면화하는 것은 초자아의 자기애적 차원, 즉 초자아의 이상화를 이끌어 낸다. 리비도가 집중된 대상으로서 부모상을 내면화하는 것은 부모상을 초자아의 내용과 기능으로 변화시킨다; 자기애적인 측면의 내면화는 초자아의 이러한 내용과 기능이 어째서 자아보다 높은 위치에 있는지에 대해 설명해 준다. 아이들의 이상화(그들의 리비도 집중이 지닌 자기애적 본능 요소)로부터 가치와 기준에 있어서 절대적 완전성이라는 초자아의 구체적이고 특징적인 후광(aura)이 나타난다; 그리고 초자아의 전

---

2 Sandler와 그 동료들에 의해서 공식화된(1963) "이상적 자기"의 개념 또한 이 맥락에 속한다. 그것은 아이에 대한 부모의 기대, 즉 아이가 어떠해야 한다는 부모의 이상을 아이가 받아들인 것이다. 또한 "나의 이상, 이상적 나"와 "초자아"를 구별한 Lagache(1961), 그리고 이상적 나와 나의 이상 사이를 구별한 Nunberg(1932)를 보라.

체 구조가 지닌 전지성과 전능성 또한 부분적으로 자기애적이며 이상화 리비도[3]가 초자아에게 투자된다는 사실에서 기인한다.

앞에서 이루어진 고찰의 빛에서 볼 때, 만일 우리가 아이의 정신발달을 리비도의 대상 집중과 관련해서뿐만 아니라 자기애적 영역의 변천과 관련해서 조사를 한다면, 우리는 아이의 자기애적 영역은 취약한 상태로 남아 있으며, 그 영역의 발달은 세상에 대한 아이의 전체적인 전망이 전적으로 또는 두드러지게 자기애적인 단계에 머무르는 것 이상으로 왜곡되거나 장애를 입을 수 있다는 사실을 더 잘 인식할 수 있다. 따라서 이상화된 부모상이라는 용어가 내포하고 있는 바, 이 자기애의 흐름은 결정적인 초기 발달이 이루어지는 기간 동안, 즉 a) 이상화된 원초적 자기대상의 형성 단계에서부터 b) 오이디푸스 시기에 발생하는 이상화된 부모상을 대대적으로 재내면화하는 단계에 이르기까지 취약한 상태로 남게 된다. 그러나 이상화된 초자아의 핵이 확실하게 형성됨으로써 자기애적으로 가장 취약한 기간은 끝이 난다. 왜냐하면 전에도 말했듯이, 아이가 획득한 중심적인 가치 및 기준을 이상화할 수 있는 능력은 성격의 자기애적 영역에서 리비도의 양을 조절하는 데에 지속적으로 유익한 영향을 미치기 때문이다.

아이와 부모의 상호작용이 대상에 대한 본능적 충동을 길들이고, 충동에 대한 자아의 지배를 증가시키며, 초자아의 충동 통제와 충동 전환 측면에 영향을 미친다는 것은 잘 알려져 있기 때문에, 현재의 상황에서 그것에 대해 연구할 필요는 없다. 그러나 아이의 자기애의

---

3 이 책 전체를 통해서 나는 이상화 리비도, 이상화 리비도 집중, 이상화 자기애, 그리고 이러한 복잡한 관계들을 압축한 초자아의 이상화라는 용어들을 사용한다. 예컨대, 위의 단락에서 특히 이상화 리비도라는 용어의 사용은 본질적인 심리적 경험의 질적 요소를 나타내고 있다. 다른 말로, 이 용어는 배타적으로 외적 대상(이상화된 대상)이나 또는 심리적 기관(이상화된 초자아)의 기능들을 주관적인 방식으로 나타내는 말이다. 물론, 그것은 완전하고 전능한 인물들이 객관적으로 존재한다거나 또는 경험하는 주체가 지닌 정신실재 바깥에 심리적 기관이 존재한다는 것을 뜻하지는 않는다.

발달에 영향을 주는 유사한 상황은 특히 아이의 이상화와 관련해서 우리가 관심을 가질만하다. 이상화하는 원초적 리비도 집중의 수정(그것들의 약화, 중립 및 구별)은 **이상화된 자기대상을 통해서** 이루어진다; 그리고 물론 이 과정에서 발생하는 각각의 특정한 결과는 아이가 이상화한 대상의 특정한 정서적 반응에 의해 부분적으로 결정될 것이다. 그러나 초자아의 엄격함이 어느 정도까지는 부모 행동의 실제적인 엄격함과 상관없이 형성될 수 있는 것(혹은 심지어 역설적으로 부모의 친절함에 의해 강화되는 것)과 마찬가지로, 초자아의 완벽주의적 완전함(초자아의 이상화: 자아의 이상적 차원)의 경향성 역시 어느 정도까지는 부모의 행동과 상관없이 형성될 수 있다. 그리고 이런 경향성은 가끔 칭찬 받고자 하는 자연스런 아이의 욕구를 심하게 좌절시키는 부모의 충분하지 않은 공감적 반응에 의해 강화될 수도 있다(칭찬 받으려는 환자의 욕구를 공감적으로 인식하지 못하는 분석가에 대한 논의는 10장을 보라).

비록 아이의 오이디푸스적 대상들과 전 오이디푸스적 대상들(대상 리비도 집중의 차원과 자기애적 차원에서)이 후기의 충동 선호와 대상 선택에 항구적인 인상을 남김으로써 성인의 성격을 형성하는데 결정적인 영향을 미친다하더라도, 그것들이 갖는 심리구조의 전조로서의 역할 또한 적어도 동등한 정도의 중요성을 지닌 것으로 볼 수 있다. 심리구조의 핵이 일단 형성되면(대체로 오이디푸스 시기 말엽에; 특히 신뢰할 수 있는 이상이 형성되는 영역에서 정신 기구가 확고하게 공고화되는 잠재기와 사춘기 동안에 일어나며, 후기 청소년기에 최종 단계에 도달한다), 대상의 상실은 그것이 아무리 심각하다고 하더라도, 성격을 불완전한 상태로 만들지는 않을 것이다. 성격은 (예를 들면, 삶의 후기에 초래된 갑작스럽고 대대적인 대상 상실의 결과로써) 중요한 리비도적 집중을 새로운 대상에게로 확장시키지 못할 수도 있다; 그러나 일반적으로 그것은 정신 기구의 기본구조를 손상시키지는 않을 것이다.[4] 그렇지만 오이디푸스 시기까지 그리고 그 정도는 훨씬 덜하지만 잠재기와 청소년기에 이르기까지 대상 박탈과 상실 및 대상에 대한 외상적 실망은 정신 기구 자체의 기본적 구조화를 심각하게 방해할 것이다.

앞의 논의를 살펴보면, 잠재기 초기는 여전히 오이디푸스 단계에 속하는 것으로 여겨질 수 있다. 그 단계는 어린아이의 정신이 갖는 취약성이 절정에 이르는 기간의 마지막 부분에 속한다. 아동기 초기는 정신적 외상에 특히 민감한 시기인데, 이때 가장 위험한 순간은 "발달을 향한 분출이 있은 직후, 심리적 세력의 새로운 균형이 아직 확고하게 형성되지 않은 때"이다(Kohut & Seitz, 1963, p. 128). 이 새로운 구조가 지닌 취약성의 **원리**(새롭게 획득된 기능은 "역전될 수 있는 가능성이 높다는 사실"을 강조한 원리, Hartmann, 1952, p. 177)를 이상화 작용을 통해서 가치와 기준 및 상벌을 주는 기능으로서 자리 잡는 초자아 형성과정에 적용할 수 있다. 그때 우리는, 임상 경험에서 볼 때, 이상화된 오이디푸스 대상에 대한 실망이 심각할 경우에 아직 확고하게 형성되지 못한 잠재기 초기의 초자아가 지닌 이상화의 요소가 해체될 수 있으며, 이상화된 자기대상의 원상(imago)에 리비도가 재집중될 수 있고, 따라서 이때 아동은 다시금 완벽한 외적 대상을 요구하고 추구하게 된다는 사실을 발견한다. 어린아이는 설령 어머니에 대한 갈망이 참을 수 없을 정도가 되더라도 자신이 어머니를 사용할 수 있다는 사실을 아는 한, 어머니로부터 일시적으로 떨어지는 분리를 참아낼 수 있다. 이와 마찬가지로, 이상화 리비도가 재집중되는 일시적인 변동이 일어나는 동안에 온전한 대상을 이용할 수 있는 가능성이 주어진다면, 잠재기 초기의 아이라 할지라도 외적인 이

---

4 일반적인 법칙에서 벗어나는 예외들에 대한 믿을만하고 감동적인 논의를 위해서는 K. R. Eissler(1963b, 1967)의 두 논문을 보라.

상화를 포기할 수 있게 된다. 그리고 어린아이가 어머니 상실에 대한 두려움을 돌이킬 수 없을 정도로 크게 느낀다면, 그는 어떤 분리도 견딜 수 없게 된다. 이와 마찬가지로, 어린아이가 잠재기 초기에 이상화된 대상 상실의 경험이 회복하기 어려울 정도로 심각하다면, 초자아의 이상화도 다시 포기될 수 있다. 잠재기 초기에 특히 심각한 정신의 취약성과, 그 시기에 발생하는 외상에 대한 퇴행적인 반응은 물론 그 순간의 기능일 뿐만 아니라 보다 초기에 발생한 아이의 외상 경험에 의해 결정된 것이다.

우이디푸스 시기까지 그리고 그 시기 동안에 이상회된 부모상을 상실(이상화된 자기대상의 상실이나 그 대상에 대한 실망)함으로써 외상을 겪는 특정한 경우에, 성격의 특정한 부분에 자기애적 장애가 발생한다. 최적의 환경이 주어진다면, 아이는 이상화된 대상에 대한 점진적인 실망을 경험하게 된다. 다르게 표현하면, 아이는 이상화된 대상에 대하여 점점 현실적으로 평가하게 된다. 그리고 이상화된 자기대상의 상으로부터 자기애적 집중을 철수(오이디푸스 시기에는 대대적으로 그러나 적절하게)시켜서 점진적으로 내면화시킨다. 즉 이전에 이상화된 자기대상이 충족시켜 주던 기능을 이어받아서 심리내적 (endopsychical)인 항구적 심리구조를 획득한다. 그러나 만일 아이가 이상화된 대상을 상실하거나 그 대상에 대해 실망(심각하고 갑작스럽거나 시기 적절하지 않게)함으로써 외상을 경험하게 된다면, 최적의 내면화는 일어나지 않는다. 이때 아이는 필요한 내적 구조를 획득하지 못하게 되며, 그의 정신은 원초적 자기대상에 고착된 채 남아 있게 된다. 그 결과 그의 성격은 일생 동안 늘 대상을 갈망하면서 이런 저런 대상들에 의존하게 된다. 대상들에 대한 이러한 강렬한 추구와 의존은 개인의 심리구조에서 그 대상들이 상실한 자신의 부분들에 대한 대체물로서 추구된다는 사실에서 기인한다. 그것들은 대상 (심리학적 의미에서)이 아니다. 즉 그것들은 그 자체가 가지고 있는 속성 때문에 사랑받거나 동경의 대상이 되는 것이 아니며, 그것들의 성격과 행동의 실제적인 특징들은 그저 희미하게만 인식될 뿐이다. 그것들은 그 자체로서 갈망되는 것이 아니라 아동기에 형성되지 못했던 정신기구의 부분적인 기능을 대체하기 위해 필요한 것이다.

이상화된 원초적 자기대상과의 관계에서 생기는 매우 초기의 외상적 장애와 특히 외상적 실망은 성격의 자기애적 평정을 유지하는 (혹은 그것이 장애를 입더라도 곧 평정을 다시 회복하는) 기본적인 정신기능의 발달을 광범위하게 방해할 수 있다. 중독자가 되는 사람들의 경우가 여기에 해당된다. 그들이 경험하는 외상 중에는 어머니에게 깊이 실망하는 경우가 가장 많다. 즉 어머니가 아이의 욕구에 공감해 주지 못하는 결함 때문에, 그리고 어린아이에게는 나중에 자신의 정신기구가 성숙했을 때 스스로 수행할 수 있게 되는 기능들(자극에 대한 장벽으로서; 필요한 자극을 가장 적절하게 제공하는 조절기능으로서; 긴장을 완화시키고 감사를 느끼게 하는 기능으로서)을 어머니가 대신해 주는 것이 필요한 시기가 있는데, 어떤 이유로 어머니가 아이를 위해서 그 기능을 적절하게 수행하지 못했을 경우가 대부분이다. 아이가 이상화된 자기대상 발달의 초기 단계에서 외상적 실망을 겪게 될 경우, 아이는 잘 달래주고 재워주는 어머니와의 경험들을 점진적으로 내면화하지 못한다. 따라서 그러한 개인들은 원초적 대상에 고착된 채로 남아 있게 되며, 그러한 달램과 진정 효과를 마약에서 찾는다. 마약은 사랑 받거나 사랑하는 대상의 대체물이 아니라 심리구조 안에 있는 결함의 대체물이다.

그러한 환자들을 분석할 때에 발생하는 특정한 퇴행에서, 환자는 분석가 또는 분석과정에 중독된다. 그리고—비록 초심리학적인 의미에서 전이라는 용어를 사용하는 것이 여기에서 전적으로 타당한 것은 아니지만—이들을 분석할 때 생기는 전이와 비슷한 상황은 실로 그들이 정신구조를 발달시키기 이전의 원초적 상황을 재현하는 것이라고 말할 수 있을 것이다. 환자는 정신기구의 특정한 부분을 형성하기 이전의 상태로 돌아가 자기애적으로 경험된 원초적 자기대상에 대한 욕구를 활성화시킨다. 그리고 환자는 자신이 추구하는 대상, 즉 분석가가 환자 자신의 자기애적 항상성을 유지시켜 주며 환자 자신이 수행하지 못하는 어떤 기본적인 기능을 수행해 줄 것을 기대한다.

이상화된 대상과의 관계에서 생긴 장애는 외상을 발생시킨 주된 충격을 경험한 발달단계에 따라 세 부류로 구분될 수 있다.

1. 이상화된 대상과의 관계에서 아주 초기에 발생한 장애는 일반적인 구조의 약함—아마 결함이 있거나 제 기능을 히지 못하는 자극장벽—을 유발시키는 것처럼 보이는데, 이런 구조의 허약함으로 인해 성격의 기본적인 자기애적 항상성을 유지하는 정신 기능이 광범위하게 장애를 입는다. 따라서 성격은 만연된 자기애적 취약성으로 인해 고통을 받는다(이 주제는 3장에서 더욱 상세하게 논의된다).

2. 이상화된 대상과의 관계에서 후기—그러나 아직 오이디푸스 이전—에 발생한 외상적 장애(혹은 특히, 대상에 대한 외상적 실망)는 충동을 통제하고, 욕동을 배치시키며, 욕동을 중화하는 정신기구의 기본구조가 형성(오이디푸스 이전 시기에)되는 것을 방해한다. 이것은 종종 성도착적 환상이나 행동으로 표현되는 바, 내적 및 외적 갈등과 욕동의 파생물이 다시 성화(性化)되기 쉬운 경향성은 이런 구조적 결함의 징후를 나타내는 것이다.

나는 임상에서 관찰할 수 있는 이와 같은 사실을 설명하기 위하여, 다음의 가설을 제안하려고 한다. 초자아(아래의 3단계를 보라)가 오이디푸스적 대상의 대대적인 내사를 통한 내적 복제인 것처럼, 자아의 기본구조도 오이디푸스 이전 대상이 지니고 있던 여러 측면들의 무수히 많은(초자아와 비교하여: 작은) 내적 복제들로 구성되어 있다. 오이디푸스적 대상이 가지고 있던 사랑하고 긍정해 주는, 그리고 분노하게 하고 좌절하게 하는 면은 오이디푸스 기간 동안 내면화되어, 한편으로는 긍정해 주고 긍정적 목표를 주는 초자아의 기능이 되고, 다른 한편으로는 징벌하고 금지하는 초자아의 기능이 된다. 이와 마찬가지로, 오이디푸스 이전의 대상이 가지고 있던 인정해 주는 측면과 좌절을 주는 측면들도 내면화됨으로써 자아의 기본적인 구조를 형성하는 요소들이 된다. 초자아를 형성하는 오이디푸스 내면화가 특정 시기 동안에 대규모로 이루어지는 것과는 대조적으로, 자아의 기본구조의 내면화는 전체 오이디푸스 이전 기간 동안에 수없이 많은 작은 기회들을 통해서 조금씩 이루어진다.

오이디푸스 시기와 오이디푸스 이전의 대상에게 자기애적으로 투자된 측면들이 내면화되는 것 또한 같은 원리에 따라 일어난다. 시기 적절하게 오이디푸스 대상에게 집중된 자기애적 리비도를 대대적으로 철수하여 이 철수된 리비도를 초자아의 가치와 이상뿐만 아니라 긍정하고 금지하는 기능에 집중시키는 내면화—초자아의 기능과 내용이 특별한 권리를 얻게 되는 과정—를 이끌어낸다. 마찬가지로 전 오이디푸스 대상에 대한 수없이 많은 작은 비외상적인(nontraumatic) 실망들은 전 오이디푸스 대상에 대한 현실적인 인식이 점차 증가함에 따라 초자아가 세부적인 금지, 훈계, 긍정하고 안내하는 기능들을 갖게 되는 과정에 영향을 끼친다. 이때 그것들은 욕동을 통제하고 중화하는 전체적인 자아의 기본구조를 형성한다. 비록 여기서 이런 주제에 대해 자세하게 토의할 수는 없지만, 이것을 **"자아**의 기본적 조직"(basic fabric of the ego)이라는 용어로 부르는 것은 전적으로 정확한 것이 아니라는 점을 언급하는 것이 좋겠다. 왜냐하면 "중화의 진전이 이루어지는 영역" 안에, 즉 욕동을 전환하고 중화하는 기능에 **원본능**의 특정 층들도 어느 정도 참여하기 때문이다(Kohut & Seitz, 1963, 특히 p. 137을 보라).

3. 마지막으로, 장애의 발생 원인이, 즉 실망하여 상처 입은 부분이 전 오이디푸스 후기와 오이디푸스 시기 또는 잠재기 초기의 이상화

된 대상과 관련되어 있다면, 그리고 부분적으로 새로 내면화된 이상적인 대상과 짝을 이루는 실제 대상이 외상적으로 파괴된다면, 그때 초자아는 불완전하게 이상화된다. 그 사람은 비록 자신 안에 가치와 가치에 대한 기준을 지니고 있다 하더라도, 외적인 이상적 상을 끊임없이 추구할 것이며, 그것을 통해서 충분히 이상화되지 못한 자신의 초자아가 제공해 줄 수 없는 긍정과 지도력을 얻으려고 할 것이다.

우리는 여기서 이상화된 부모상의 특정한 발달적 변천에 대한 고찰에서 벗어나, 일반적으로 발달 자료의 평가를 위해 근본적으로 중요한 두 가지 주제에 대해 토의할 것이다: (1) 심리구조를 형성하는 것과 대상의 상에 대한 리비도 집중에서 벗어나는 것 사이의 관계; 그리고 (2) (a) 원초적 대상(자기대상)과 그 기능, (b) 심리구조와 그 기능,(c) 성숙한 대상과 그 기능 등에 대한 심리적 의미의 차이.

심리구조 형성과 대상의 상들에게서 본능적이고 자기애적인 리비도 집중을 철수하는 것 사이의 관계는 구조형성 과정,즉 내가 **변형적 내면화**(transmuting internalization)라고 부르는 과정에 중요한 역할을 하는 다음의 세 가지 요소를 지적함으로써 가장 잘 설명될 수 있다.[5]

1. 정신기구는 구조형성을 위한 준비가 되어 있어야 한다. 즉 정신은 특정한 내사들을 성숙하게 수용할 수 있어야 한다(하트만은 이처럼 내적으로 실행된 잠재성의 출현을 정신의 성숙과정에서 일차적 자율성의 단계라고 하였다).

2. 대상으로부터 리비도 집중을 철수하기에 앞서서 내면화되는 대상의 상이 지닌 측면들이 해체된다. 이러한 해체는 정신 에너지의 양적 조절에 커다란 중요성을 지닌다; 그것은 최적의 좌절 경험이라고 부르는 것의 초심리학적 본질을 구성하며, 공감적 또는 내적 성찰을

---

5 이 공식화의 맥락 안에서 Loewald의 접근(1962)을 참조할 것이며, 특히 3번에 관한 내용을 위해서는 Schafer(1968, p. 10n.)가 인용한 Loewald의 (미간행) 논문을 참조하라.

통해 관찰될 수 있다. 대상으로부터 리비도 집중을 부분적으로 철수하는 과정의 본질적 요소들은 프로이트의 애도 작업에 대한 초심리학적 설명(1917a)에서 처음 서술되었다. 구체적으로 표현하자면, 아이가 이상화된 대상의 어느 한 측면에서 실망을 경험한 후에 또 다른 한 측면에서 실망을 경험한다면, 자기애적 집중의 철수는 부분적으로 일어난다; 그러나 대상에 대한 실망이 그 대상 전체와 관련된다면, 예를 들어, 아이가 전능하다고 믿었던 대상이 갑자기 무력하다는 것을 깨닫게 되면, 변형적 내면화 과정은 방해를 받게 된다.

3. 효과적인 내면화 과정(정신구조를 형성하는 내면화 과정)에서는, 앞에서 언급된 대상의 상이 지닌 특정 부분이 해체되는 것 이외에도, 내사된 대상 이미지들이 탈개인화되며, 이것은 전체 성격으로부터 그것의 특수한 기능으로 강조점이 이동하는 방식으로 이루어진다.[6] 달리 말하면, 이제는 내적 구조가 예전에 대상이 아이를 위해 수행하던 기능을 담당한다. 그러므로 잘 기능하는 구조는 대체로 대상의 개인적 특성을 벗어버린다. 이 부분에서 이 과정이 완전하게 일어나지 않는다는 사실은 잘 알려져 있다; 예를 들어, 초자아는 대체로 오이디푸스 대상의 어떤 인간적 특성의 흔적을 보여준다. 그리고 욕동을 통제하는 정신의 기본 조직은 전 오이디푸스 대상들의 특성에서, 그리고 욕동에 대한 아이들의 특정한 태도에서 직접적으로 기인하는 것이며, 구체적으로 인격화된 위협과 유혹의 방식으로 작용한다.

나는 지금 다루고 있는 일반적인 논의의 두 번째 주제로 돌아가서, 세 종류의 대상들 사이에 결정적인 차이점이 있음을 강조하고자 한다; 1) 자기애적으로 경험된, 원초적 자기대상; 2) 이전에 (외적) 대상

---

6 이 맥락에서 중요한 학문적 공헌을 한 Schafer[1968]가 내면화의 문제에 관해 집중적으로 논의한 이론적 접근을 참조하라. 특히 그의 일반적인 진술 마지막 구절[p. 140]에서 "동일시는 주체가 중요한 대상들과 갖는 역동적인 관계 안에서 상대적인 자율성을 획득할 수 있다"고 말한 것을 참조하라.

에 의해 수행되었던 욕동을 조절하고, 통합하고 적응하는 기능을 계속 수행하고 있는 (자기애적으로 경험되던 원초적 대상에 대한 리비도 집중으로부터 점진적으로 벗어나는 결과로써 형성되는) 심리적 구조들로서의 대상; 그리고 3) 대상 본능이 투자되고 집중된 (정신분석 의미에서) 진정한 대상, 즉 원초적 대상으로부터 자신을 분리시킨 독립된 정신에 의해 사랑받고 미움받는 대상으로서 자율적인 구조를 획득했으며, 타자들에 대한 독립적인 동기와 반응을 수용할 수 있고, 상호성의 개념을 이해할 수 있는 대상.

비록 사회 심리학적 측면에시는 원초직이며 자기애적으로 경험된 대상과 대상 리비도에 의해 집중된 성숙한 대상이 모두 같은 대상이지만, 정신분석 이론(초심리학의 견해)에서 볼 때, 그것들은 발달적 흐름에서 그리고 역동적인 연속에서 반대편 끝에 놓여 있다. 달리 표현하면; 초자아(그리고 자아 안의 덜 명료화된 다른 부분들)와 같은 심리내적 구조들은 그들의 심리적 의미와 기능적 양식에 있어서 심리내적 구조로 변화되지 않는 원초적 대상들보다 정신의 성숙한 대상들에 더 가까이 있다. 사회 심리학의 대인관계적 견해; 교류행동(trans-actionalism)에 대한 사회 생물학적 접근; "외향성"과 "내향성" 등의 대비들(Riesman, 1950); 그리고 사회 심리학의 기본적인 이론의 틀을 사용하는 "직접적인" 어린이 관찰방법 또는 사회 심리학의 틀과 관련된 심리 역동적인 설명들조차도, 앞에서 말한 결정적인 차이점들을 고려하지 못하고 있다. 따라서 이러한 이론들의 개념적 틀을 정신분석 안에 도입하는 것은, 이런 근본적인 구별들을 말소시킴으로써 우리의 학문을 빈곤하게 만들 것이다. 자기애적으로 경험된 원초적 자기대상에 대한 욕구가 치료적으로 활성화되고 있는 구체적인 예를 든다면, 자신에게 위안을 주던 심리치료자에게서 분리될 때 중독자가 느끼는 고갈 현상과 내적 가치와 이상들을 안내하는 구조를 형성하지 못한 사람들이 치료자를 강력한 지도력 있는 인물로 보려는 현상

등을 생각할 수 있다. 내가 이 연구에서 제시하고자 하는 것은 다음과 같다: 치료과정에서 자기애적으로 경험된 이런 원초적 자기대상들은 치료자의 모습에 대한 지각을 중심으로 실제로 재생되며, 그것들은 체계적으로 조사될 수 있고 극복(work through)될 수 있는 전이의 두 가지 상이한 유형을 형성한다. 그리고 이 두 전이의 유형들은 대상 본능이 투자된 아동기 대상(근친상간적인)이 치료적 전이를 통해서 재생되는 것, 즉 전이 신경증의 분석에서 발생하는 전이와 혼동해서는 안된다.

사회환경과 심리구조의 형성 및 기능의 관계에 대하여 지금까지 일반적인 논의가 이루어졌으므로, 우리는 이제 이상화된 부모상과 관련된 구조의 장애를 가져오는 구체적 환경에 대한 조사로 되돌아갈 수 있다.

지나친 단순화의 함정을 피하기 위해, 나는 먼저 검증된 가정, 즉 정상적이거나 비정상적인 심리발달 과정은 아이의 삶의 단일한 사건에서 비롯되는 것이 아니라 많은 인과적인 요소의 상호작용의 결과라고 생각하는 견해를 우리의 연구에 구체적으로 적용하고자 한다. 따라서 비록 이상화된 대상과의 관계에서 생기는 외상적 장애(또는 그 대상에 대한 외상적 실망)가 종종 초기발달의 특정한 지점에서 발생할 수 있다고 하더라도, 특정 외상의 효과는 상처받을 수 있는 준비 상태가 존재한다는 것이 고려될 때에만 제대로 이해될 수 있다. 외상에 대한 민감성은 외상 이전의 특정한 병인적 경험과 선천적으로 약한 구조와의 상호작용에서 기인한다. 따라서 원인적 요소가 되는 두 가지 보완적인 연속물이 상호작용하는 동일한 상황은 대상 사랑과 대상 공격의 발달에서와 마찬가지로, 자기애의 발달에서도 보편화되어 있다.

그러나 분석과정에서 자발적으로 일어나는 이상화 전이는 일반적으로, 이상화된 부모상이 발달하는 과정의 어떤 특정 지점—가장 초기의, 원초적인, 이상화된 자기대상의 단계에서부터 최종적인 재내면화(즉 초자아의 이상화와 같은)의 통합에 이르는 비교적 후기 단계까지—과 관련되어 있다. 그 지점에서 이상화된 대상의 정상적인 발달이 심각하게 방해받거나 중단되었다. 그러나 이상화 전이를 평가하면서, 우리는 종종 비교적 후기 단계에서 발생하는 이상화된 부모상의 치료적 활성화(예를 들면, 아버지에 대한 아들의 외상적인 전 오이디푸스적 또는 오이디푸스적 실망)는 아버지에 대한 실망이 이상화된 어머니에 대한 표현할 수 없는 초기의 실망에 더 깊은 기원을 갖고 있음을 보여준다는 사실을 알게 된다. 어머니에 대한 그러한 실망은 그녀의 공감능력 및 우울한 기분에 대한 불신에서 비롯되거나 또는 그녀의 육체적인 질병, 혹은 부재나 죽음과 관련되어 있다.

더욱이, 이상화 전이의 발생에 대해 평가한다면, 이 전이는 그 구조상 보다 초기의 특정한 경험을 토대로 하고 있으며, 그 위에 중요하지만 결정적이지는 않은 후기(오이디푸스 이후의) 경험의 기억들로 이루어져 있다는 사실을 포함하여, 또한 내가 **발생학적으로 유사한 경험에 대한 기억이 어느 한 지점에 집중되는 현상**(telescoping)[7]이라고 부르는 심리적 경향성에 의해 복잡해진다. 발달장애가 발생하는 특히 결정적인 기간에 대한 기억을 이와 같이 유사한 후기 경험의 기억들로 덮어씌우는 것은 인간의 마음이 종합하는 힘을 지니고 있음을 나타낸다; 그런 경향성을 방어를 위해 불가피한 것(즉 보다 초기의 기억에 대한 회상을 막기 위한 것)으로 이해해서는 안 된다. 그것은 대체로 언어적 의사소통 및 이차 사고 과정과 더 가까운 정신 내용의 매체를 통해 초기 상처를 표현하려는 시도로 이해해야 한다. 따라서 임상 상황에서 후기 사건들—사건에 대한 정신 내용이 언어화할 수 있는

---

7 이 개념은 특별히 차폐기억(screen memories)에서 말하고 있는 "사건들을 덮어씌우기"(Kris에 의해 인용된 Greenacre, 1950; Kris, 1956a)와 관련되어 있지만 같은 것은 아니다.

기억의 형태로 무의식 속에 유지되고 있을 때만 파생되어 나오는 것들인—의 기억을 회상하는 것은, 비록 결정적인 초기 상처를 발생학적으로 재구성하는 일이 불가능하고 그 초기 상처가 후기 외상에 끼친 영향에 관한 조사가 이루어질 수 없기 때문에 자기 자신에 대한 환자의 이해가 불완전한 상태로 남을 수밖에 없을지라도, 종종 보다 초기의 사건들을 회상하는 것 대신에 수용될 수 있다. (그러나 정신분석 치료자에겐 이와 유사한 느슨함이 허용되지 않는다; 그는 실제로 특정한 병인적 상처가 생긴 그 시기를 알아내고자 노력해야 한다.)

앞에서 서술한 고찰들에서 알 수 있듯이, 자기애적 성격장애의 분석에서 일어나는 이상화 전이는 특정하고 명확한 형태로 나타나는데, 이 형태는 주요한 외상적 고착이 발생하거나, 이상화하는 자기애의 발달이 방해받은 특정한 시점에 의해 결정된다. 그러나 이 전이들은 전이 신경증의 분석 단계 동안에 만나게 되는 이상화와 초심리학적으로 그리고 임상적으로 쉽게 구별할 수 있다. 기본적인 이상화 전이의 특징들을 이루는 규칙성, 질서정연함, 안정성, 분석과정에서 차지하는 중심적인 위치 등—전이 신경증의 분석에서 이상화가 불규칙적으로 나타나며 주변적 위치를 차지하는 것과는 대조적으로—은 이상화 전이의 모든 하위 집단들 안에 있는 자기애적 고착이 이상화된 대상의 자기애적 측면을 궁극적으로 내면화하기 이전에, 즉 초자아의 이상화가 공고화되기 이전에 발생했다는 사실에 기인한다. 비록 전이 신경증에서 이상화가 틀림없이 자기애적-이상화 리비도(narcissistic-idealizing libido)를 활성화시킴으로써 유지된다 하더라도, 그것은 사랑 대상에 대한 일반적인 과대평가의 표현으로 이해되어야 한다. 여기에서 사랑 대상은 강렬한 대상 리비도에 의해 집중되며, 여기에다 자기애적 리비도가 덧붙여지는데, 이 자기애적 리비도의 접착은 강렬한 긍정적 전이 국면 동안에 이루어지는 단지 이차적인 것이다; 그리고 자기애적 리비도의 투자는 항상 대상에 대한 리비도 집중에 종속된다. 다른 말로 하면, 전이 신경증에서 나타나는 이상화는 사랑하는 상태에서 만나게 되는 것과 거의 비슷한 긍정적 전이의 일반적인 특징이다.

자기애적 성격의 분석에서 이상화 전이는 비교적 다양한 유형으로 발생한다. 그 중에는 이상화된 어머니 상이 자기(self)의 상과 거의 완전하게 융합되어 있던 시기로 되돌아감으로써 원초적 상태가 치료적으로 활성화되는 전이가 있으며; 훨씬 더 후기의 발달 시기와 관련된, 이상화하는 리비도와 이상화된 대상이 활성화되는 전이도 있다. 후자의 경우에, 전 오이디푸스 단계의 후기에서부터 잠재기 초기를 거치는 기간에 외상이 생김으로써 특정한 자기애적 고착을 이끌어낸다. 그 때에는 이미 아이와 부모의 관계가 완전히 대상-본능적 에너지에 의해 집중되어 있을 때이다. 그러나 이 시기에 발생하는 특정한 외상들(이상화된 대상에 대한 갑작스럽고 예기치 못한 감당할 수 없는 실망과 같은)은 이상화하는 자기애의 발달에 특정한 병인적 손상을 일으킴으로써(또는 그 외상들이 겨우 형성된 이상화를 해체시킴으로써), 초자아의 불충분한 이상화와 성격의 구조적 결함을 가져오게 한다. 구조적 결함은 다시 대상관계에서 오이디푸스 이전 또는 오이디푸스 시기의 이상화된 대상에게 고착되게 한다. 그런 외상을 겪은 사람들(청소년과 성인)은 끊임없이 이상화된 대상과의 연합을 성취하고자 시도한다. 왜냐하면, 그들의 특정한 구조적 결함(초자아의 불충분한 이상화)으로 인하여, 자기애적 평정은 상실한 자기대상을 대신하여 현재의 대상(즉 현재 활동하는)이 제공하는 관심, 반응, 그리고 인정을 통해서만 안전하게 보호되기 때문이다.

이상화 전이의 이런 두 가지 유형들, 즉 발달적으로 가장 원초적인 전이와 가장 성숙한 전이(그리고 그것들 사이에 고착된 많은 전이들)는 분석치료가 이루어지는 동안에 그것들이 제시하는 명확하고 특징적인 전이 상황을 토대로 초심리학적으로 구별될 수 있을 뿐만 아니라 임상적으로 인식될 수 있다. 그러나 전에 언급했듯이, 분석가는 임상적 상황이 기억의 집중현상에 의해, 즉 정신이 병인적인 사건과 유사한 후기 사건에 대한 기억들을 활성화시키는 현상에 의해 원래의 병인적 사건에 대한 인식이 모호해질 수 있다는 사실을 고려해야 한다.

궁극적으로는, 후기 단계에 속한 이상화된 대상과의 관계를 전이 안에서 재현하는 환자들의 경우, 그들의 자기애적 전이들이 더 원초적 자기애적 대상들과 관련된 장애들에 의해 덧씌워진 것은 아닌지 결정하기란 매우 어렵다. 따라서 단 하나의 지배적인 고착점에서 정신병리의 원인을 찾는 것이 불가능한 임상 사례들이 실제로 존재한다. 이런 사례의 이상화 전이는 이상화된 대상의 원초적 단계와 오이디푸스 단계에 교대로 초점이 맞추어진다.

제 3 장

이상화 전이의 임상 사례

이 장에서 나는 이 책에 제시된 이론적인 지침이 자기애적 성격의 분석에서 마주치게 되는 발생학적 및 역동-구조적 복잡성을 해결하는 데 어느 정도로, 어떻게 도움이 되는지를 보여주려고 한다. 나는 이 글에 제공된 자료를 필요에 따라 간략하게 요약하겠지만 그렇다고 해서 사례의 구조를 단순화시키지는 않을 것이다.

붉은 금발 머리에 주근깨가 있는 20대 중반의 남성 환자 A.는 큰 제약회사의 연구원이었다. 분석 초기에 그의 문제는 사춘기 이후로 줄곧 남성들에게 성적인 자극을 느껴 왔다는 점이었다. 그러나 곧 그의 동성애의 몰두는 그의 성격에서 두드러진 것이 아니고, 비교적 일부분을 차지하고 있으며, 밑에 깔린 광범위한 성격적 결함을 암시하는 많은 문제들 중 하나일 뿐이라는 점이 분명해졌다. 이따금씩 일어나는 동성애적 환상보다 더 중요한 문제는 (a) 막연히 우울해지며, 에너지가 빠져나간다고 느끼는 성향과 매사에 흥(zest)을 느끼지 못하는 (이런 무드가 그를 압도하는 동안 그의 작업 능력과 창조성이 저하되는) 성향, 그리고 (b) 앞에서 언급한 장애의 촉발 요인인 자기비판과 자신에 대한 관심의 부족, 또는 선배나 상관에게서 칭찬 받지 못할 때 예민하게 반응하는 자존감(주로 아주 특정한)의 취약성 등이었다. 따라서 그는 창조적인 능력과 기술을 가지고 자신의 업무를 수행할 수 있는 상당한 지능을 소유하고 있었음에도 불구하고, 자신이 일하고 있는 연구실의 실장과 많은 선배 동료들 및 그가 데이트하는 여인들의 아버지에게서 끊임없이 지도와 인정을 받고자 노력해야 했다; 그는 이런 남자들, 그리고 자신에 대한 그들의 의견에 예민하게 반응했으며, 그들의 도움과 허락을 얻으려고 했고, 그들로부터 지지받을 수 있는 상황을 만들고자 애썼다. 그가 그런 남자들에게 수용받고 조언을 받으며, 지도받는다고 느낄 때만 그리고 그들에게서 인정받는다고 느낄 때만, 그는 자신을 전체적이고, 수용적이며, 능력 있는 사람으로 경험했다; 그런 상황에서 그는 실제로 자신의 일을 창조적이며 성공적으로 잘 해내었다. 그러나 그는 누군가가 자신을 인정해주지 않는 기색이 조금이라도 보일 때, 혹은 자신에 대한 이해가 부족하다고 여겨질 때, 또는 자신에 대한 관심이 없어졌다고 느낄 때, 기운이 빠지고 우울해졌는데, 그의 우울한 반응은 처음에는 분노가 일고, 그 다음에는 차갑고 오만해지며 고립되는 순서를 따랐다. 그리고 그 결과 그의 창조성과 직무 능력이 떨어지곤 했다.

분석과정에서 형성된 치료적 전이에서, 이런 모든 반응의 성향들은 아주 명백하게 드러났으며, 이런 성향들로 인해 반복적으로 환자의 특정한 성격적 결함을 유발시켜 온 중요한 행동유형이 차츰 재형성되었다. 환자(세 아이 중 막내로서 10세 위인 형과 3세 위인 누나가 있었다)는 아동기 동안 자신을 보호해 주는 힘과 능력을 지닌 아버지 상을 형성할 시기에, 아버지의 힘과 능력에 대해 크게 실망하곤 했다. 그런 실망이 아주 자주(유사한 아동기 사건에 대한 기억을 어느 한 지점에 집중시키는 현상과 관련된 앞의 논평들을 보라) 반복되었기에, 환자가 회상해낸 초기의 기억들—중심적인 행동유형의 직접적(분석가에 관한)이고 간접적(다양한 현재의 아버지 상들에 관한)인 전이의 활성화에 따라오는—은 비교적 그의 삶의 후반기와 관련되어 있었다. 환자는 9세 때 남아프리카와 남아메리카를 경유하는 위험한 비행기 여행을 거쳐 가족들과 함께 미국으로 왔다. 유럽에서 사업가로 성공한 그의 아버지는 미국에서는 예전과 같은 성공을 거두지 못하였다. 그러나 언제나 그의 아버지는 자신이 새로 계획하는 일들을 아들에게 이야기해 주었으며, 아이의 환상과 기대를 자극했다. 그는 새로운 사업을 시작할 때마다 아들이 그 일에 흥미를 갖고 함께 참여하기를 원했다. 그리고 예기치 못한 사건과 낯선 미국의 상황으로 인해 자신의 목적이 장애에 부딪칠 때마다, 공포에 질려 사업을 처분하곤 했다. 물론 환자 A.는 이런 일들을 의식 속에 늘 기억하고 있었지만, 그는 일을 계획하는 동안 자신에게 확신과 신뢰를 갖게 했던 아버지의 모습과 일을 추진하는 과정에서 예상치 못한 어려움에 부딪칠 때마다, 그 상황을 겁낼 뿐 아니라 실패의 충격으로 인해 정서적, 신체적으로 철수(우울증; 그를 종종 앓아 눕게 했던 다양한 건강염려증적 호소들)하는 실망스러운 아버지의 모습 사이의 아주 대조적인 양상을 이전에는 인식하지 못했다.

　환자는 아버지와 관련하여 이상화-실망의 순환 경험을 가져다준 보다 초기 사건들을 재수집했다. 이것들 중에서 가장 두드러진 사건은 가족들이 동유럽에서 지낸 마지막 몇 년 동안에 일어났는데, 환자는 특히 그의 나이 6세 때와 8세 때 가족의 운명에 결정적인 영향을 끼친 두 가지 사건을 회상해내었다. 환자의 유년기 초기에 아버지는 씩씩하고 멋진 남자였으며, 사업의 규모는 작지만 번창하고 있었다. 많은 암시와 기억들을 기초로 판단하건대, 환자는 재난이 닥친 6세 이전까지는 아버지와 정서적으로 아주 친밀했으며, 그를 무척 동경했던 것 같다. 아버지는 환자가 어렸을 때 (환자에 의하면 그가 4세가 되기 전에) 가정의 전통에 따라 자신이 경영하던 공장에 아들을 데리고 가서, 후에 미국에서 환자가 사춘기였을 때 그에게 더욱 진지하게 그랬던 것처럼, 사업에 관한 세부적인 사항들을 설명해 주고, 심지어 사업의 여러 문제들과 관련하여 어린 그에게 조언—회고컨대, 장난스럽게—을 구하기도 하였다. 그러나 독일군이 침략할 것이라는 갑작스런 위협이 그들의 친근한 관계를 방해했다. 처음에 아버지는 동부 유럽의 다른 나라로 사업을 이전하기 위해 아주 멀리 떠났다. 그리고 나서 환자가 6세 때 독일 군대가 침입했고, 유태인이었던 가족들은 피신하였다. 처음에 아버지는 무기력해졌고 공포에 질렸으며, 비록 규모가 많이 줄기는 했지만 나중에 사업을 다시 세우는데 성공했다; 그러나 그들이 피해 간 나라에 독일이 침공함으로써 또다시 모든 것을 잃었으며, 가족들은 다시 한번 피신해야 했다(그때 환자는 8세였다).

환자의 기억에 의하면 본질적인 구조적 결함이 초래되었던 결정적 시기는 잠재기 초기라고 추정되었다(앞에서 "새로운 구조가 상처받기 쉬운 상태." 즉 특히 초자아가 막 형성된 잠재기 초기의 중요성에 대하여 언급한 내용을 참조하라). 그러나 틀림없이 잠재기 후기의 사건(미국에서의 아버지의 실패)이 손상을 가중시켰을지라도; 훨씬 더 초기의 경험—오이디푸스 이전 시기와 오이디푸스 시기 동안에 아버지의 극단적이고 갑작스러우며 예상하지 못했던 기분의 변동과 특히 유아기 동안에 어머니의 공감적인 반응에 대한 불신에 노출되었던—은 거의 틀림없이 그를 민감하게 만들었으며, 취약한 상태를 야기시켰다. 그것은 (약간의 선천적인 성향과 결합하여) 심각하고 영구적인 구조적 결함을 가져 왔다.

반복하자면; 비록 장애에 대한 특정한 병인적 초점이 잠재기 초기에 경험한 아버지 상에 대한 외상적 평가절하와 관련되어 있다 할지라도, 그의 생의 보다 초기에 발생한 상처—기억되지는 않지만 분석가에 대해; 특히 자신의 현재의 경험과 기분의 모든 미묘한 차이와 뉘앙스에 대해 분석가가 즉각적이고 공감적인 이해를 완벽하게 제공하지 못한다고 느끼는 환자의 민감성에서 드러나는—가 후기 상처의 병인적 토양을 준비했음이 분명하다. 환자 어머니의 현재 행동과 성격을 자세히 관찰하여 얻은 많은 증거 자료들을 볼 때, 그녀는 심각한 장애가 있는 여성이며, (지나치게 감정적인 아버지와는 대조적으로) 겉으로 보기에는 평온하고 차분하지만, 압력에 노출되면 몹시 불안해 하고, 이해할 수 없는 흥분에 의해 갑자기 해체되는 경향이 있다는 결론에 이를 수 있었다. 따라서 환자는 어머니가 모든 것을 알아서 공감해 주는 것을 필요로 하는 시기인 생의 초기 1년 동안 어머니에 대해 많은 실망을 경험했으며, 어머니의 반응이 피상적이었고, 또 그 반응이 어떤 것일지 예상할 수 없었기 때문에 그의 어린 시절은 몹시 불안할 수밖에 없었고, 자기애적으로 취약한 상태로 그 시절을 보냈다는 것을 알 수 있었다.

그러나 환자의 중심적인 심리적 결함은 잠재기 초기의 이상화된 아버지 상에 대한 외상적 실망과 관련되어 있다. 그의 결함의 본질은 무엇이며, 그것을 어떻게 초심리학적인 용어로 설명할 수 있을까? 이 물음에 대해 아주 간결하게 대답한다면 이렇게 말할 수 있다; 그의 성격의 중심적 결함은 초자아의 이상화가 불충분한데(그의 초자아의 가치, 표준, 기능에 이상화하는 리비도가 충분히 집중되지 못한 것) 있으며, 이와 동시에 전 오이디푸스 단계의 후기와 오이디푸스 단계에서 실제로 경험한 이상화된 부모상에 강하게 집중되어 있다는데 있다. 이런 결함의 결과로 인한 증상은 그 범위가 비록 한정되어 있기는 했지만, 매우 깊은 것이었다. 환자는 자기애적 에너지가 투자된 아버지 상의 측면(이상화된 아버지의 힘)에 대해 심각한 외상적 실망을 겪어왔기 때문에 거기에는 이상화된 대상에 대한 변형적 내면화가 발생한 것이 아니라, 성격의 구조화가 이루어지기 이전의 이상적인 상(환자가 끊임없이 추구하는)에 대한 고착이 발생한 것이다. 초자아는 필요한 만큼의 고양된 위치를 획득하지 못했으며, 따라서 환자의 자존감(self-esteem)을 높여 주지 못했다. 그러나 환자가 대상 – 본능적 리비도가 집중된 아버지 상의 측면 역시 박탈당했다고 느끼지는 않았다는 사실에 비추어 볼 때, 그의 초자아는 그 내용과 기능에 있어서, 비교적 심하게 손상되지는 않았다고 볼 수 있다. 초자아의 내용과 기능은 오이디푸스 시기에 아버지와의 관계에서 경험하는 대상 리비도적 그리고 대상 공격적 요소가 해소되는 것과 함께 형성된다. 환자는 가치관과 목표와 기준을 세웠으며; 대체로 어떤 목표를 열망해야 하는지, 혹은 어떤 행동이 옳고 그른지 자신에게 말해 달라고 암시하거나 직접 요구하면서, 외부의 상들에게 매달리지는 않았다. 기본적으로 그의 핵심 목표와 기준은 가정의 문화적 배경으로부터 나온 것이며, 그의 아버지에 의해 전해진 것이다. 그러나 그에게는 그 기준에 따라 행동하거나 목표에 이르렀을 때에 순간적인 만족 이상의 기쁨을 느낄 수 있는 능력이 결핍되어 있었다. 그는 자신이 칭송하는 강한 상과 연결시킴으로써만 강화된 자존감을 획득할 수 있었기에 그 사람의 수용과 지원을 갈망했다.

따라서 그의 특정한 구조적 결함이 나타나는 전이에서, 그는 이상화된 분석가에게 두 가지를 끊임없이 요구(강제적이며, 가학적으로)했다: (a) 분석가는 환자가 가진 가치와 목표와 기준을 공유해야(따라서 이상화를 통해 그것들에게 중요성을 부여해야) 한다; 그리고 (b) 분석가는 환자가 자신의 가치와 표준에 따라 행동하며 목표를 향해 성공적으로 일하고 있는 것을 기뻐하며 칭찬해 줌으로써 이를 확인시켜 주어야 한다. 이러한 요구들에 대해 분석가가 공감적으로 이해한다는 표현이 주어지지 않는다면(언어적 확인으로 충분할 것이다; 직접적인 칭찬이 필요한 것은 아니며, 그것은 이 환자에게 진실로 받아들여지지도 않는다), 환자는 자신의 가치와 목표를 진부하고, 감동을 주지 못하는 것으로 경험한다. 또한 자신의 성공들도 무의미하며, 우울하고 공허한 것으로 느낀다.

환자의 중심적인 심리적 결함과 그에 따른 결과를 설명했으므로, 이제는 환자의 정신병리와 관련된 3가지 보조적인 영역에 대해 설명할 것이다: (1) 환자의 만성적인 자기애적 취약성; (2) 주로 이상화된 부모상에 대한 실망 때문에 발생하는 과대적 자기에 대한 과도한 리비도 집중; 그리고 (3) 자기애적으로 집중된 리비도 구성물을 성화(性化)하려는 경향.

1. 환자의 **만성적인 자기애적 취약성**으로 인한 증상은 구체적인 성격을 띠지 않는다: 이에 대한 설명은 환자의 자기애적 성격장애의 다른 면들을 설명하는 가설들보다 더욱 사변적이고 잠정적일 수밖에 없다. 그는 사소한 일 그것이 개인적이고 의도된 것이든, 혹은 비개인적이고 우발적인 것이든—에 대해서 뿐만 아니라 외부 환경의 변천 과정에서 생기는 문제들에 대해서도 지나치게 예민한 반응을 보인다. 이때 그는 이러한 문제들을 세상이 자신에게 고의로 상처를 입힌 것으로 해석하는 경향이 있다. 심리적 결함의 광범위성과 만연성 그리고 그것이 속해 있는 경험 세계의 원시성은 환자와 어머니와의 초기 관계에 장애가 있었음을 가리킨다. 그리고 앞에서 언급했듯이, 그의 어머니의 성격을 평가해 볼 때, 그의 만성적인 자기애적 취약성은 어머니의 성격장애와 관련되어 있으며, 특히 그의 유아기 동안 그녀의 공감적 반응이 예측할 수 없었고, 신뢰할 수 없었던 것과 관련되어 있다고 할 수 있다.

대체로, 이상화된 원초적 부모상의 이상화와 원초적 자기의 과대주의의 전조(precursor)는 유아의 순조로운 일차적 자기애적 평정의 경험이며, 후기의 완전함의 상태(즉 힘과 지식과 아름다움과 도덕성의 완전함)로 발달하기 이전의 심리적 상태의 경험이라고 할 수 있다. 어머니가 아이의 욕구에 대해 민감하게 반응해 준다면, 아이의 자기애적 평정이 방해를 받은 후 그 평정이 다시 형성되는 동안에 일어나기 쉬운 외상의 발생을 막을 수 있다. 그리고 어머니의 반응이 지닌 결함이 견딜만한 정도라면, 아이는 절대적인 완전함을 기대하는 초기의 무한정성과 맹목적인 확신을 차츰 수정할 것이다. 초심리학적 용어로 표현하자면: 어머니의 작은 공감적 실패와 오해 및 반응의 지연으로 인해서 유아는 무조건적인 완전함(일차적 자기애)에 대한 원초적 상(imago)으로부터 자기애적 리비도를 철수하고, 대신에 내적 심리구조의 아주 작은 일부를 획득하는데, 이것은 자기애적 평정을 유지시키는 어머니의 기능, 즉 예를 들면 진정시키고 달래 주며 신체적,[1] 정서적 따스함과 다른 종류의 자기애적 지지를 제공하는 기능을 대신한다. 따라서 아이의 후기 환경에서도 그렇듯이, 최초의 어머니-유아 관계의 가장 중요한 측면은 최적의 좌절(optimum frustration)이라는 원칙이다. 처음부터 존재하는(pre-existing) 일차적인 자기애적 평정이 현실의 지원을 받음으로써 그 평정이 깨어지는 실망을 감당할 수 있는 정도로만 경험하게 될 때, 자기애의 영역 안에 기본적인 긴장을 견딜 수 있고 자기를 달래는 능력을 제공하는 내적 구조가 형성된다.

그러나 어머니의 반응이 공감적이지 않고, 신뢰할 수 없다면, 무조건적이고 원초적며 완전한 상에 집중되어 있는 리비도를 점차적으로 철수시키는 과정이 방해받게 되고; 어떠한 변형적 내면화도 발생하지 않으며; 정신은 한계가 막연하며 절대적이고 완전한 상에 계속 매달려 있음으로 해서—(a) 직접적으로는, 자기애적 에너지를 집중함으로

---

1 체온을 조절하고 따스한 감정을 유지할 수 있는 능력은 일정 범위 내에서 이와 같은 방식으로 획득된다. 자기애적 장애를 지닌 개인들은 따스하게 느끼거나 따스함을 유지하지 못하는 경향이 있다. 그들은 정서적인 따스함뿐만 아니라 신체적인 따스함을 얻기 위해서 다른 사람들에게 의존한다. 그들은 혈액순환이 잘 안되고, 낮은 온도(찬바람)에 특히 민감하다. 심지어 자기애적 취약성이 심하지 않은 개인들도 직접적인 수치 반응(갑작스럽게 혼란스런 과시적리비도 집중들을 사용하는데 따른)이 가라앉고 난 후에 자기애적 상처에 대해 피부와 점막의 혈액순환장애로 반응하고, 따라서 아마도 이러한 조건들에 따른 결과로, 보다 쉽게 감염되고 특히 감기에 잘 걸리는 경향이 있다.

써 자기를 달래거나 (b) 간접적으로는, 이상화된 부모를 향한 적절한 호소를 통해—이차적으로 자기애적 평정을 재구축하는 다양한 내적 기능들을 발달시키지 못하게 되며, 따라서 자기애적 상처의 효과에 대해 비교적 무방비 상태로 남아 있게 된다. 물론 이런 상태는 다양한 행동적 증후들로 나타나며, 그 증후의 심각성은 다른 어떤 요소들보다도 어머니의 반응이 지닌 결함의 범위와 그 심각성에 달려 있다. 일반적으로 그런 행동들은 자기애적 평정이 방해받을 때, 전적인 철수와 무자비한 격노가 혼합된 과도하게 예민한 반응으로 나타난다.

자기애적 취약성과 고착의 발생에 대한 두 가지 일반적인 진술이 가능하다.

(ⅰ) 심각한 외적 요소와 부모의 성격장애들이 관련되어 있지 않는 한 (예를 들어, 부모의 이혼, 정신적인 질병, 자살로 인한 한쪽 부모의 상실의 경우), 아이가 타고난 선천적인 심리적 성향과 부모(특히 어머니)의 **성격** 사이의 상호작용은 유전적인 요소와 커다란 외상적 **사건**들(부모의 부재나 죽음과 같은) 사이의 상호작용보다 훨씬 더 중요하다.

(ⅱ) 부모의 성격이 지닌 가장 구체적인 병인적 요소들은 그들 자신의 자기애적 고착의 영역에 놓여 있다. 특히, 가장 초기단계 동안에 (a) 어머니가 자기에게 몰입하면, 어머니 자신의 기분과 긴장을 아이에게 투사하게 되며, 따라서 공감능력에 결함이 생긴다; (b) 어머니는 자신의 자기애적 긴장 상태 및 몰두로 인해 아이의 기분과 긴장에 대해 선택적으로 과도하게 반응(건강염려증으로)한다; (c) 어머니는 자신의 몰두가 아이의 욕구와 조화되지 않을 때, 아이에게서 표현되는 기분과 긴장에 대해 반응하지 못한다. 그 결과는 결함 있는 공감으로 인한 상처나 과도한 공감이나 공감의 결핍을 초래한다. 또 이로 인해 자기애적 집중의 점진적인 철수와 긴장을 조절하는 정신구조의 형성이 방해를 받게 되며: 아이는 전반적으로 초기 자기애적 상태에

고착된 채로 남아 있게 된다.

따라서 어머니의 자기애적인 성격 조직은 아이가 초기에 자기애적 고착과 취약성을 갖게 되는 원인이 될 뿐만 아니라, 아이의 심리적 조직이 자기애적 관계와 조화를 이루는 시기를 훨씬 지나서까지 여전히 부모의 자기애적 환경에 얽매이게 하는 원인이 된다. 후기 단계에서 아버지의 성격은 나중에 발생하는 성격장애의 심각성에 결정적인 영향을 미칠 수 있다: 만일 아버지 역시 자신의 자기애적 고착 때문에 아이의 욕구에 공감적으로 반응해 주지 못한다면, 아이는 더욱 복합적인 손상을 입게 된다; 그러나 만일 아버지의 성격이 확고하게 확립되어 있다면, 그리고 예를 들어, 아버지가 아이로 하여금 자신을 최초로 이상화할 수 있도록 해주고, 아이로부터 철수하지 않으면서 아이로 하여금 현실적 한계를 점차 발견할 수 있도록 허용한다면, 그때 아이는 아버지로부터 건전한 영향을 받을 것이며, 아버지와 한편이 되어 비교적 상처 받지 않고 어머니로부터 탈출할 수 있을 것이다.

이런 일반적인 고찰들을 제시하고 나서, 나는 환자 A의 특정한 사례로 돌아가고자 한다. 초기 환경은 어머니의 병적 성격으로 인해 그의 만성적 자기애적 취약성이 시작되는 온상이 되었을 뿐만 아니라, 자기애적 영역에서 아동기 후기에 획득되는 환자의 정신병리적인 측면이 발생하는데 두 가지 방식으로 영향을 끼쳤다: (a) 즉 그것은 초기 자기애적 고착의 형성을 통하여 자기애적 장애로부터 회복할 수 있는 능력을 감소시켰고, 긴장을 조절하는 심리구조를 형성하기보다는 또 다른 고착들을 발달시킴으로써 후기의 자기애적 상처에 예민한 반응을 보이도록 만들었다; 그리고 (b) 아이는 초기에 어머니의 완전함에 대해 계속적으로 실망하게 됨으로써 어머니를 충분히 이상화할 수 없었으며, 따라서 아버지 상이 지나치게 이상화되었고, 이상화된 아버지 상의 변화과정은 다른 어떤 사례보다 이 아이의 정신에 큰 충격을 주는 결과를 초래하였다.

2. 환자의 정신병리의 보조적인 영역에 대해 계속 조사하면서, 나는 이제 이상화된 분석가에 대해 실망하는 반응을 보이거나 혹은 간접적으로 임상적 전이 바깥에서 이상화된 인물에게 리비도를 과도하게 집중시키는 환자의 성향을 조사하려고 한다.

이상화된 부모상의 치료적 활성화(이상화 전이)로부터 일시적인 과대적 자기의 과도한 리비도 집중으로 이동하는 변동은 자기애적 성격환자를 분석할 때 가장 흔하게 일어나는 현상이다. 이런 경우 보통 임상적에서는 이전에 이상화한 분석가에 대한 냉담한 태도, 사고와 언어의 퇴행 경향성(과장된 힌트에서부디 신조어를 과다하게 사용하는데 이르기까지), 자기-의식(self-consciousness), 수치감, 그리고 건강염려증적 몰두, 우월감 등이 나타난다. 이러한 행동과 증상의 변화는 과대적 자기에 대한 과도한 리비도 집중이 대체로 이런 심리적인 형태가 나타나는 꽤 원초적인 단계와 관련된다는 사실을 말해준다. 그리고 이러한 심리적 형태는 퇴행적 성질을 가진 방어적 움직임의 결과이며, 이것은 대부분의 일차적인 거울 전이의 사례에서 만나게 되는 과대적 자기가 보다 성숙한 단계에서 나타나는 응집적인 치료적 활성화와는 대조를 이룬다[2](6장을 보라).

환자 A의 분석과정에서 과대적 자기의 과도한 집착을 향한 반응적 움직임이 자주 일어났다. 환자 A 비현실적인 주식시장의 거래에 관한 생각이나 현실성 없는 연구계획에 몰두한다거나 정서적인 냉담함과 의미 없는 말을 반복하는 행동(특히 그가 9세 때 배운 스페인 사람들만이 쓰는 특수한 단어들을 뽐내며 사용한 것), 그리고 건강염려증적인 몰두와 같은 증상을 보였다. 그러나 그의 과대적 자기의 과도한 집중이 단지 방어적 반응의 일시적인 결과가 아닌 단계들이 있었다;

---

2 원초적인 과대적 자기에 대한 반응으로서의 과도한 리비도 집중(reactive hyper-cathexis)에 대한 또 하나의 임상 사례는 4장에서 서술된 환자 G의 사례를 참조하라.

다양한 시기에, 특히 오랜 분석과정의 처음 몇 해 동안에, 그의 과대적-과시적 긴장은 실제로 어느 정도 안정된 거울 전이가 형성됨으로써 방어적으로 사용되지 않았다. 과대적 자기에 대한 일차적이며 반응적인 과도한 집착은 주로 초기 오이디푸스 고착점과 관련되어 있었다: 특히 아버지가 갑자기 사라져 버렸을 때, 아이가 한동안 책임을 맡아 그 가정의 세대주라는 환상을 갖고 있던 것과 관련되어 있었다. 그러나 이런 환상들은 갑자기 무너져 내렸다. 특히 불안정한 당시 사회 상황의 일반적인 분위기 속에서 어른들의 친절한 지원과 협력을 받지 못함으로써 그의 환상들은 의식적이고 전의식적인(preconscious) 놀이적 내용—종종 더 후기의 성공적인 승화[3]의 전조인—으로 발달할 수가 없었던 것이다.

과대적 자기의 과도한 리비도 집중은 분석 초기에서뿐만 아니라 분석 후반기 동안의 특정한 상황에서 중요한 역할을 하였다. 몇 년 동안의 분석 결과로 환자의 기능이 개선되고, 자존감이 높아졌을 때, 그리고 성공과 실패에 대해 적절하게 반응할 수 있는 그 자신의 능력이 더욱 확고해졌을 때, 그는 자주 오랜 기간 동안 자신과 자신의 삶에 대한 비현실적인 느낌을 가지고 있었다. 그런데 이것은 그가 새롭게 적응하는 과정이라는 말로는 다 설명될 수 없는 것이었다. 그것은 단지 그가 어렸을 때 상상속에서 어른이 되었던 옛날의 환상들을 다시 회상해내는 것을 통해서, 그리고 그 환상들이 자신을 유능한 성인으로서 받아들이는 능력을 어떻게 방해했는지를 이해하는 것을 통해서만 충분히 설명될 수 있었다—그 때에만 마술적이고 비현실적인 느낌이 현재의 더욱 충만한 그의 삶의 경험을 위해 줄어들었다.

3. 환자의 정신 장애에 대한 초심리학적인 평가는 이제 정신병리의

---

3 아이의 과대적 환상에 대해 성인이 협력해줄 때 얻을 수 있는 유익에 관해서는 Eissler(1963, pp. 73ff.)를 참조하라.

세 번째 보조 영역인, **병리적인 자기애적 구성물의 성화**(性化)의 성향에 대해 논의함으로써 마무리 될 것이다.

자기애적 성격장애에서 도착(그리고 중독과 비행)의 문제는 내가 이 연구 범위 내에서 관심을 기울인 것보다 더 큰 관심을 기울일 만한 가치가 있다. 물론 도착적인 (그리고 그와 관련된) 행동 증후는 자아를 사로잡을 정도로 아주 심하게 성격을 지배할 수 있고, 비록 그것이 표면적으로는 잘 드러나지 않게 감추어져 있지만, 전체 정신병리 안에서 일차적이고 중심적인 자기애적 장애를 가져올 수 있을 만큼 광범위한 퇴행을 이차적으로 가져올 수 있다. 그럼에도 불구하고, 나는 대체로 이렇듯 광범위하게 퍼져 있는 성격 장애의 핵심에는 자기애적 장애의 요소가 자리잡고 있다는 인상을 받고 있다. 비교적 가벼운 도착적인 증후를 보인 환자 A의 사례는 (a) 뚜렷한 일차적 자기애적 장애; (b) 그것과 관련된 초기 자아의 결함; 그리고 (c) 자기애적 장애의 성화(性化) 사이의 관계를 보여주는데 특히 적합하다.

환자 A의 동성애적 성향은 자아에 대해 광범위한 이차적 효과를 가져오거나 욕동의 퇴행을 야기시키지는 않았다. 그러나 초기에 언급했듯이, 환자가 그것 때문에 분석 받기를 원했을 정도로 그것은 환자의 중심적인 동기였다. 그는 결코 동성애적 활동에 참여—약간의 성적 요소가 가미된 청소년기의 장난스런 몸씨름과 남자 운동선수의 사진이 실린 잡지를 사는 것을 제외하고—한 적이 없으며, 그의 동성애적인 몰두는 자위행위 없이 오직 환상 속에서만 이루어졌다. 그의 동성애적 환상 대상들은 항상 강한 육체적 힘과 완벽한 체격을 소유한 남성들이었다. 그의 환상속에서의 행동은 이런 남자들에 대해 가학적이며, 절대적인 통제를 유지하는데 그 목적이 있었다. 비록 현실에서는 그가 약하더라도 환상속에서는 강한 남자를 속박할 수 있으며, 무기력하게 만들 수 있었다. 때때로 그는 신체적으로 강하고 완벽한 남자를 수음하는, 또 그에게서 힘을 빼앗는 생각을 하면서 승리감과 강렬한 느낌 그리고 오르

가즘에 도달했다.

임상적으로 말하면, 동성애적 환상은 환자의 개선된 정신병리의 다른 측면들이 드러나기 훨씬 전에 없어졌다: 이 환상들은 스트레스를 받는 상황에서만 다시 발생하였고, 그후에 그것들은 성적인 의미를 갖지 않은 환상속의 기억들로 대체되었다; 환자는 그것들을 동성애적 "공포들"이라고 불렀다. 즉 그는 동성애적 기억들이 그에게 전염병으로 되돌아올지도 모른다는 막연한 염려를 경험하였다. 그리고 궁극적으로 이런 "공포들"조차도 거의 완전히 사라졌다.

환자의 결함이 성화되는 것은 그의 기본적인 정신구조가 취약하고 결과적으로 그것의 중화 기능에 손상을 입었기 때문이다. 중화 기능을 담당하는 기본적인 정신구조는 오이디푸스 이전에 획득되기 때문에, 이 중화 기능의 결함은 중심적인 상처(이상화된 부모상의 상실에서 오는 외상)가 잠재기 초기에 발생했을 때, 이미 존재해 있었음이 틀림없다. 불충분한 중화의 결과로 다음의 영역들에서 자기애적으로 에너지가 사용된 대상들과 환자와의 관계가 성화된다: (a) 이상화된 (오이디푸스적인) 아버지 상(확고하게 이상화된 초자아가 결핍되어 있기 때문에 그 아버지 상에 고착되어 있는)의 성화; (b) 리비도가 과도하게 집중된 과대적 자기의 거울 이미지(안전하게 집중된 자기의 (전)의식적 이미지가 결핍되었기 때문에 그것에 고착된 상태로 남아 있는)의 성화; 그리고 (c) 이상과 자기 존중감을 획득하게 하는 심리적 과정(내면화) 및 이상화된 가치와 신뢰할 수 있는 자기 존중감에 대한 그의 욕구의 성화.

따라서 환자의 동성애적 환상들은, 분석가의 이론적 성향에 따라서는, 그의 자기애적 장애가 성화된 현상으로 이해될 수도 있다. 물론 환상은 의미있는 통찰을 가로막는다. 환자가 자신에 대해 배운 것을 동화시키기 전에 어느 정도 긴장을 감당할 수 있는 능력이 실로 먼저 획득되어야 한다. 자기애적 긴장의 성화는 깊이 뿌리박혀 있는 것이 아니다. 또한 그것이 나타남으로써 사실상 더 쉽게 부인될 수 있는 자기애적 장애의 다른 측면보다 먼저 치료하지 않으면 안 되는 정신병리가 존재함을 환자가 더욱 분명히 깨달을 수 있게 된다는 사실에 비추어 볼 때, 성적 환상의 의미에 대한 직접적인 해석이 무익한 것만은 아니다. 사실 그런 해석은 장애가 있는 심리적 기능의 다른 영역을 면밀히 조사하는 것에서 얻을 수 있는 통찰을 뒷받침하는데—특히 동성애적 환상들이 거의 감소된 후에—종종 아주 유용하다.

따라서 분석 후기 단계에서 나란히 나타난 것들을 요약하면 다음과 같다. (i)(a) 다양한 아버지 상들로부터 그의 가치와 목표를 긍정 받고자 히는 끊임없는 요구와 (b) 신체적으로 깅한 님자들을 신망하는 그의 이전 환상들 사이의 유사성; 그리고 (ii)(a) 그의 반동적인 과대주의, 거만함, 우월성과 (b) 한때 성적 흥분을 제공해준 몇몇 젊은 남자들의 기품 있는 태도 및 행동 사이의 유사성.(iii) 외적으로 완벽함을 지닌 환상 속의 상들에게서 힘을 빼앗음으로써 힘을 얻는 성적 흥분의 경험. 강하고 잘생긴 남자들을 굴복시키고, 그들을 수음하며, 그들의 힘을 빼앗는 환상에 대한 언급은 획득되어야 할 심리적 기능 및 심리적 결함의 성질과 관련된 성화된 표현들로 해석될 수 있다. 확고하게 안정되고 이상화된 가치체계가 없고, 자존감을 내적으로 조절하는 중요한 자원들 중 하나가 결핍되었기 때문에 고통을 겪은 그는 성적 환상 속에서 자신의 내적 이상을 어린 시절의 성화된 대상, 즉 힘센 남자 운동선수로 대체했다. 그리고 그는 이상화된 가치와 기준의 표본에 따라 행동함으로써 경험한 승리감과 고양된 자존감을 환상적인 요소, 즉 환상 속에 있는 완전하고 강한 이상적인 상으로부터 힘을 빼앗아 가짐으로써 일시적으로 자기애적 균형감을 얻는 것으로 대체했다.[4]

---

4 마술적 요소를 지닌 것으로 여겨지는 정액을 삼키는 무의식적 펠라치오 환상이 있다는 것은 내면화와 구조형성이 성취되지 않았음을 보여준다고 추측할 수 있다. 그러나 그것은 결코 의식의 수면 위로 떠오르지 않았으며, 아마도 이것은 심지어 환자가 심한 정서적 압력을 받고 있는 상황에서도 수동적인(자학적인) 심리적 해결보다

그러나 일반적으로 성적 환상 내용에 대한 직접적인 해석이 그런 사례 분석에 있어서 최적의 접근법은 아니며, 분석가는 초기에 그런 환자의 결함과 욕구의 성화가 특정한 정신 에너지의 양적 조절 기능에 쓰인다는 것, 즉 그것이 강렬한 자기애적 긴장을 방출하는 수단이라는 것을 그에게 알려 주어야 한다. 성화되지 않은 자료를 자세히 관찰함으로써 얻어지는 통찰에 힘입어, 성적 환상 내용을 회상하여 사용하는 것은 지혜롭고 조심스럽게 다루어져야 한다. 왜냐하면 긴장을 도피하는 (중독과 유사한) 습관을 극복한 환자는, 분석가가 그의 갈등에 대한 과거의 성화를 환기시킴으로써 예전의 유혹을 불러일으킨다고 느낄 수 있기 때문이다.

이 영역에서는 어떠한 확고한 규칙도 세워져 있지 않다. 분석가의 공감적인 기술과 경험은 (1) 환자가 자신의 결함과 욕구의 성화를 간신히 멈추고, 성화되지 않은 통찰력과 심리구조를 형성함으로써 자기애적 평정을 성취하는 새롭고 신뢰할 수 있는 양태를 향해 이제 막 움직이기 시작하는 순간에, 환자에게 불필요한 부담을 주는 것을 피해야 할 것인가, 혹은 (2) 더욱 확고히 형성된 평정을 토대로, 성격장애가 성적인 것으로 나타났던 과거를 추적하는 조사에 의해 통찰이 확장되는 것을 허용할 것인지를 결정하도록 그를 인도해야 할 것이다. 이때 환자의 도착적인 성적 쾌락으로 퇴행하는 도피 경향은 이러한 회상적 탐구를 통해 인식될 수 있고, 이를 통해 자신의 퇴행적 경향에 대한 환자의 통제 능력이 증가하게 된다

는 적극적인(가학적인) 통제와 지배의 상황에 머무르는 것을 원한다는 사실과 관련이 있는 것 같다.

제 4 장

이상화 전이의 임상적 측면

성숙한 형태의 이상화와 구별되는 자기애적 이상화 전이

우리가 알고 있는바, 이상화 전이는 특정한 자기애적 장애의 정신분석 치료에서 중추적인 역할을 하며, 대부분의 자기애적 성격을 분석하는 오랜 기간 동안—혹은 최소한 어떤 결정적인 단계 동안—가장 중요한 요소로 취급된다. 분석가는 자기애적 성격의 분석과정에서 발생하는 이상화(즉 좁은 의미의 이상화 전이)와 전이 신경증의 분석과정에서 일반적으로 만나게 되는 이상화 사이의 본질적인 차이를 이해해야 한다.

자기애적 장애에서 나타나는 이상화는 이상화된 부모상의 보다 원초적인 단계의 활성화에서 오기도 하고, 비교적 성숙한 단계의 활성화에서 오기도 한다; 그러나 구체적인 병리적 고착은 이상화된 부모상의 변형적 내면화가 최종적으로 완성되기 이전에, 즉 발달과정에서 이상화된 초자아가 확고하게 형성되기 이전에 성립된다. 한편, 전이 신경증에서 만나게 되는 이상화는 오이디푸스 단계의 끝 부분과 후기 심리 발달단계에서 획득되는 심리구조에서 기인한다.

두 가지 형태의 이상화가 전이 신경증에서 나타난다: (a) 하나는, 앞에서 지적했듯이, 전이에서 활성화된 대상 사랑(어떤 종류이던지 간에)과 혼합된 이상화이며; 그것은 특성상 사랑을 수반하는 이상화와 유사하다; (b) 다른 하나는, 환자가 자신의 이상화된 초자아를 분석가에게 투사함으로서 발생한다. 비록 전이 신경증에서 일어나는 이상화가 자기애적 장애의 분석에서 발생하는 이상화와 비슷한 것 같지만, 일반적으로 이 두 가지 형태를 전혀 구별할 수 없는 것은 아니며, 또한 임상적으로 인식하는 것도 크게 어렵지 않다. 이러한 두 종류의 이상화가 서로 다른 발달적 자리를 갖는다는 것을 이론적으로 이해함으로써 현상적인 특성들을 구별할 수 있게 된다.

그것들이 정신분석의 내 외부에서 광범위하게 발생하기 때문에 실제로 아주 중요함에도 불구하고, 나는 여기에서 이상화의 방어적 사용인 과도한 이상화(일시적인 자아의 태도에서 또는 만성적인 성격 특성에서 나오는)가 구조적으로 더 깊은 곳에 놓여 있는 적대감을 억압하고, 방어 반응을 형성하거나, 혹은 부인하도록 지지해 주는 이차적 현상에 대해서는 논의하지 않을 것이다. 이런 유형의 이상화는 적대적인 태도에 종속되어 있기 때문에, 그 이상화가 자기애적인 것인지 아니면 대상-본능적 성질과 관계 있는 것인지에 대한 대답은 그곳에 자리잡고 있는 적대감의 특수한 성질에 대한 평가에 달려 있다. 그러나 이런 문제들은 대상 사랑이 결합된 이상화와 자기애적 이상화 사이를 구별하는 상황에서가 아니라 자기애와 적대감 사이의 관계에서, 즉 자기애적 격노의 주제와 연결해서 생각해야 할 것들이다.

한편, 대상 사랑이 지닌 이상화 요소는 그 이상화 요소가 부착되는 대상에게 종속된다. 그리고 그것이 관심을 기울이는 대상(전이 안에서 나타나는 원초적인 오이디푸스 시기에 아동이 갖는 상)은 자기와 뚜렷이 구별된다. 즉 그 대상은 독립적인 지각, 사고 및 행동이 가능한 중심적인 주도권을 지닌 것으로 인식된다. 따라서 대상과의 전이 상호작용은 상호성의 요소(예를 들면, 아기를 주고받는 환상)를 포함하고, 대상에 대한 실망은 분노를 불러일으키며, 거부하는 대상을 더욱 갈망하도록 만든다.

리비도가 집중된 대상에게 자기애적 리비도가 부착될 때 사랑하는 대상에 대한 과대평가가 이루어진다(이것은 이런 구조의 내용과 기능을 강화시키는 초자아의 이상화와 유사하다). 그러나 이상화 전이에서 활성화된 자기애적 리비도와는 달리, 정상적인 사랑의 형태로서의 자기애적 구성 요소와 긍정적인 전이의 자기애적 구성 요소는 리비도가 집중된 대상으로부터 떨어져 나가는 것이 아니라 그것에 종속된 상태에 머무르며,—대상에 대한 비현실적인 과대평가를 제외하고—대상이 지닌 현실적인 특성과의 접촉을 유지한다. 사랑하는 사람에 대한 이상화 긴장이 너무 커서 리비도가 집중된 대상이 그 긴장을 흡수하지 못할 때, 그 긴장은—모든 사람들이 사랑의 시인이 될 수 있는 시적 재능을 가진 것은 아니지만—창조 활동이라는 적절한 안전 밸브를 통하여 분출될 것이다. 그러나 또한 여기서 이런 창조 활동은 자기애적 이상화 리비도에 의해 자양분이 공급된다는 사실에도 불구하고—사랑 대상에 대하여 약간 비현실적으로 과대평가하는 것을 제외하고,—사랑하고 있는 사람은 현실로부터 단절되지 않는다. 청소년 정신분열증 환자들이 때때로 정신질환의 초기의 외적 징표가 되는 기괴한 표현들과 사랑 대상을 왜곡되게 지각하는 것과 같은 비현실적인 사랑 경험을 하는 특성과는 달리, 정상적인 사랑을 하고 있는 사람은 사랑받는 사람의 현실적인 면과 특성에 대하여 찬양하는 특성을 갖는다.

여기에서 분석가는 이상화 전이에서 나타나는 이상화와 전이 신경증에서 직면하게 되는 이상화의 역할이 치료과정에서 각각 다르다는 사실을 아는 것이 중요하다. 특히 분석가는 (a) 자기애적 성격의 이상화 전이에서 나타나는 분석가에 대한 이상화의 역할은 구체적, 본질적, 전략적인 것이며; (b) 전이 신경증의 분석에서 나타나는 분석가에 대한 이상화의 역할은 편재적이며, 보조적이고, 임기 응변적이라는 것을 혼동하지 말아야 한다. 환자는 전이 신경증을 분석하는 동안에 실제로 일시적인 이상화와 이상화된 분석가를 자신의 초자아의 자리에 일시적으로 수용하는 것에 기초해서 분석가와 협력한다. 그러한 일시적이고 부분적인 이상화는 "긍정적 전이"(Freud, 1912)의 일부를 형성하며, 그것은 "분석가와 환자 사이에서 중요한 협력의 영역"(E. Kris, 1951)을 이룬다. 내적 탐구의 초기 단계에서는 이상화와 동일시의 도움으로 환자의 원초적 초자아에 의해 방해받지 않고, 탐구를 시작할 수 있기 때문에 이러한 이상화와 동일시가 매우 중요하다는 사실에는 의문의 여지가 없다(예를 들면, Nunberg, 1937, p. 172를 보라). 그러나 정신분석적 자아 이상으로서 지도자-분석가를 수용하는 것에 기초한 치료적 "집단"을 형성하는데 있어서, 지도자-최면술사-치료자와의 결속을 전략적으로 사용하는 것(Freud, 1921)은 일반적인 현상이다. 확실히 그것은 스트레스가 많은 분석기간 동안에 환자에게 결정적인 지원을 제공하는 심리적 원동력을 구성한다. 그러나 이런 힘은 정신분석의 목적과 전적으로 모순되는 목적을 갖고 있는 치료를 포함한 다른 모든 형태의 심리치료에서도 같은 효과를 나타낸다. 따라서 그것은 이상화된 부모상(imago)이 활성화됨에 따라 시작되고 유지되는 이상화 전이와는 구별되어야 한다. 그러나 분석에서 활성화되는 이런 심리적 구성물이 나타나는 것은 정신분석 작업의 보조적인 과제가 아니라 중심적인 과제라고 할 수 있다. 그것은 치료적으로 활성화된 환자의 중심적 병인구조를 형성할 뿐 아니라 자기애적 성격에 대한 분석 작업의 본질을 이룬다.

초자아를 투사함으로써 환자가 분석가를 이상화한다는 잘 알려진 사실에 대해서는 긴 설명이 필요하지 않다. 이런 이상화의 두드러진 특성은 환자 자신이 이상화하고 있는 치료자가 가지고 있다고 생각되는 지혜와 힘이 투사를 불러일으키는 이상화된 기준 및 가치 체계와 유사하다는 사실에서 찾을 수 있다. 더욱이 이상화 전이에서 흔히, 일시적으로 일어나는 이런 전이 투사들은 기본적으로 치료적 중심에 놓여 있지 않다. 그것들은 전이 신경증 분석에서 중요한 기간에, 즉 무의식적인 초자아-자아 갈등이 활성화되기 시작할 때, 그리고 환자가—방어적인 움직임에서 또는 갈등이 존재함을 의식적으로 수용하는 첫 단계에서—자신의 이상화된 초자아의 명령을 외부에서 오는 것으로, 특히 분석가에게서 오는 것으로 경험하는 시기에 일어난다. 이런 상황에서 환자는 분석가를 가치의 영역에서 이상적인 상으로 여기는 경향이 두드러진다. 따라서 일반적으로 환자는 분석가가 거부할 경우 죄책감과 도덕적 무가치감을 느낀다.

이상화 전이의 다양성

가장 쉽게 인식할 수 있는 이상화 전이(환자 A에게서 지배적이었던 전이 양태)의 형태들은 이상화된 부모상이 발달하는 후기 단계의 장애, 특히 정상적으로 이상화된 부모상이 내사되고, 이상화 리비도가 초자아의 이상화를 위해 사용되는 시기 바로 직전이나 그 시기 동안 혹은 그 시기 직후의 장애와 발생학적으로 관련되어 있다. 이상화된 부모상에 대한 리비도 집중으로부터 점진적으로 (혹은 오이디푸스 시기에 대대적으로) 벗어나게 되는 이런 정상적인 과정이 심각하게 방해받거나 차단될 때, 이상화된 부모상은 계속해서 유지되며, 억압되거나 현실 자아(reality ego)와 접촉하기 어렵게 되고,[1] 따라서 그 이상

---

1 빈번하게 원초적이고 전구조적(prestructural)으로 이상화된 부모상은 억압(즉 정

화된 부모상의 점진적인 (또는 오이디푸스 시기에 대대적인) 변형적 내면화는 방해를 받게 된다.

거듭 확인되듯이, 외상의 발생은 본질적으로 부모의 정신병리, 특히 부모 자신의 자기애적 고착에 기초해 있다. 부모의 정신병리와 자기애적 욕구는 아이로 하여금 부모가 지닌 자기애적 성격조직에 지나치게 오랫동안 얽매이게 하는 결정적인 역할을 한다. 그리고 이런 상황에서 아이는 부모의 갑작스런 철수에 대해, 또는 정서발달 단계에서 부모로부터 멀리 벗어나 있는 자신에 대해서 갑작스런 절망감을 느끼게 된다. 이때 아이는 예전에 벗어나지 못했던 만성적인 자기애적 관계를 한꺼번에 내면화해야 하는 힘겨운 과제에 직면하게 된다. 때때로 극적인 외부 사건—부모의 한계를 명백히 보여주는 징표인 아이의 심각한 질병, 부모의 죽음이나 장기간의 부재 혹은 부모의 질병이나 무기력과 같은—은 아동기 장애의 주요 원인으로 드러난다. 그러나 이런 사건들은 뒤따르는 병리적 고착에 대한 일반적인 설명이 되지 못한다; 그 사건들은 대체로 겉으로 나타나지는 않았지만, 이미 존재하고 있던 결정적인 심리적 선행 조건들의 마지막 연결 고리 부분이 드러난 것이다. 그 사건들은 부모의 성격과 아이의 정신병리가 결정되는 근원적인 외적 사건에 앞서 부모와 아이의 전체적인 관계성의 내력이라는 맥락 속에서 이해되어야 한다. 부모와 아이 사이에서 일어나는 복잡한 병인적 상호작용의 형태들과 그 형태들이 지닌 무한한 다양성들을 포괄적으로 설명하기란 쉽지 않다. 그러나 분석이 적절하게 수행될 때, 중요한 유형은 종종 아주 명쾌하게 나타날

신의 수평적 분열에 의해 자아로부터 분리된)될 뿐만 아니라, 그것은 또한 자아 자체의 영역 안에서 유지된다. 이것은 이성의 의복 등에 집착하는 성도착자에 관해 프로이트(1927)가 서술한 조건들(예컨대, 자아 안의 수직적 분열에 의해 현실 자아로부터 분리된)과 유사하다. 이 주제는 수직적 분열과 수평적 분열의 개념들을 상세하게 서술하고 있는 7장에서 계속해서 다룰 것이다.

것이다. 그리고 환자는 그 유형의 세부적인 내용들을 이해하으로써 두려움을 차츰 극복해 가며, 이 과정에서 환자는 마침내 고착된 자기애적 유형들로부터 풀려나는 아주 중요한 단계에 이르게 된다.

예를 들어, 나에게 정기적으로 자문을 받고 있던 동료(여자)에게 분석을 받은 환자 B는 이상화된 분석가에게 몰입되는 특정한 자기애적 전이를 형성하였다. 치료자의 관심은 환자의 파편화되고 단절되는 자기 경험의 성향을 효과적으로 제거하고, 환자의 자존감을 공고하게 확립하며, 따라서 이차적으로 환자의 자아 기능과 능력을 증진시키는 것이었다. 환자는 처음에 분석가와의 관계에서 제공된 자기애적 리비도 집중의 사용이 중단될 가능성에 대해 크게 염려했으며, 그리고 나서 강렬한 구강기 가학적 격노와 함께 분석가에게 투자하던 자기애적 리비도를 철수시키는 일이 뒤따랐는데, 그것은 그의 성격의 응집성을 심각하게 위협하였다. 그 다음에 환자는 냉담하고 거만한 행동을 보이면서 과도하게 반응적이고 원시적 형태를 띤 전형적인 과대적 자기에게 리비도를 집중시켰다. 그러나 결국에 (잠시 분석가가 떠나간 후에) 그는 더 원초적인 수준에서 비교적 안정된 균형 상태에 도달했다: 그는 고독한 지적 활동으로 철수했는데, 그것은 비록 전보다는 덜 창조적인 것이기는 했지만, 그에게 일종의 지배감, 안전감 및 자기 충족감(self-sufficiency)을 제공했다. 그가 분석 중에 말한 대로, 그는 "혼자 호수 한 가운데로 배를 저어 가서 달을 바라보았다." 그러나 분석가가 다시 돌아와서 이상화된 자기대상과의 관계를 재형성할 수 있는 가능성이 생겼을 때, 그는 염려와 위협적인 구강기 가학적 격노를 느꼈다. 그리고 그는 이것을 자기애적 전이의 "코드가 뽑혔을 때" 자신이 최초로 경험한 것과 같다고 비유했다.

처음에 나는 분석가가 돌아온 것에 대한 환자의 반응은 구체적으로 표현되지 않았으며, 그것은 두 가지 요소로 구성되어 있다고 생각했다: (a) 분석가가 떠난 것에 대해 표현되지 못하고 억제된 본래의 분노, 그리고 (b) 분석가의 부재와 철수에 의해 다시 외상화되는 것으로 부터 자신을 보호하기 위해 형성한 균형—이전의 것보다 덜 만족스 럽기는 하지만—을 포기해야 하는 것에 대한 일반적인 분노. 비록 이런 설명들이 어느 정도 타당하다고 하더라도, 그것들은 현재 반응에 대한 아주 구체적인 발생학적 전조를 고려하지 않는 한 불완전하다. 환자는 이런 반응을 통해서 사실상 중요한 초기 사건들의 결과를 표현하고 있는 것이다.

환자는 어머니와 강렬하게 얽혀 있었으며, 환자의 어머니는 매우 엄격하게 그를 감독하고 통제했다. 예를 들면, 그의 어머니는 그에게 젖을 먹일 때 시간 계측기를 사용했고, 아동기에도 식사 시간을 통제했다. 그녀는 아이의 활동을 통제하기 위해 시간 계측기를 사용하였다. 이것은 쉬레버(Schreber)의 아버지가 자녀들에게 사용한 장치를 떠오르게 한다(Niederland, 1959a를 보라). 따라서 아이는 차츰 자기 자신의 생각을 갖지 못하게 되었으며, 어머니는 공감적 모성 활동들이 꼭 필요한 적절한 시기를 훨씬 지나서까지 아이의 정신기능을 계속 대신 수행해 주었다. 그는 이런 온전하지 못한 관계를 충격적으로 인식하게 되면서, 그리고 성숙을 향한 압력에 의해 전진을 계속하고, 차츰 자율성을 성취해 가는 것에 대한 불안을 극복하면서, 아동기 후기에 어머니의 영향에서 벗어나 자기 자신만의 사고를 갖기 위해 자신의 방문을 잠갔다. 그가 이런 최소한의 자율적인 기능에 대해 어느 정도 신뢰하게 된 바로 그때, 어머니는 그의 방에 호출 장치를 설치했다. 그때부터 어머니는 그가 그녀로부터 자신을 내적으로 분리하기 위해 혼자 있으려고 하는 그의 모든 시도를 방해했다; 그녀는 그의 반항에도 아랑곳 하지 않고, 큰소리로 부르거나 방문을 두드리는 것보다 더 강제적으로 그 호출장치를 사용하여 그를 호출하였다. (그가 이렇게 느낀 것은 그에게 있어서 기계적 장치는 심리내적 의사소통과 유사한 것으로 경험되었기 때문이다.) 그가 "달을 보러 호수 한가운데로 노저어 간" 뒤에 다시 돌아온 분석가에 대해 분노로 반응했던 것은 놀랄 일이 아니다.

　내가 거듭 강조하듯이, 대부분의 심각한 자기애적 성격장애는 부모 때문에 어린시절에 아이에게 발생한 외상적 사건들로 인하여 아이가 자기애적 상태에 고착된 것이다. 어린 시절에 아이가 경험한 부모의 부재(Anna Freud & D. Burlingham, 1942, 1943을 보라) 또는 죽음, 이혼, 입원으로 인한 부모의 상실, 혹은 정서적 질병 때문에 생긴 철수와 같은 사건들은 아이에게 부정적으로 작용하여 자기애적 고착을 가져온다. 그때 아이는 내면화를 통해 변화하고 구조를 형성하며 자기애적 리비도 집중의 점진적인 철수를 통하여 부모와 얽혀 있는 상태에서 벗어나 자유로워질 수 있는 기회를 박탈당한다. 아이와 병리적인 부모가 만성적이며 자기애적으로 엉켜 있는 관계가 어떤 외적인 사건 때문에 갑작스럽게 단절된 직후의 기간은 실제로 아주 중요하다. 그때 아이가 성숙하기 위해 새로운 노력을 할 것인가 혹은 병인적 고착에 뿌리 깊이 박힐 것인가가 결정된다. 아이가 리비도적 자원을 가지고 성장을 향해 앞으로 나아갈 수 있다면, 그리고 특히 부모 중에 건강한 다른 부모나 대리 부모가 위협 당한 아이에게 특별한 공감적 관심을 가지고 갑작스러운 단절로 인해 생긴 틈새를 재빨리 메워주고, 그후의 점진적인 용해 과정뿐만 아니라 일시적인 자기애적 관계를 재형성하도록 도울 수만 있다면, 병리적 부모의 부재나 죽음은 오히려 바람직한 해방이 될 수도 있다.

　그러나 만일 아이가 사용할 수 있는 대리인이 아무도 없거나, 아이의 리비도적 자원이 이미 병리적 부모에게 얽매어 있어서 건강한 부모를 사용할 수 없을 때, 병리는 계속 유지되고 공고해진다. 이상화된 원초적인 부모상에 대한 결정적인 억압(혹은 그것이 접근할 수 없는 다른 유형, 예를 들면 정신의 "수직적인" 분리를 통해서 일어나는 것과 같은)은 부모가 현실적으로 부재할 경우에 발생한다; 뒤

이어 무의식에의 고착이 발생하거나, 또는 흔히 나타나듯이 이상화된 전능한 부모상의 환상이 분열되고 부정된다면(Freud, 1925, Jacobson, 1957; Basch, 1968), 이것은 자기애적 형태가 점진적이고도 시기 적절하게 **변형적**으로 내면화되는 과정을 방해하게 된다.

따라서 이상화된 부모상에 대해 장기적으로 과도하게 리비도를 집중시키는 현상이 아동기에 나타난다. 오랜 기간 동안 이상화된 부모상에게 과도하게 리비도를 집중한 아이는 부모로부터 분리가 이루어지는 시기에 부모에게서 이상화 리비도를 철수하(즉 차츰 현실적인 빛에서 부모를 바라볼)지 못하며, 자신의 정신구조를 형성하는데 그 리비도를 사용하지 못하게 된다. 이상화하는 환상들이 (전)의식적인 상태로 존재하고, 이상화 리비도가 활성화되는 이같은 현상은 현재 그에게 아동기 정신병리가 존재하는 것을 의미하는 것도 아니며, 또는 후기에 나타날 수 있는 장애를 미리 보여주는 것도 아니다. 제 2차 세계 대전 동안에 아버지를 잃은 아이들이 이상화된 아버지에 대한 환상을 갖는 것은 이런 현상에 해당한다(Anna Freud & D. Burlingham, 1943; 특히 112쪽을 보라).

아들러 학파는 아이가 "환상의 아버지"에게 과대적 특성을 부여하는 것(1912)을 박탈과 결함을 감추려는 과보상을 의미하는 것으로 보는데, 나는 그와 같은 생각에 동의하지 않는다. 그보다는 **아버지 상에 대한** 자기애적 이상화는 점진적인 환멸 경험을 제공해 주는 현실적인 대상이 없기 때문이라고 이해해야 한다. 현실적인 아버지의 단점을 발견할 기회가 없을 때, 아버지에게 집중된 리비도를 철수시키는 일과 그에 따른 구조 형성이 늦춰지기 때문에 그만큼 이상화가 계속된다는 것을 말해 준다. 앞에서 언급한 것과 같은 그런 환상들이 외적 박탈에 대한 반응으로 형성되고, 의식적으로 정교화되고, 일정기간 아이를 사로잡음으로써 아이의 발달과제를 지연시키게 된다. 그러나 리비도가 과도하게 집중되어 있는 이상화된 부모상을 **일시적으로** 의식에서 정교화하는 근본적인 원리는 항구적인 병리적 고착들과 만성적인 정신병리를 얻게 되는 원리와 같다고 볼 수 있다. 이 둘 사이의 중요한 차이는 후자의 경우에 이상화된 부모상(예를 들면, 전능한 아버지 환상)은 억압되거나 의식에서 떨어져 나간다는 사실에 있다. 비록 온전한 부모 대리인이 생기거나 부모가 다시 돌아온다 할지라도, 이미 발생한 외상을 분석하지 않고서는 환상이 결코 수정되지 않으며, 그 환상은 현실 자아와 통합될 수 없다. 그는 계속해서 이상화된 자기대상에게 무의식적으로 고착된 채 그 대상을 그리워하며, 충분히 이상화된 초자아를 박탈당한 채 끊임없이 바깥에서 전능한 힘을 추구하며, 그 힘으로부터 지원과 긍정을 얻고자 할 것이다. 환자가 이러한 것들을 추구할 때 분석과정에서 분석가를 크게 이상화(종종 전이 형성에 대한 특정한 저항을 극복한 이후에 나타나는)하게 된다; 그런 추구들은 분석과정에서 자세히 조사하게 되는데, 그렇게 함으로써 환자는 이상화되고 억압된 부모상에서 자기애적 리비도를 철수하게 된다. 그때 이런 과정들은 환자의 자아 욕동을 통제하는 기본적인 구조를 강화시킬 뿐만 아니라 특히 자신의 초자아의 이상화를 이끌어낸다.

나는 간결하게 설명하기 위해서 초기 단계의 이상화 전이들을 비교적 후기 단계의 이상화된 부모상과 관련하여 서술했다. 그러나 실제의 복잡한 임상 상황을 침해하지 않고서는 보다 원초적인 전이 활성화로부터 더욱 성숙한 형태의 전이 활성화에 이르기까지 이 모두를 말끔하고 질서있게 분류하기가 어렵다. 따라서 비록 A의 이상화 전이가 성숙한 형태의 이상화된 아버지 상과 두드러지게 관련되어 있다 하더라도, 그의 성격의 어떤 면들(환자의 막연한 자기애적 취약성으로 전에 언급되었던)은 완벽하게 반응하며, 전능하고 이상화된 젖가슴-어머니에 대한 언어 이전의 원초적인 욕구와 관련되어 있고, 분석에서 자기애적 고착의 초기 단계에 속하는 이상화 전이의 원초적인 면을 이끌어낸다. 환자 B의 사례에서도 역시 전이의 주된 측면은 비교적 후기에 분화된 이상화된 부모상을 재생시키고 있으며, 환자가 3세 때 출생한 쌍둥이 동생이 태어난지 얼마되지 않아서 죽고 난 후, 어머니가 우울증에 빠졌던 시기와 관련된 중심적 병리를 재생시키고 있다. 그러나 또한 여기에 아주 초기의 중요한 병인적 고착점이 있는데, 이것은 환자가 언어 이전 단계 동안에 경험한 병리적인 어머니—그녀는 신경 안정제에 중독되어 있었다—와의 관계와 관련되어 있다. 특히 분석과정에서 아이에게 공감해 주지 못하는 어머니가 어떤 때는 아이를 충분히 자극해 주지 못하고 어떤 때는 과도하게 자극할 경우, 아이는 심각한 외상에 노출된다는 증거가 드러난다.

나는 이상화의 후기 형태를 통해 이상화의 초기 형태를 추측할 수 있다는 견해에 기초해서, 이상화 전이의 원초적 형태에 대한 광범위한 개별적 토론을 시도하지는 않을 것이다. 원초적 형태의 이상화는 분명한 한계가 없으며, 찬양받을 만한 단일한 상에서 발산되는 것이 아닌 막연하고 신비적이며, 종교적인 상에서 발산되는 경외감에 대한 몰두로 나타난다. 따라서 비록 이상화 전이의 원초적 차원이 때로는 그렇게 명확하게 나타나지 않는다고 하더라도, 분석가와의 특정한 정서적 결합이 형성되었다는 사실에는 의심의 여지가 없다. 초심리학적으로 표현하자면, 분석 상황에서 시작된 퇴행은 자기애적 평정을 형성하려고 노력하며, 그 자기애적 평정은 무한한 힘과 지식, 그리고 미적 도덕적 완전함으로 경험된다(이런 속성들은 치료적 퇴행이 아주 초기의 고착점으로 인도하는 상황에서는 명확히 구분되지 않는다). 환자가 이상화된 분석가의 이미지와 연합되어 있다고 느끼는 한, 이 자기애적 평정은 유지된다. 일단 퇴행이 병리적 수준에 도달하고 이에 상응하는 이상화된 자기대상과의 연합이 형성되면, 자기애적 평화 상태가 뒤따르게 되고, 이것은 임상 상황에서 환자의 기능을 개선시킨다. 그것은 더 깊은 자기애적 퇴행의 위험을 감소시키며, 특히 이상화된 부모상의 가장 원초적인 전조(예컨대, 유사 – 종교적 황홀경 상태로 나타나는 이상화된 부모상과의 급격한 조적 융합)로 후퇴하는 위험이나, 리비도를 가장 원초적인 형태의 과대적 자기에게 과도하게 집중시키는 상태로 후퇴하는 위험, 또는 심지어 리비도를 신체-자기(body-self)의 일시적인 자체성애적 파편화에 과도하게 집중시키는 상태로 후퇴하는 위험 등을 감소시킨다. 또한 그것은 자기애적 장애의 특성을 지닌 증상, 즉 환자의 모호하고 막연한 우울증, 직무 능력의 장애, 짜증스러움; 그리고 자신을 의식하는 성향, 수치심, 건강염려증적 몰두, 그리고 명료히게 설명할 수 없는 신체적 불편감들을 감소시킨다. 리비도가 자체성애적 신체-자기로 일시적으로 변동하면서 본능적 에너지를 원초적 유형의 과대적 자기에게 과도하게 집중하는 이런 현상들은 분석 초기에 약화되는 경향이 있다. 왜냐하면 이상화된 대상의 치료적 활성화는 자기애적으로 집중된 리비도를 자극하여 그것들을 이상화 전이에 배치시키기 때문이다.

이상화 전이의 극복과정과 기타 임상적 문제들

전이를 둘러싸고 나타나는 주요 임상적 문제들은 전이 신경증 분석의 경우에서처럼, 전이가 형성되는 기간과 관련된 것, 그리고 전이가 형성된 후의 극복 기간과 관련된 것으로 나눌 수 있다.

첫 번째 기간과 관련해서는 그렇게 많은 논의가 필요치 않다. 환자는 퇴행에 대한 자아의 저항으로 인해 활성화되는 내적 갈등을 자주 자각하게 된다. 추락하는 불안한 꿈이 나타나게 된다(그런 꿈들은 공중을 날아다니는 환상들의 이면으로 보인다); 이런 꿈들은 특히 거울 전이(제 2부를 보라)를 통해 과대적 자기가 막 활성화되기 시작한 환자들에게서 자주 나타난다. 분석 초기의 꿈에서 환자는 자신의 눈앞에 하늘 높이 치솟아 있는, 웅장한 산에 오르려고 한다. 그는 가파르고 좁은 길과 위험한 길바닥을 걱정스럽게 바라보며, 발을 안전하게 디딜 수 있는 곳, 혹은 안전한 쉼터를 찾으려고 한다. 이런 꿈들은 특히 이상화 전이를 발달시키는 과정에서 환자에게 나타난다. 물론 모든 분석가들은 추락의 두려움이나 가파른 산을 오르는데 대한 불안을 담고 있는 꿈이 아주 다양한 심리 상태에서 나타나며, 다양한 발달 단계와 관련된 갈등들을 보여준다는 것을 잘 알고 있다. 이런 갈등들 속에 남근기적 주장과 거세불안이 있다는 사실은 철저한 조사를 통해서 이미 잘 알려져 있다. 뿐만 아니라 이런 갈등들 속에는 자아의 차원에서 퇴행(추락하는 것)하는 것에 대한 불특정한 공포나 어려운 일(가파른 산을 오르는 것)에 대한 염려까지도 포함되어 있다. 자기애적 성격의 분석에서 그러한 꿈들은 활성화되고 있는 자기애적 전이의 형태가 어떤 것인지를 초기에 구별할 수 있도록 분석가에게 단서를 제공해 준다. 게다가 분석가는 그 꿈의 세부적인 내용을 통해서 전이 형성에 대한 특정한 저항이 어떤 것인지를 알게 되는 매우 귀중한 실마리를 얻게 된다. 아이의 자기애적 에너지가 집중된 대상들, 즉 아이가 이상화한 대상들이 냉담하며 반응하지 않는 대상(얼음산; 대리석 산이나 유리산)이며, 다가갈 수 없을 만큼 멀리 있거나 예측할 수도 믿을 수도 없는 대상이라면, 그때 아이는 이상화된 리비도 집중을 활성화하는 것을 두려워하게 되며, 저지되어야 할 것으로 여길 수 있다. 이것에 대해서 분석가는 자신의 사례로부터 적절한 실험 자료를 쉽게 끌어낼 수 있기 때문에 세부적인 내용까지 검토할 필요가 없다. 이상화 전이의 전 단계에서 환자는 이상화된 대상과 융합하려는 자신의 간절한 소망 때문에 개성이 소멸될지도 모른다는 두려움을 갖게 된다는 것을 보여주는 자료가 있다(그런 자료들은 꿈과 그 꿈에 대한 연상에서 외형상으로는 존재의 문제, 또는 삶과 죽음의 문제에 대한 추상적이며 철학적이고 유사 종교적인 관념들로 나타난다).

분석가는 이런 모든 저항들이 있다는 것을 인식해야 하며, 이를 다정하게 이해해 주면서 환자에게 그런 저항들에 대하여 설명해 주어야 한다. 그러나 일반적으로 분석가는 환자가 안도감을 갖도록 도와주는 것 이상은 아무것도 할 필요가 없다. 대체로 분석가가 조급하게 전이를 해석(환자가 자신에 대해 금지하거나 찬성하지 않는다고 받아들일 정도로)하거나 혹은 다른 해로운 행동으로 방해하지만 않는다면, 병적인 특성을 지닌 퇴행은 자발적으로 일어날 것이다. 프로이트가 묘사한 전이 신경증을 분석할 때 분석가의 직질한 태도는 일반직으로 자기애적 성격장애의 분석에도 역시 적용될 수 있다. 프로이트(1913)는 환자와 "적절한 **친밀관계**"(rapport)를 형성하기 위해 "환자에게 시간을 주는 것 외에는 아무것도 필요하지 않다"고 말했다. 그리고 "계속해서 환자에게 관심을 보여주고, 초기에 제기된 저항을 조심스럽게 제거한다면 … 그는 애정을 가지고 자신을 대해 준 사람들의 원상(imago) 중의 하나를 치료자와 연결시키고, 그에게 리비도를 집중시킬 것이다(p, 139)." 프로이트의 이 말을 자기애적 성격장애 치료에, 특히 자기애적 전이 형성에 완전하게 적용하기 위해서는 어느 정도 수정할 필요가 있겠지만, 프로이트가 전이 신경증 치료에서 제시한 분석가의 기본적 태도는 자기애적 성격장애 치료에서도 역시 타당성을 갖는다.

분석가들이 이 단계에서 저지르기 쉬운 많은 실수들에 대해서는 나중에 자기애적 성격장애를 분석할 때 나타나는 분석가의 전형적인 반응을 다룰 때에 함께 다룰 것이다. 여기에서 때때로 분석가가 환자에게 지나친 친절을 베푸는 행동은 치료적 동맹[2]을 형성하기 위한 것

---

2 몇몇 분석가들은 치료(또는 작업) 동맹이라는 유용한 개념을 분석작업을 지원해 주는 건강한 심리적 틀로서 여겨왔으며, 또한 분석가의 관심과 주의를 받을 만한 가

이라고 정당화하지만, 그것은 전이 신경증 분석에서 그렇듯이 자기애적 성격장애의 분석에서도 현명하지 않다는 점을 강조하고자 한다. 전자의 경우에, 환자는 그 행동(분석가가 유난히 친절하게 행동하는 것)을 유혹적인 것으로 경험하기 쉬우며, 그것은 또한 전이가 만들어내는 허구물이 되기 쉽다; 자기애적 성격장애의 경우, 예민한 환자는 유별나게 친절한 분석가의 행위를 생색내는 행위로 여기기 쉬운데, 이때 그는 자존심을 상하게 되며, 자신을 점점 더 고립시키고, 의심(즉 원초적 형태의 과대적 자기로 후퇴하는 환자의 성향을 증가시키고)하며, 따라서 환자가 자발적으로 일으키는 특정한 병리적 퇴행 과정을 방해한다.

이상화 전이의 극복 단계는 병리적인 이상화 전이가 형성된 후에 비로소 시작될 수 있다. 이 극복 단계는 치료 상황에서 환자의 정신이 유지하고자 하는 기본적인 본능의 평정 상태가 조만간 깨어지기 때문에 시작된다. 그러나 대조적으로, 자기애적 장애의 분석 치료에서 일어나는 최초의 평정 상태는 전이 신경증에서 일어나는 정신분석과정의 변천과는 달리 분석가에게 집중되는 무의식적 요구의 긴장과

치가 있다고 간주되어 왔다(Zetzel, 1956; Greenson, 1967). 다르게 표현하자면, 그 개념은 분석가의 중립성을 이해하는데 물리적으로 이해하기 보다는 심리적으로 이해할 수 있도록 도움을 주었으며, 따라서 그것은 일반적으로 기대할 수 있는 인간의 반응으로서 이해할 수 있게 되었다. 예컨대, 어떤 사람이 질문을 했는데 그것에 대해 침묵한다면, 그것은 중립적인 것이 아니라 무례한 것이다. 특정한 임상 상황에서 그리고 적절한 설명이 주어진 후에, 분석가가 현실적이지 않은 환자의 요청에 대해 반응하지 않고, 대신에 그것들이 지닌 전이적 의미를 탐구할 것을 요구하는 순간이 있음은 말할 나위도 없다.

그러나 이런 맥락에서, 분석가와 환자사이의 현실적인 상호작용에 관심을 집중하는 것은 어떤 사람들에게는 분석작업으로부터 도피하는 통로가 될 수 있다고 말해야 한다. 현재의 상호작용에 대한 관심은 중심적인 정신분석적 자료, 즉 전이를 탐구하는 것에 대한 저항으로 사용될 수 있다(이 주제에 관한 보다 상세한 논의를 위해서는 환자와 분석가 사이의 관계에서 갖는 소위 "긍정적 전이" 또는 "래포"(rapport)에 관한 8장의 논의를 보라).

긴장에 대한 방어(분석 작업에 대한 저항의 형태로 자아가 활성화시키는)에 의해 크게 방해 받지 않는다. 자기애적 평정이 자기애적으로 경험되는 구조화되기 이전의 원초적 자기대상과 환자와의 관계에 달려 있다는 사실에 비추어 볼 때, 여기서 평정 상태의 장애는 본질적으로 어떤 외적 환경에 기인한다. 방해 받지 않은 전이에서 드러나듯이, 자기애적 환자는 성인이 자신의 신체와 마음을 통제하듯이 이상화된 분석가를 자신이 확실하게 통제하며 소유하고 있다는 느낌을 갖기 때문에, 자기 자신을 온전하고 믿을만 하며, 강력하고 선하고 매력적이며 활동적인 존재로 경험한다. 자신의 신체와 마음에 대한 명확한 통제 능력을 갑자기 상실(예를 들면, 뇌 손상의 결과로)한 후에 대부분의 개인들은 심각한 형태의 낙담과 무기력한 격노로 반응하기 쉽다. 이와 유사한 반응이 자기애적 성격장애를 분석하는 데서도 발생한다. 따라서 원초적이고 이상화된 자기대상과의 자기애적 연합 단계에 이른 후에, 환자는 처음에는 원초적 부모상, 즉 분석가에 대한 자기애적 통제를 방해하는 모든 사건에 대해서 격노와 낙담으로 반응한다(그 다음에는 가장 원초적이고 이상화된 자기대상과 융합되는 경험으로, 또는 원초적 형태의 과대적 자기와 심지어 자체성애적이고 파편화된 신체-자기에 대한 과도한 리비도 집중이 일어나는 일시적인 퇴행을 경험한다).

리비도가 자기애적으로 투자된 대상을 환자가 어떻게 경험하는지에 대해 세부적으로 조사하면, 환자의 이상화된 대상(이상화 전이)과 맺은 관계와 분석가를 과대적 자기의 확장(거울 전이)으로 경험하는 관계 사이의 차이에 대해 알게 될 것이다. 거기에는 정말로 구별할 수 있는 특성들이 존재한다. 이상화된 자기대상의 존재는 우리가 우리의 생명을 유지시켜 주는 공기와 땅에 대해 느끼듯이, 자명한 사실로 받아들여진다. 자기애적 전이에서 환자와 분석가의 관계와 성인이 자신의 신체와 마음을 경험하는 것 사이의 유사성은 과대적 자기가 활성화되어 있고, 분석가가 확대된 자기(self)에 포함되어 있는 융합 전이의 사례에서 더욱 분명히 드러난다. 그럼에도 불구하고, 자기애적 전이들 중 하나가 방해를 받게 될 때, 환자는 통제를 상실한 반응을 보이기 쉽다. 환자는 확대된 자기(self)를 사용할 수 없게 되었을 경우에는 격노로 더 많이 반응하는데 비해, 전이 관계에서 이상화된 대상이 상실되었을 경우에는 낙담으로 더 많이 반응한다.

앞에서 진행된 고찰들—특히 환자가 치료적인 퇴행이 일어난 후에 자기애적으로 경험한다는, 즉 분리된 독립적인 개인으로서 경험하지 못한다는 사실—을 통해서 우리는 환자가 분석가와 장기간 떨어져 있게 될(여름 휴가 등의 이유로) 때 경험하는 격노와 낙담 및 퇴행적 후퇴는 분석과정에서 전략적 역할을 수행하고 있음을 알게 된다. 뿐만 아니라 치료자 편에서 약간 냉담하거나, 즉각적이고 충분히 공감적으로 이해하지 못하는 것, 특히 약속된 날짜가 약간 비정기적인 것, 주말에 만나지 못하는 것, 치료자가 조금 늦는 것과 같은 아주 사소한 일에 대해 환자가 강렬한 반응을 보이는 것 등도 분석과정에서 전략적인 역할을 한다는 것을 알 수 있다. 자기애적 성격을 지닌 환자는 면담 날짜가 자신의 요구에 맞지 않거나 불규칙하게 잡혀서 불편할 때, 또는 면담 일정이 중간에 끊길 때 항상 치료자에게 격노로 반응한다. 물론 이와 유사한 반응이 전이 신경증의 분석에서도 나타난다; 모든 분석가들이 환자의 그런 반응에 익숙하고, 이런 상황에서 일반적인 현상이라 하더라도, 그것들은 종종 환자의 유아기 대상관계의 특정한 변천과정에 접근할 수 있는 통로를 열어 주기 때문에 치료에서 중요한 전술적 역할을 한다. 그러나 자기애적 성격장애의 분석에서 이런 사건들이 갖는 의미는 다르다. 자기애적 성격장애의 분석에서는 그러한 사건들로 인해 자기애적으로 경험된 대상과의 관계가 방해받을 때 드러나게 되는 환자의 반응들이 핵심적인 전략적 중요성을 갖는데, 그것은 정신 신경증에서 나타나는 갈등의 위치와 상응하는 것이다.

　환자에게서 이상화된 분석가를 박탈하면 그는 예외 없이 자존감에 장애를 입게 된다: 그는 무기력해지고, 힘이 빠지며, 자신을 무가치하게 느끼기 시작한다. 환자의 자아가 이상화된 자기대상을 상실한 사실에 대해 올바르게 해석함으로써 자기애적 평정을 되찾지 못한다면, 앞에서 언급한 것처럼, 환자의 리비도는 이상화된 부모상의 원초적 전조를 향하거나, 그것을 완전히 포기하고, 반사적으로 자극되는 원초적 단계의 과대적 자기에로 옮겨갈 것이다. 그런 일시적인 리비도 집중의 변동은 외형적으로는 사소한 자기애적 상처들에 의해 촉발된다. 분석가는 이러한 작은 자기애적 상처들을 발견할 수 있어야 하는데, 이러한 분석가의 능력은 그의 공감능력과 임상적 통찰력에 대한 중요한 판단 기준이 된다. 분석가에 대한 환자의 관계가 자기애적 성질을 갖게 될 경우, 설령 환자의 극단적인 예민함을 충분히 고려한다 하더라도, 분석가가 환자에게서 육체적 정서적으로 철수함으로써 환자에게 커다란 외상적 충격을 준다는 사실을 성인의 논리로 설명하거나 성인의 언어로 묘사하는 것은 쉬운 일이 아니다. 그러나 분석가가 자신과 환자 사이의 관계가 본질적으로 원초적인 관계(환자의 자기가 전능한 치료자에게 융합되는)라는 점을 고려한다면, 그는 치료 과정에서 발생하는 분리가 현실적으로 사소한 것에 지나지 않더라도, 또는 그것이 환자 자신이 원해서 그렇게 된 것이라고 하더라도, 그로 인해 치료자를 비난하는 환자의 행동을 이해할 수 있을 것이다.

　따라서 전이의 원초적 성질을 이해하면, 환자들이 어떤 경험을 하며 그들의 반응이 어떤 특성을 가지고 있는지를 알 수 있다. 그리고 분석가는 대체로 자기애적 퇴행의 수준에 맞추어 공감해 주어야 한다. 그러나 다른 한편, 분석가가 원시적 이상화 대상과 상호작용하는 퇴행의 양식을 파악하고 있다고 해서 그것을 촉진시키는 외부의 사건들을 철저하게 조사하는 일을 소홀히 하거나 특정한 심리적 상호작용이 어떻게 자기애적 평정에 장애를 일으키는지에 대해 가능한

한 정확히 조사하는 일을 게을리해서는 안 된다.

　예를 들면, 환자 G는 심각한 장애를 가진 25세의 청년이다. 그는 내가 일주일 동안 어디에 가고 없을 것이라는 말에 이상화된 원초적 자기대상에게서 원초적 형태의 과대적 자기에게로 자기애적 리비도 집중을 변동시키는 불길한 반응을 보였다. 이에 대해 대상 사랑과 자기애의 수준 및 리비도적이고 공격적 차원에서 분리가 환자에게 무엇을 의미하는지에 초점을 맞추어 해석해 보았으나 그것은 헛된 시도였다. 환자는 냉담하고 고립되며, 거의 환멸적이고 거만한 편집적 경향을 띤 건강염려증 상태에 계속 머물렀다. 이때 발생한 광범위하고 대대적인 리비도 집중의 변동으로 인해 환자가 부정적인 발달을 촉진시킨 중요한 사건을 회상해내는 것이 불가능했다. 마침내 환자는 통찰에 도달했으며, 그 통찰은 옳은 것으로 판명되었다. 환자가 철수한 원인은 내가 곧 부재할 것이라는 사실이 아니라 내가 그 말을 할 때의 어조에 있었다. 비록 그것은 사소한 것이었지만, 나의 어조는 공감적이지 않았고 방어적이었다. 나는 환자가 강렬한 반응(한밤중에 걸려온 전화로 인해 화가 난 것 같은)을 보일 것을 기대하면서 "이제 또 시작이구나"라는 의미가 담긴 말없는 한숨으로 나 자신을 방어하면서 나의 부재에 관해 말했던 것이다. 그때 나는 정말 나 자신을 먼저 생각했고, 환자의 감정에 대해 공감적으로 반응할 준비가 되어 있지 않았으며, 중립적인 관찰자의 태도를 취하지 못했다. 이런 내 태도에서 환자는 이전에 무한하다고 이상화한 나의 공감능력[3]에 대해 외상적 실망을 경험했던 것이다. 환자는 내가 그를 진정으로 이해하고 있음을 알게 되고, 그리하여 이상화된 자기대상에게 리비도를 재집중하게 되고 나서야 비로소 치료적 진전을 가져올 수 있었다.

─────────────────

　3 이 사례에 대한 개요를 보라. 특히 전에 공감 능력이 무한한 분석가로서 이상화하던 대상에 대한 환자의 실망감을 보여준 환자의 꿈에서 분석가가 고무로 만든 젖가슴으로 나타난 점을 주목하라(Kohut, 1959, p. 471).

앞의 설명은 자기애적 장애를 분석하는데 있어서 임상적으로 무한한 다양성이 존재함을 보여주었다; 그러나 치료과정의 본질은 비교적 단순한 원리로 요약될 수 있다.

전이 신경증의 분석에서, 우리는 (전)의식적 자아의 확장을 성취하는데 그 목표를 둔다. 유아적인 목적과 욕망에 대한 자아의 지배가 증가하고, 목표를 가질 수 있는 자아 구조의 자율성이 점차 증가하는 것은 (a)분석가와의 관계에서 자극 받게 되는 억압된 리비도적, 공격적인 세력을 자아가 감당할 수 있는 만큼만 경험하고 (b)자아가 이런 세력들을 처리하는 무의식적 기제들과 반복적으로 직면하는 것을 통해서 성취되는 것이다. 전이 신경증에서 주요한 작업은 억압된 본능적 세력을 자아의 영역에서 수용하기 위해 자아의 저항을 처리하는 것(가장 중요한 자아와 초자아의 저항들을 극복하는 것)이다. 그러나 전형적인 전이 신경증 분석에서 아동기 대상을 포기하는 것은 억압을 해체시키려는 노력과 함께 거의 알아차리지 못할 정도로[4] 조금씩 이루어진다. 그리고 원본능 대상으로부터 떨어지는 것에 대한 환자의 저항(원본능 저항)은 이따금씩 그리고 일시적으로 분석의 주요한 초점이 되기도 한다. 그러나 실제로 아동기 대상으로부터 떨어지는 것에 대한 저항이 분석에서 계속해서 주된 저항으로 나타나게 된다면, 분석가는 순수한 전이 신경증을 다루고 있다고 생각할 것이 아니라 원본능 대상에 대한 리비도 집중 뒤에 자기애적 요소가 숨어 있는 사례를 다루고 있다는 가능성을 고려하는 것이 좋을 것이다.

자기애적 성격장애의 분석에서 이와 유사한 극복과정이 일어나며, 그 과정에서 원초적 자기대상에게 투자되어 있는, 억압되거나 떨어져

---

4 나는 여기에서 전이 신경증 분석의 종결단계가 시작될 때 특징적으로 나타나는 일시적인 퇴행에 관한 설명은 생략하고 있다. 이 단계에서 환자는 원본능적 전이 대상들을 실제로 획득할 수 없다는 사실을 최종적으로 받아들이기에 앞서 한번 더 그러한 대상들을 바라는 요구에 리비도를 재집중한다.

나간 자기애적 요소가 현실 자아와 접촉하게 되고, 결국에는 현실 자아의 통제를 받게 된다. 전이 신경증 분석에서 보편적으로 드러나는 상황과는 대조적으로, 자기애적 성격장애의 분석에서 드러나는 주요한 극복과정은 억압을 해체시키기 위한 자아와 초자아의 저항을 극복하는 것이 아니다. 비록 여기에서도 그러한 저항들이 흔히 알려져 있는 막연한 자기애적 저항[5]과 함께 일어나기는 하지만(예컨대, Abraham, 1919; W. Reich, 1933을 보라), 게다가 과도한 경조증적 자극(hypomanic overstimulation)에 대한 불안뿐만 아니라 수치심과 건강염려증에 의해서 자극된 자기애적 집중 및 그에 대한 인식의 활성화에 반대하는 자아의 불특정한 저항이 있다. 그렇다고 하더라도, 여기에서 극복과정의 본질적인 부분은 자기애적으로 경험된 대상 상실에 대한 자아의 반응과 관계가 있다.

　따라서, 이상화 전이에서의 극복과정은 전이 신경증 분석에서 일어

---

5 이러한 자기애적 자아의 막연한 저항은 전이 신경증과 자기애적 성격장애의 분석 초기에 발생하는 경향이 있다. 전형적인 예는 다음과 같다. 환자 O는 나와 이별할 시간이 다가오자 사기가 떨어지고 심미적 수준이 저하되었으며, 자신의 몸을 돌보지 않았다. 그리고 내가 그와의 면담을 끝내자, 그는 자신이 우월하다는 태도를 보이면서, 능숙하고 객관적인 방식으로 나의 치료기술, 언어의 선택 등에 대해 비판했다. 이것은 나의 결점에 대한 현실적인 지각을 특정한 방어적 용도로 사용하는 것이었다. (여기에서 그의 이전의 분석이 실망으로 끝난 이유가 환자의 저항이 분석되지 않고, 친절한 훈계와 교훈 등에 의해 다루어졌기 때문이었음을 언급할 수 있을 것이다. 아마도 그것은 치료동맹을 유지하기 위한 것이었을 것이다.) 그러나 분석가의 자존감에 상처를 입히려고 하는 환자의 시도가 "수동성을 능동성으로 전환하기" 또는 일종의 "공격자와의 동일시"임을 환자에게 보여줄(동시에 중요한 발생원인에 대한 최초의 희미한 인식을 갖게 되면서) 수 있을 때, 저항을 극복하는 작업에 진전을 가져오는 일이 가능하다. 물론 이때 치료자는 환자의 비평 안에 담긴 현실적인 측면을 최대한의 유머감각을 가지고 수용할 수 있어야 한다. 환자는 그의 태도를 통해서, 그리고 자신이 점점 더 깊은 이해에 도달하는 방식을 자세히 검토하는 것을 통해서, 분석가의 해석을, 그리고 본질적으로 분석 과정 전체를 고통스런 모욕으로서, 즉 그의 참을 수 없는 자기애적 상처로서 경험한다는 사실을 보여준다.

나는 극복 과정과는 전혀 다르다. 전이 신경증에서는 방어가 제거되며, 대상 본능적 리비도가 자아에 통합되고, 그 결과로 심리 구조의 배치가 개선된다. 말하자면, 욕동과 방어에 대한 자아의 지배가 증가된다. 이와 유사한 과정이 자기애적 성격장애 분석과정의 첫 단계에서 발생한다. 이때 분리되고 혹은 억압된 자기애적 리비도 집중과 구조화되기 이전의 자기대상(리비도가 자기애적으로 집중된)은 현실 자아에 통합된다. 그러나 이상화 전이의 핵심적인 극복과정은 정신 에너지가 자기애적으로 투자된 원초적 대상으로부터 자기애적 리비도를 점진적으로 철수시키는 과정이다; 그렇게 힘으로써 대상의 표상과 그 활동으로부터 정신기구와 그 기능으로 리비도 집중이 옮겨지게 되고, 따라서 새로운 심리적 구조와 기능을 획득하게 된다. 물론 특정한 경우에 이상화 전이의 극복과정은 이상화된 부모상으로부터 이상화 리비도 집중을 철수시키는 것과 관련되어 있으며, 또한 이것과 함께 (a) 자아의 욕동 조절 구조를 형성하는 것, 그리고 (b) 점점 더 초자아를 이상화하는 것과 관련되어 있다.

자기애적 성격 분석의 치료과정에 대해 현재 논의되고 있는 다양한 견해들은 이상화 전이에서 나타나는 이상화된 부모상의 활성화뿐 아니라 거울 전이(제 2부를 보라)에서 나타나는 과대적 자기의 치료적 활성화에도 적용할 수 있다. 분석과정의 방향과 속도를 결정하는 정신 에너지의 심리경제적 원리들(psychoeconomic principles)은 자기애적 전이의 이 두 가지 유형 모두에 동일하게 적용된다. 그러나 활성화된 두 가지 자기애적 구성물들은 발달 및 역동-구조적 위치라는 점에서 서로 다를 뿐만 아니라 전이에서 분석가에 대해 환자가 보여주는 반응의 결과로서 일어나는 일시적인 퇴행과 발달 사이의 변동이라는 점에서도 서로 다르다.

도표에서 표 2는 이상화 전이의 극복과정에서 특징적으로 발생하는 일시적 퇴행을 대략적으로 설명한다(전이의 상대적 평정 상태로

표 2

자기애적 성격장애의 분석에서 전형적인 퇴행의 변동 구조

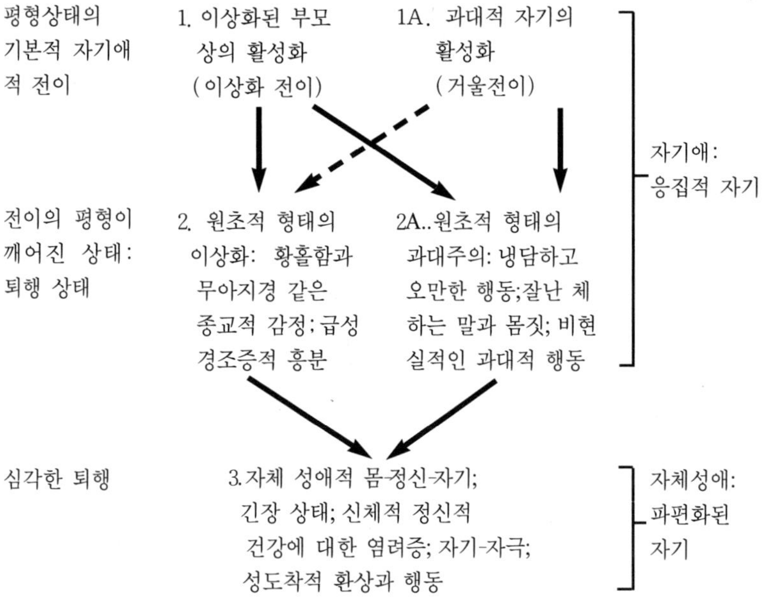

　　이상화 전이의 극복과정에서 일어나는 퇴행적 변동의 방향을 가리키는 모든 화살표는 고정되어 있으며, 그것은 극복과정의 구체적인 사건들이 아주 많은 임상적 관찰에 의해 실증되었다는 것을 알려준다. 그러나 1A에서 2로 향하는 변동은 점선으로 표시되었다. 나는 최근에 이르러서야 처음으로, 과대적 자기의 활성화가 기본적인 전이를 구성하는 것으로 보이는 환자를 분석하는 동안에 이런 특정한 심리적 사건이 규칙적으로 발생하는 것을 발견했다. 그러나 이런 분석이, 비록 진전된 상태에서라 할지라도, 아직 완전한 것이 아니라는 사실에 비추어, 거울 전이의 등장이 근본적인 이상화를 숨기는 것은 아니라고 확신하기는 어렵다. 이것에 대한 예는 7장에서 언급된 어린이 비행의 사례에서 찾아볼 수 있다.

돌아가는 것은 물론 역 화살표로 나타낼 수 있다).

따라서 이상화 전이의 극복과정은 다음과 같은 일련의 전형적인 사건들과 관계가 있다; (1) 이상화된 자기대상과의 자기애적 연합의 상실, (2) 그에 뒤따르는 자기애적 균형의 장애, (3) 그후에 원초적 형태의 (a) 이상화된 부모상이나 (b) 과대적 자기에 대한 과도한 리비도 집중; 그리고 일시적으로 (4) (자체성애적인) 파편화된 신체 – 정신 – 자기에 대한 과도한 리비도 집중.

환자는 이상화된 분석가에게 실망한 후에 되풀이해서 이런 퇴행적 변동을 경험하지만, 분석가의 적절한 해석의 도움을 빌어 기본적인 이상화 전이로 돌아올 수 있을 것이다. 전이 신경증에서 전이 저항을 분석할 때보다도 이상화 전이의 극복과정에서는 동일하거나 유사한 경험을 되풀이하여 분석하는 경우가 훨씬 더 많다. 치료과정에서 자기애적 박탈을 감당할 수 있는 자아 능력의 범위는 올바르게 평가되어야 한다. 만일 이상화하는 자기애적 리비도의 수준에서 분석가로부터 분리되는 것에 대하여 분석가가 기계적이고 반복적인 해석을 하는 것이 아니라, 환자의 감정—때때로 분리에 대한 반응으로 특히 감정 결핍, 또는 냉담함과 후퇴가 나타나는 것—에 대해 적절하게 공감적인 해석을 제공한다면(특히 표 2에서 2A의 자리를 보라), 그때 차츰 현재 경험의 역동적 원형(prototype)과 관련된 많은 의미 있는 기억들이 떠오를 것이다. 거울 전이 극복의 단계에서처럼 여기서도 새로운 기억들이 떠오를 것이며, 항상 의식 속에 있던 기억들은 현재의 전이 경험의 빛에서 새롭게 이해될 것이다.

예를 들면, 환자는 아동기에 혼자 있을 때 경험했던 강렬한 관음증적 몰두(아이가 집안에 혼자 있을 때 장농을 뒤지는 행동)와 성도착적 행위(어머니의 속옷을 입는 행동)를 회상할 것이다. 이런 행위들을 외부의 감시가 없을 때 시작된 성적인 탈선으로 이해하기보다는, 환자가 성애화된 대체물과 과대적 자기에게 과도하게 리비도를 집중하

는 것을 통해서 이상화된 부모상과 그 기능에 대한 대체물을 만들고
자 하는 시도로 이해할 때, 비로소 이러한 행위들의 의미가 명료해질
것이다. 초심리학적 견해에서 볼 때, 아이는 자기애적으로 투자된 자
기대상이 없을 경우에, 파편화와 죽음에 대한 깊은 두려움을 경험하
게 된다. 이때 리비도는 응집적으로 경험된 자기(self)로부터 철수되
며, 퇴행적인 자체성애적 파편화와 건강염려증적 긴장을 유발한다(표
2에서 3의 내용을 보라). 따라서 아이의 성도착적 행위는 시각적 융
합과 다른 원초적 형태의 동일시를 통해 리비도가 자기애적으로 투
자된 상실한 대상과의 연합을 재형성하려는 시도로 볼 수 있다.

　더욱이 환자는 다양한 자극들을 자기에게 가함으로써 응집적 자기
의 느낌을 회복하기 위해 어떻게 노력했는지를 종종 기억하게 되고,
더 많은 것들을 즐겁게 이해하게 될 것이다: 그 자극들은 지하실의
차가운 바닥에 얼굴을 대는 행동; 자신이 거기에 있으며 온전하다는
것을 스스로에게 확인시키기 위해 거울을 보는 행동; 자신의 체취 또
는 여러가지 물질들의 냄새를 맡는 행동; 구강기적인 다양한 자위 행
위들; 그리고 전능한 자기대상이 존재하지 않을 때, 자신의 육체가 현
실적으로 존재하고 있음(표 2에서 2A를 보라)을 확인하기 위해 사용
하는 과대적이고 위험한 행동(높은 곳에서 뛰어 내리기, 지붕 위로 올
라가기) 등이다. 흔히 높은 곳에서 뛰어내리거나 지붕 위로 올라가는
행동을 통해서 아이는 하늘을 나는 환상을 실연(實演)할 수 있다. 성
인에게서 이와 유사한 행동은 주말(분석가의 관심이 철수되어 있을
때)에 심하게 관음증에 몰두하는 것, 가게의 물건을 훔치고 싶은 충
동, 무모하게 속력을 내어 차를 운전하는 것 등으로 나타난다. 감각적
이며 자극적인 성적 자극을 통해 자신이 살아 있으며 온전하다는 것
을 확인하기 위한 행동, 또는 환자가 쉬지 않고 오랫동안 산책하는
것은 과대주의가 어느 정도 현실적으로 변화됨으로써 통제가 가능하
고 따라서 덜 위험한 경우이다. 환자가 이와 관련된 아동기의 기억들

을 의미 있는 것으로 회상하고, 유사한 전이 경험들을 보다 깊이 이해하는 것은 모두 그의 자아를 강화시키는데 도움이 된다. 그리고 이전에 자동적으로 나타나던 반응은 차츰 차츰 승화되고 자아의 통제를 더 많이 받게 된다. 이 중간 단계에서 환자 자신에 대한 통찰이 증가함에 따라 환자의 자아는 통제력이 더욱 커지게 된다. 그런데 이것은 예컨대, 남을 몰래 엿보는 성도착적 행동으로부터 사회에서 허용하는 예술 활동(사진 촬영, 그림 그리기 등)으로 옮겨감으로써, 그리고 끝없이 고독하고 절망적인 상태에서 방황하는 산책에 매력을 느끼는 것으로부터 스포츠니 음악 활동과 같은 사회적 형태의 운동경기나 예술적인 신체 자극에 매력을 느끼는 것으로 옮겨감으로써 가능해진다. 세부적인 행동의 변화가 무엇이든지 간에, 그 변화는 극복과정을 통해서 정신구조가 강화되고 있는 사실에 기인하고 있음에는 의심의 여지가 없다.

전이 신경증의 분석 작업에서처럼 자기애적 장애의 분석 작업 결과는 자아의 승화 능력이 증가될(환자의 변화하는 외적 태도에 의해 입증되듯이) 뿐만 아니라, 분석가가 정기적인 면담 약속(분석가와 정기적인 약속은 분석가가 계속 존재하고 있는 것과 같다)을 지키지 못하고 부재하는 동안에도, 분석가가 즉각적이고 적절하며 공감적으로 이해하지 못할 때에도, 그 상황을 견딜 수 있는 자아의 능력이 점점 더 증가하는 것으로 나타난다. 환자는 이상화 리비도(칭찬과 긍정적인 감정을 불러일으키는)를 이상화된 자기대상으로부터 즉각적으로 철수시킬 필요가 없으며, 부재하는 이상화된 자기대상의 갈망에 대한 긴장을 견딜 수 있고, 따라서 자기애적 리비도가 고통스럽고 때로는 위험할 정도로 고립시키는 원초적 형태의 이상화된 자기대상과 과대적 자기에게로, 그리고 파편화된 (자체성애적) 신체-정신-자기에게로 퇴행하는 것을 막을 수 있게 된다. 이상화 리비도 집중을 통해서 자기대상에게 투자된 리비도의 일부를 유지할 수 있는 능력이 증가하는 것과 동시에, 그 자기대상과의 외적인 분리에도 불구하고 변형적 내면화를 초래하는 과정이 강화된다(즉 대상이 포기될 수 있고 환자의 정신 조직은 이전에 대상이 행하던 기능들을 수행하게 된다).

환자의 성격 중 비자기애적(nonnarcissistic) 부분에서 대상에 대한 리비도 집중을 유지하는 능력이 개선되면, 그의 자기애적 고착이 완화되고, 따라서 대상에게 투자되는 성숙한 형태의 이상화 요소는 자기애적 부분을 분석하는 동안에 활성화된 자기애적 에너지의 일부를 점점 더 흡수할 수 있게 된다. 그러나 치료의 본질적인 과정은 이상화된 대상의 상(像)에 대한 원초적 리비도 투자가 분석될 때, 이상화된 자기대상이 포기되면서 그것에 투자되었던 자기애적 에너지가 내면화됨으로써 발생한다. 이때 자기애적 에너지는 성격 안에서 재분배된다. 그 결과로 환자는 (a) 정신의 기본적인 중화 구조를 확장하고 강화시키며, 따라서 본능에서 벗어난 이차적 능력과 욕동 통제를 증가시키고; (b) 이상을 형성하거나 그것을 강화시키며; (c) 자기애적 본능 에너지를 유용하게 이용할 수 있는, 아주 고도로 분화된 심리적 태도들을 획득하게 된다.

제 2부

과대적 자기의 치료적 활성화

제 5 장

거울 전이의 유형:
발달적 고찰에 따른 분류

　제 1부에서 논의된 바, 아이는 치료과정에서 나타나는 이상화 전이 안에서 본래의 자기애를 자기애적으로 경험된 전능하고 완전한 자기대상에게 넘겨줌으로써 이를 유지하려는 발달단계를 재생시킨다. 긍정적인 상황에서 아이는 이상화된 자기대상의 현실적인 한계에 직면하여 점점 이상화를 포기하고, 여기에 맞추어 변형적 재내면화를 진행시킨다. 이 전이들은 자기애적 구성물이 내면화되기 전에 경험한 실제 부모 대상의 개별적인 흔적을 보유하고 있기 때문에, 그것들을 통해서 본래의 자기애적 문제의 발생적 근원을 보여준다. 따라서 오이디푸스 시기에 내면화된 초자아의 가치와 이상들의 내용(그리고 오이디푸스 이전 시기에 내면화되어 욕동을 통제하는 자아의 기본구조)은 부모가 지니고 있던 특정한 가치와 이상들(그리고 상을 주거나 벌을 주는 등의 욕동 통제의 양식)의 영향을 받는다; 그러나 초자아의 이상화된 중심적 가치가 지닌 특정한 완벽주의적 성향과 욕동을 통제하고 발산하는 자아의 중심 기구는 거의 변하지 않는다. 이러한

상황은 이런 구조들이 아이의 본래적인 자기애적 상태의 후예들이며, 그것들의 전신인 원초적 조직의 특성인 절대적인 완전함과 힘을 지니고 있다는 사실을 말해 준다. 만일 이상화된 자기대상의 변형적 내면화가 이루어지는 최적의 과정이 방해를 받으면, 그때는 앞장에서 설명한 것처럼, 이상화된 대상이 구조화되기 이전의 원초적인 상태로 유지된다. 그리고 이것은 임상 상황에서 분명한 형태의 이상화 전이로 다시 나타날 수 있고, 따라서 아동기에 중단된 재내면화 과정이 다시 시작될 수 있다.

이상화 전이에서 이상화된 자기대상이 명백하게 재생되듯이, 과대적 자기는 거울 전이라고 부르는 전이 상황에서 활성화된다. 따라서 거울 전이와 그 전조들은 발달단계에서 나타나는 과대적 측면이 재생된 것이다. 여기에서 아이는 완전함과 힘을 자기에게 집중시키며, 외부로부터 경멸스럽게 얼굴을 돌리고 모든 불완전함의 원인을 외부의 탓으로 돌림으로써, 본래적으로 모든 것이 완전한 자기를 유지하려고 한다.[1]

분석 자료에 기초하여 일련의 발달단계를 세부적으로 재구성하는 작업은 아직도 많은 불확실성을 내포하고 있지만, 내가 알고 있는 모든 관찰 자료는, 이상화된 자기대상과 과대적 자기의 형성이 동일한 발달단계의 양면이며 그 둘은 동시에 일어난다는 이론적 고찰과 일치한다. 두 구조들 중에서 과대적 자기가 더욱 원시적이라고 가정하는 경향이 있는데, 그것은 대상 사랑이 자기애보다 무조건 더 좋은

---

1 초기 삶의 이 두 가지 주된 자기애적 구성물들과 비교되는 나중의 유비들은 (결코 동일한 것은 아니지만) 다음과 같다: (1) 사회적, 인종적, 국가적 편견의 현상에서 볼 수 있다. 그때 모든 완전함과 힘을 지닌 집단은 과대적 자기에 해당되는 태도를 갖게 되고 모든 불완전함은 다른 집단에 전가된다(Kaplan과 Whitman 1965을 보라) ; (2) 진실한 신자가 신에 대해서 갖는 관계에서 찾을 수 있다. 힘없고 비천한 신자가 어린 시절의 전능한 자기대상이었던 이상화된 부모상에 해당되는, 완전하고 전능한 신과 융합되기를 원하는 모습이 바로 이런 것이다.

것이라고 여기는 편견과 같은 것이라고 생각한다. 그러나 객관적으로 일차적 자기애는 대상 사랑의 전조일 뿐만 아니라, 과대적 자기와 이상화된 부모상이라는 두 가지 방향에서 거의 동시적으로 일어나는 중요한 발달과정을 거친다. 그러나 이런 두 가지 발달의 흐름이 동시적으로 일어난다고 하는 사실은 모든 개인에게서 이 두가지 발달이 고르게 발생한다는 것을 뜻하지는 않는다. 어떤 사람들의 경우에는 분석에서 거울 전이 형성의 원인이 되는 과대적 자기의 발달 방향에 주요 강조점(그리고 주요 병리)이 있는 반면에, 또 다른 사람들의 경우에는 이상화된 자기대상이나 초기의 성적 대상에 주된 고착점을 가진 채, 이상화 전이나 전이 신경증을 발달시키는 것을 볼 수 있다.

바람직한 상황(아이가 과대적 환상을 자기애적이고 과시적으로 표현할 때 부모가 그것에 참여하거나 반영해 주는 상황)에서, 아이는 자신의 현실적인 한계를 받아들이게 되고, 과대적 환상과 다듬어지지 않은 과시적 욕구들을 포기하게 된다. 이에 따라 이런 환상과 욕구들은 자아 동조적인 목표와 의도들, 자아 기능과 활동들 속에서 얻는 기쁨, 그리고 현실적인 자존감으로 대체된다. 이상화된 자기대상의 발달과 마찬가지로 과대적 자기의 발달은 아이 자신의 자기애의 특성에 의해서 뿐만 아니라 아이 주변의 중요한 사람들의 특성에 의해서도 영향을 받는다. 따라서 최종적인 자아 동조적 목표와 의도들, 자기와 그 기능에서 얻을 수 있는 즐거움, 그리고 건강한 자존감 등은 다음의 두 부류의 요소들에 의해 영향을 받는다: (1) 한 인간의 궁극적인 목표와 의도들 및 자존감은 과대적 자기를 반영하거나 자신의 위대함에 대한 확장으로 받아들인 사람들의 상들(변형적 내면화 과정에 의해 심리적 기능으로 변형된 상들)이 지닌 특성과 태도의 흔적을 보유하고 있다. 따라서 성인의 삶의 중요한 방향을 결정하는 특정한 목표와 의도들은 과대적 자기의 확장으로서 최초에 경험되었던 바로 그 인물과의 동일시에서 유래된다. (2) 그러나 우리의 궁극적인 목표와 의도들 그리고 자존감은 일차적 자기애의 특징을 지니고 있으며, 이 일차적 자기애는 우리 삶의 중심적 의도와 건강한 자존감과 함께 성공할 권리에 대한 절대적인 주장과 확신을 불어넣어 준다. 그것은 오래되고 무한하며, 변하지 않는 자기애의 부분이 새롭게 길들여지고, 현실적인 구조와 나란히 적극적으로 기능하는 것을 말한다. 그러나 만일 과대적 자기가 발달을 거쳐 적절히 통합되지 못한다면, 이 요소는 현실 자아로부터 떨어져 나가거나 혹은 억압되어 현실 자아로부터 분리될 것이다.[2] 그때 과대적 자기는 더 이상 외적인 영향을 받지 않으며, 원초적 형태를 유지한다. 그러나 분석 과정에서 그것은 분명한 형태의 거울 전이로 활성화되며, 계속해서 현실 자아의 영향을 받게 된다. 그리고 아동기에 심각하게 방해를 받은 조절 과정이 점차적으로 다시 시작될 수 있다.

자기의 현실적인 불완전함과 한계들을 점진적으로 인식함으로써, 즉 과대적 환상의 지배와 힘이 점차 감소함으로써, 일반적으로 성격의 자기애적 영역의 건강을 위한 전제 조건이 마련된다. 그러나 이런 원칙에도 예외는 있다. 망상적인 요구와 함께 지속적으로 활동적인 과대적 자기는 보통 수준의 자아를 심각하게 무력화시킬 수도 있다. 그러나 천부적인 재능을 갖고 태어난 자아가 그 자체의 최고 능력을 사용하고, 따라서 현실적으로 탁월한 성취를 이루는 데는 불완전하게 수정된 지속적인 과대적 자기의 과대적 환상들의 요구가 유용할 수도 있다; 처칠이 그러한 사람이었다(유아기에 지속적으로 날으는 환상을 가졌을 때 그것이 미치는 영향에 대한 나의 논의, 1966a를 보라); 괴테도 또 하나의 예가 될 수 있다(자신의 소망과 상상이 가진 마술적 힘에 대한 아이의 믿음을 강화하는 초기 환경에 대한 Eissler의 묘사, 1963b를 보라); 그리고 젊은 어머니의 맏아들의 성공과 관련

2 이상화된 부모상에 해당하는 유사한 조건들에 관하여 논의된 4장 주1의 내용과 비교하라.

된 프로이트(1917c)의 유명한 언급—본질적으로 자서전적인?—도 분명히 동일한 맥락에 속한다.

위대함에 대한 지속적인 환상과 탁월한 천부적 재능을 지녔다고 믿는 사람의 희화적인 자아의 모습은 과대적 자기에 주요 고착점을 가진 자기애적 성격을 분석하는 동안에 자주 나타난다. 그들의 전지(全知)와 관련된 오래된 확신이 지속되기 때문에, 그런 환자들은 정보를 얻으려고 하지 않을 때가 많다(예를 들면, 낯선 도시에서 방향을 물어 보지 않고 먼 거리를 걸을 것이다). 그리고 그들의 지식에 빈틈이 있다는 것을 수용하려 들지 않는다. 예를 들어, 그들에게 어떤 책을 읽었는지 물어 본다면, 그들은 전지성(全知性)을 지닌 과대적 자기로 인해 "예"라고 말한다—그 결과 때때로 간접적인 이득을 보기도 하는데 그들은 황급히 달려가서 그 책을 재빨리 읽어 내려갈 것이다(얼마나 좋은 징후인가!).—이러한 마술적인 주장 뒤에는 현실적인 성취를 이끌어 내고자 하는 목적이 있다. 분석가가 이런 사건들을 조급하게 우습게 취급하거나 공격적으로 다루지 않고 진지하게 다룬다면, 그 사건들은 커다란 유익을 가져올 것이다. 다른 한편, 거짓말하기 증상(거짓말 환상)은 조심스럽게 평가되어야 한다. 왜냐하면 자기애적 구조와 환자의 자아와의 관계의 다양성은 진단과 예후의 중요한 차이를 설명해 주기 때문이다.

거짓말의 내용과 관련하여 거짓 논리의 성향은 다음과 같이 세분화될 수 있다: (a) 그것은 과대적 자기로부터 오는 압력에서 유래할 수 있다. 그런 경우에 거짓말은 어떤 위대한 성취를 자신의 공으로 돌린다; 혹은 (b) 그것은 이상화된 대상에 대한 욕구로부터 오는 압력에서 유래할 수도 있다. 그런 경우에 거짓말은 어떤 위대한 성취, 막대한 재산이나 많은 지식을 소유하고 있는 것, 또는 높은 사회적 지위를 얻는 것을 지도자의 위치(부모상)에 있는 다른 사람의 덕으로 돌린다(비교적 심하지 않은 거짓말은 그들의 실제 아버지나 아버지

세대의 다른 친척들과 관련되어 있다).

이상화된 대상에 대한 필요에 의해 만들어진 환상의 압력 때문에 현실성을 유지할 수 없는 자아의 무능력으로부터 오는 거짓말과 관련하여, 자기애적 성격장애를 분석할 때 종종 다음과 같은 오해들이 발생할 수 있다. 환자는 분석과정에서 자신이 일상 생활에서 늘 하던 대로 반복하면서 실제로 자신의 능력과 노력을 통해 얻게 된 성취를 다른 사람의 공으로 돌릴 것이다. 물론 다양한 역동적인 상황들은 그러한 증후를 만들어 내는데 일부의 역할을 담당한다(때때로 그것은 흔히 있는 일인, 아첨을 받아넘기는 등의 행동에서 나타나듯이, 단순히 잠재적으로 외상적인 심리 조절의 불균형을 피하는데 사용될 수도 있다).

그러나 분석가는 분석 치료과정에서 소위 부정적인 치료적 반응이 일어나는 역동적 상황에서 그러하듯이 이런 증후를 초자아와의 구조적 갈등의 결과로 생각하는 경우가 많으며, 환자도 이런 증후를 그렇게 해석한다(예를 들면: "당신은 아버지보다 뛰어난 것에 대해 죄책감을 느끼고 있기 때문에 실상 당신이 성취한 모든 것을 아버지의 공으로 돌리는군요"). 그러나 아동기에 이상화된 부모상의 외상적 상실을 경험한 사람들, 그리고 이런 상실의 결과로 초자아가 충분하게 이상화되지 못한 구조적 결함으로 고통당하는 자기애적 성격에서는 상황이 다르다. 이 경우에 환자가 자신의 행위를 다른 사람의 공으로 돌린다는 사실은 그의 죄책감에서 비롯되는 것이 아니라, 그의 전능한 원초적 대상에 대한 동경에서 비롯되는 것이다. 따라서 환자가 자신의 거짓말이 해석되어 용해되는 것에 저항할 때, 그 저항은 자기애가 유지되지 못할지도 모른다는 두려움에 의해 자극되는 것이며, 자기애는 환자가 환상 속에서 만들어낸 과장된 대상으로부터 나오는 것이다.

거짓말 증후의 기초가 되는 기본적인 자리가 무엇이든 간에, 즉 그것이 과대적 자기의 억압에 의해 자극받은 것이든, 이상화된 부모상을 추구하는 데서 활성화된 것이든 간에, 자기애적 성격장애의 치료에서 분석가는 병리적 자료의 변형을 일으키는 방법을 아주 정확하게 예상할 수 있다. 거짓말은 점차 환상으로 변하고; 그후에 야심적인 계획과 멋진 이상으로 변한다; 그리고 최종적으로, 만일 분석이 성공적이라면, 거짓말은 합리적인 행동 양식과 목표로 대체될 것이다. 완전한 통합과정으로 나아가는 전형적인 중간단계 동안 환자는 정신분석을 받을 때나 일상생활에서 반 농담으로 이전의 거짓말을 늘어 놓는다. 이런 특정한 치료적 발달의 흐름에 익숙하지 않은 분석가에게 이러한 농담들은 어느 정도 골칫거리가 될 때가 있다; 따라서 분석가는 환자의 자아가 아직도 외형적으로는 현실성과 진실성의 문제에서 비행의 소지가 있다고 생각하기가 쉽다. 그러나 대체로 교육적 접근과 비판적 태도는 도움이 되지 않는다. 정반대로 분석가는 환자가 반 농담으로 하는 거짓말과 반은 거짓말인 농담 사이에 일시적으로 양다리를 걸치고 있는 상태를 좋은 징조로 여겨야 한다. 그것은 자기와 관련된 수정되지 않은 과대적 환상 또는 전능한 원초적 대상과 관련된 환상으로부터 오는 압력을 자아가 점점 더 통제하고 있다는 표시인 것이다. 환자가 성취한 어느 정도 기능적인 자아의 통제에 대해 분석가가 만족해하지 않을 때 대체로 치료가 더 이상 진전되기 어려울 뿐만 아니라 심지어 이미 이루어진 치료적 발전들을 망칠 수도 있다.

이런 생각들은 환자의 분석 가능성을 평가하는데 특히 중요하며 평범한 환자들뿐만 아니라 정신분석 훈련생을 평가하는데 있어서도 마찬가지로 중요하다. 중간 영역들을 제외하고 말한다면, 다음의 두 부류 사이에는 커다란 차이가 있다. (1) 자아가 과대적 자기의 압력에 굴복하여 거짓말과 다른 형태의 비행에 중독되어 있는 사람, 그리고 (2) 자신들이 고착되어 있는 과대적 자기 개념의 주장대로 살기 위해

용감하게 투쟁하지만, 과대적 자기에 대한 압력이 거세질 때는 제한적인 영역에서 또는 갑작스런 불균형의 순간에 현실과 과대적 상상을 혼동하는 사람. 후자에 속한 사람들은 실제적인 재능을 지니고 있을 때가 많다. 그들이 (a) 자신들에 대한 초기의 환상에 고착되는 것은 현실적인 자질에 대한 과장되고 비현실적인 부모의 반응에 대한 결과일 수 있으며 (b) 과대적 자기의 지속적인 요구로 인해, 발달하는 자아가 뛰어난 성취를 이룰 수밖에 없었던 사람들이다. 그렇다 하더라도, 어떤 사람들은 전이의 초기에 치료적 분석이나 교육 분석에서 거짓말이나 그에 상응하는 비행을 통해서 숨겨져 있는 과대적 자기를 드러내는 방식으로 분석가를 시험한다는 사실을 기억해야 한다. 분석가가 이런 행동에 대해 분석적으로 반응하는 것, 즉 이런 행동을 인식하고 그것의 중요성을 아직 잘 모르겠다고 정직하게 말하는 것은 분석의 진행 과정에 아주 큰 영향을 미친다. 그런 환자들이 즉각 거부당한다면 (드문 일이지만), 혹은 좀더 자주 일어나는 일로서 분석가가—환자가 그런 행동을 한 직후에 자기 자신과 환자 사이의 현실적이고 도덕적인 관계를 명확하게 할 필요가 있다고 생각하여—직접적으로 비난하고, 증상으로 나타난 행동을 수정하라고 요구한다면, 그때 분석 예후가 좋을 수 있는 잠재적으로 창조적인 사람들을 치료할 기회를 잃게 될 것이다. 앞에서 서술했듯이, 확실한 구별은 대체로 즉각적으로 이루어질 수는 없다; 분석가는 과대적 자기의 위대함에 대한 주장과 자아 반응 사이의 상호작용을 충분히 관찰할 시간이 필요하다. 그러나 과대적 자기의 주장 때문에 간헐적으로 일어나는 현실 자아의 혼동은 재능 있고 능력 있는 사람들에게서도 실제로 나타날 수 있다. 그리고 호의적으로 수용해주는 초기의 환경 안에서 이루어지는 이런 압력에 대한 체계적 분석은 보통 적절한 분위기를 조성한다. 내 경험에 의하면, 분석가가 맏이일 경우에는 이런 방침을 타당한 것으로 받아들이기가 어렵다. 왜냐하면 그들의 특권의식(그들의 과대

적 자기)은 (비행을 저지르는) 어린 동생들에 대해 가지고 있던 윤리
적인 우월감을 둘러싸고 공고화된 경우가 많기 때문이다.

사회 조직 내에서 맏이의 성격이 미치는 특정한 영향은 연구해
볼만한 것이다. 전 성기기 또는 성기기의 경쟁 의식, 질투와 시기심
과 같은 다양한 감정들을 도덕적이고 지적인 우월감으로 바꾸는
것은 잠재기 초기에 남동생을 본 여자아이들에게서 더욱 분명하게
나타난다. 그들은 타격 입은 자기애를 극복하기 위해 새로 태어난
아기를 경멸하거나 아기에 대해 도덕적, 지적 우월감을 갖게 된다.
그리고 학교 공부에서 얻는 성취—신체직, 지직 및 문화직인 분야에
서 성공한 것에 대한 부모의 반응—는 그들에게 지나칠 정도로 중요
하게 된다. 그런 여자아이들은 후에 책임감이 강하고 사회문제에 많
은 관심을 가지며, 지적, 문화적 야망을 지닌 여성들이 된다. 그리고
이들은 자신보다 어린 남자들에 대한 분노를 극복하기 위해, 그리
고 그들을 보호하고 안내하는 태도로 그 분노를 변형시키기 위해
열심히 노력한다. 분석가로서 일을 할 때, 그런 여자들은 확고한 도
덕성과 지적 능력에 큰 가치를 부여한다. 예상대로 그들은 어린 동
생 상에 대한 미해결된 적대감으로 인해 어려움을 겪는다. 그리고
더욱 중요한 것은, 그들이 모든 것에 너무나 수동적인 것 같은 분
석가의 태도를 교육자와 훈계자 그리고 안내자와 같은 보다 더 적
극적인 자세로 대체하려고 한다는 것이며, 그들은 이와 같은 자신
들의 행동을 아주 쉽게 합리화한다. 그들은 분석가로서 환자의 성
격, 잠재력 그리고 그의 주도권을 자유롭게 사용하는데 방해가 되
는 장애물들을 제거하는 일에 도움을 주는 데서 만족을 얻는 것으
로 보인다.

이런 세부 내용들은 남겨 두고, 이제 우리의 주요 주제로 돌아가자.
과대적 자기의 치료적 활성화는 분석과정에서 세 가지 형태로 나타
난다; 이것들은 치료적 퇴행이 이끌어낸 병적인 심리구조의 특정한

발달단계와 관련이 있다: (1) 과대적 자기의 확장을 통한 원초적 융합: (2) 제 2자아(alter-ego) 전이 또는 쌍둥이 전이로 지칭되는 다소 덜 원초적인 형태: 그리고 (3) 좁은 의미에서 거울 전이로 언급된 보다 덜 원초적인 형태.

과대적 자기의 확장을 통한 융합

자기애적으로 리비도가 집중된 대상에 대한 인지적 서술은 자기애의 형태가 원초적일수록 그 서술 내용이 명료하지 않다: 환자는 분석가를 과대적 자기의 확장으로 경험하고, 분석가에게 과대적 및 과시적 요소를 투사하기 때문에, 분석가를 자기애적 갈등, 긴장과 방어들을 가지고 있는 사람으로 인식한다. 우리는 분석가와 환자의 이러한 관계를 초심리학적 용어로 일차적인 동일성의 관계라고 말하는데, 사회학적 (혹은 사회 생물학적) 관점에서는 그것을 융합(혹은 共生)이라고 말한다. 이때 그것(이상화 전이를 추구한, 그리고 일시적으로 형성한)은 이상화된 대상과의 융합이 아니라 과대적 자기의 경험이다. 이 융합은 처음에는 자기의 경계 주변으로 퇴행적으로 퍼져 나가 분석가를 포함하고, 그리고 나서 그 한계는 팽창하게 된다. 이것은 치료 과제를 수행하기 위해 이런 새로운 포괄적인 구조가 지닌 상대적인 안전감을 사용하려고 하는 것이다. (물론 치료과정에서 이런 융합 형태의 과대주의가 다른 형태의 과대적 자기의 활성화로 발전된다고 하더라도, 이런 경험의 특성이 완전히 사라져 버리는 것은 아니다.) 특히 이 단계 동안에 자기애적으로 리비도가 집중된 대상의 경험은 성인이 자신의 신체와 마음과 그 기능에 대해 갖는 경험과 유사하다는 사실을 거듭 확인할 수 있다. 이와 같이 초기 단계에서 대상과의 일차적인 동일성이 재생될 때, 환자는 분석가를 자기(self)의 일부로 경험하기 때문에 분석가에 대한 통제—치료적으로 활성화된 특정한 퇴행의 영역에서—를 당연하게 생각한다. 자기애적 리비도가 부여되는 이런 원초적 양식의 목표물인 분석가는 대체로 이런 관계를 억압적인 것으로 경험하며, 분석가를 완벽한 존재라고 여기는 환자의 기대에 그리고 자신을 무자비하게 통제하려고 하는 환자의 행동에 대해 저항감을 느끼기 쉽다.

제 2자아 전이 또는 쌍둥이 전이

과대적 자기가 다소 덜 원초적으로 활성화된 형태에서 자기애적으로 리비도가 집중된 대상은 과대적 자기처럼 되거나 그것과 아주 유사하게 되는 것으로 경험된다. 과대적 자기의 이런 다양한 전이 활성화는 제 2자아(alter ego) 전이나 쌍둥이 전이로 언급될 수 있다. 자기애적 성격분석에서 자주 접하게 되는 꿈과, 특히 환상은 그런 제 2자아나 쌍둥이와의 관계(또는 그런 관계에 대한 의식적인 소망)를 보여준다. 치료적 퇴행의 병적인 특성은 환자가 분석가를 자신과 같거나 비슷하다고 생각하거나, 혹은 분석가의 심리구조와 환자 자신의 심리구조가 같거나 비슷하다고 생각한다는 사실에서 찾을 수 있다.

좁은 의미의 거울 전이

환자는 과대적 자기를 치료적으로 활성화시키는 가장 성숙한 형태의 전이에서 분석가를 독립된 사람으로 경험한다. 그러나 환자는 치료적으로 활성화되는 과대적 자기에 의해 생성되는 욕구의 틀 속에서만 분석가를 중요하게 생각하며, 단지 그런 점에서만 그를 받아들인다. 정확한 의미에서 거울 전이라는 용어는 이런 형태의 과대적 자기의 분석적 활성화에 해당된다. 이런 좁은 의미의 거울 전이는 과대적 자기의 정상적인 발달단계를 치료적으로 반복하는 것이며, 정상적인 발달단계에서는 어머니가 자신의 눈빛을 통해서 아이의 과시적 표현을 반영해 주고, 아이의 자기애적-과시적 기쁨에 대해 다양한 형태로 참여해 주고 반응해 주는데, 이때 이러한 어머니의 반영과 반응은 아이의 자존감을 확인시켜 준다. 그리고 이런 반응이 점차 선택적으로 증가함으로써 거울 전이는 현실적인 방향으로 변화하기 시작한다. 이 발달단계 동안에 어머니가 그렇듯이, 이제 분석가는 아이의 자기애적 즐거움에 참여하고, 그것을 확인시켜 주기 위해 초대될 때에만 중요한 대상이 된다. 아주 드물기는 하지만, 환자는 분석받는 동안에 거울(과대적 자기의 반영자로서의 분석가)을 통해 보이는 누군가와 자신의 관계를 보여주는 꿈을 꾼다. 비록 그런 꿈에 나타나는 모습들은 전이 신경증 분석에서도 발생하며 단순히 분석의 자기-조사 과정을 상징화한 것이라고 생각될 수도 있겠지만, 나는 과대적 자기의 본능적 투자의 주요 부분이 치료자와의 관계에서 활성화되는 경우를 제외하고는, 그런 경우를 한번도 관찰하지 못했다. 거울 관계와 그것이 지닌 의의는 종종 간접적이기는 하지만, 환자의 환상과 자유연상 그리고 승화의 산물[3]에 의해 명백하게 묘사되었다. 그러나 환자가 거울에서 자신을 바라보는 직접적인 환상들에 대해 보고하는 경우는 과대적 자기의 치료적 활성화가 절정에 도달한 상태에서조차도 찾아볼 수 없었다. 어쩌면 그런 환상들은 환자가 실제로 거울에 자신을 비추어 봄으로써 그 상황을 실연할 수 있고, 쉽게 합리화할 수 있기 때문에 발생하지 않았을 수도 있다(거울의 심리적 중요성에 대한

---

3 이것에 대한 임상사례를 위해서는 Mr. E의 사례를 보라.

진지한 논의를 위해서는 Elkisch, 1957를 보라).

어머니와 아이 사이의 가장 중요하고 적절한 기본적인 상호작용은 대체로 시각적인 영역에 놓여 있다: 아이가 신체를 통해 표현하는 것은 어머니 눈빛 안에 담긴 반짝거림에 의해 반영된다. 그러나 여기서 주의해야 할 점은, 많은 거울 전이에서 분석가의 반향과 긍정 그리고 확인에 대한 환자의 욕구는 심적 상처의 극복과정에서 중심적 역할을 하며, 이 과정에서 관심과 이해에 대한 보다 본능 억제적인 소망이 좌절된 후에 주목받기를 원하는 직접적인 충동이 보통 일시적인 되행 현상―다소 성화(性化)되어―으로 나타난나는 사실이나. 너욱이 아이의 자기애적 욕구가 표현되는 다른 영역(예컨대 원초적인 입과 촉각)에서 상호작용이 실패한 경우, 시각적 영역은 더욱 강력하게 리비도가 집중됨으로 해서 분명히 과도한 부담을 안게 된다. 촉각에 의한 아이의 신체 감각(특히 입과 입 주변)의 수용(Rangell, 1954)은 응집적 신체-자기(body-self)의 자기애적 리비도 집중의 영역 안에서 기본적인 평정을 이루는 과정을 순조롭게 한다. 그러나 만일 어머니가 아이의 신체 접촉을 멀리한다면(또는 어머니가 아이의 자기애적 기쁨의 확장 과정에서 어머니의 신체를 포함할 수 있도록 자신의 신체를 빌려주는 것을 감당하지 못한다면), 그때 시각적 상호작용은 과도하게 리비도가 집중되며, 아이는 어머니를 바라봄으로써 그리고 어머니에 의해 보여짐으로써 자기애적 만족을 획득하려고 시도할 뿐만 아니라, 이로써 신체적(입과 촉각의) 접촉이나 친근감의 영역에서 발생한 실패를 대체하려고 노력할 것이다.

예컨대, 아동기 동안에 어머니가 만성적인 질병과 우울증에 시달렸던 환자 E는 분석가를 응시하는 것이 분석가에게 과도한 부담이 될 것이라는 공포 때문에 분석가를 바라보는 것을 두려워했다. 그러나 응시하는 것은 어머니에 의해 보유되고 전달되는 소망(그리고 어머니의 젖을 빠는 것 같은 소망)을 담고 있는 것이었다. 그는 이러한 소망의 충족이 병든 어머니를 없애 버릴지도 모른다는 생각 때문에 두려워하였다.

다른 한편 시각의 영역에 결함이 있을 때 청각이 시각의 역할을 대신한다. 그런 감각기관의 역할 변화는 벌링햄과 로벗슨(Burlingham & Robertson, 1966)에 의해, 유아원에 다니는 시각 장애아의 이야기를 담은 영화에서 명백히 묘사된다. 그 영화에서 눈먼 소녀가 녹음기에서 흘러나오는 음악이 자신이 연주한 음악이라는 것을 문득 깨달았을 때, 숨김없는 자기애적 기쁨으로 반응하는 감동적인 장면이 나온다. 여기서 녹음기는 거울의 기능을 충족시키는 것이다.

따라서 우리는 아이를 기뻐하는 어머니의 반응(어머니가 아이의 존재와 활동을 즐거워하며, 그의 이름을 부르는)은 시기 적절한 과정을 따라 자체 성애에서 자기애—파편화된 자기의 단계(자기 핵의 단계)에서 응집적 자기의 단계—로 발달하도록 지원한다. 즉 그것은 공간의 응집성과 시간의 연속성[4]을 지닌 신체적, 정신적 합일체로서의 자기에로 성장하도록 지원한다고 결론 내릴 수 있다. 그러나 정신과 신체 기능이 통합되지 않은 상태의 경험은 응집적 자기의 단계(자기애의 단계)보다 먼저 일어난다. 하지만 그것은 물론 병적인 것으로 생각할 것이 아니라, 보다 초기 발달단계에서 나타나는 정상적인 현상으로 간주해야 할 것이다. 더욱이 자기 경험의 응집성이 확고하게 형성된 후에도 각각의 정신 활동뿐만 아니라 신체의 각 부분과 그 기능을 즐길 수 있는 능력이 지속된다는 것을 잊지 말아야 한다. 이런 후기 단계에서 아이들뿐만 아니라 성인들도 자신의 신체와 마음을 구성하는 부분들과 그 기능을 즐길 수 있다. 왜냐하면 이러한 신체의 부분과 그 기능들이 확고하게 형성된 전체적인 자기에 속해 있다는

---

4 맥락에서 대상의 발달과 자기 항상성에 대해서 말하는 E. Jacobson(1964)을 참조하라.

것, 즉 파편화의 위협이 없다는 것을 확실하게 느끼기 때문이다. 그러나 아이들은 신체 부분이 파편화되는 놀이를 즐긴다. 예컨대, 발가락을 세는 놀이가 그런 것이다: "이 작은 발가락은 시장에 갔고, 이 작은 발가락은 집에 있고, 이 작은 발가락은 구운 고기를 먹었고, 이 작은 발가락은 아무것도 가진 것이 없고, 그리고 이 작은 발가락은 집으로 가는 길에 잉-잉하고 울었다." 이와 같은 놀이는 전체적 자기(self)의 응집성이 아직 확고해지지 않은 시기에 파편화에 대한 두려움(심각하지 않은)을 해결하기 위한 것이라고 볼 수 있다. 그러나 긴장(깍꿍 놀이에서의 분리 불인처럼[Kleeman, 1967])은 계속 유지된다. 그리고 마지막 발가락에 이르러서는 공감적인 어머니와 아이는 소리내어 웃고 포옹하며 하나가 됨으로써 파편화에 대한 공포를 해소시킨다.

응집성의 표현인 자기의 현실 감각(Bernstein, 1963)은 자기애적 리비도의 확고한 집중에 기인하며, 이것은 주관적인 행복의 느낌뿐만 아니라 이차적으로 자아 기능의 개선을 이끌어 낸다. 그리고 그것은 여러 방식으로, 예를 들면 자기 경험의 응집성이 강해질 때 환자의 직무 능력이 증가하며, 더욱 효과적으로 일할 수 있게 되는 결과를 통해서 객관적으로 확인할 수 있다. 다른 한편, 환자들은 신체적인 자극과 체육 활동으로부터 직업을 갖거나 사업을 할 때 과도한 일 중독[5]에 이르기까지 여러 가지 무리한 행동을 하여 주관적이고 고통스러운 자기(self) 파편화의 느낌을 저지하려고 시도할 때도 많다. 정신

---

5 만성적인 자기애적 고갈에 시달리는 아이들이 사용하는 일종의 자위행위로부터 성에 몰두하는 사람들이 추구하는 자기 확인 행위로서의 끊임없는 성적 욕구에 이르기까지 광범위한 성적 행동 또한 자기 고갈의 느낌, 또는 예상되는 자기 파편화의 위험을 상쇄시키고자 하는 목표를 지니고 있다. 아동기에 경험했던 자기 고갈과 자기 파편화의 공포가 반복되는 위험에 노출된 청소년들의 행동, 특히 후기 청소년기의 성적 행동들의 대부분은 일차적으로 자기애적 목적들을 지닌다. 심지어 비교적 안정된 청소년들에게서도 그와 같은 행동들이 발견되는데, 그것들은 주로 자존감을 높이기 위한 행동들이다

병이 과로에 인해 촉진된다는 오해(예를 들면, D. P. Schreber, 1903을 보라)는 환자가 정신병이 발병하기에 앞서 자기의 파편화가 빠르고 위험스럽게 증가하는 것을 감지할 때, 광적인 행동으로 그것을 제지하려고 시도하는데 근거를 두고 있다.[6]

내 경험에 의하면, 몹시 심각한 만성적 직무 장애는 자기애적 리비도가 빈약하게 자기에게 집중되어 있고, 따라서 만성적인 파편화의 위험으로 인해 이차적으로 자아 효율성이 감소된다는 사실에서 기인한다고 덧붙일 수 있다. 그러한 사람들은 만성적으로 일을 전혀 하지 못하거나, 또는 (그들의 자기가 참여하지 않기 때문에) 기계적으로, 즉 그저 외부의 자극과 요구에 따라서 기쁨도 없고 주도성도 없이 수동적인 태도를(자기의 참여가 깊이 있게 이루어지지 않고, 자율적 자아의 고립된 활동으로서) 가지고 일을 할 수 있다. 이러한 유형의 직무 장애는 자기애적 성격장애 환자에게서 자주 나타나는데, 그들은 그것을 분석과정을 통해서만 자각하게 될 때도 종종 있다. 환자는 어느 날 갑자기 자신이 하는 일에 변화가 생겼으며, 일을 즐기게 되었고, 일을 할 것인지 안 할 것인지를 스스로 결정할 수 있으며, 순종적이고 수동적인 태도로 일을 하기보다는 자신이 주도해서 일을 하고 있으며, 마침내 자신이 단조롭고 기계적으로 일하는 것이 아니라 어떤 독창성을 가지고 일하게 되었다고 보고할 것이다. 깊이 있고 살아 있는 자기가 **자아의 활동들을 조직하는 중심부**가 된 것이다(Hartmann, 1939, 1947).

환자를 공감적으로 긍정해주고 수용해주는 관계가 최초의 확고한 자기를 형성하는 전제조건 중 하나이며, 분석과정에서 나타나는 이런 영역의 장애는 교정될 가능성이 더 크다. 반면에 그 반대의 사건들

---

6 자아기능의 효율성과 자기의 응집성 사이의 상호관계에 관한 추가적 언급을 위해서는 Kohut(1970a)을 참조하라.

(응집적 자기에서 그것의 파편화로 가는 움직임)도 분석과정 안에서 혹은 아이와 병리적 부모와의 상호작용 안에서 관찰될 때가 많다. 예를 들어, 분석가의 현존과 관심의 도움으로 자기의 응집성과 항구성의 느낌을 잠정적으로 재형성한 환자들에게서 자기의 파편화 현상을 찾아볼 수 있다. 환자는 거울 전이(그것이 형성하는 세 가지 유형 중 어느 것이든)가 유지되지 못할 때는 언제든지 자기의 통일성이 용해되는 위협을 느낀다; 그는 파편화된 신체의 부분들과 정신 기능에 리비도가 과도하게 집중(정신-신체 건강염려증으로 정교화되는)되는 퇴행이 재발하는 것을 경험하기 시작한다. 그리고 다른 것, 즉 퇴행의 경향성을 저지하기 위해 도착적인 성행위와 같은 병리적 수단들을 사용하게 된다. 때때로 환자들은 부모의 행동이 그들의 통합된 자기로부터 오는 기쁨을 느끼는 것을 방해하며, 고통스러운 파편화의 느낌을 불러일으키는 가학적인 의도를 지닌 것처럼 보인다고 보고할 것이다.

예컨대, 환자 B는 아동기에 다음과 같은 어머니의 파괴적인 반응을 기억해냈다. 그가 자신이 이룩한 어떤 성취나 경험에 대해 신이 나서 이야기할 때, 어머니는 냉담하며 무관심할 뿐만 아니라 그에게 그리고 그가 설명하고 있는 사건에 대해 반응해 주기보다는 그가 말할 때의 행동이나 모습에 대해 느닷없이 비판을 하곤 했다. 그는 이런 어머니의 반응("말할 때는 손을 움직이지마!" 등)을 어머니로부터 반응을 얻으려고 하는 자신의 표현이 거부되는 것으로 경험했을 뿐만 아니라, 인정 받기 위해 그의 전체 자기(total self)를 제공한 가장 취약한 바로 그 순간에 어머니가 관심을 그의 신체의 부분으로 이동시킴으로써 그의 자기 경험의 응집성을 직접적으로 파괴하는 것으로 경험했다.

공감적인 분석가는 의도적으로나 직관적으로 이런 사례를 염두에 두고 있으며, 실제로 분석하는 동안에 방어기제, 또는 환자 성격의 다른 세부적인 내용에 대한 설득력 있는 적절한 해석조차도, 환자에게 받아들여지지 않는 순간이 있다는 사실을 인식하게 될 것이다. 왜냐하면 그런 순간에도 환자는, 예컨대 자신이 최근에 새롭게 성취한 것과 같은 중요한 삶의 사건들에 대해 분석가가 이해해 주는 반응을 보여주기를 바라기 때문이다. 편집증 환자가 분석가의 행동 양상, 외모 등을 언급할 때, 종종 그것들이 냉담하다고 보고하는 것은 아마도 비판적 초자아뿐만 아니라 환자가 느끼는 파편화의 감정이 투사되기 때문이라고 생각할 수 있다. 그것은 자기(self)의 집중을 견고하게 유지할 수 있는 환자의 심리적 기능이 충분히 발달하지 못했거나 감소한 결과로써 일어난다.

주요 정신병에서 자기에게 본능적 에너지가 투자되는 발달적 변천이 어떠하던지 간에, 그리고 이런 심각한 장애들의 발생학적이며 역동적인 기초가 무엇이던지 간에, 현재의 연구에서 다루고 있는 자기애적 성격장애 집단을 치료하는데 있어서 자기에 대한 리비도 집중의 변동은 자기애적 전이의 상태와 관계가 있다. 앞에서 논의된 것처럼 과대적 자기가 전이에서 활성화되는 세 가지 유형은 과대적 자기의 세 가지 발달단계와 일치하며, 또한 그것들은 각각 다른 임상적 징후들을 통해 확인될 수 있다. 가장 원시적인 유형은 전이에서 과대적 자기의 확장을 통해 대상과의 예전의 동일성을 재형성하는 것으로 구성되어 있기 때문에, 전이 대상은 거의 분리되어 있지 않으며, 연상 자료에서는 대상에 대한 상상적 구성물이 존재하지 않거나 크게 부족하며 불명료한 것으로 드러난다. 좀더 성숙한 유형은 대상과의 일차적인 동일성이 아니라 대상과 같아짐(유사함)에 토대를 둔 제2자아 전이이며, 연상 자료 안에는 더욱 분명한 대상의 상상적 구성물이 존재하며 또한 어느 정도 대상의 분리가 이루어진 상태임을 보여준다. 결국 좁은 의미의 거울 전이에서 대상의 분리가 인지적으로 가장 명확하게 형성되기 때문에, 대상의 상상적 구성물 또한 가장 풍부하다. 그러나 대상에게는 여전히 자기애적 리비도가 집중되어 있으며; 대상은 환자가 자기애적 항상성을 유지하는데 공헌(또는 방해)하는 한에서만 의미를 지닌다.

그러나 나는 이런 중요한 차이에도 불구하고, 활성화된 과대적 자기의 특정한 유형을 확인하려고 하지 않을 것이며, 과대적 자기의 모든 증상을 거울 전이로 언급할 것이다. 엄격한 의미에서의 거울 전이 증상은 치료 과정에서 활성화되는 과대적 자기의 형태들 중에 가장 잘 알려져 있고, 가장 쉽게 확인할 수 있기 때문에, 이 용어는 관련된 전체 현상에 대한 가장 적절한 용어이다. 결국 중요한 문제는 분석가가 환자의 과대적 자기의 활성화에 관여하게 되는 전이의 상호작용 양상이 어떤 것인가가 아니라, 전이를 통해서 응집적이고 튼튼한 자기애적 대상관계를 (재)형성할 수 있다는 사실이다. 이때 자기애적 대상관계는 아이가 도달한 발달단계와는 상관이 없으며 대체로 대상사랑의 발달에 앞선다. 환자가 융합 전이에서 분석가를 자기 자신의 떨어져 나간, 또는 억압된 원초적 위대함과 과시주의의 확장으로 사용하는지, 제 2자아 전이에서 분석가를 자기 자신의 완전함을 보유하고 있는 독립된 사람으로 경험하는지, 혹은 거울 전이에서 자신의 위대함에 대해 반향해 주고 확인해 주며 자신의 과시주의에 대해 긍정해 주기를 분석가에게 요구하는지와 같은 물음은 별로 중요하지 않다. 과대적 자기의 활성화에 의해 형성된 유사 전이 상황에서 환자는 극복과정을 활성화시키고 유지시키는 주요한 치료적 유익을 얻는다. 그리고 그 극복과정에서 분석가는 치료적 완충물의 역할과 자아-이조적인(ego-alien) 자기애적 환상과 충동에 대한 점진적인 통제를 강화시키는 역할을 담당한다.

마지막으로, 과대적 자기의 치료적 활성화의 표현인 전이 현상 전체에 대해 거울 전이라는 용어를 사용하는데 대한 또다른 한 부류의 주장들이 있다. 분석가와 환자의 침묵의 융합과 제 2자아 전이(쌍둥이 전이)는 환자의 과대적 자기의 확장을 통해 이루어지는데, 이것은 거울 단계 실패 후 아동기 초기(오이디푸스 이전 시기)에 이루어진 퇴행적 자리의 재생인 반면, 좁은 의미의 거울 전이는 인식이 가능한 발달단계와 일치하거나, 그 단계에 가장 가까운 유일한 것이라는 주장이다. 정상적인 대상과의 일차적인 동일성과 (거울 단계보다 더 일찍 발생하거나 거울 단계가 시작되는 때와 중복되는) 제 2자아와의 일차적 관계라는 정상적인 발달단계가 확실히 존재한다고 하더라도, 임상적 전이는 이런 일차적 유형들이 재현되는 것이 아니다. 그것은 어머니의 거울 기능이 실패한 후, 아동기에 나타나는 이차적인 양상들이 재현되는 것이다(그 관계는 강박 신경증에서 만나는 것과 유사한데, 이런 강박 신경증에서 방어적인 항문기적 사랑은 본래의 항문기가 재생된 것이 아니라, [손상 입은] 오이디푸스적 거세불안으로부터 후퇴하여 초기 잠재기에서 항문기적 사랑으로 퇴행했던 과거의 행동 유형이 활성화된 것이다).

대상과의 일차적인 동일성에서 그리고 대상과의 일차적인 제 2자아(쌍둥이) 관계에서 대상에 대한 아이의 경험을 재구성하기란 어렵다. 이런 단계들은 아주 초기에, 즉 언어적 의사 소통 이전에 발생한다. 그러나 거울 단계는 언어 단계에 이르기까지 계속된다. 따라서 부모와 아이 사이의 상호작용은 언어 이전의 시기에 일어난 것까지도 우리의 공감적 이해를 위해 열려 있다(예컨대, "아기 숭배"에 대한 Trollope의 묘사, 1966a를 참조할 것). 그러나 아동기에 발생하는 후기의 융합 전이와 쌍둥이 전이의 이차적이고 퇴행적인 전조들은 접근하기가 보다 쉽다. 다른 사람들과 거의 망상적으로 융합하는 시기인 아동기에 느낀 고독감에 대한 두려운 기억들, 그리고 제 2자아의 특성을 지닌 상상의 놀이 친구와 중간 대상(transitional objects)에 대한 기억들은 성인의 분석에서도 자주 발견되는 것들이다.

자기애적 성격장애의 분석에서 만나게 되는 (좁은 의미의) 가장 순수한 거울 전이의 형태들조차도 정상적인 발달단계의 직접적인 복제가 아니라는 사실을 인정해야 한다. 그것들은 관심과 인정받으려는 욕구에 대한, 그리고 자신의 현존을 확인해주는 반영에 대한 요구가 퇴행적으로 변형된 것으로서, 여기에는 폭력성과 과도하게 소유적인 태도가 항상 혼합되어 있다. 그런데 이것은 심한 좌절과 실망으로 인해 생긴 구강기 가학적 욕동의 요소와 항문기 가학적 욕동의 요소가 강화된 것을 보여주는 것이다. 그럼에도 불구하고, 엄격한 의미에서의 거울 전이는 융합 전이와 쌍둥이 전이보다 정상적인 발달단계의 치료적 회복에 보다 더 근접해 있다. 그리고 바르게 이루어진 분석과정에서 융합 전이와 쌍둥이 전이는 점차 좁은 의미의 거울 전이로 변회히는 경향이 있으며, 거울 전이는 정상적인 발달단게와 더욱 더 유사하게 되는 경향이 있다. 즉 가학적 요소는 감소하고 인정받고 반영받고자 하는 욕구는 활기를 띠며 즐거움을 주게 되는데, 그것은 부모와 아이 사이의 시기 적절한 상호작용과 일치하는 것이다.

따라서 과대적 자기의 치료적 활성화의 세 가지 유형은 이런 상이한 심리구조 발달 단계들과 일치하며, 다른 임상적 증상에 의해 분명히 구별된다. 그러나 그것들 사이의 발달의 차이와 현상의 차이에도 불구하고, 역동적인 임상적 결과는 같다: (1) 세 가지 형태 모두에서 분석가가 원시적인 대상이라 하더라도, 환자의 자기애적 영역에서 대상 항구성이 형성된다. 그때 그것은 분석가를 중심으로 확립된다; 그리고 (2) 비교적 안정되고 자기애적으로 투자된 이러한 대상의 도움으로 전이는 세 가지 형태 모두에서 환자의 자기의 응집성을 유지하는데 공헌한다.

분석가가 이와 같이 응집적으로 형성된 자기의 구조를 지원하는 일에 참여할 수 있다는 것은 다음의 사실을 말해준다. (a) 발생학적으로 볼 때, (종종 불확실하게 유지되는) 응집적인 과대적 자기는 아동기 동안에 실제로 어느 정도 형성된다; (b) 듣기, 지각하기, 그리고 분석가가 제공하는 반향-반영(echoing-mirroring)은, 비록 그것이 원초적이며 성인의 기준에서는 비현실적이라 하더라도, 환자의 심리적인 힘을 강화시키며, 그 힘은 환자의 자기 이미지의 응집성을 유지시킨다.

임상 사례

자기의 응집성을 촉진시키는 거울 전이의 효과에 대해서는 보다 더 심각한 심리적 퇴행의 위협이 기존의 안정된 전이를 방해하는 임상 사례를 통해서 가장 잘 설명될 수 있을 것이다. 거울 전이를 심리적으로 더욱 원시적인 퇴행적 상태와 대비시킴으로써, 그것의 특정한 심리적 내용과 효과를 설명하기가 더 용이할 것이다. 이상화 전이가 방해받게 될 때,[7] 분석가가 환자에게 통찰을 제공함으로써 이상화된 부모상을 해체시키는데 필요한 치료적으로 매우 귀중한, 통제된 변동이 일시적으로 일어나는 것처럼, 거울 전이의 경우에서도 마찬가지로 그런 퇴행적 상태가 발생한다. 그러한 퇴행적 상태의 초심리학적인 본질은 자기애적으로 리비도가 집중된 응집적 자기가 일시적으로 파편화되는 것이며, 고립된 신체 부분, 정신기능 그리고 행동에 본능적 에너지가 일시적으로 집중되는 것이다. 그때 그 파편화된 것들은 자기로부터 단절되어 불안정하고 위태롭게 유지되는 것으로 경험된다.

거울 전이의 평정 장애에 관해서는 파편화하는 퇴행의 위험을 지닌 특정한 사례를 통해 설명할 것이다.

환자 B는 나의 여자 동료와 3개월 동안 분석을 했다. 환자는 20대 후반의 대학 강사였는데, 그가 분석을 받고자 한 표면적인 문제는 성적 장애와 결혼의 파경 때문이었다. 그러나 그가 호소하는 증상이 외형상 한정되어 있음에도 불구하고, 그는 막연하고 만연된 성격장애 때문에 고통을 받고 있었고, 심각한 긴장 상태와 고통스러운 공허감

---

7 이 주제에 대한 논의를 위해서는 3장을 보라; 또한 4장의 Mr. G의 사례를 보라.

을 번갈아 경험하고 있었으며, 신체적, 심리적 경험의 경계선에서 이 두 가지를 모두 경험하고 있었다. 게다가 환자는 갑작스럽고 폭발적으로 일어나는 강렬한 격노에 의해 위협 당하고 있었다.

분석을 시작한지 몇 주 후에 환자는 분석가 쪽에서 어떤 특별한 활동을 하지 않았음에도 불구하고, 분석에서 큰 위로를 경험하기 시작했다. 그는 그것을 "따뜻한 목욕"과 같은 것이었다고 묘사했다(이것은 외적으로 그를 감싸안는 따뜻함이 그의 자기애적 평정을 회복시키는 효과를 가지고 있으며, 그것이 제공해 주는 온화한 신체적 자극에 의해 신체-자기의 응집싱에 대한 감각이 증가하는 경험을 근거로 한 의미 있는 비유이다). 주말에 연속된 분석 면담의 효과가 축적된 것인지 평일에는 환자의 긴장과 고통스런 공허감이 가라앉았고, 그가 일할 때도 훨씬 더 생산적으로 느꼈고, 또 실제로 그렇다고 매 면담 시간 마다 보고하였다. 그러나 주말에는 긴장이 상당히 증가하여 자신의 신체적 정신적 기능에 대해 걱정하게 되고, 폭력적으로 파괴하는 위협적인 꿈을 꾸며, 사소한 일에 짜증을 내거나 갑작스런 격노로 반응하는 경향이 있었다. 그러나 그는, 비록 자신의 전처가 자신을 잊었거나 생각하지 않을지도 모른다는 염려에 주로 몰입되어 있었지만, 자신이 느끼는 불안이 분석가로부터 분리되는 것과 관련되어 있다는 사실을 이미 깨닫기 시작했다.

이 기간에 있었던 면담에서 "당신이 내게 일주일 전의 일에 대해 이야기했을 때"라는 표현이 담긴 분석가의 이야기가 끝난 후에, 그는 긴장과 내적 공허감이 가라앉고, 자기 확신이 증가되며, 온전성과 행복한 느낌이 다가오는 것을 갑작스럽고 강렬하게 경험하였다. 환자는 이전 면담시간에 자신이 말한 것을 분석가가 기억하고 있다고 크게 기뻐했다. 그리고 분석가는 자신이 환자의 이야기를 경청하고 공감적으로 반응하며 기억하는 것이 환자의 자기 경험의 응집성을 지원해 주고 있다는 인상을 갖게 되었다(즉 환자는 분석가의 거울 기능으로 인해 활성화된 자기애적 리비도를 과대적 자기에게 집중할 수 있었다).

여기서 덧붙일 것은 자기애적 성격장애를 지닌 많은 환자들이 다양한 신체적, 심리적 기능에서 특히 그들의 자기 경험이 파편화되는 느낌을 털어놓는다는 점이다. 자기애적 성격장애의 성공적인 분석 후기에, 치료과정의 결과로 환자가 외적인 것들을 추구하는데 몰입하게 될 때, 아직 리비도가 불확실하게 집중된 자기가 일시적으로 파편화되는 현상이 종종 나타난다. 분석에서 더욱 확고하게 성취되는 자기의 응집성은 다양한 자아 기능의 개선을 가져오며, 환자의 관심을 직업적 및 대인 관계적인 목표로 향하도록 한다. 새로운 경험에 매료되어, 환자는 특별한 추구에 몰두할 수 있으며, 그러다가 갑자기 자신의 신체적 특히 정신적 기능과 관련된 우울증적인 염려를 갖고 있음을 인식하기도 한다. 그러나 이런 긴장은 곧 사라지는데, 그것은 이때 환자가—처음에는 분석가의 도움을 받아서 그리고 나중에는 스스로—그러한 상황이 발생한 이유가 그의 관심이 자신의 자기로부터 자신의 행동으로 자유롭게 옮겨감으로 인해 응집적인 자기애적 리비도 집중 상태가 일시적으로 박탈되기 때문이라는 사실을 이해하기 때문이다.

예를 들면, 30세의 남자 환자인 M은 (저자의 지도 아래 여성 분석가가 분석을 하였는데) 직업상으로는 상당히 성공하였음에도 불구하고, 자신이 하고 있는 일에 만족하지 못했으며, 압박감을 주는 내적 공허감을 채우기 위해 여러 가지 사회적인 일에 쉬지 않고 참여하였다. 그는 분석과정에서 자신에게 아동기에 반응받지 못한 채 남아 있는 강렬한 과시주의가 있음을 깨닫기 시작했다. 그는 극복과정을 통해 점차 과대적 자기의 핵을 공고히 하게 되었는데, 그 결과 과시적 환상(예컨대 많은 청중 앞에서 바이올린을 연주하는 상상)에 빠질 수 있을 뿐만 아니라 (사회적으로 수용되는 형태에서 과시적인 소망을 충족시키는 단계를 그에게 제공하였던) 일상적인 일에 더욱 더 주도적이고 신명나게 헌신할 수 있었다. 그러나 이 과정의 중간단계에서 바이올린을 연주할 때와 그가 일상적인 일에 몰두하게 되었을 때 모두 불안해하기 시작했다. 이러한 모든 경험들에 대한 세부적인 관찰을 통해서 다음의 사실이 밝혀졌다: 그의 불안은 상대적으로 아직 길들여지지 않은 과시주의가 침입한 결과로서 위협적이고 조적인 자극에서 기인하며, 뿐만 아니라 그가 자신의 활동과 목표들을 위해 자신을 포기할 때, 즉 그것들에게 자기애적 리비도를 투자할 때 느끼는 자기 상실감(새로운 파편화의 위협으로 느껴지는 자기에 대한 탈리비도 집중)에 훨씬 디 큰 원인이 있다. 그리나 이런 불인의 경험은 딘지 일시적인 기간에서만 나타났다. 후에 그는 소중한 자아 동조적(self-syntonic) 활동에 자기애적 에너지를 투자하는 능력과 자기의 응집성을 강화시키는 자아 동조적 목표를 결합할 수 있게 되었는데, 그것은 대체로 자아 기능의 증진을 가져왔다.

환자 M의 분석에서 묘사된 것과 같이, 분석과정의 특정한 시기, 즉 환자의 자기에 대한 리비도 집중이 새롭게 에너지를 사용하는 것과 결합되는 시기의 심리적 상황은 사람들이 일상적으로 활동하도록 강요받는 만성적인 심리적 상황과는 구별되어야 한다. 그런 사람들은 그들의 활동 속에서만 살아 있다고 느낄 수 있다. 그들의 행동은 그들의 계획, 목적, 목표, 이상의 결과가 아니라(그것들은 안정된 자기 경험에 기초해 있지 않다) 자기의 대체물인 것이다. 환자가 분석받는 동안에만 자신의 존재를 인식하는 비슷한 증상은 그가 시간을 축으로 하여 자신을 응집적으로 경험하지 못한다는 사실에서도 드러난다. 처음에, 그런 환자들은 종종 그들이 분석 받은 날부터 다음 분석 받는 날까지 분석과정의 내용을 기억하지 못한다고 불평한다. 이런 인상은 그것이 객관적으로는 부정확하게 보일 수 있다고 하더라도, 주관적으로는 지속되기가 쉽다. 왜냐하면 환자는 사실상 앞의 분석과정을 기억하기 때문이다. 반대로 그런 환자들(예컨대, 환자 B)은 분석가가 이전에 자신이 말한 설명과 느낌 상태를 기억—거울 전이에서 분석가가 환자의 자기의 응집성을 유지하는데 중요한 (전)구조적 기능을 수행하기 시작했다는 분명한 신호이다—하고 있다는 증거를 제공할 때, (시간 속에서 그들의 계속성의 감각을 포함하면서) 주관적으로 온전하고, 완전하게 느낀다.

환자 B의 분석에서 볼 수 있는 일화는 시간을 주된 축으로 하여 활성화된 자기의 응집성을 강화시키는 거울 전이의 기능에 대한 좋은 예가 된다. 다음의 임상 사례 요약은 (분석 초기에 행해진) 치료적으로 활성화된 과대적 자기의 일시적인 퇴행적 파편화에 대한 또 하나의 교훈적인 예이다. 그러나 이 일화는 시간 속에서 자기의 응집적 경험에 대한 위협(즉 계속성으로서의 자기의 경험에 대한 위협)을 보여주는 것이 아니라, 현재의 자기의 응집성의 폭과 깊이에 대한 위협을 보여주는 것이다.

환자 E는 20대 후반의 대학원생이었다. 그는 본래 결혼의 파경 때문에 치료를 받고자 했지만, 곧 다른 여러 가지 문제들 특히 다양한 도착적인 환상과 행동의 경향성이 드러났다. 그의 정신병리와 간접적으로 관련되어 있는 성격구조의 세부적인 내용들은 여기서 논의하지 않을 것이며, 다만 다음과 같은 내용을 제시하겠다: 그는 많은 성도착적 방법들을 통해 고통스러운 자기애적 긴장 상태로부터 안정을 찾고자 했으며, 그런 행동을 통해서 보여지는 다양한 대상들과 성적 목표들이 불안정하고 질적으로 변화무쌍하다는 사실은 그가 만족스럽고 신뢰할만한 자원이 아무것도 없었으며, 심지어 자신이 기쁨과 확신을 얻고자 했던 방식에 전적으로 참여할 수도 없었다는 사실을 암시하고 있었다. 그러나 (자기애적) 전이가 발달하기 시작했을 때, 관음증적 과시주의의 목표들은 그가 성도착증을 갖는데 특정한 역할을 하였으며, 이런 영역에서 만족을 얻으려고 시도했음이 드러났다. 이때 그는 그렇게 하지 않으면 거절당할 것이라는 위협을 느꼈다.

이 시점에서 나는 분석과정에서 얻을 수 있는 이러한 행동이 발생하게 된 특정한 원인들에 대해 논의하지는 않을 것이다(그러나 1장을 보라). 대신에 오랫동안 분석한 한 사례의 분석 초기 단계에서 어느 주말에 환자가 경험한 일에 관해서 간단히 보고하려고 한다. 그 환자는 분석가와 떨어지는 분리가 자신의 정신적 균형을 망쳐 놓을 것이라는 것을 이미 깨닫기 시작했음에도 불구하고, 분석에서 제공되는 특정한 지원의 성질을 아직 이해하지 못한 상태였다. 분석 초기 단계에서 분석가와 떨어져 있는 주말 동안에 그는 다양한 치료법들을 사용하여 막연하게 지각된 내적 위협에 대항하고자 시도했다. 예컨대, 그는 상대적으로 덜 고통받는 영역인 지적 추구를 시작하였다: 그리고 동성애적이거나 이성애적인 상상에 몰두했다. 그리고 이것은 대체로 그가 바라보는 남자와 융합되는 느낌이 일어나는 공중 화장실에서의 위험스런 관음증적 행위로 나타났다. 그러나 그는 이제 주말 동안 자기의 해체 위협을 보호하기 위해 원시적인 방법들을 사용하지 않고 예술적인 승화의 행동을 통해 고통에서 벗어나게 되었을 뿐만 아니라, 분석가가 자신에게 제공해주는 지원의 본질을 설명할 수 있게 되었다. 그 주말에 환자는 분석가의 모습을 그렸다. 이러한 예술적인 창작품을 이해하는 열쇠는 그 분석가의 그림에는 눈과 코가 없었다—이런 감각 기관의 위치는 환자에 의해 취해졌다—는 사실에서 찾을 수 있다. 이런 증거(이런 해석을 확실하게 하는 과거와 현재의 많은 자료들이 추가된다)에 기초해서 리비도가 자기애적으로 집중된 환자의 자기 이미지를 유지하기 위해 필요한 결정적인 지원은 환자에 대한 분석가의 지각에 의해 제공되었다는 결론에 도달했다: 거울 전이에서 이 환자는 분석가를 자신의 파편화 경향성을 중화시키고 막아 주는 (자기애적) 리비도의 응고제로서 경험하였다. 환자는 충분히 발달되지 못한 심리내적 기능을 대신해주는 대상이 수용적으로 자기를 바라보고 있다고 생각할 때 자신을 온전하게 느꼈다: 분석가는 환자에게 자기의 자기애적 리비도 집중의 결핍에 대한 대체물을 제공하였다.

이미 앞의 이론적 맥락에서 암시된 바 있는 개념적인 명확성의 문제는 이 지점에서 유용하게 다시 소개될 수 있으며, 방금 제시된 임상 자료의 배경에 비추어 재검토될 수 있다; (a) 분석가의 현존으로, 즉 생생하고 상상적으로 통일된 분석가의 지각과 반응의 도움으로 유지할 수 있었던 환자의 자기 이미지의 응집성(활성화된 과대적 자기의 온전성), 그리고 (b) 환자의 자아의 통일성과 응집성 및 그 기능, 이 두 가지는 구별되어야 한다.

비록 두 개념이 추상적으로 다른 수준이지만(자기의 개념이 내적 성찰이나 공감적 관찰과 더 가까우며, 자아의 개념은 그것보다 더 나중의 차원이다), 우리는 다음과 같이 말할 수 있다. 자기 이미지에 자기애적 리비도를 충분히 집중시킴으로써 가능해지는, 통일성을 지닌 자기의 경험은 응집적으로 기능하는 자아의 중요한 전제 조건이다; 반대로 그러한 리비도 집중의 부재는 자아 기능의 장애를 일으키는 경향이 있으며; 마지막으로, 거울 전이의 자기애적 집중은 자아의 장애를 치료한다. 즉 자기에 대한 응집성을 제공하는 일시적인 단계를 거쳐 자아 기능을 개선할 수 있다(자아와 자기 사이의 상호관계에 대한 논의를 위해서는 Kohut, 1970a를 보라).

제 6 장

거울 전이의 형태:
발생학적-역동적 고찰에 따른 분류

앞에서는 발달적 고찰에 기초해서 과대적 자기의 치료적 활성화의 결과로 일어나는 전이에 대해 분류하였다. 본 장에서는 과대적 자기(타고난 요인)의 성장 단계보다는 오히려 과거(아동기)와 현재(치료적) 환경의 외적인 요소와 관련되어 있는 거울 전이 유형에 관하여 논의할 것이다. 특히 나는 분석에서 거울 전이(포괄적인 의미의)가 나타나는 형태를 세 가지—1) 일차적 2) 이차적 3) 반동적—로 정하고, 거울 전이가 이렇게 다른 양식으로 나타나는 것이 a) 아동기의 과대적 자기의 변화 과정과 어떻게 관련되어 있으며, b) 임상 전이의 상황에서 특정한 현재의 경험과는 어떻게 관련되어 있는지를 보여줄 것이다. 따라서 과대적 자기의 치료적 활성화는 직접적으로 일어나거나(일차적 거울 전이), 이상화하는 전이로부터 일시적으로 후퇴하는 것으로 나타나거나(과대적 자기의 반동적 활성화), 아니면 특정한 발생학적 순서에 따른 전이(이차적 거울 전이)로 나타날 것이다.

일차적 거울 전이

이 형태는 임상 상황에서 과대적 자기의 전이 활성화의 일반적인 양식으로 구성되어 있기 때문에 따로 길게 논의할 필요는 없다. 다만 다른 곳에서 강조했듯이, 분석가가 자연스런 과정을 방해하지 않는 적절한 태도를 취한다면, 일차적 거울 전이는 환자에게서 자발적으로 일어난다는 사실을 다시 한번 강조하는 것으로 족하다. 특정한 전이의 유형(융합 전이, 제 2자아 전이, 혹은 좁은 의미의 거울 전이)은 병적인 고착점에 의해 결정된다. 그리고 전이가 일어날 때 환자가 경험하는 특정한 공포(떨어지는 꿈으로 표현되는 통제할 수 없는 퇴행에 대한 공포; 활성화되는 원시적인 과시로 인한 통제할 수 없는 과도한 자극에 대한 공포; 과대적 환상들의 급격한 분출로 인한 현실과의 접촉 상실에 대한 공포 등)는 전이의 특정한 유형과 관련되어 있다. 물론 이것은 전이 형성을 방해하는 특정한 염려로부터 오는 환자의 저항에도 동일하게 적용된다. 전이의 현상으로 보이는 혼합물들과 관련된 특정한 공포들 및 저항들을 주의 깊게 관찰하는 것은 분석가에게 매우 가치 있는 일이다. 왜냐하면 분석가는 이를 통해 병리의 발생원인에 관해서 뿐만 아니라, 한편으로는 중심적인 과대주의와 과시주의의 성질에 관해서, 다른 한편으로는 분석 후기 단계에서도 종종 명쾌하게 식별되지 않는 성격구조의 주변 층 사이의 특정하고 역동적인 상호작용에 관해서 이해의 실마리를 얻게 되기 때문이다.

만약 환자의 공포가 지나친 어려움을 초래한다면, 또는 그 공포로 인해 활성화된 과대적 자기의 원초적 자기대상(에 대한 관심)과 관계하는 환자의 능력이 장기적으로 방해를 받는다면, 그때 분석가는 환자에게 초기에 경험한 곤경의 의미를 설명해 주는 것이 유익하다. 물론 이러한 설명은 특정한 발생학적 자료를 포함할 수 없으며, 이때 분석가는 직관적으로 재구성한 발생학적 요인에 관한 자신의 견해를 환자에게 의사소통하지 않도록 해야 한다. 왜냐하면 환자는 그것을 전지한 대상과의 모호하고 방어적이며, 원초적인 관계 형성을 위한 초대로 경험하기 쉽기 때문이다. 그러나 만일 분석가가 환자에게 현재 분석상황의 역동성에 대해서 친절하게 설명해 주는 것으로 만족한다면, 그때 환자는 분석가가 자신이 경험한 장애 유형에 대해 잘 알고 있다고 느끼게 될 것이며, 더욱 안전한 느낌을 갖게 되고, 따라서 그의 불안과 이에 상응하는 저항은 감소하게 될 것이다.

과대적 자기의 반동적 활성화

과대적 자기의 반동적 활성화가 지닌 실제적인 중요성이 아주 큼에도 불구하고, 현 상황에서 그것에 대해 자세하게 논의할 필요는 없다. 그것의 자리—중간 지점으로서 혹은 전환점으로서의—는 자기애적 성격장애를 분석하는 동안에 발생하는 전형적인 퇴행적 변동을 설명하면서 이미 4장에서 도표(표 2에서 자리 2A)로 설명하였다. 그리고 치료 중에 그것이 나타나는 것은 임상 사례에 의해 예시되고 있다(4장의 G의 사례와 10장의 L의 사례를 보라). 임상 사례는 이상화 전이에 대한 반동으로 분석가의 반응이 잘못될 때 과대적 자기의 반동적 활성화가 나타나는 것을 보여준다.

이상화 전이로부터 과대적 자기의 (반동적) 활성화로 물러나는 후퇴는 분석과정에서의 전술적인 내용과 관련되어 있는데, 그것은 전이신경증 분석에서 우리가 친숙하게 알고 있는 대상 리비도의 좌절에 따른 일시적인 퇴행과 본질적으로 다르지 않다. 이런 전형적인 리비도 집중의 변동은 자기애적 전이의 더 넓은 배경 안에서 발생한다—그러나 과대적 자기의 반동적 활성화가 임상적으로 나타나는 경우에 전이(구체적으로는 거울 전이)라는 용어를 사용하는 것은 적절하지 않다. 이 상황에서 과대적 자기는 긍정적이고 치료적으로 사용되기 어려울 뿐만 아니라 이때 리비도는 적대감, 냉담함, 거만함, 빈정거림, 침묵 등에 의해 굳게 방어된 원초적 과대적 자기 이미지에 급격하고 과도하게 집중된다(표 2의 자리 2A). 많은 경우, 이상화된 대상에 대해 실망한 후에 일어난 퇴행은 원초적 자기애의 수준에서 멈추는 것이 아니라, 더 나아가 건강염려증, 원초적 수치심 등의 고통스런 경험을 가져오는 자체 성애적이고 파편화된 신체-정신-자기(body-mind-self)에 대한 과도한 리비도 집중으로 나타난다(표 2의 3번을 보라). 우리는 가끔 원초적 자기애의 자리(2A)로 후퇴하는 것과 자기성애 (3)의 자리로 후퇴하는 것 사이에서, 환자의 불안정한 정체성과 관련된 거의 망상적인 융합 환상이 일시적으로 나타나는 것을 볼 수 있다.

예를 들어, 환자 E(5장)는 건강염려증과 뒤섞인 원시적인 동일시를 종종 경험하였다. 분석가에 대해 실망한 그 순간에 그는 분석가가 죽은 어머니의 신체적인, 또는 얼굴의 특징을 나타내고 있다고 느꼈다. 충족되지 않는 구강기적 접촉 열망과 어머니 상으로부터의 비성적인 (非性的)인 부드러움과 공감에 대한 바램의 표현인, 바라보기-융합 (looking-merging)은 분석이 상당히 진전된 단계에서도, 즉 환자가 이미 관음증적인 성도착으로 나타나는 원시적인 시각적 융합 대신 창조적인 승화 활동을 할 수 있게 된 시기에도 발생한다(12장에서 환자 E의 분석 중 이 단계에 대한 논의를 보라).

이런 퇴행 상태가 나타나는 것이 불길하다 하더라도, 대부분의 경우에 분석가와 환자 모두 이로 인해 크게 놀라지는 않는다. 드물기는 하지만 예외가 있는 것도 사실이다(예를 들면, 4장에서의 환자 G의 경우 퇴행이 심각한 정도로 진행되었고, 구강기적 충동 요소가 그에 상응하는 편집적 태도와 함께 몹시 강렬했다는 사실은 실제로 놀랄 만한 일이다). 그러나 이 연구에서 관심을 갖고 있는 대부분의 병리 유형의 경우에, 이런 퇴행들은 분명히 치료과정의 일부이며, 환자는 이를 곧 자신의 자아(ego)를 점차적으로 확장시키고 강화시키는 통찰 과정의 일부분으로 받아들이게 된다.

이 퇴행적인 이동은 예방할 수 있는 것도 아니며, 치료적으로 바람직하지 않은 것도 아니다. 환자의 자기애적 취약성을 고려할 때 그것은 피할 수 없다. 왜냐하면 아이의 욕구에 대한 어머니의 공감이 불완전한 것처럼 환자에 대한 분석가의 어떤 공감도 완전하지 못하기 때문이다. 그리고 앞에서 언급했듯이, 이런 퇴행에 대해 치료적인 측면에서 세밀하게 조사함으로써 이해를 얻는 것은 환자의 치료를 위해 매우 가치 있는 것이다. 그러나 분석 작업의 초점이 분석 가능한 사기애적 선이로부터 후퇴한 퇴행 상태 그 자체에 있는 것은 아니다. 따라서 원초적인 과대적 자기가 나타나는 것 또는 환자의 건강염려증과 수치 경험에 대한 고립된 해석은 무익한 것이며, 치료 기술상의 실수를 저지르는 것이다. 그러나 현재의 전이 이동의 역동적 상황이 일단 명료화된 후에, 분석에서 일시적인 퇴행이 나타나는데 따른 아동기 감정을 공감적으로 이해하여 환자에게 해석해 주는 것을 피할 이유가 없다. 따라서 환자가 현재 건강염려증적으로 걱정하는 것과 과거 어린 시절에 혼자 남겨진 채 보호받지 못하며 위협 당한다고 느끼면서 건강에 대해 막연하게 걱정했던 것 사이의 유사성을 알아냄으로써, 분석가는 환자로 하여금 그 걱정의 발생적 근원뿐만 아니라 자신의 현재 상태에 대한 더 깊은 의미를 파악하도록 촉진시킨다. 그러나 이 시기에 분석가의 일차적인 과제는 여전히 치료 과정 전체의 움직임을 인식하는 것이며, 그의 해석은 일차적으로 후퇴를 촉발시켰던 외상적 사건에 초점이 맞추어져야 한다.

이차적인 거울 전이

대부분의 경우에 거울 전이는 치료 초기(일차적 거울 전이)부터 점차 전개되기 시작한다; 많은 경우에 그것은 처음에 잠시 동안 이상화를 거친 후에 일어난다. 이차적인 거울 전이의 의미는 과대적 자기의 반동적인 활성화의 중요성만큼 명백하게 드러나지는 않는다; 특히 그것이 나타나는 것에 대한 발생학적 의미는 계속 연구되어야 할 것이다.

자기 중심적이거나 자기 몰두적인 자기애적 성격 분석의 초기 얼마 동안 이상화 전이가 일시적으로 존재한다는 것은 분명하다. 분석가가 환자의 이런 이상화하는 태도에 대해 너무 조급하게 해석하거나, 혹은 지나치게 적극적이거나 수동적으로 개입함으로써 방해하지 않는다 하더라도, 이상화 전이는 종종 빠르게 사라지고, 환자의 행동과 자유 연상 안에서 분명한 신호로 대체 되기도 한다. 이것은 이상화 전이의 활성화에서 과대적 자기의 활성화로의 변동이 일어나고, 거울 전이(발달단계에서 결정된 3가지 하부 유형 중 어느 것이든)가 형성되었다는 사실을 알려주는 것이다. 그리고 나서 이것은 활성화된 과대적 자기의 통합에 초점을 맞추는 체계적인 극복과정의 오랜 기간에 걸쳐 지속된다. 처음에 나타나는 분석가에 대한 이상화는 보통 환자의 치료적 퇴행이 아직 완성된 것이 아니라 계속 진행 중에 있는 특정한 중간 단계에서 나타나는 것으로 이해되어야 한다. 그런 경우에 우리는 환자의 꿈과 기억 속에서 삶의 초기에 그가 찬양하고 이상화했던 인물의 이미지를 보게 된다. 그리고 그러한 이미지의 출현은 분석가에 대한 환자의 현재의 태도와 명백하게 관련되어 있다; 환자가 분석가에 대해 직접적으로 찬양하는 모습을 볼 수 있다.

이차적인 거울 전이에 앞서 일어나는 이상화의 첫 번째 종류(어린 시절의 꿈속에서 나타나는 찬양 받는 인물의 이미지)에 대한 임상 사례는 어떤 분석가들이 환자가 자신을 이상화하는 동안에 잘못된 해석이나 조급한 해석(때때로 역전이 활성화의 원인)으로 반응하는 경향성에 대해 논의할 때 덧붙여질 것이다. L양(10장)의 사례는 이런 사례에 속하는 경우로서, 분석 초기에 꾼 꿈에서 (간접적으로 표현된)

일시적인 이상화 전이의 태도를 거의 확실히 보여주는 사례이다. 이런 이상화는 청소년기 초기에 성직자를 이상화하는 것을 통해 일시적으로 위협적인 자기애적 긴장을 해결하려고 했던 시도를 반복하는 것이다. 분석가의 실수로 인해 발생하는 분석과정의 침체는 이상화 전이가 계속되는 것을 지연시키는 것이 아니라 과대적 자기가 과시적 욕구로부터 거울 전이로 전환되는 과정을 지연시킨다.

이차적인 거울 전이에 앞서서 일어나는 두 번째 종류의 이상화에 대한 임상 사례(분석가에 대한 의식적인 찬양을 직접적으로 표현하는 것)는 K의 분석(9장)에 대한 상세한 (그러나 일차적으로는 다른 맥락에 관련된) 설명 속에 포함되어 있다. 그는 분석 초기에 잠깐 동안 분석가를 노골적으로 찬양했으며, 분석가의 외모, 행동, 그리고 신체적 및 정신적 능력을 이상화했다. 이 짧은 이상화는 환자가 아동기(그때 그는 약 3세 반이었다)에 실패한 아버지를 향한 이상화 시도를 반복한 것이었다. 그의 남동생이 태어난 후에 무조건적으로 칭찬해주던 어머니가 갑자기 비판적이고 거절하는 태도를 보이자, 아이는 강렬한 자기애적 좌절에 대처하고자 아버지를 자신이 애착 관계를 형성할 수 있는 찬양받는 이상화 인물로 세우려고 하였다. 그러나 이 시도는 여러 가지 이유 때문에 실패했다. 특히 환자의 아버지는 사회적으로 상당히 성공했음에도 불구하고, 자존감에 특정하고 심각한 장애를 갖고 있었고, 이로 인해 그는 아들이 자신에게 위탁하려고 한 역할을 받아들이지 못했다. 따라서 그는 아이로 하여금 그 자신을 찬양하고 자신에게 애착을 느끼도록 허용함으로써 아이 자신의 자기애적 만족감과 자기애적 균형의 느낌을 획득할 수 있게 하지 못했다. 대신에 그는 아이의 찬양을 거부했고, 자신과 동일시하고 애착 관계를 형성하려는 아이의 소망을 무시하고 비판하였다.

따라서 이상화된 아버지 상을 창조하려던 아이의 시도는 좌절되었으며, 그는 삶의 초기에 자기애적 균형을 재생시키기 위해 사용하던 태도와 행동들로 철수했다. 그는 한때 어머니의 도움으로 경험했던 예전의 과대주의와 과시적 요소를 다시 형성함으로써 자신의 자존감을 높이려고 했다. 특히 운동 기능에서 과대적이고 과시적인 요소를 드러내기 시작했는데, 그것은 그의 성인의 삶에 이르기까지 지속되었으며, 후에 그의 성공과 실패의 중심점이 되었다. 이 환자의 성격 발달의 교훈적인 세부적 내용들을 여기에서 제시하지는 않겠다. 다만 발생학적으로 중요한 시기인 그의 초기 삶에 대한 사례 기록을 요약하려고 하는데, 그 이유는 분석에서 자기애적 전이 형성의 특정한 순서(첫 단계에서는 이상화, 그 다음에는 이차적인 거울 전이)가 그의 아동기의 일련의 사건들(간단한 이상화의 시도 후에 과대적 자기의 과도한 집중으로 퇴행하는 것)을 어떻게 반복하는가를 설명하기 위한 것이다.

이런 일시적인 이상화가 드러난 형태로 표현되던지 위장된 형태로 표현되던지, 또는 분석가에게 향해 있던지 분석가에 대한 암시로 나타나던지 간에, 초심리학적인 시각에서 볼 때, 이것은 아동기에 완성하지 못한 자기애 발달의 두 개의 축들 중에 하나, 즉 이상화된 초자아의 형태를 내면화하기 위한 전조로서, 즉 믿을 수 있는 이상화된 아버지 상을 형성하려는 시도를 반복하는 것으로 볼 수 있다. 따라서 이 경우에 치료상황에서 나중에 발생하는 이상화된 부모상으로부터 과대적 자기(과대적 자기의 반동적 활성화)로의 일시적인 이동과는 달리, 이상화된 부모상의 활성화에서 과대적 자기의 활성화로의 변동은 환자의 아동기 경험에 기원을 둔 일련의 특정한 과정들을 반복하는 것이다: (a) 아동기 대상의 일시적인 이상화; (b) 이상화에 대한 (외상적) 방해; 그리고 (c) 과대적 자기의 과도한 집중(으로의 퇴행).

잠시 동안의 이상화 시기도, 그후에 일어나는 과대적 자기를 향한 자발적인 변동도 모두 간과되어서는 안 된다. 왜냐하면 이런 전체적인 일련의 과정은 과거의 중요한 심리적 사건에 대한 본질적인 전이의 반복으로 구성되어 있기 때문이다. 따라서 분석가는 초기 이상화를 거절해서도 안 되며, 인위적으로 연장해서도 안 된다.

이차적인 거울 전이 형성에 앞서 일어나는 치료자에 대한 이상화 현상이 지니는 임상적 의미는 다음과 같이 3중적이다.

1. 치료자의 이상화는 치료 초기에 환자가 치료자를 노출시키려는 특정한 시험으로 생각할 수 있다.

2. 치료자의 이상화는 순조로운 예후적 징표로 평가될 수 있다. 왜냐하면 이런 경우에 극복과정은 활성화된 자기애적 집중으로 가는 두 가지 통로를 열어 주기 때문이다:a) 그것은 원초적 자기의 과대주의와 과시주의를 현실적 야망과 자존감으로 바꾸는 치료적인 변화의 기회를 제공한다; 그리고 b) 치료 후기에 분석가에 대한 새로운 이상화(이차적인 이상화 전이)가 (이차적) 거울 전이를 대신한다면, 그것은 이상화된 부모상을 내면화된 이상으로 바꾸는 치료적인 변화의 기회를 제공한다.

3. 결국 이 경우에 치료적 퇴행이 일어나는 동안 이상화 단계로부터 자기애적 리비도의 퇴행적인 움직임이 일시적으로 정지한다는 사실은 중요한 치료적 목적을 드러내는 것으로 생각된다: 그것은 마치 아동기에 이루지 못한 발달 과제가 치료 초기에 잠깐동안 드러나는 것과도 같다.

가끔, 덜 규칙적이고 덜 두드러진 것이지만, 이상화 전이는 치료 초기(일차적 거울 전이)부터 거울 전이의 현존을 특징으로 하는 분석의 후기 단계 동안에 형성되기도 한다. 그런 경우—물론 이차적인 거울 전이에 따라오는 이차적인 이상화 전이의 모든 경우에서처럼—에 극복과정은 두 단계로 구성된다. 거울 전이가 분석의 초점이 되는 보다 초기 단계와 분석 작업에서 분명한 형태로 출현하는 이상화를 다루는 보다 후기 단계(이차적 이상화 전이)가 그것이다.

제 7 장

거울 전이의 치료과정

과대적 자기의 분석이 지향하는 구체적인 극복과정의 목표와 내용은 무엇인가? 이 문제를 다루는 가장 좋은 접근방법은 이상화 전이의 극복과정에 관한 앞의 논의에서처럼, 과대적 자기에 초점을 두는 거울 전이의 극복과정과 전이 신경증의 치료활동을 비교함으로써 시작하는 것이다.

정신분석 치료에서 전이 신경증의 중요한 치료 동인은 무의식적인 대상 지향적 추구와 그것에 대한 방어들을 해석하는 것이다. 이때 그 무의식적인 대상 지향적 추구(object directed strivings)는 치료상황에서 활성화되며, 그것은 전이를 형성하기 위한 중심 수단으로 치료자에 대한 전의식적 심상을 사용한다. 이것의 극복과정을 통해서, 즉 자아가 억압된 정신내용들을 계속해서 억압하는데 사용하는 원시적인 방어기제와 직면하는 것을 통해서, 정신분석 치료는 자아의 지배 영역을 확장시키고자 하는 목표를 달성한다.

전이 신경증의 치료에서 활성화되는 대상에 대한 근친상간적인 리비도 투사와 마찬가지로, 거울 전이에서 활성화되는 과대적 자기는 현실 지향적인 자아의 조직으로 점차 통합되어야 하지만, 병리적 경험(예컨대, 자기애적 어머니와 장기적으로 얽혀 있는 경험 및 그에 따른 외상적 거절과 실망)으로 인해 전체 정신 체계에서 해리된다. 따라서 과시적 충동과 과대적 환상은 전체 인격으로부터 고립되거나 떨어져 나가며, 부인되거나 억압되어 무의식을 수정하는 기능을 가진 현실 자아의 영향을 받을 수 없게 된다.

나는 여기서 성격발달에서 과대적 자기의 해리 또는 억압 때문에 생기는 이점(잘 적응될 경우)이나 손실에 대해 상세하게 논의하지 않을 것이다. 다만 이와 관련된 두 가지 주요한 정신기능의 장애에 대해 언급할 것이다: (1) 원시적인 자기애적-과시적 리비도의 형태들이 가로막힘으로써 생기는 긴장 (건강염려증적 몰두, 자기 의식, 수치심, 당황감 등이 강화되는 경향); (2) 건강한 자존감의 능력과 활동에 대한 자아 동조적 즐거움이 감소되고, 자기애적 리비도가 비현실적인 과대적 환상에, 그리고 떨어져 나가거나 억압된 과대적 자기의 원시적 과시주의에 묶여 있어서 자기애적 리비도가 (전)의식적 자기 경험을 중심으로 한 자아 동조적 활동과 야망 및 성공을 위해 사용될 수 없다는 사실로 인해, 개인의 인생에서 성공할 수 있는 가능성이 낮아지는 것.

예컨대, 한 사람의 자기애적 리비도가 억압되어 수정되지 못하고 공중을 날으는 환상과 연합되어 있다면, 그는 건강한 운동능력(loco-motion)에서 발산되는 행복감을 상실할 뿐만 아니라, 목표 지향적 행동의 즐거움과 "상상력의 즐거움"(Sterba, 1960 p. 166), 즉 승화된 사고 활동의 즐거움을 상실하게 될 것이다. 여기에서 공중을 날아오르는 환상은 일반적으로 수정되지 못한 유아적 과대주의의 특징일 수 있다는 사실을 덧붙일 수 있을 것이다. 이러한 초기 단계의 환상은 남아와 여아 모두에게 공통적인 현상이며, 이것들은 아마도 전능하고 이상화된 자기대상인 부모가 어린이를 안고 다니는 동안에 아이가 경험하는 황홀한 감각에 의해 강화될 것이다: 그러나 후기 단계의 경우, 이 날아오르는 환상은 남아가 처음으로 발기를 경험할 때 느끼는 쾌감과 관련되어 있다(Greenacre, 1964). 물론 보편적으로 발생하는 현상인 날아오르는 꿈과 환상은 다양한 형태를 갖는다.[1]

거울 전이 극복과정의 본질적인 면은 떨어져 나가거나 억압된 과대적 자기의 활성화, 즉 과시적 추구와 과대적 환상의 형태를 띠고 현실 자아로 뚫고 들어오는 전의식적이고 의식적인 생각들을 포함한다. 일반적으로 분석가들은 확고하게 형성된 대상 지향적 추구가 과대주의 및 과시주의와 결합되는 후기 단계에서 과대적 자기가 활성화되는 것에 대해 잘 알고 있다. 아이의 오이디푸스 단계의 특정한 환경은 이런 유형의 과대주의를 촉진시키는데, 이런 경우에 과대주의는 대상 리비도적 추구의 틀 안에서 경험된다. 예를 들어, 오이디푸스 단계에서 동성 부모의 죽음이나 부재로 인해 아이에게 현실적인 성인 경쟁자가 없거나 성인 경쟁자가 오이디푸스 사랑 대상에 의해 무

---

1 내가 두 개의 정신분석 사례를 통해서 확인한 바에 의하면, 높은 곳에 대한 비합리적인 공포(고소 공포)는 어떤 경우에는 정신신경증 증세의 모델(즉 근친상간적 소망의 활성화에 대한 반응으로 생기는 거세불안[이 맥락에서 Bond, 1952를 보라])을 따라 구성된 것이 아니라 자신이 공중을 날 수 있는 능력이 있다는 유아적이고 과대적인 믿음의 활성화에서 기인한다. 구체적으로 말하자면, 수정되지 않은 과대적 자기가 자아로 하여금 공중을 날 수 있다는 생각을 갖게 함으로써 허공으로 뛰어 내리도록 충동한다. 그러나 현실 자아는 그 자체 안에 있는 생명을 위협하는 경향을 지닌 이런 요소들에 대해서 불안으로 반응한다.

이러한 고소 공포증의 경우를 설명해 주는 본질적인 정신병리는 어떤 움직임 장애의 초심리학적 하부층을 형성하고 있는 것과 평행을 이룬다(Kohut, 1970a를 보라). 달리 말하면, 움직임 장애를 일으키는 개인들의 성향은 히스테리 증상과 같은 방식으로 구성되지 않는다. 즉 율동적인 움직임에 노출될 때 금지된 유아적 성적 자극의 경험이 재생되기 때문에 그러한 증상이 나타나는 것이 아니라, 이상화된 자기 대상과의 안전한 융합이 반복적으로 방해받을 때 그러한 증상이 나타난다. 예컨대, 융합을 통해서 심리적 안정감과 안전감을 얻으려고 하는 아이를 이상화된 대상이 공감해 주지 못하는 것과 같은 외적 상황(마치 공감적이지 못한 운전사가 운전하는 차에 타고 있을 때와 같은)에 노출되는 상황에서 그러한 증상이 나타난다.

시된다면, 또는 사랑의 대상인 성인이 아이의 과대주의와 과시주의를 자극하거나 이런 것들이 다양하게 혼합되어 있는 상황에 아이가 노출된다면, 그때 아이는 남근기적 자기애와 초기 오이디푸스 단계에서 경험해야 할 적절한 자기의 위대함을 경험하지 못하게 된다. 그리고 그로 인해 오이디푸스 단계 말기에 시기 적절하게 경험해야 하는 현실적 한계와 직면하는 경험을 하지 못하게 되고, 결국 남근기적 과대주의에 고착된 채로 남아 있게 된다.

남근기적 과대주의에 고착된 경우에 나타나는 다양한 증상(항상 그런 것은 아니지만 종종 유해한)들은 소위 남근기 성격을 가진 사람들(속도광, 무모한 사람들 등)이 드러내는 과장된 반(反)공포적 표현을 통해 잘 알려져 있다. 그런 성격을 가진 사람은 자아가 불안하기 때문에 오이디푸스적으로 획득되고 고양된 자기가 비현실적이라는 인식을 거부하고, 강렬한 거세불안을 부인함으로써 현실적인 위험에도 상처받지 않는다고 주장하며, 자신이 환경에 의해 상처받지 않는다는 확신을 얻기 위해 갈채와 찬양을 계속해서 공급해 줄 것을 요구한다.

그러나 초기 오이디푸스 시기의 과대주의에 고착된 경우에, 단순히 남근기적 과대적 자기의 주장과 야망이 비현실적이기 때문에 자아가 불안정해지는 것은 결코 아니다. 실상, 심리적으로 크게 심각하지 않은 이런 유형에의 고착은 때때로 거세불안의 위협에 대한 자아의 방어로서가 아니라 남근기적 과대주의의 요구에 부응하기 위한 시도를 불러오며, 따라서 (다행히 타고난 능력이 강한 경우라면) 현실적으로 가치 있는 일을 해낼 수 있다.

그러나 대부분의 경우에, 고착의 원인이 되는 환경과의 연결관계는 더욱 복잡하다. 예컨대 소년의 과대적 자기와 무시하는 아버지(소녀에게는 무시하는 어머니)와 관련된 상상 뒤에는 항상 위험하고 강력한 경쟁자로서의 부모 원상이 깊숙하게 자리잡고 있으며, 전에 말했듯이 방어적이며 오이디푸스적인 자기애는 원칙적으로 거세불안을 계속해서 부인(denial)하기 위해 유지된다.

분석가는 아이의 오이디푸스적인 과대주의가 방어라는 사실을 인식해야 한다. 뿐만 아니라, 분석가는 사랑하는 오이디푸스적 대상(소년의 경우에는 어머니)이 오이디푸스적인 경쟁자(아버지)에 대해 무시하는 태도를 보이면서 유난히 아이(아들)를 더 좋아하는 현상(따라서 아이는 과도하게 자극된다) 뒤에는 오이디푸스적인 사랑 대상(어머니) 자신 안에 오이디푸스적 사랑 대상(어머니의 아버지)에 대한 찬양과 경외의 태도가 숨겨져 있다는 사실을 또한 알아야 한다. 따라서 성인 남성(즉 소년이 아버지)을 공공연히 얕잡아 보며, 아들을 더 좋아하는 어머니는 경외와 공포로 혼합된 자신의 아버지의 무의식적 원상에 대한 극도의 칭송을 감추고 있는 것이다. 아들은 아버지를 방어적으로 얕잡아 보는 어머니의 행동을 모방하며, 과대적 환상으로부터 이와 같은 정서적 상황을 만들어내고 정교화시킨다. 그러나 그는 어머니가 성인의 페니스를 갖고 있는 강한 남성적 인물을 두려워하는 것을 감지하며, 아들인 자신에게 향하는 어머니의 고양된 감정은 단지 자신이 독립적인 남성으로 발달하지 않는 한에서만 유지된다는 사실을 무의식적으로 깨닫는다. 다른 말로, 그는 어머니의 방어체계의 일부로서 기능한다.

그러나 이런 연구와 관련된 대부분의 사례들은 강렬한 대상 집중과 거세불안이 혼합되어 있는 특징을 지닌 오이디푸스적 과대주의에 고착된 결과들이 아니라, 아이의 자기애 발달에서 더 초기에 발생한 주요 고착의 결과들을 다루고 있다. 나는 이제 방어적이며 퇴행적인 유아적 태도를 통해서 또는 후기 경험들(예컨대, 오이디푸스 경험)을 매개로 하여 초기 고착들을 바라봄으로써, 남근기 이전의 과대적 자기의 위치와 내용이 무엇인지, 그것과 관련된 분석 작업의 과제는 무엇인지를 조사하려고 한다.

물론 분석의 목적은 발달적 자리가 어떤 자리든 간에 억압되거나 통합되지 못한 (고립되고, 떨어져 나가고, 부정되는) 과대적 자기의 면을 성격(현실 자아) 안에 통합하는데 있으며, 자아가 과대적 자기의 에너지를 성숙한 자아의 부분을 위해 사용되도록 통제할 수 있게 되는데 있다. 따라서 임상과정에서 거울 전이가 일어나는 동안에, 일차적으로 수행되어야 할 중심적인 활동은 환자가 자신의 과시적인 위대함에 대한 유아적 환상을 드러내는 것이다. 그러나 이것을 의식으로 떠올리는 것, 현실 자아가 예전에 해리된 과대적 추구를 점차적으로 수용하는 것, 그리고 이러한 과정에서 초기 단계의 결과로 나타나는 환상에 대해서 치료자와 의사소통하는 것 등은 강한 저항에 부딪히면서 계속 진행된다.

여기에서는 과대적 환상들의 내용이나[2] 치료과정에서 현실과의 고통스런 직면을 받아들이게 되는 세부적인 변화과정에 대해 광범위하게 논의하지 않을 것이다. 그보다는 분석에서 형성되는 전이 상황, 특히 임상 과정에서 심리경제적 및 심리 역동적인 중요성에 주요 초점을 맞추고자 한다.

더욱이 분석가는 환자가 오랜 시간에 걸친 강렬한 수치심과 저항감을 수반하는 의식화 과정을 통해 힘들게 털어놓는 환상 내용이 시시한 것으로 드러날 때 종종 실망한다. 이 상황은 마치 "산이 해산의 진통을 겪는데, 우스운 새앙쥐가 태어나고 있다"(Parturient montes, nascetur ridiculus mus, Horace, Ars Poetica, 139)는 속담이 어울리는 상황이다. 환자가 최초로 자신의 가장 내면에 있는 비밀을 다른 사람과 공유할 때, 또는 자기 자신과 공유할 때 경험하는 강렬한 감정과는 대조적으

---

2 "위대함과 전능함의 환상들"이 지닌 기능과 그 발생에 관한 일반적인 논의를 위해서는 J. Lample-de Groot의 글들(1965, pp. 132, 218, 236, 269, 314, 320, 352ff.)에 나타나고 있는 관련된 언급들을 참조하라. 전형적인 환상들, 특히 날으는 환상이 현실적인 적응행동으로 통합되는 특정한 예에 대해서는 Kohut(1966a, p. 253ff. p. 256f)을 보라.

로, 분석가의 실망감은 그가 온전한 공감적 반향을 요구하는 환자의 퇴행을 수용하지 못하고 저항하는데 그 원인이 있다. 그러나 이러한 무의식적 내용이 드러나는 것이 분석가에게 강한 정서적 충격을 주지 못하는 이유는, 이전의 오랜 기간에 걸친 극복과정에서 일차 사고 과정의 자료가 점차 이차 사고 과정의 형태로 변화되고, 의사소통할 수 있게 되었기 때문이다. 이럴 경우, 환자 자신이 그 자료를 드러내는 과정에서 이전의 강렬한 감정적 요소를 여전히 경험한다 할지라도 일차 사고 과정의 자료는 이제 더 이상 예전의 것이 아니기 때문에 정서적인 충격적 요소는 감소하게 된다.[3]

물론 치료자는 때때로 환상의 내용으로 인해 환자가 느끼는 수치심과 건강염려증 그리고 환자가 경험하는 불안을 공감적으로 이해해야 한다: 드러난 무의식적 내용이 여전히 원시적이고 중화되지 않은 과시적 리비도의 방출을 수반하기 때문에 생기는 부끄러움; 그리고 과대주의가 환자를 고립시키고 그로 하여금 항구적인 대상상실의 위협을 받게 만들기 때문에 생기는 불안.

예컨대, 환자 C는 그가 대중으로부터 존경받고 칭송받기를 고대하던 기간에 다음과 같은 꿈을 꾸었다: "나의 후계자를 찾는 것이 문제였다. 나는 나의 후계자로 하나님(God)이 어떨까? 하고 생각했다." 이 꿈은 부분적으로 유모어를 통해 과대주의를 완화시키려는 시도가 어느 정도 성공한 결과이다; 그러나 그 꿈은 환자에게 흥분과 불안을 일으켰으며, 환자는 새로운 저항감과 함께 자신을 하나님(God)이라고 느꼈던 아동기 환상을 회상해 냈다.

그러나 많은 경우에, 환자가 드러내는 환상의 핵을 형성하는 과대

---

3 무의식적 환상들이 의식화되어가는 과정에서 거치는 변화들에 관한 논의와 순수한 일차 과정의 환상들은 자외선 광선이 눈에 보이지 않는 것과 마찬가지로 의식이 포착할 수 있는 범위 너머에 있을 수도 있다는 가능성에 대해서는 Kohut(1964, p. 200)을 보라.

주의는 다만 암시될 뿐이다. 예컨대, 환자 D는 어린시절에 도시에서 전차를 운전하는 상상을 하곤 했던 일을 회상하면서 강렬한 수치감 및 저항감을 나타냈다. 환상은 아무런 해가 없는 것 같았다; 그러나 환자는 자신의 머리에서 나오는 "생각으로 통제함으로써" 전차를 운전하고 있었으며, 그와 같은 마술적 영향력을 미치고 있는 동안 그의 머리(분명히 그의 몸에서 떨어져 나간)는 구름 위에 있었다는 상상에 관해 들었을 때, 그 수치심과 저항감은 좀더 이해할 수 있는 것이 되었다.

다른 사례들에서, 과대적 환상은 마술적으로 세계를 통제하려는 요소를 포함한다; 이런 사람들의 예로써 히틀러(Hitler), 훈(Attila the Hun) 등을 들 수 있다. 그리고 그들에게는 그들의 마술적 통제를 받는 많은 대중이 있었는데, 그들은 그 대중들을 마치 생명없는 기계 조각처럼 취급했다. 그들은 때때로 마술적으로 빌딩과 도시를 파괴하고 다시 세우는 역할을 담당한다. 한 사람이 전적으로 지배하는 세계가 텅 빈 것이 되고 말듯이, 모든 사람이 자신들의 종이며, 노예이거나 소유물이라는 믿음을 갖고 있는 환자들(환자 H)의 정신세계는 텅 빈 것이 되고 만다. 그들은 자신들이 만나는 모든 사람들이 자신이 주인이라는 사실을 알고 있지만 그것에 대해 이야기하지 않을 뿐이라고 믿고 있다; 그리고 마찬가지로 여기에서 언급된 다른 환자들보다도 더 심각한 장애를 가지고 있던 환자 G는 자신은 학교에 있는 모든 사람들의 이름을 모르지만 그들은 모두 자신의 이름을 알고 있다고 확신하고 있었다. 그에게 있어서 이러한 상황은 아이들 사이에서 자신이 특별하고 높은 위치에 있다는 것을 입증하기 위한 것이었다. 이것은 실제로는 그들이 그의 이름을 알고 있고 그도 그들의 이름을 알고 있음에도 불구하고, 그가 그들과 관계를 맺지 못한다는 단순한 사실의 문제만은 아니었다. 결국, 거기에는 자신의 "특별함", "독특함", 그리고 아주 자주 "소중함"("아주 훌륭한 악기처럼", "아주 훌륭한 시계처럼") 등의 주제가 순환하고 있었으며, 그것은 이런 단어들에 의해 가장 명확하게 표현되는 놀랍고 수치스러우며 고립되어 있는 수많은 자기애적 환상들의 중심을 이루는 것이었다.

분석가는 종종 심지어 유아적인 과대적 환상이 분명하고 확실하게 재발견되고 인식된 후에도, 그것의 완전한 통합에 대한 특정한 저항이 뒤따르는 것을 목격할 수 있다. 이런 저항은 환자가 통찰을 얻는다 하더라도 그 통찰을 현실적인 행동을 위한 디딤돌로서 사용하지 못하는 무능력의 형태를 띤다. 이런 상황에서 분석가는 종종 위대함에 대한 환상과 현실적인 성공 사이의 대비에 초점을 맞추어 해석해야 한다. 그는 환자가 여전히 두 요소, 즉 (a) 아무리 준비를 잘 했다 하더라도 모든 행동에는 실패의 위험이 따른다는 것과 (b) 심지어 아무리 큰 성공을 거두었다 하더라도 현실적인 성공에는 한계가 있다는 것을 받아들이지 못하고 있음을 보여주어야 한다. 다른 말로, 환자는 지금까지 자신의 과대적 환상이 지닌 비합리적인 내용을 극복해 왔음에도 불구하고, 아직도 자신이 노력하면 언제나 좋은 결과를 가져온다는 전능적인 확신과 끝없는 성공 및 갈채에 대한 욕구를 보존한 채, 이것을 노력의 지속성, 낙관주의, 믿을만한 자존감 등의 자아 동조적 태도로 변형시키지는 못했다.

생리학자인 N씨는 분석을 통해서 광범위하고 뿌리 깊은 직무 장애를 상당히 개선할 수 있었다. 그러나 그는 자신의 연구결과를 출판하기 위해 준비할 때마다 계속해서 심각한 어려움을 겪었다. 그가 많은 것을 연구하고 있는 동안 그의 과대적 환상은 활동을 촉진시키는 현실적인 야망 및 행동 방식과 충분히 통합될 수 있었다. 그러나 그는 확실하고 무한한 성취 그리고 끝없는 갈채에 대한 원초적인 욕구에 지속적으로 고착되어 있었기 때문에, 여전히 한계를 지닌 자신의 업적을 세상에 드러내야만 한다는 사실과, 그것에 대한 학계의 반응이 자신이 바라는 무한한 갈채에는 미치지 못할 것이라는 사실을 용납할 수가 없었다.

그러나 과대적 환상의 어떤 측면들과 직면하는 것은 앞에서 말한 **특정한** 어려움을 일시적으로 겪게 될 뿐만 아니라, 그 과대적 환상의 전체적인 측면들을 의식에 떠올리는 것—혹은 분열된 상태에서 존재했던 자아구조를 통합시키는 것—과 그것에 연결된 과시적 욕구를 제거하는 것은 **일반적으로** 강한 저항에 부딪히는 경향이 있다. 그것의 오이디푸스적인 형태(남근기적 과대주의와 과시주의)에서 과대적 자기는 대상 형태에 의해 강하게 영향 받으며, 이 시기에 두드러지게 나타나는 경쟁적인 긴장과 거세불안은 오이디푸스 콤플렉스의 자기애적인 측면이 활성화되는데 따른 특정한 불안과 저항을 모호하게 할 수 있다. 그러나 자발적으로 일어나는 치료적 퇴행이 남근기 이전—특히 리비도 발달의 구강기 후반부 즈음에 아이가 전체적인 몸-정신-자기의 무조건적인 수용과 찬양을 필요로 하는 단계—의 과대주의를 활성화하는 경우에, 자기애적 구조와 관련된 불안과 방어들은 더욱 쉽게 구별된다. 사실, 구강기 및 항문기의 충동 요소들은 틀림없이 현존하고 있다. 그러나 여기서 일차적인 것은 이런 충동들의 목적이 아니라 (그리고 대상과 관련된 언어화할 수 있는 특정한 환상들은 더더욱 아니고) 불안을 일으키는 원시성과 그 강렬함이다. 다른 말로, 자아로 하여금 원초적인 과대적 자기를 해리된 상태로 혹은 억압된 채로 유지함으로써 스스로를 방어하도록 만드는 그 위험은 바로 비중립적인 자기애적 리비도가 무분별하게 유입되는 것(위협 당하는 자아는 이런 리비도에 대해 불안한 흥분으로 반응한다)이며, 파편화된 신체-자기의 원초적 상이 침입(자아는 이것을 건강염려증적 몰두의 형태로 정교화한다)하는 것이다.

원리를 진술함에 있어서, 나는 실제적인 임상 상황에서 전이를 지배하는 활성화된 병리적 구조의 핵이 남근기 이전의 자기애의 영역에 있는지 또는 오이디푸스 단계의 영역에 있는지를 신속하고 신빙성 있게 결정하는 것이 실제 임상 상황에서 쉬운 일이 아니라는 점을 인정할 수밖에 없다. 분석가의 판단의 정확성은 분석가가 (1) 환자의 중심적인 불안의 본질에 대해 그리고 불안을 피하기 위해 환자가 사용하는 방어적 조치들에 대해 얼마나 공감적으로 파악하는가에, 그리고 (2) (남근기 이전 및 남근기의) 자기애적 구조와 오이디푸스 대상과 관련된 갈등 구조 사이에 존재하는 다양한 관계에 대해 이론적으로 얼마나 정확하게 이해하고 있는가에 달려 있다.

내가 전에 언급했듯이, 자기애적 성격장애를 분석할 때 만나게 되는 중심적인 불안은 거세불안이 아니라 자기애적 구조와 그 에너지가 자아에게로 무분별하게 침입하는 것에 대한 공포이다. 이리한 침입의 결과로 나타나는 증상에 대한 논의는 이미 제시되었기 때문에, 여기서는 그것들에 대해 간단하게 요약하는 것으로 그칠 것이다. 그것들은 이상화된 부모상과의 황홀한 융합이나 신 또는 우주와의 융합을 향한 유사 종교적 퇴행에서 발생하는 현실적 자기를 상실하는 것에 대한 공포, 현실과의 접촉 상실의 공포 및 비현실적인 과대적 경험에서 발생하는 영원한 고립에 대한 공포, 과시적 리비도가 침입하는 데서 발생하는 수치와 공포스런 자기 의식에 대한 경험, 그리고 신체와 정신의 단절이라는 측면에 과도하게 집중함으로써 생기는 신체적, 정신적 질병에 대한 건강염려증 등이다. 자기애적 성격을 분석하는 동안에 경험된 공포들의 내용에 대한 이러한 목록은 확장될 수 있으며, 환자의 불안에 대한 설명은 보다 정교해지고 세밀해질 수 있다. 그러나 여기서 나는 이런 불안들의 일반적인 특질에 대해 다시 주의를 기울일 것이다. 그것들은 대체로 막연해지는 경향이 있으며, 자아가 느끼는 일차적인 공포는 과도한 자극에 대한 반응으로 일어나며, 자아의 영역으로 침입하는 원초적 성질을 지닌 에너지의 위협에 대한 반응으로 일어난다.

물론 이런 공포들과 더 월등한 힘을 지닌 적대자에 의해 죽임을 당하거나 불구가 되는 공포인 거세불안이 비교적 직접적으로 경험되는 오이디푸스 단계의 공포증적 보복 불안을 구별하는 것은 별로 어렵지 않다. 그러나 (a) 오이디푸스적 불안이 오이디푸스 이전 시기의 상징으로 표현될 때, 혹은 (b) 거세 공포를 피하기 위해서 오이디푸스 이전 단계로 방어적 퇴행이 일어날 때, 이것들을 구별하는 것은 더욱 어려워진다. 비록 이런 복잡한 문제들이 이 책의 주제는 아니지만, 그것들은 우리가 관심을 갖고 있는 자기애적 불안과 오이디푸스적 불안 사이의 차이점과 관련되어 있기 때문에 중요하게 다루어져야 한다. 따라서 자기애적 구조의 위협적인 침입에 의해 일어나는 불안과 비교할 때, 위에서 언급한 두 가지 경우 모두에 항상 삼각관계의 상황에 대한 암시가 있으며, 위험(개인적인 대적자)의 근원에 대한 보다 정교한 인식이 있고, 마지막으로 위험(즉 처벌)의 성질에 대한 상당한 정도의 정교한 인식이 있다. 이 두 부류의 불안에 대한 예로써, (a) 자체 성애적 파편화의 공포 때문에 생긴 (신체적, 정신적 질병의 공포와 관련해서 정교화된) 건강염려증적 걱정과 (b) 질병의 공포(혹은 남근기 이전의 충동 요소, 예컨대 삼키우고 먹히며 물리고 익사되고 독살되며, 산채로 매장되어 질식사하는 공포와 관련해서)에서 퇴행적으로 표현되는 거세불안을 들 수 있다.

첫 번째 불안의 경우, 즉 자기의 응집성을 위협하는 원초적 자기애적 리비도 집중의 침입에 대한 공포인 경우에 분석가는 분석작업의 진행 과정에서 불안의 내용이 더욱 막연해진다는 인상을 받게 될 것이다. 환자는 궁극적으로 막연한 신체적 압박과 긴장 또는 접촉 상실의 공포, 끝없이 자극적인 불안한 흥분 등에 대해 호소할 것이다. 그리고 그는 아동기에 외롭고, 전적으로 살아 있는 것 같지 않은 느낌이나 이와 비슷한 느낌이 들었던 순간들에 대해 이야기할 것이다. 그러나 두 번째 불안의 경우, 즉 거세 공포가 퇴행적으로 정교화되는 경우에는 그 반대일 것이다. 여기서는 분석 작업이 길어질수록 공포의 내용이 더욱 정교화될 것이며, 위험의 근원 또한 더욱 분명해질 것이다. 그리고 마침내 환자가 아동기에 자신보다 월등한 경쟁자와 경쟁을 하고 나서 보복당할 것 같은 공포를 경험했던 일화를 회상한다면, 그 활성화된 갈등은 물론 오이디푸스 단계에 속한다. 한편으로, 오이디푸스 시기에 나타나는 요소들의 심리적 퇴행으로 인해, 다른 한편으로, 후기 경험에서 자기애적이며 자체 성애적인 긴장을 들여다 볼 수 있는 경향과 정교화로 인해 드러난 상황은 처음에는 유사하게 보일 것이나 치료적 진전 과정에서 드러나는 이 경험의 밑바닥에 깔려 있는 성질은 이 둘 사이의 구별을 가능하게 한다.

환자의 정신병리의 일반적인 조직화와 관련하여, 아이의 상처입은 자기애가 이차적인 역할을 하는 남근기-오이디푸스적 구조와 자기애적 구조가 자기애적 전이의 주된 병리적 결정요인들을 구성하는 (남근기와 남근기 이전의) 자기애적 구조 사이에는 다음과 같은 관계가 존재한다: (1) (a) 자기애적 병리나 (b) 대상-전이 병리 중 하나가 분명히 우세하다; (2) 지배적인 자기애적 고착이 중요한 대상-전이 병리와 공존한다; (3) 겉으로 드러난 자기애적 장애는 오이디푸스적 갈등의 핵을 숨기고 있다; 그리고 (4) 자기애적 성격장애는 겉으로 드러난 오이디푸스적 구조에 의해 덮여 있다. 많은 경우에, 주의깊게 관찰하고 자발적인 전이 발달을 방해하지 않아야만, 이런 관계에서 치료자는 그것이 오이디푸스 구조인지 자기애적 구조인지를 판단할 수 있다. 그러나 심지어 진짜 일차적인 자기애적 고착의 경우에서 여러 오이디푸스적 증상들(예컨대, 공포증)은 비록 그것들이 단순한 것일지라도, 여전히 치료의 맨 끝부분에 나타난다. 이것들은 전형적인 일차적 전이 신경증의 경우와 마찬가지로 다루어져야 한다.

자기애적 전이에서 드러나는 행동화(acting out)
치료적 행동주의의 문제

과대적 자기가 지닌 반사회적 성질은 자기애적 환자들이 정신분석에 대해 근본적으로 저항하는 이유에 관하여 설명해 준다. 분석과정에서 억압된 과대적 자기가 활성화될 때 만나는 가장 중요한 전이 저항 중의 하나는 거울 전이에서 발생하는 본능 에너지를 반사회적 행동화에 사용함으로써 발생한다. 따라서 자기애적 성격에서 명백하거나 은밀하게 나타나는 많은 비행행위(분석 치료 동안에 발생하는 반사회적 행동을 포함하여)는 초자아의 결함에서 기인하는 것도 아니고(간접적으로, 초자아의 불충분한 이상화가 자기애적 집중의 비중이 과대적 자기에 놓여 있는 경우는 예외로 하고), 충동패턴에서 기인하는 것도 아니다. 그것은 단순히 욕동에 비해 자아가 약하다는 사실에서 기인한다. 자기애적 성격의 행동화는 과대적 자기의 억압된 면이 부분적으로 뚫고 나옴으로써 형성된 증상이다. 따라서 비록 자기애적 성격의 행동화가 항상 비적응적이고 종종 파괴적일지라도, 그것은 과대적 환상과 과시적 충동들을 전의식적 내용에 결합시키며 그것들을 합리화하는 자아의 성취로 간주될 수 있을 것이다. 이것은 전이 신경증의 증상형성 과정과 비슷하다.

행동화의 경향성과 과대적 자기의 활성화 사이의 관계는 아주 특수한 것이다. 즉 자기애적 장애의 분석과정에서 내부변형적(autoplastic) 정신신경증적 증상이 형성되기보다 오히려, 외부변형적(alloplastic) 행동화가 발생하는 것은 치료과정이 치료 이전의 평정상태에 두 가지 변화를 동시에 가져오기 때문이다. 이 두 가지 중요한 변화는 (a) 과대적 자기에 리비도가 과도하게 집중되는 것과, (b) 과대적 자기의 과시적-과대적 충동들이 현실자아를 침입하지 못하도록 막아내는 특정한 방어기제들(억압-반 리비도 집중; 해리-부인)이 약화되는 것이다. 그러나 거울 전이가 일어나는 동안에 일시적으로 통제되지 않는 병리적 증상으로서 행동화를 선택하는 특정한 이유는 그것이 강렬한 (과대적-과시적) 충동을 지녔기 때문도 아니고, 반사적 본능의 원시성(즉 비중화된 구강기적 요구와 구강기의 가학적 복수심이 종종 발생하는 것) 때문도 아니며, 자아의 약함 때문도 아니다. 행동화를 결정하는 특수한 요인은 과대적 자기가 갑자기 분출되어 나오는 것과 관련된, 정신 조직 안에 있는 바로 그 자기애인 것이다. 병리적 고착점으로의 특정한 퇴행은 자기(self)와 자기 아닌 것(not-self)의 구분을 모호하게 하며, 따라서 충동, 사고와 행동 사이의 구분을 모호하게 한다. 다른 말로, 피상적으로 관찰할 때 외부로부터 오는 자극에 의해 일어나는 행동으로 보이는 것은 사실 진정한 행동이 아니라, 외적 세계가 아직도 자기애적 리비도에 집중되어 있는 심리 발달단계에서 내부로부터 생기는 활동인 것이다.

정신분석 상황에서 활성화된 정신 에너지를 행동화에 사용하는 환자의 경향성이 어떤 것이든지 간에, 이런 경향성으로 인해 분석가는 환자의 활동에 개입해야 하는가 아니면 개입하지 말아야 하는가의 문제와 항상 만나게 된다. 물론 분석가가 적극적이어야 한다면, 어느 영역에서 그리고 어느 정도 범위에서 그래야 하는지에 대한 기술적인 문제는 정신병리 유형과 관련하여 그리고 그것과 관련된 환자의 활동이 드러내는 초심리학적 구조와 관련해서 평가되어야 할 뿐만 아니라, 환자가 자신이나 다른 사람들에게 해를 입힐 수도 있는 위험 (자살의 위협, 살인 그리고 드러내놓고 처벌받기를 자청하는 성도착적 행동과 비행)의 정도에 대한 실제적인 평가에 기초해서 판단되어야 한다. 후자의 경우에, 분석가는 환자가 드러내는 현실적인 관심의 표현을 해석하기보다는, 그에게 바람직하지 않은 계획을 실행하지 않기를 바라며, 위험한 행동들을 멈추기 바란다고 간단하고 솔직하게 말하는 것이 좋다. 주로 경계선 정신병의 경우와 억제되지 않는 충동을 일으키는 심각한 자아 결함과 관련된 병리인 경우에, 분석가는 강제적으로 개입해야 할 필요가 있다. 그러나 히스테리적인 행동화(극적이며 유아적 언어를 사용하는)인, 경우에 분석가는 더욱 엄격한 정신분석적인 목적을 지니고 분석작업에 임해야 하며, 또한 그것을 환자에게 설명해야만 한다. 여기서 치료자의 행동(환자에게 극화하는 행위를 중단하라고 충고하는 것)의 목적은—프로이트가 공포증 분석과 관련하여 페렌치(Ferenczi)에게 제의했던 기술의 목적과 마찬가지로(Ferenczi, 1919)—무의식적이고 억압된 원초적 충동들과 그것에 대한 갈등을 자아의 이차 사고 과정과 대면시키는데 있다. 즉 분석하는 동안 자유 연상의 형태로 그러한 심리적 자료에 대한 언어적 환상의 파생물들을 형성하도록 고무하는 것이다.

앞에서 말한 이런 모든 고찰들, 특히 위험한 요소가 있을 때, 분석가의 직접적인 관심을 표현하는 것에 대한 고려사항들은 때때로 자기애적 성격장애의 치료에서 나타나는 행동화의 몇몇 측면들에 적용될 것이다. 그러나 일반적으로, 행동화는 여기에서 아직 행동과 사고 사이를 구별하지 못하는 원초적인 세계에 대한 인식에서 발생하는 의사소통의 형태로서 가장 직접적으로 이해될 것이다. 따라서 분석가는 자기를 보존하기 위한 행동이 나타났음을 환자에게 일깨워주는 것이 때때로 필요하며, 또한 그렇게 하는 것이 치료에 효과적이다. 그러나 분석가는 환자의 위험한 행동을 그 시대에 통용되는 관습의 관점에서 실제적이고 현실적인 문제로서 다루어야 하며, 도덕적인 관점에서 다루어서는 안 된다.

그러나 치료자가 현실적인 문제에 대해 말하도록 환자에게 요구하는 것과는 별도로 환자의 행동들은 해석을 필요로 하며,—히스테리 환자 또는 공포증 환자가 저지르는 극화의 내용과는 대조적으로—또한 해석은 여기서 통찰을 통해 환자의 자아의 범위를 점점 확장시키는 가치 있는 수단이 된다. 따라서 환자 E가 치료자와 떨어져 있는 동안 공중 화장실에서 다시 관음증적 행동을 했을 때, 또는 치료자가 자신을 이해하지 못한다고 느꼈을 때, 치료자는 자신의 반영과 긍정과 이해에 대한 욕구가 원초적 시각적 융합의 행동으로 퇴행하여 악화되었다는 공감적인 해석을 했다. 이때 치료자의 해석은 환자가 무시되거나 오해받고 있다고 느꼈던 순간에 그 자신을 통제하는 효과가 있었다. 그 뿐만 아니라 그는 자기 자신의 성격을 더 깊이 이해하게 되었으며, 아동기에 있었던 의미 있는 기억들을 회상해내었다. 예컨대, 그는 자신이 처음으로 시골 시장의 공중 화장실에서 관음증 행동을 했던 때는 어머니의 칭찬을 기대하며 자신이 그네를 아주 높이 잘 타는 것을 자랑스럽게 이야기한 직후였다고 회상했다. 당시에 이미 심각한 질병(악성 고혈압)을 앓고 있던 그의 어머니는 용맹스러움을 과시하려는 그의 욕구에 대해 전혀 관심이 없었고, 이때 그는 어머니로부터 돌아서서 공중 화장실로 갔다. 거기에서 그는 어떤 힘에 이끌리듯 남성의 성기를 훔쳐보았으며, 그것과 융합되면서 그것이 상징하는 강한 힘과 하나가 되는 것으로 느꼈다(이론적 용어로 말한다면, 거울 전이와 일치하는 단계에서 융합이 일어나는 단계로의 퇴행). 그는 지금에서야 그 행동을 이해하게 되었고, 당시의 감정상태를 제대로 회상할 수 있게 되었다.

전이는 일반적으로 더욱 원초적 형태(예컨대, 융합)로부터 가장 진보된 형태(좁은 의미의 거울 전이)로 진전된다. 분석가와 떨어져 있는 주말 동안 환자 E가 보여준 행동은 임상적 전이 관계의 변화과정에 대한 반응으로 전이발달의 방향이 일시적으로 역전된 것이다.

거울 전이에서 융합 전이로의 그런 일시적 퇴행의 또 다른 예는 나의 동료가 제공해 주었다.[4] 이 일화는 어느 면에서 E가 주말에 보여

____

4 이 분석 사례는 그 당시 나에게 정기적으로 자문을 받고 있던 나의 동료(남자)가 분석한 것이다.

준 행동과 유사점을 갖고 있지만, 거기에는 큰 차이가 있다. E의 퇴행은 의미있는 구조적 변화가 이루어지기 전인 분석 **초기**에 발생했고, 그것은 명백하게 위험한 행동을 수반했다. 그러나 I의 경우에는 자기애적 성격장애의 분석이 대체로 성공적으로 이루어진 분석의 **후기**에 퇴행이 발생했으며, 앞서 진행된 치료과정에 의해 이미 의미 있는 구조적 개선이 이루어졌기 때문에 그 퇴행은 어떤 위험한 행동도 수반하지 않았으며, 단지 꿈의 형태로만 표현되었다.

산업 근로자였던 25세의 환자 I는 분석과정에서 아동기에 자신이 쓴 일기를 가지고 와서 분석가에게 읽어주었다. 처음에 분석가는 일기의 내용에 대해 흥미를 갖고 반응해주었다. 그러나 그는—비록 그가 정서적인 유보를 깨닫지 못했더라도—차츰 환자가 이런 기록들을 자신과의 사이에 두고 싶어한다는 것을 깨닫게 되면서 일기를 읽는 것이 환자의 사고와 기억에 대한 직접적이고 자유로운 의사소통에 장애가 된다고 느끼게 되었고, 따라서 일기를 읽는 것에 대해 덜 공감적으로 반응하게 되었다. 그의 이후의 반응에서 추론할 수 있듯이, 환자는 분석가의 반응에 대해 실망하였고, 다음날 밤 두 부분으로 이루어진 꿈을 꾸었다. (a) 그는 낚시하러 가서 커다란 물고기를 잡았다. 그는 물고기를 자랑스럽게 아버지에게 선물했으나 아버지는 그 선물에 대해 칭찬하지 않고 시큰둥했다; (b) 그는 십자가에 달려 있던 그리스도가 갑자기 쿵하고 떨어져 근육이 갑작스럽게 이완되면서 죽어가는 모습을 보았다.

이 꿈 전에 있었던 면담 과정을 전체적인 전이 발달에 비추어 재고해 볼 때, 그 면담에서 환자는 일시적으로 **좁은 의미**의 거울 전이에서 원초적 (자학적으로 경험된) 융합 전이로 퇴행했다는 결론을 이끌어 낼 수 있다. 분석가는 분명히 일기의 내용을 함께 나누는 것이 지닌 깊은 정서적 의미—환자에게 그것은 의사소통에 대한 저항이 아니라 진실한 (즉 분석적으로 가치가 있는) 선물이었다—를 전혀 인식하지 못하였다. 환자는 전에는 비밀로 하던 아동기의 자료를 이제 공유할 수 있는 단계에 실제로 도달했다. 그러나 환자는 (자신의 아동기에 자기애적 아버지가 그랬던 것처럼) 치료자가 자신의 진전에 대해 부정적으로 반응했다고 느꼈다(유사한 사례들에서 나는 분석에서 치료자의 직접적인 도움 없이 정서적 건강을 향한 중요한 발걸음을 내디딘 환자로부터 자기애적으로 후퇴하려는 치료자의 경향성을 관찰했다). 따라서 심리적 성취에 대해 공감적으로 수용해 줄 것(구별적이며 본능 통제적인 단계에서 나타나는 거울 전이)을 기대했던 환자는 거절당했다고 느꼈고, 융합 환상으로 퇴행했다. 즉 그는 하나님 아버지와 재결합하는 죽은 그리스도의 환상으로 후퇴했다("'아버지여 내 영혼을 아버지 손에 부탁하나이다!' 라고 말씀하신 후 운명하시다" 눅 23:46). 그 상황은 치료자가 이 꿈의 의미를 환자에게 해석해 주었을 때 곧 수정되었다.

앞에서 언급한 임상 사례의 내용은 성공적인 자기애적 성격 분석의 후기 단계에 속한 것이다. 그런 경우에, 정확한 해석이 필요한 것이 아니라 어느 정도 현실적이면서도 따스한 태도와 함께 환자의 전이가 적절한 기본적 수준으로 되돌아가도록 허용하는 것이 필요하다. 그러나 치료과정에서 분석가의 적극적 행동은 자기애적 성격의 어떤 특정한 유형을 치료하는데 아주 중요하다. 아이호른(Aichhorn, 1936)은 청소년 비행치료에서 환자가 분석가와 치료적으로 효과적인 정서적 애착을 형성하도록 유도하는 적극적인 기술을 소개함으로써, 이 분야에 선구자적인 이론적 기술을 도입했다. 안나 프로이트(1951)는 아이호른의 기술을 다음과 같이 설명했다; "자신의 독특한 자기애적 성격구조 때문에 그 사기꾼은 대상관계를 형성할 수 없다; 그럼에도 불구하고, 환자는 자기애적 리비도가 넘쳐 흐르기 때문에 치료자와 애착관계를 형성할 수 있다. 그러나 환자의 자기애적 전이는 치료자가 환자에게 … 환자 자신의 비행적 자아를 영예로운 자아로 바꾸어 주고 그에게 자아 이상을 제공해 주는 곳에서만 일어날 수 있을 것이다"(p. 55).

아이호른은 치료자가 자신을 환자의 자아 이상으로서 적극적으로 제공할 것을 제안하면서, 자아 이상과 그것의 전조인 이상화된 부모상 사이에 차이를 두지 않으며, 과대적 자기에게 독립되고 특수한 자리를 배정하지도 않는다. 그러나 안나 프로이트가 이런 특정한 사례들과 관련하여 제시한 아이호른의 적극적인 기술은 청소년 비행 사례의 범위를 넘어, 넓은 범위의 자기애적 성격장애의 치료에서 형성되는 전이 상황에 매우 적절한 기술이다. 예를 들어, 그녀가 치료자는 "환자의 비행적 자아를 영예스러운 자아로 바꾸어 주고 그에게 자아 이상"을 제공해 주는 사람이라고 말할 때, 이것은 치료적으로 활성화된 과대적 자기를 기초로 한 전이(특히 쌍둥이 혹은 제 2자아와 치료자와의 관계)와 이상화된 부모상을 기초로 한 전이 사이의 구별과 비슷한 구별이 이루어지고 있음을 보여준다.

치료활동과 관련된 보다 초기의 고찰에 대한 아이호른의 연구를 적용한다면, 이와 같은 기술적인 문제에 대한 우리의 이론적 이해를 명료화하는데 유용할 것이다.

자기애적 전이를 형성시키는 아이호른의 적극적인 기술들은 일반적으로 대부분의 비행의 문제와 특히 청소년 비행 문제를 치료하는데 필수적인 요소로 간주된다. 이 기술들은 분석가와의 정서적 유대를 형성하기 위해 요구되는 비상 수단들로서 과대적 자기 또는 이상화된 부모상에 공감적으로 초점을 맞추는 것을 의미한다. 이것들은 치료 초기에 환자로 하여금 치료과정을 중단하지 않도록 보장하는 기능을 갖는다. 적극적인 전이 유대 형성과 관련해서 그것에 대한 평가는 원칙적으로 그러한 전이가 과대적 자기(비행적인)와 관련되어 있는가 아니면 이상화된 부모상과 관련되어 있는가 하는 문제로부터 시작해야 한다. 노골적인 찬양을 통해서 분석가와 애착 관계를 형성하는, 비행을 저지른 사람이 갖고 있는 능력은 이상화된 부모상과 이상화하는 전이를 형성하려는 깊은 소망이 (전의식적으로) 있었지만, 그것들은 부인되고 숨겨져 왔다는 사실을 가리킨다. 어떤 청소년들, 혹은 일생동안 청소년기의 한 형태를 연장시켜 온 어떤 성인들은 (전의식적으로, 이상화하는 태도들이 약함을 암시한다는 생각에서 오는 당혹감 때문에, 혹은 그들의 남성적이지 못한 감상주의가 웃음거리가 될 것이라는 공포 때문에) 자신들이 분명하고 철저하게 과대적 자기를 지향하고 있다고 종종 공언할 것이다. 사회적 불명예에 대한 이런 전의식직 공포의 배후에는 그들의 이상화하는 태도가 이상화된 내상에 의해 거절당하는 외상에 대한 무의식적 공포나, 이상화된 대상에 대한 외상적 환멸에 대한 무의식적 공포가 놓여 있다. 다른 말로, 감당할 수 없는 자기애적 긴장감과 수치심 그리고 건강염려증 등의 고통스런 경험을 야기시키는 자기애적 영역에서의 좌절에 대한 두려움이 있다.

나는 아이호른이 다루었던 청소년 비행의 전체 유형을 임상에서 직접적으로 경험하지 않았기 때문에, 자기애적 전이를 형성하는 아이호른의 방법에 대한 몇몇 결론들을 그의 임상 경험에 기초하여 도출하려고 한다. 나는 아이호른의 방식이 성공한 것은 다음의 상황들에서 기인한다고 생각한다. 우리는 비행자(非行者)의 기본적인 고착은 이상화된 부모상에 있으며, 이 자리에 해당되는 중심적인 병리적 전이 경향성에, 즉 이상화하는 전이를 형성하는 경향성에 있다고 가정한다. 그러나 이상화된 대상에 대한 이런 갈망의 핵 주변에는 이상화된 대상과 이상화된 초자아에 대한 갈망을 부인할 뿐만 아니라, 반대로 모든 가치와 이상을 강하게 경멸하는 비행자의 성격층들이 둘러싸여 있다. 혹은 다른 말로 표현하면, (아마도 본래는 이상화된 대상에 대해 실망하거나 그 대상을 상실한 후에 얻은) 과대적 자기에게 리비도가 방어적으로 과도하게 집중된다. 비행자가 자신이 전능하며 활동에 제한을 받지 않는다는 것을 과시하고, 자신의 환경을 마음대로 조작할 수 있는 기술을 갖고 있다고 자랑하는 것은 상실한 이상화된 자기대상을 열망하고 있다는 사실을 깨닫게 되는 것에 대한 하나의 방어이며, 그것은 또한 자신의 과대적 자기의 상상적인 말과 행동이 끝날 때 그를 지배하는 공허감과 자존감의 결핍에 대한 방어를 유지시켜주는 역할을 한다. 여기서 만일 치료자가 그 비행자에게 가치를 지닌 이상적인 인물로서 자신을 제공한다면, 비행자는 그 치료자를 받아들일 수 없을 것이다. 아이호른이 제안한 비행자를 치료하기 위한 특별한 기술과 이해는 먼저 치료자가 자기 자신을 비행자의 과대적 자기를 반영해 주는 사람으로 제공하는데서 찾을 수 있다. 따라서 치료자는 방어적으로 만들어진 과대적 자기와 그것의 활동에 대한 필수적인 방어를 방해하지 않으면서, 드러나지 않은 상태에서 이상화된 자기대상을 향해 집중된 이상화 에너지를 활성화할 수 있다. 이와 같이 유대가 한번 형성되고 이상화하는 에너지 집중이 활성화되면, 극복과정이 가능해지며 과대적 자기의 전능함과 상처입을 수 없는 방어적인 상태로부터 더 깊이 갈망되는 이상화된 대상의 전능함과 상처받지 않는 상태로 점진적으로 이동하게 된다.

자기애적 비행자들(특히 청소년들)의 정신분석 치료에서 과대적 자기의 적극적인 활성화에 의해 발생하는 문제들은 이 연구의 주된 관심사가 아니다. 여기서 우리는 일반적인 의미에서 비행 활동이 임상 상황을 지배하지 않는 보통의 자기애적 성격장애의 분석을 다루고 있다. 그러나 이런 경우의 분석 치료에서 치료자에 대한 이상화를 이끌어내기 위해 환자의 퇴행적 순응을 적극적으로 유도하는 것은 바람직하지 않다. 치료자에 대한 이상화를 적극적으로 고무시키는 것은 끈질긴 전이 결속(종교집단에 의해 조장되는 애착과 유사한)을 형성시키며, 대대적인 표면적 동일시를 가져오고, 자기애적 구조의 점진적인 치료의 변화를 방해한다. 우리는 "분석가가 환자에게 예언자,

구원자 또는 구세주의 역할을 하는," 즉 환자가 치료자를 "자신의 자아 이상의 자리에" 놓는 유혹이 존재하며, 이것은 분석에서 지켜야 할 규칙에 정면으로 위배된다(1923, p. 50. 주)고 한 프로이트의 적절한 경고에 주의를 기울이는 것이 좋을 것이다.

인위적으로 분석가에 대한 이상화를 불러일으키는 것이 분석치료에 해로운 반면, 이상화된 부모상이나 과대적 자기의 치료적 활성화가 자발적으로 일어나는 것은 실로 환영받을 만한 것이다. 그 과정은 방해되어서는 안 된다.

이 시점에서, 정신분석적 치료과정에서 발생할 수 있는 소위 정신분석가의 수동성과 관련된 몇 가지 일반적인 사항을 언급하는 것이 좋을 것이다. 정신분석가가 환자의 지도자 역할을 떠맡는 것을 반대하는 견해는 마치 그것이 도덕적인 문제(예컨대, Hammett, 1965, 특히 p. 32를 참조할 것)인 것처럼 종종 잘못 논의되어 왔는데, 그것은 하나의 가치 체계(치료자의 평등주의, 겸손 등)를 또다른 하나의 가치 체계(치료자가 실제로 환자의 삶의 문제에 대한 대답을 알아야 하기 때문에 환자의 지도자로서 피할 수 없는 책임을 인식하는)와 대비시킴으로써 생긴 오류였다. 그러나 선택은 정신분석 치료과정의 핵심적인 요소를 구성하고 있는 요인에 대한 우리의 이해에 기초해서 이루어져야 한다. 만일 치료자가 적극적으로 "예언자, 구원자 또는 구세주"의 역할을 떠맡는다면, 환자는 과도한 동일시를 통해 자신의 갈등에 대한 해결을 적극적으로 촉진시키게 되는데, 이것은 환자가 점진적으로 자신의 심리구조를 통합하고 새로운 심리구조들을 세우는 작업에 방해가 된다. 초심리학적 측면에서, 치료자가 지도자 역할을 적극적으로 떠맡는 것은 원초적이며 (전구조적인) 자기애적으로 집중된 대상과의 관계를 형성케 하거나(그 이후로 환자의 치료적 개선을 위해서는 이런 대상관계가 실제로 또는 상상 속에서 계속 유지되어야 한다), 또는 기존의 심리적 구조에 더해지는 과도한 동일시를 이끌어

낸다. 대조적으로, 정신분석 치료는 전이(원초적이며 자기애적으로 집중된 대상과의 관계를 포함하는)를 발달시키며, 그 전이의 극복과정을 통해 투사되거나 활성화된 구조들이 변형되며, 점차 재내면화(변형적 내면화)되는 과정을 이끌어 내고자 한다. 따라서 종교분야에서 행해지는 영적(inspirational) 치료와 정신분석적 치료 사이의 질적인 차이는 최종적으로 양적인 것으로 이해될 수 있다: 전자는 대상관계와 과도한 동일시가 적극적으로 형성되는 것을 통해 이루어지며, 후자는 전이와 재내면화(변형적)의 섬세한 과정이 자발적으로 형성되는 것을 통해 이루어진다.

그러나 이와 같은 설명은, 원칙적으로는 옳은 것이지만, 자기애적 성격의 정신분석에서 내면화 과정들이 일어나는 두 단계를 고려한다면, 그것의 일부는 수정되어야 한다. 앞에서 말했듯이, 실제로 내면화 과정은 조금씩 변화되는 것만이 아니라 실로 대대적인 내사(內射)의 단계를 갖기 때문이다. 구체적으로 말하자면, 대대적인 동일시 과정은 상대적으로 치료 초기에 (작은 규모의 구조를 세우는 변형적 내면화의 전조로서) 관찰될 수 있거나, 아니면 후기에, 즉 일반적으로 치료 종료 단계의 초기에, 자기애적 전이 대상을 궁극적으로 포기하는 심적 상처에 버금가는 충격과 함께 발생한다.

따라서 치료자—그의 행동과 말하는 모습, 태도, 취미—와의 대대적인 동일시는 자기애적 성격 분석의 초기에 자주 관찰된다. 그것은 긍정적인 치료 전망을 나타내는 신호이며, 특히 그것이 즉각적으로 발생하는 것이 아니라 적절한 자기애적 전이 형성에 대한 광범위한 저항을 체계적으로 분석한 이후에 발생하는 것이라면 더욱 그러하다. 치료자는 그러한 동일시를 환자의 정신구조를 세우기 위한 극복과정의 첫 단계로서 환영해야 한다. 분석과정에서 환자가 치료자의 전문가적인 행동을 닮아가는 이러한 동일시 패턴의 변화를 연구함으로써 우리는 많은 것을 배울 수 있다.

예컨대, 자기애적 성격 조직을 지닌 훈련생들의 교육분석에서, 혹은 정신병자들의 치료 분석에서 다음과 같은 일련의 특정한 사건들이 이따금 발생한다. 처음에는 전이 활동(transference reactivity)의 증거가 전혀 없는 것처럼 보이는 시기가 있다. 이 시기 동안에는 치료가 일시적으로 중단될 때도 환자에게서 어떠한 주목할만한 반응도 이끌어내지 않는 것으로 보인다. 다음 단계에서, 환자는 상담 약속의 변화 등으로 인해 자기애적 전이가 방해받는 것에 대해 분석가가 지닌 특징들 중의 어떤 한 면을 대대적으로 동일시하는 것(그 면을 자신의 성격 안에 동화시켜 내지 못한 재)으로 반응한다. (예컨내, 어떤 환자는 분석가가 부재하는 동안 분석가가 입었던 것과 똑같은 옷을 샀는데, 나중에 이 사실을 깨닫고 몹시 놀랐다.) 그러나 점차 이런 사건들이 극복됨에 따라 동일시 과정의 성질은 변한다: 그것은 더 이상 대대적이지도 않고 무차별적이지도 않다. 그것은 실로 환자 자신의 성격과 조화를 이루며, (지금까지 휴면 상태였던) 환자의 재능을 강화하는 특징과 질에 점점 초점을 맞추면서 선택적이 된다. 따라서 환자는 동일시 과정을 통해서 치료자가 적절하게 선택한 호의적이고 전문적인 어떤 자질과 기술을 자신 안에 더욱 더 동화시킨다; 그것들은 더 이상 어떤 긴급한 목적에 사용된 후에 버려지는 동일시를 통해서 생겨난 이질적인 내용들(환자가 분석가의 활동을 심적 상처로 경험할 때, 그에 대한 반응으로 나타나는 공격자와의 동일시 등)을 구성하지 않는다. 분석가의 일상 생활과 개인적인 특정한 의사소통 패턴을 포함하여 환자에 대한 이해와 인식의 패턴이라는 측면에서, 분석가와 동일시함으로써 환자는 궁극적으로 점차 분석가(자기애적으로 집중된)에 대한 내적 포기를 성취하게 되며, 이와 동시에 자신이 자율적인 기능과 주도성의 견고한 핵을 획득한데 대한 고요하면서도 깊고 진정한 기쁨을 발견하게 된다.

또한 대대적인 동일시 형성에 대한 새로운 경향성의 증거들은 자기애적 성격장애 분석의 종료 단계(특히 이 단계의 처음 부분)에서 만나게 될 수도 있다. 분석가는 이런 현상에 대해 놀랄 필요가 없으며, 치료 초기에 발생하는 이와 같은 대대적인 동일시는 치료 후기에 미세한 동일시로 대체되는 것으로 이해하면 된다.

예컨대, I씨는 분석에서 기대하는 목표를 달성하기 몇 개월 전에 꾼 꿈 내용에서, 분석 종료 단계에서 나타나는 변형적 내면화 과정(전에 적절하게 작은 규모로 이루어지는)의 재공고화에 대해 보여주었다. 이 기간 동안에 환자는 한편으로, 심리적 기구의 충분한 발달과 안정성에 대한 건강염려증적 걱정들과 다른 한편으로, 자신의 자율적인 기능에 대한 기대와 함께 마침내 분석가로부터의 독립을 확신하는 분위기를 번갈아 나타냈다. 걱정하는 단계 동안에 (재성화된) 구강기적 특성과 항문기적 특성이 결합된 충동들의 형태를 띤 내면화를 통해 자신의 심리구조를 지탱하려는 퇴행적인 욕구가 강화되고 있다는 증거가 있다. 즉 그는 과식을 했으며, 분석가가 항문을 통해 자신 안으로 들어오는 수동적인 동성애적 성질을 띤 꿈을 꾸었다. 이런 내면화 욕구가 다시 떠오르는 것을 극복하는 과정에서 환자는 다음과 같은 거의 우스꽝스런 꿈들(환자는 실로 분석하는 동안에 약간의 유머 감각을 획득하였는데, 이것은 이런 사례들에서 치료가 성공적이라는 아주 신뢰할만한 신호들 중의 하나이다)을 꾸었는데, 이는 분석가로부터 (또는 오히려 분석가 자신의 것을) 훨씬 더 많은 것을 얻어 내려는 최후의 시도를 나타내는 것이었다. 한 꿈에서는 (종료 단계 초기에) 분석가가 환자의 장(腸) 내부에 기생하고 있는 기생충이라는 사실이 엑스레이 검사를 통해 발견되었다. 또 다른 꿈(종료 단계 후기에 꾼)에서 환자는 클라리넷(분석가의 페니스; 혹은 그의 목소리, 즉 분석 상황에서 영향을 미치는 효율적인 도구)을 삼켜버렸는데, 그 악기는 환자의 몸 속에서 계속 음악을 연주하였다(이 꿈과 사례 A의 자위 환상을 비교하라. 이런 맥락에서 특히 3장의 주 4를 보라).

활성화된 과대적 자기의 극복과정이 지닌 목표

분석 치료가 가져오는 심리적 변형의 성질은 종종 전이 극복과정의 중간 단계에 초점을 맞출 때 가장 잘 이해될 수 있다. 자기애적 성격 분석에서 그 작업이 과대적 자기의 과대주의와 과시주의를 점차 현실적인 것으로 통합하는 것과 관련되어 있을 때, 우리는 자기 안에 더 깊이 자리잡고 있는, 자신감과 즐거움의 근원을 피폐시키는 심리적 억압이 대체로 없어진 것으로 간주하며, 따라서 이미 현실주의와 자아가 지배하는 섯으로 보이는 특성한 단계와 만나게 된다. 그러나 더 자세히 살펴보면, 완전한 심리 구조의 변화가 성취되었다기보다는 오히려 피상적인 순응이 부분적으로 지속되고 있음이 드러난다. 나는 두 가지 임상 사례를 사용하여 이 중요한 중간 단계에 대해 설명할 것이다.

한동안 나에게 분석을 받은 J씨는 30대 초반의 재능 있고 창의적인 작가이다. 그는 분석을 통하여 자신의 행복을 가로막고 창작활동을 방해하는 수정되지 않은 과대주의와 과시주의를 어느 정도 극복한 것 같았다. 그가 분석 초기 단계 동안에 꾼 많은 꿈에서 그의 과대주의는 슈퍼맨으로 나타났다: 그는 하늘을 날 수 있었던 것이다. 마침내 내가 조금은 갑작스럽게 그에게 얼마의 과대주의가 그가 하는 일에 지속적으로 영향을 미치고 있다고 심도 있게 이야기한 후에 환자의 꿈에서 날아다니는 것이 사라졌고, 그는 보통 사람들처럼 정말 걸어다니기 시작했다. 꿈에서 드러난 내용이 이렇게 극적으로 변했음에도 불구하고, 그가 일을 추진해 나가는 방법과 일의 목표를 설정하는데 있어서 과대주의는 지속적으로 나타났다. 나는 환자에게 정말로 꿈에서 분명히 걸어다니는지 의심스럽다고 말하였다. 그때서야 환자는 자신이 꿈에서 더 이상 하늘을 날아다니지는 않았지만 걷는 것처럼 보였을 뿐이고, 자신의 발이 여전히 땅에서 약간 떨어져 있었다는 사실을 깨닫고 그것을 인정했다. 그를 바라보는 모든 사람들에게는 그가 정상적으로 걷고 있는 것처럼 보였다—오직 그만이 자신의 발이 실제로 땅에 닿지 않았다는 것을 알고 있었다.

　과대적 자기의 극복과정 안에 유사한 중간 단계가 존재하고 있음을 보여주는 또 다른 현상은 총천연색(인공적인 분위기의) 꿈이 나타나는 것이다. 환자 A는 심각한 자기애적 고착을 가지고 동성애에 빠져있는 20대 후반의 직장인이었다. 그는 분석과정 동안 꾸준히 좋아졌으며, 내적 변화의 결과로 일상생활의 많은 부분이 개선되었다. 그는 한 여성과 의미있는 애착관계를 형성했으며, 전문가로서의 독립과 성공을 성취하기 위한 중요한 발걸음을 내딛기 시작하였다. 그의 정신병리 중심에는 이상화된 아버지 원상(imago)에 대한 고착이 있었기 때문에 그가 이상화된 남성상을 끊임없이 찾는다는 사실과 그가 자기 자신을 그런 강하고 이상화된 보호자에게 연결시키려고 소망한다는 사실을 받아들이는 것은 그의 전이 극복과정에서 주요한 부분을 차지하였다. 이 과정을 설명하기 위해 지금 여기에서 제시하고자 하는 일화는 정신병리의 보조적인 영역, 즉 과대적 자기의 고착과 이에 상응하는 거울 전이에 초점을 맞추었던 극복과정 후기 단계에서 일어났던 것이다. 최근 몇 개월 동안의 분석 자료는 환자가 퇴행적인 과대적 환상에 압도되지 않고 직장 생활에서 부딪히는 현실적인 어려움과 실패에 직면하려는 시도를 다루었다. 그의 과대적 환상은 그가 아버지의 자리를 대신 차지했던 아동기와 관련이 있었다. 그는 아버지가 장기간 집에 없었기 때문에 실제로 아무런 도움을 주지 못했던 상황에서 자신을 압도하는 외적 환경에 직면하기 위하여 전능한 자기대상을 재생시키려는 욕구를 강화시켰고, 과대적 자기에게 에너지를 집중시켰다. 그러나 최근에 환자는 보다 현실적으로 기능할 수 있게 되었고, 비록 피할 수 없는 어떤 실패에 대해 아직은 종종 낙담하고 예민하게 반응하는 것이 분명했지만, 장기적인 자기애적 후퇴의 경향성에 저항할 수 있었다. 점차 그의 외적 상황은 호전되었으며, 자신이 현실성을 성취해가고 있다는 사실을 깨달았다.

그는 직장 일이 계속 잘 풀렸기 때문에 즐겁게 지내던 어느 날 자신이 꾼 꿈에 대해 보고하였는데, 그 꿈은 최근에 그가 이룩한 다양한 성공들과 그 자신이 이제 생활 전선에 참여하는 책임있는 성인 남자이며, 그에게 맡겨진 역할이 단점을 갖고 있는 것도 사실이지만 그것이 즐거움도 가져다 준다는 사실을 현실로서 받아들이고 있다는 것을 보여주고 있었다. 자신이 성취한 현실성과 성공에 대한 이런 묘사에 환자는 두 가지 생각을 덧붙였다: 그의 최근의 성행위는 여전히 그가 꿈에서 경험하는 것만큼 좋지는 않았다. 즉 사정을 너무 빨리 하였고, 꿈—겉으로 보기에는 성행위에 대한 불평과 관련이 없는 것 같은—에서 사람들이 마치 장난감 병정들이나 인형들 같아 보였으며, 꿈 전체가 천연색으로 되어 있다고 말하였다.

나는 환자의 현재 심리적 상황의 의미를 설명해 주는 중간 부분은 생략하고, 단지 마지막 결론만을 제시하려고 한다. 핵심적으로, 나는 환자가 현실의 생활에서 자기 자신을 성인으로서 바라보는 것이 아직은 새로운 경험이며, 그는 그러한 자신의 현실 생활을 마치 성인 역할을 하는 어린아이가 현실을 환상(아버지가 집에 돌아오시면 갑자기 파괴되는 환상)으로 느끼는 것처럼 환상적인 것으로 느꼈기 때문에, 자신의 현실적인 성취에 대해서도 다소 불안한 흥분상태—갑자기 그것들이 견고하지 않으며, 사라질 것처럼—로 반응한 것이라고 그에게 설명해 주었다. 그리고 나는 그에게 그의 자아가 서두르거나 염려하지 않고, 조용히 자신의 이런 새로운 이미지를 받아들이는 일을 아직 완전하게 수행하지 못하고 있다고 지적하였다. 성행위를 서둘러서 수행하는 것—항상 성격의 안정성에 대한 예민한 지표인—은 아마 이런 내적 상황의 표현이었을 것이다. 그리고 꿈에서의 비현실적 특징들, 특히 천연색 꿈은 마찬가지로 새로운 자기 개념을 완전히 통합하는 자아 능력의 불완전함을 표현하는 것이다: 예전에 있던 과대주의와 과시주의가 아직도 변화되지 않은 형태로 성인의 자기-개념과 혼합되어 있는 것이다. 잠시 생각한 후에, 환자는 내가 자신을 잘 이해했다고 조용히 대답하였으며, 자신의 꿈이 항상 천연색은 아니며, 과장되어 있었고, 자연의 색깔이 아니라 인공적인 색깔이었다고 덧붙였다.

나는 여기서 천연색 꿈은 종종 인공적인 색깔의 꿈이라는 일반적인 설명을 덧붙이고 싶다. 그런 꿈들은 종종 수정되지 않은 자료가 현실의 겉모습을 한 채 자아를 침범해 들어오는 것과 그것을 완전하게 통합하지 못하는 자아의 무능력을 의미하는 것 같다. 꿈에서 총천연색은 과대적 자기의 과대주의와 과시주의의 침범에 대해 자아가 잠재적으로 경험하는 불안한 급성 조적 흥분을 나타낸다.

엄밀히 말해, 조루증에 대한 초심리학적 설명을 여기에서 할 필요는 없지만, 그것은 자기애적 성격장애에서 흔한 증상이기 때문에 그것에 관해 몇 마디 언급하는 것이 적절할 것이다. 일반적으로, 다양한 경험과 활동을 통해 성행위를 하는 동안 성적 욕동을 정교화하지 못하고, 따라서 사정을 지연시키고 성적 긴장을 유지하지 못하는 것은 욕동을 통제하는 기본적인 심리구조의 결함 때문이라고 볼 수 있다. 이런 결함은 오이디푸스 이전 시기에 마땅히 있어야 했던, 심리구조를 형성하는데 필요한 최적의 좌절 경험이 만성적으로 결핍된 결과이다. 이런 기본적인 심리구조의 결함이 부모의 병리적 성격의 결과(일반적인 원인)이든지, 아니면 환경의 결과(부모상의 부재와 같은)이든지 거기에는 별 차이가 없다. 결정적인 것은 오이디푸스 이전 시기에 대상으로부터 리비도가 점점 탈집중되는 기회가 부족했고, 정신구조를 세우는 내면화가 부족했으며, 따라서 욕동과 소망을 탈성화(desexualize)하거나 또는 중화하는 능력이 불완전한 채로 남아 있다는 사실이다. 다른 말로 설명하자면, 그런 개인들에게서 이차 사고과정은 단지 정신의 얇은 표피층만을 점유하고 있을 뿐이다. 그리고 그 이차 사고과정은 욕동과 유사한(drive-near) 정신과정에 대해 믿을 만한 심리적 정교화를 제공하지 못하며, 깨어지기 쉽고(환자 A의 사례처럼), 다양한 스트레스의 충격 하에 쓸려가 버리기 쉽다. 따라서 환자 A의 욕구와 소망에 대한 (동)성애적 경향성과 조루의 경향성은 그의 정신의 기본적인 구조 안에 있는 결함으로 인해 욕동을 중화하지 못하기 때문이라고 볼 수 있다.

이러한 성격의 치료과정은 초기 삶에서 불충분하고 불안정하게 성취한 내면화를 충분하고 안정되게 재확립하는 것을 뜻한다. 따라서 그것은 이차 사고 과정의 지배를 점점 증가시킬 뿐만 아니라, 비성적인 심리 자료를 성적으로 경험하는 경향성을 감소시킨다. 정신구조를 탈성화하고 탈공격화하려고 하는 욕구는 때때로 그와 같은 환자들(예를 들면, 환자 E)의 꿈에서 책이나 도서관과 같은 이차 과정의 상징을 찾는 모습으로 나타나며, 특히 치료과정에서 환자가 치료자를 외적이며 보조적인 정신구조로서 경험하는 단계, 즉 환자가 치료자와 분리되는 단계에서 나타난다. 이때 이 보조적 정신구조는 바깥으로부터 오는 스트레스의 자극을 막아주는 기능을 할 뿐만 아니라, 욕동을 중화하고 심리적으로 정교화함으로써 충동들을 통제하고 수정하는 기능을 한다.

욕동을 중화하고 정교화하는 기능이 충분하게 발달된 심리 구조를 지닌 성인들은 불안을 느끼는 일 없이 일시적으로 자신들의 이차 사고과정을 기꺼이 포기할 수 있다. 왜냐하면 그들은 그것을 다시 복원시킬 수 있는 능력이 자신들에게 있다고 믿기 때문이다. 그러므로 수면과 성적 절정감은 이차 과정에 대한 리비도 집중에서 벗어날 수 있는 능력을 증명하는 가장 좋은 증빙 자료이다. 다른 한편, 기초적인 정신구조가 약하고, 깨지기 쉽거나 불안정한 사람들은 이차 과정에 대한 리비도 집중에서 벗어나는 것을 두려워하기 쉽다. 따라서 그들은 잠이 드는데 어려움을 경험할 수 있으며, 성적 절정감을 향유하는 능력이 여러 모로 방해받을 수 있다.[5]

앞에서 언급한 임상 사례들은 자아구조와 원초적이고 과대적인 자기가 보다 안정되게 통합되기 이전에 거울 전이의 극복과정이 일어났던 것으로 추측되는 특정한 반응들을 예시한다. 그러나 어떤 중간 단계를 거치든 간에 그것의 극복과정이 방해받지 않는다면, 결국 과대적 자기는 점차 자아구조와 통합될 수 있을 것이다. 이에 따라, 치료적으로 활성화된 보다 원초적 형태의 과대적 자기는 (좁은 의미의) 거울 전이에 의해 대체되며, 거기에서 분석가는 환자에게 점점 더 분리된 존재로 인식된다(5장을 보라). 그러나 이 단계에서조차 환자는 대상을 오직 인정해주고 칭찬해주는, 그리고 공감적 참여의 근원으로만 인식한다: 분석가는 환자의 자기애적 요구의 영역 안에서 환자의 욕구를 만족시켜 주는 대상이다.

마지막으로, 거울 전이는 대체로 분석이 끝날 무렵에 사라지고, 분석가는 그때 (a) 이상화된 인물이 되거나 (이상화 전이) 또는 (b) 환자가 중화된 자기애적 리비도를 비성적인 목적을 지닌(aim-inhibited) 과시주의, 고양된 자존감 그리고 사랑하는 대상에 대한 과대 평가 등— 이것들은 사랑(유아의 원초적 사랑과 성숙한 사랑)이 정상적으로 수반하는 자기애적 내용들이다—으로 확장시킴으로써 확장된 사랑 대

---

5 욕동-조절과 욕동-정교화를 담당하는 정신구조가 불완전하게 형성된 사람의 경우, 절정 경험시에 느낄 수 있는 특정한 불안에 대해 설명해 주는 예는 Paul Tolpin (1969)에 의해 제시되었다. 그의 환자는 빠르게 달리는 기차를 타고 있는 꿈을 꾸었는데, 그때 성적 긴장이 고조되어 몽정에 이르게 되었다. 꿈에서 그는 자리에서 일어나 기차의 앞쪽 칸을 향해 나아갔다. 그가 자신의 책들을 자리에 놓고 온 것이 생각나서 되돌아가고자 했지만, 이미 너무 늦었다. 그는 자리에서 일어나 기차의 앞쪽 칸을 향해 나아갔다. 그러나 그는 객차가 서로 분리되어 있는 것을 발견하고 두려워졌다. 이 꿈은 고조되는 성적 경험(객차에서 객차로 걸어가는)과 함께 이제 자아는 돌이킬 수 없이 성적 경험에 사로잡혀 있다는 환자의 불안한 인식을 보여준다. 즉 그 자아는 욕동-조절과 욕동-정교화를 담당하는 이차적 정신과정(책들)과의 접촉을 상실했음을 보여준다. 이 환자가 지닌 주된 증상이 조루증이었다는 사실은 물론 그에게 이와 같은 욕동-조절과 욕동-정교화를 담당하는 정신구조에 결함이 있다는 사실과 일치한다.

상이 된다.

만일 거울 전이(이차적인 거울 전이의 사례에서 세 번째 단계나 일차적인 거울 전이의 마지막 단계에서)가 마침내 안정된 이상화 전이에 의해 대체된다면, 그때 우리는 과대적 자기에 집중되어 있던 자기애적 리비도의 일부가 과대적 자기로부터 완전히 벗어나 이상화된 부모상에 집중된다고 가정할 수 있다. 따라서 자기애적 리비도 집중의 일부는 궁극적으로 초자아의 이상화를 강화하는데 사용된다.

그러나 거울 전이의 극복과정에서 나타나는 이런 결과들은 이차적인 것으로 간주되어야 한다. 이상화 전이 극복과정의 일치적인 목표가 욕동을 중화하는 기본적 정신구조를 강화하며, 튼튼한 이상을 획득하는데 있는 것처럼, 거울 전이 극복과정의 일차적인 목표는 과대적 자기의 변형에 있다. 이것은(성격이 지닌 야망의 요소 안에 현실적 요소가 점점 증가하는 것을 통해서) 행동할 수 있는 자아의 잠재력을 공고히 하며, 따라서 현실적인 자존감을 강화시키는 결과를 가져온다.

거울 전이 분석에서 분석가가 담당하는 기능

전이 신경증의 분석에서처럼, 거울 전이 분석에서 분석가의 본질적인 활동의 주안점은 인식 영역에 놓여 있다: 분석가는 들어주고, 이해하려고 노력하며 해석한다. 거울 전이의 극복과정 기간 동안에 활성화된 과대적 자기가 드러내는 것을 분석하는 일은 서서히 진행된다. 분석가의 입장에서 볼 때, 그것은 대체로 힘든 일이며 즐거운 일이 아니지만, 그 일에 참여하는 분석가는 출현하는 모든 분석자료에 주의를 기울여야 한다. 그 기간 동안에 환자는 분석가에게 다음의 두 가지 중에 단 한가지 기능만을 부여한다: 환자의 과대주의와 과시주의를 반사하고 반향하는 일; 또는 분석가를 자신의 과대적 자기의 체계에 속해 있는 존재로 보거나 그 체계를 똑같이 복제한 익명의 존재로 보는 것.[6]

환자가 자신에게 주의를 기울여 주고 칭찬해 주기를 요구하며, 또한 활성화된 과대적 자기에 대한 다양한 형태의 반영과 반향을 요구하는 것에 대해 분석가가 이성적으로 이해하는 것은 어려운 일이 아니다. 분석가는 자신이 환자의 요구에 대해 방어적으로 부인한다는 사실과, 환자의 요구에 대해서 자신이 즉각적이고 공감적으로 반응하지 않을 때 환자가 일반적으로 방어적 부인으로 후퇴한다는 사실을 잘 알고 있다. 그러나 만일 분석가가 과대적 자기의 요구를 수용해야 하는 시기가 있다는 것을 정말로 이해한다면, 그리고 그가 계속해서 환자에게 그의 요구가 비현실적이라는 것을 강조하는 것은 잘못이며, 전이가 일어나고 있는 초기 단계의 상황에서는 환자의 그러한 요구들이 적절한 것들이며, 그것들을 표현할 수 있어야 한다는 점을 환자에게 알려주고 그것을 이해해 준다면, 그때 환자는 점차 과대적 자기의 충동과 환상들을 드러낼 것이며, 따라서 변화의 과정이 천천히 시작될 것이다. 여기에서—거의 알아볼 수 없을 만큼 조금씩, 종종 분석가 편에서의 어떤 특정한 설명 없이—과대적 자기는 현실 자아 구조로 통합되고 자아의 에너지는 적응을 위해 유용하게 사용될 수 있는 것으로 변형된다.

분석가가 환자의 자기애적 요구를 수용하는 것은 억압, 고립, 부정[7]과 같은 방어기제를 사용하여 비현실적인 자기애적 구조와 현실 자아 사이에 벽을 쌓는 만성적인 경향을 막아준다. 앞에서 언급한 부정

---

6 이 맥락과 관련해서 Koff(1957, p. 430 f.)를 보라. 분석가가 "기꺼이 환자의 확장된 분신"이 되는 것은 "래포"의 확립에 기여하는 것으로 서술되었다(1장과 8장에서 "래포"와 "자기애적 전이"의 차이에 관한 나의 논의를 참조하라).

7 이상화된 대상과 관련해서 두드러지게 나타나는 유사한 조건들과의 비교를 위해서는 4장 주 1을 보라. Basch(1968)는 외적 실재와 부정(disavowal)의 관계에 대한 고찰을 통해서 부정이라는 방어기제가 차지하는 중요성에 대해 검토한 바 있다.

(disavowal)의 기제는 내가 프로이트의 용어(1927, 1937b)를 수정하여 **정신의 수직적 분리**라고 부르는 특정한 방어구조와 관련되어 있다. 정신의 수직적 분리에 따른 관념적이며 정서적인 증상—심층[8]에서는 억압에 의해 그리고 상부층에서는 부인에 의해 발생하는 정신의 수평적 분리와는 대조적으로—은 서로 양립할 수 없는 심리적 태도가 의식 안에 나란히 존재하는 것으로 나타난다.

분석가의 치료적 개입의 성질은 그가 분석하려고 하는 정신병리에 대한 초심리학적 기초를 파악하고 있는가에 의해 크게 영향받는다. 과대적 자기의 통합과정에서 생긴 결함은 장애의 기초를 이루는 자기애적 성격장애의 초심리학과 관련하여 두 부류로 구별된다. 첫째로 수가 그리 많지 않은 부류로서, 그들은 억압된 또는 부인된 상태에서 원초적인 과대적 자기가 우세하게 현존하는 사람들이다. 그들에게서는 에너지의 깊은 근원으로부터 오는 자기애적 자양분이 고갈되는 정신의 수평적 분리가 발견되며, 그 결과로 자기애적 에너지의 결핍 증상(감소된 자신감, 막연한 우울증, 의욕 상실, 주도성 결여 등)이 나타난다.

두 번째 부류는, 첫 번째 부류보다 좀더 수가 많으며, 다소 수정되지 않은 과대적 자기가 수직적 분리에 의해 정신의 현실적 영역으로부터 차단되어 있는 환자들의 사례를 포함한다. 따라서 그들에게는 과대적 자기가 의식 속에 현존하고 있다고 볼 수 있다. 이러한 과대

---

8 주물 숭배자의 주물 대상 또한 정신 심층에서 수직적으로 분열된 정신 내용으로 이해되어야 한다. 주물 숭배자의 이 분열된 정신 영역 안에 있는 자아 부분은 접촉이 끊기지 않은 채 남아 있는 원본능에 의해 영향을 받는다(이 맥락에서 자아체계뿐 아니라 원본능의 요소들과 초자아의 체계들을 포함하는 "하위 조직"에 대해 말하는 Schafer[1968, p. 99]를 보라). 그러므로 드러난 결과는 이 구조적 관계들과 어울리게, 여성들이 페니스를 가지고 있다는 공개적인 믿음을 갖는 것이 아니다. 그 대신에, 주물 숭배자는 분열된 무의식의 깊은 층에 간직되어 있는 여성 음경이 존재한다는 확신과 조화를 이루는 의식적인 욕망을 경험한다.

적 자기는 이런 성격을 지닌 사람들의 행동에 광범위하게 영향을 미치기 때문에, 그 결과로 나타나는 증상은 첫 번째 부류의 사례에서 보여지는 것과는 부분적으로 다른 것이다. 이때 환자들의 태도는 일관성을 갖지 못한 것으로 드러난다. 한편으로 그들은 허황되고 허풍을 떨며, 지나치게 독단적으로 과대적인 주장을 내세우고, 다른 한편으로는 과대적 성격의 심층에 접근할 수 없도록 깊이 묻혀 있는 말없이 억압된 과대적 자기(수평적 분리)를 숨기고 있기 때문에, 첫 번째 부류의 환자들과 비슷한 증상과 태도를 보인다. 그러나 그 증상과 태도들은 외부로 드러난 것[9]과는 커다란 차이가 있다. 이 두 번째 집단의 환자들에게서 나타나는 보편적인 상황은 몇몇 사례 요약(사례 J와 11장의 사례 F를 보라)을 통해 간단히 설명될 수 있을 것이다.

그러나 실제적으로 분석가의 태도를 결정하는 금언은 다음과 같다. 분석가는 과대주의가 억압되어 있는 정신의 부분에게 말을 걸지 않으며, 떨어져 나간 정신의 일부에게도 말을 걸지 않는다. 분석가는 항상 현실 자아에게 말을 건다. 분석가는 원본능을 교육하지 않는 것처럼 정신의 의식적인 과대적 부분을 교육하려고 하지 말아야 한다—그는 현실 자아에게 분리된 정신의 부분들에 대해 설명해 주는 일에 노력을 집중해야 하며, 그렇게 함으로써 현실 자아가 궁극적으로 우세하게 될 수 있는 가능성을 열어 주어야 한다. 표면상으로는 역설처럼 들리겠지만, 금지하고 훈계하는 교육적 태도가 아니라, 그와는 반대로 원초적 상태가 재생된 전이 안에서 환자의 과대적 요구들을 받아주는 것이 필요한 시기가 있다는 사실을 이해하는 수용적인 태도

---

9 여기에서는 과대주의와 과시주의가 심리 경제적으로 심각한 정도로 억압되거나 분열되지 아니하고, 과대주의와 과시주의의 깊은 근원들이 적절한 본능 - 억제 과정과 길들여지고 중화되는 과정을 거친 후에 현실 지향적인 자아의 표면층과 만나게 되고 혼합되는 최적의 조건이라 할 수 있는 자기애 분배에 있어서의 제 삼의 방식이 있다는 사실은 별도로 언급하지 않는다.

에 의해서, 때로는 소란스럽게 표현되는 환자의 외적인 자기애적 요구들이 차츰 잠잠해진다. 그때 환자는 이전에 인식하지 못했던 방어들과 대면하게 된다. 그런데 이 방어들은 환자의 정신의 한 부분에서 나오는 자기애적 주장의 자기-확신적 단언에도 불구하고, 환자로 하여금 자존감을 유지하는데 필요한 자기애적 리비도가 자기 자신의 성격의 가장 중심적인 부분에 유입되지 못하고 있음을 깨닫지 못하게 만드는 장본인이다.

실제적인 임상적 상황은 종종 아주 복잡하다. 왜냐하면 약간의 일시적인 교육적 압력을 필요로 하는 자아 왜곡(Kernberg, 1969를 보라)은 어떤 기간 동안에 정신의 중심적이고 현실에 가까운 부분에서도 일어나기 때문이다. 전에 지적했듯이, 결국 우리는 의식적이지만 떨어져나간 과대적 측면들과 정면으로 대면하고, 그것들의 심리적 의미를 수용하기를 꺼리는 현실 자아의 작용에 직면할 뿐만 아니라, 억압된 원초적 과대적 자기의 요구에 대한 현실 자아의 (무의식적) 공포와 마주치게 된다. 그리고 이때 이 억압된 원초적 과대적 자기의 요구들은 환자가 의식하고 있는 자신의 위대함이나 독특함에 대한 주장과는 거의 관련이 없는 것들로 드러난다. 실로 여기에서 분석가는 공감적 이해와 구체적인 임상 경험뿐만 아니라 많은 인내를 필요로 하며, 그렇게 함으로써 환자를 치유하는 과정에서 확고하면서도 종종 아주 미묘한 지렛대로 작용할 수 있다. 이로 인해 환자는 억압된 원초적인 과대적 자기의 측면에 접근하지 못하도록 방해하는 심리내적 장애물들을 활성화시키고, 마침내 그것들을 제거할 수 있게 된다.

예컨대, 특정 영역에서 극단적인 과대주의와 과시주의를 갖고 있던 J는 한동안 그의 과대적 자기의 더 깊은 자리에 도달할 수 없는 것처럼 보였으며, 이때 분석가는 훈계와 다른 교육적 수단들을 사용하여 그의 비현실적 요구들을 억제하고 싶은 유혹을 받았다. J는 자신이 면도할 때 항상 면도 솔을 조심스럽게 헹구고 면도날을 깨끗이

닦고 말린다는 것과 심지어 세수를 하고나서 물기를 닦기 전에 항상 세면대를 닦는다는 사실을 아무렇지 않게 이야기하였다. 그러나 그가 그런 사실에 대해 말하는 태도는 적절하지 않았다; 그것은 분석가의 관심을 집중시키기 위해 약간 오만하고 긴장감을 느끼게 하는 태도였다. J가 자신의 면도 습관에 대해 분석가에게 이야기할 때, 그의 태도에서 드러났던 오만함은 그가 많은 자기애적 주장들을 하는 순간에 보여주었던 노골적인 오만함과는 아주 큰 대조를 이루었다. 그 순간 그의 감정의 색조는 **방어적** 오만이었다. 그것은 당혹감과 긴장감을 불러일으키는 고고함의 형태로 나타났다.

나는 이 일화의 임상적인 세부 내용을 말하지 않을 것이고, 특히 환자의 아주 평범한 진술을 조사하는데 방해가 되는 특정한 저항을 무시할 것이다. 그러나 되돌아 보면, 그 저항은 환자의 성격 안에서 의미 있는 측면을 발견하고, 환자의 아동기 역사에서 발생학적으로 중요한 부분을 발견하는 통로로서 평가될 수 있다. 이 지점에 이르기까지 우리는 환자의 명백한 허영심과 그의 오만함과 관련된 아동기 역사의 일부분을 알았을 뿐이다. 그의 어머니는 아들이 자랑거리가 되는 행동을 할 때마다 그를 칭찬했다. 그런데 그의 어머니가 그렇게 한 것은 아들을 위해서라기 보다는 자기 자신의 자존감을 강화시키기 위해서였다. 따라서 그의 성격의 과대적-과시적 부분은 일생 동안 정신의 의식적인 부분의 중심에 자리잡게 되었다. 그러나 그의 과대적-과시적 부분은 전적으로 현실적인 것이 아니었으며, 지속적인 만족을 주지 못했고, 그는 자신의 정신의 보다 중심적인 위치에 자리잡고 있는 부분으로부터 분열된 상태에 머물러 있을 수밖에 없었다. 그 때 그것은 그에게 수치심과 건강염려증을 수반한 막연한 우울증으로 경험되었으며, 이 때문에 그는 정신분석 치료를 받게 되었다.

분석가는 처음에 우울증, 수치 성향 그리고 건강염려증 등의 증상과 환자의 명백한 과대주의 사이에 직접적이고 역동적인 관계가 존재하고 있다고 가정함으로써, 환자의 이런 증상에 대해 설명하고 싶은 유혹을 느꼈다. 다른 말로, 아들에 대한 어머니의 야심에 찬 기대가 그의 초자아에 내면화되었으며, 따라서 그는 도달할 수 없이 높고 비현실적인 자아 이상 (Saul, 1947, p. 92; Piers와 Singer, 1953) 또는 이상적인 자기 (Sandler et al., 1963, p. 156)를 형성했으며, 이 과도하게 높은 자기이상 때문에 자신의 행동이 수치스러운 실패라고 느낄 수밖에 없었다는 것이다.[10] 그러나 실제적인 심리적 구조는 이것과는 아주 달랐다. 환자의 행동에 있어서 분명히 사소한 증상의 일부, 즉 그

---

10 심하지 않은 수치심(잠재 의식적인)의 징표들은 초자아와 자아 사이의 자기애적 평정상태를 유지하는 역할을 한다. 그리고 고통스런 수치의 감정을 만들어내는 이드(무의식적인 과대적 자기)와 자아 사이에 있는 기본적인 정신과정들은 전체 문화(Benedict, 1934)에 의해 그리고 개인적인 교육자들(부모)에 의해(Sandler와 그 동료, 1963) 초자아 안에 통합되는 가치를 형성하는데 이차적으로 기여한다. 수치심이 일반적으로 강력한 자아이상의 요구(아마도 비현실적인)와 기대들에 부응하지 못한 자아의 반응이라는 생각은 이론에 있어서 뿐만 아니라 임상적 관찰에 기초해서도 거부되어야 한다. 수치심을 느끼는 경향이 있는 많은 개인들은 강한 이상을 가지고 있지 않으며, 그들 대부분이 자신들의 야망에 의해 쫓기고 있다. 즉 그들의 정신적 불균형(수치로서 경험된)은 그들의 자아가 중화되지 못한 과시적 이상들에 의해 휩쓸리기 때문이지 과도하게 강한 이상체계와 관련된 상대적인 자아의 연약성에 있는 것이 아니다. 또한 이러한 개인들이 그들의 결점과 실패에 대해 강렬하게 반응하는 것 역시, 드물게 예외는 있지만, 초자아의 활동에 기인하는 것이 아니다. 그러한 개인들은 그들의 야망과 과시적 목표를 추구하는데 따른 실패를 경험한 후에 먼저 시들게 하는 수치감을 경험하고나서 종종 자신들을 성공적인 경쟁자와 비교하며 강한 시기심을 느낀다. 이 수치심과 시기심의 상태는 궁극적으로 자기-파괴적 충동을 이끌어낸다. 이 충동 또한 자아에 대한 초자아의 공격으로 이해할 것이 아니라 고통받는 자아가 실망스런 실패의 현실을 지워버리기 위한 노력으로 이해해야 한다. 다른 말로, 자기-파괴적 충동은 여기에서 우울증 환자의 자살 충동과 유사한 것이 아니라 자기애적 진노의 표현으로 이해해야 한다. 마지막으로, 수치심의 경향성이 있는 환자의 분석에서 치료의 진전은 보통 지나치게 강한 이상의 세력을 감소시키려는 시도에 의해 성취되는 것이 아니라—빈번한 기술적 실패!—종종 (과대적 자기의 요구와 관련해서 자아를 강화시키고, 따라서 과대주의와 과시주의를 점점 더 통제하게 되는 것과 함께) 자기애적 리비도의 투자를 과대적 자기로부터 초자아에로 이동시키는데 기초해서, 즉 초자아의 이상화를 강화시킴으로써 이루어진다.

의 특정한 면도 습관은 환자의 성격에서 지금까지 조사되지 않은 영역이 존재하고 있다는 첫 암시였다. 그것으로 인해 분석은 무의식적이고(정확하게는 불완전하게 억압된) 원초적인 과대적 자기에게 접근하는 새로운 방향으로 접어들었다. 그러나 환자의 우울한 기분, 수치 성향, 그리고 건강염려증의 원인은 이런 심리구조의 억압이었지 이상화된 초자아의 요구들이 아니었다.

자학적인 색조를 띤 면도 습관은 환자의 신체-자기(body-self)에 대한 특정한 거절의 결과였다; 그것은 환자가 자신의 신체-자기를 수용하는 것과 관련된 원초적인 과대적이고 과시적인 소망에 대한 반응의 요구와 그 소망에 반응하지 못하는 어머니의 무능력 사이에 존재하는 상호작용이 심리내적으로 표현된 것이었다. 강한 저항(깊은 수치감, 과도한 자극에 대한 공포, 그리고 심적 상처를 불러일으키는 실망의 공포 등에 의해 활성화되는)에 맞서서, 차츰 분석가가 칭찬해주고 수용해주기 바라는 환자의 욕구를 중심으로 자기애적 전이가 나타나기 시작했다. 그리고 차츰 우리는 전이를 통해서—자신이 전적으로 소유하고 통제할 수 있었던 것(그녀의 보석, 가구, 도자기, 은그릇 등)만을 사랑할 수 있었던 자기 중심적인 환자의 어머니처럼—환자가 자기 자신보다 물질적인 소유물을 더 좋아할 수도 있다는 사실과 환자의 자신에 대한 평가는 자신의 취약성을 강화하는 방향으로만 이루어진다는 사실을 이해하기 시작했다. 그리고 또한 만일 그가 자신의 몸과 정신을 과시하기 위해 주도권을 주장하고 독립성과 자기애적인 보상을 획득하려고 주장한다면, 분석가가 그를 받아들이지 않을 수도 있다는 점이 그가 가진 불안의 중심적인 역동을 구성하고 있다는 사실을 이해하기 시작했다. 점차로 성격의 이런 측면에 대한 통찰을 획득하고 난 후에야, 환자는 정신의 떨어져 나간 부분을 통해 자기애적 욕구를 노골적으로 드러냄으로써 아주 오랫동안 숨겨져 있던 원초적이며 수정되지 않은 과대적-과시적 신체-자기가 수용되는 것에 대한 가장 깊은 열망을 경험하기 시작하였으며, 그가 농담으로 "면도칼보다 내 얼굴을 더 좋아하기 위해서"[11] 라고 말했을 때, 궁극적으로 그의 극복과정이 시작되었다.

따라서 우리는 일반적으로 앞의 사례 요약에서 설명했던 것처럼, 정신의 중심부분과 "수직적으로" 분리된 부분의 통합을 가로막고 있는 방어벽을 낮추는 작업이 비록 많은 시간을 요하는 것이기는 하지만, 그것은 환자의 정신 안에 새로운 역동적 균형을 이끌어낸다고 말할 수 있다.

그러한 "수직직" 장벽에 대한 분식 작입의 싱질은 무잇인가? 분석가의 어떤 활동들이 이것과 관련된 심리내적 변형을 강화하는가? 여기에서 심리학적 과제의 본질은 해석을 통해 "의식으로 떠올리는 것"과 같은 고전적인 것은 분명 아니다. 그것은 강박증 환자의 분석에서 나타나는 것처럼 "고립"이라는 방어기제를 무너뜨리는 것과 유사하다. 그러나 이 상황이 강박 신경증의 상황과 유사하기는 하지만, 이 둘이 결코 같은 것은 아니다. 자기애적 성격장애(특히 몇몇 성도착을 포함하여)의 분석에서는 서로에게서 일정한 내용을 고립시키는 것이나 감정으로부터 생각을 고립시키는 것을 다루는 것이 아니라, 정신의 심층에 공존하는 본질적으로 다른 성격 태도들, 즉 다른 목적을 지닌 구조, 다른 쾌락의 목표, 다른 도덕적 심미적 가치를 지닌 응집적인 성격 태도들을 다룬다. 이런 사례들에서 분석 작업의 목표는 환자의 성격 중심 부분에 1) 수정되지 않은 의식적이고 전의식적이며 자기애적인 혹은 성도착적인 목적과 2) 현실적인 목적을 지닌 구

---

11 이런 언급이 담고 있는 의사소통 능력은 힘들여 얻은 가치 있는 통찰들을 성찰하게 해준다. 반복적인 사용에도 불구하고, 그것들은 진부한 표현이 지니는 공허하고 방어적인 요소를 지니고 있지 않으며, 그보다는 "가족끼리 나누는 농담"이 지니고 있는 따스함과 깊은 의미를 담고 있다(E. Kris 는 정신분석에서 진부한 표현이 가지는 의미에 관한 귀중한 논문을 썼으며, 이것은 Stein[1958]에 의해 보고되었다). 또한 Kris(1956b)를 보라.

조들 및 도덕적이고 심미적인 기준들이 공존하고 있다는 사실을 인식하도록 환자를 돕는 것이다. 전체로부터 떨어져 나간 정신의 부분을 차츰 통합시키는 수많은 방법들을 모두 서술하기란 불가능하다.

그러나 구체적이고 자주 발생하는 예로서, 겉으로 드러난 자기애적 행위에 대해 그리고 의식적이며 성도착적인 환상과 행동 등에 대해 환자가 사실로서 단순하게 받아들일 수 없게 만드는 종종 심각한 저항들—주로 수치에 의해 자극되는—이 극복되는 것을 언급할 수 있다. 물론 "단순하게" 받아들인다고 말하는 것은 그런 개인들의 정신 안에서 발생하는 역동적인 관계들에 대한 심각한 오해에 기초해 있다. 초심리학적 지식을 가지고 있는 분석가는 환자가 정신의 분리된 부분을 다시 정신의 중심 부분과 진정으로 접촉하도록 받아들이는 것이 얼마나 어려운지를 이해할 것이다. 그는 또한 심리내적 변화의 범위를 깨달을 것이다. 그 변화는 환자가 이전의 애매함과 간접성의 베일을 포기할 수 있게 되고, 자신의 성도착적 환상이나 의식적인 과대적 주장과 행동을 왜곡하지 않고 묘사할 수 있게 될 때 성취된다. 외견상 역설적으로 보이겠지만, 떨어져 나간 정신의 부분을 진정으로 수용하는 것은 종종 놀랍고 낯선 느낌을 수반한다. 환자는 "이것이 진짜 나인가요?" "어떻게 이것이 내게로 들어왔나요?" 혹은 예컨대, 여전히 성도착적 행동을 하고 있는 자신을 발견했을 때, "내가 여기서 무엇을 하고 있는 건가요?"라고 묻는다. 물론 이런 놀라움과 낯선 느낌은 정신의 일부분이 떨어져 나간 이전 상태에 대한 표현과 혼동되어서는 안 된다. 정반대로, 그것은 자신의 목적과 심미적, 도덕적 가치를 지닌 중심 부분이 이제 처음으로 진정되게 자기의 다른 부분과 접촉하고 있으며, 그 부분을 전체성 안에서 볼 수 있다는 사실에 기인한다.

그러나 분석의 이 단계 동안에 환자와 분석가의 협동 작업의 내용이 무엇이든지 간에, 분석작업을 통해 얻어지는 중요한 결과는 정신

표3

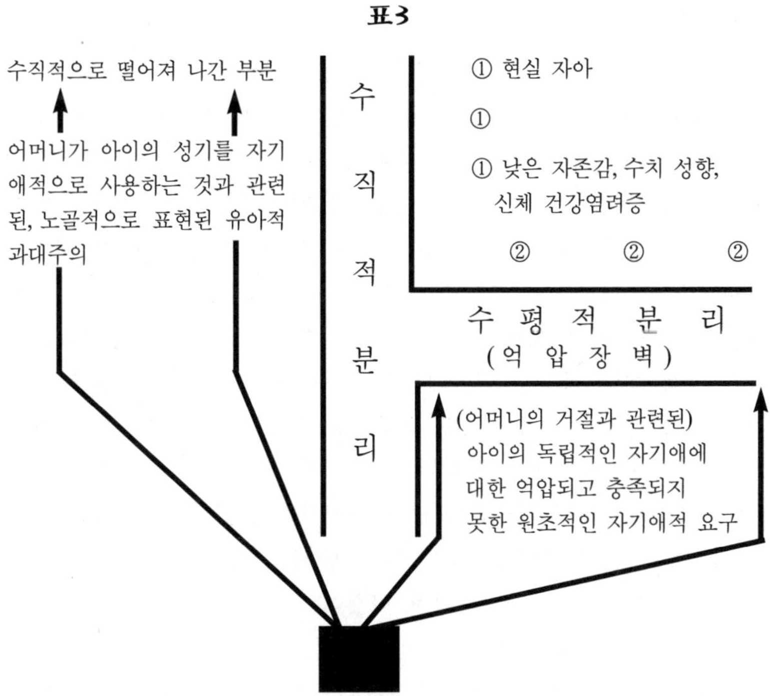

　　이 도표에서 화살표는 자기애적인 에너지(과시주의와 과대주의)의 흐름을 나타낸다. 분석의 첫 부분에서 주된 치료적 노력은 (억압에 의해 유지되는) 수직 장벽을 허물어 뜨리는 데로(①로 표시된 점에) 향해 있기 때문에 현실 자아는 정신의 떨어져나간 부분으로 이루어진 통제받지 않는 유아적 자기애를 통제할 수 있다. 따라서 수직적으로 떨어져 나간 부분(도표의 왼쪽 면)에서 자기애적 표현을 찾지 못하도록 방해하는 자기애적 에너지는 이제 억압 장벽(도표의 오른쪽 면)을 강화한다. 분석의 두 번째 부분에서 이루어지는 치료자의 주된 노력은 (억압에 의해 유지되는) 수평 장벽을 허무는 데로(②로 표시된 점에) 향해 있기 때문에, 현실 자아 안에 있는 자기표상은 이제 자기애적 에너지를 제공받으며, 따라서 낮은 자존감, 수치 성향, 그리고 자기애적 에너지가 박탈되었던 시기 동안에 이 구조 안에 만연되어 있던 건강염려증은 제거된다.

의 중심 부분이 전이에 점점 더 참여하게 되며, 따라서 환자의 무의식적인 자기애적 요구들이 활성화되고, 그 요구들이 체계적으로 극복되는 것이다. 이와 같은 후기 작업—떨어져 나가고, 겉으로 드러난 환자의 과대주의에 대한 어떤 교육적 노력이 아니라—을 통해서만, 환자의 현실적인 잠재력의 범위 내에서 자기애적 요구들의 궁극적인 통합을 이끌어 낼 수 있다. 뿐만 아니라 환자가 자신의 원초적 자기애를 점점 수용하게 됨에 따라 그리고 그것에 대한 자아의 지배가 우세해짐에 따라, 그는 떨어져 나간 정신 부분에서 표현되던 이전의 자기애적 표출이 비효과적이었음을 이해하게 될 것이다. 히스테리 환자가 일생 동안 무수한 히스테리적인 공격들을 통해서 건강한 구조적 변화를 성취하지 못한 채 심적 상처를 일으키는 유아적 장면을 재연하듯이, (수직적으로) 떨어져 나간 성격 부분을 통해 드러나는 인간의 자기애적 요구들의 표현 또한 그러하다. 그러나 현실 자아가 깊은 자기애적 요구들을 점차 수용하게 될 때, 그것은 자기애적 영역의 건강한 변형으로 인도할 것이며, 이것이 바로 자기애적 성격장애를 지닌 환자의 치료 목표이다.

비록 심리적 관계들을 설명한 위의 도표가 지나치게 단순화된 것이라고 비판받을 수 있지만, 앞의 그림은 위에서 제시된 임상적 설명이 지닌 구조적-역동적 복잡성을 독자들이 이해하는데 도움이 되도록 의도된 것이므로 양해될 수 있을 것이다.

원초적인 자기애적 구성물에 묶여 있는 본능적 에너지를 해방시키는 것을 통해 심리적 구조를 세우는 것은 구조화되기 이전의 원초적 자기대상, 즉 이상화된 부모상을 포기하는 것과 관련되어 있다. 이런 맥락에서 제안된 가설은 또한 과대적 자기를 성격구조로 바꾸는 것과 관련된 구조 형성의 원리를 포함한다.

이제 나는 이런 맥락에서 이상화된 부모상의 역할과 과대적 자기의 역할 사이에 존재하는 차이점에 관한 특정한 진술뿐만 아니라, 원초적인 자기애적 형태와 관련된 구조 형성에 대한 일반적인 진술을 덧붙이고자 한다.

오이디푸스 시기에 이상화된 부모상을 내면화함으로써 생긴 초자아의 이상화와는 별도로, 새 구조들은 일반적으로 보다 더 **중화된 영역**을 확보하고 있다는 사실과 정신 기관의 심층 부분이 표면과 단절되지 않고 접촉되어 있다는 사실을 가리킨다 (Kohut & Seitz, 1963, p. 136을 보라).

전오이디푸스 시기에 이상화된 부모상을 내면화함으로써 형성된 이 영역에 세워진 구조들은 일반적으로 욕동을 통제하는 기능을 담당한다. 특히 그 구조들은 원초적인 자기애적 욕구들의 표현을 수정하고 그것들을 중화하는 정신구조의 능력이 되는 요소들이다. 그러나 나는 2장에서 말했듯이, 이런 자기애적 구조의 요소들 또한 대상 지향적인 성적 및 공격적 충동을 중화하는데 있어서 (이차적인) 역할을 한다고 생각한다. 초자아에서 그 요소들이 담당하는 역할과 마찬가지로 자기애적 리비도는 여기에서도 욕동을 통제하는 성적 및 공격적 리비도와 결합된다 (Hartmann, 1950b, p. 132 를 보라). 그리고 초자아의 경우에서처럼 이 요소들에게 얼마의 절대적인 권위를 제공하는데, 이 때문에 그것들은 힘과 능력을 갖는다.

원초적 과대적 자기가 점차 통합됨에 따라, 오이디푸스 시기 이전에 획득된 구조들은 또한 점점 더 중화되는 영역 안에, 즉 심층과 표면이 단절되지 않는 연속체를 형성함으로써, 현실 지향적인 정신의 층들은 그 목적을 위해 더 깊은 근원으로부터 오는 에너지를 사용할 수 있게 된다 (Hartmann, 1939). **자아의 자율성**의 상황과는 대조적으로, 나는 이 상황을 **자아의 지배**라고 언급할 것이다. 프로이트의 표현 (1923)을 따라 말한다면, 전자는 말에서 내린 사람으로 그리고 후자는 말을 탄 사람으로 생각할 수 있을 것이다. 그러나 이상화된 부모상에 대한 리비도 집중에서 점점 벗어나는 것과 동시에, 정상적인 구조화와는 달리 과대적 자기의 주장에 대한 반응으로 세워진 구조들은 일반적으로 자기애적 요구들을 통제하기보다는 그러한 욕구들을 활성화시키거나 전환시키는 것처럼 보인다. 오이디푸스 이전 시기에 세워진 구조들은 여기서 특히 기초적인 자기애적 욕동들의 다양한 구성물들을 이끌어내는데, 그것은 모두 성인의 성격에 항구적인 자취를 남긴다. 그러나 많은 것들이 아이와 부모 사이의 특정한 상호작용에 의존하고 있기 때문에, 여기에서 어떠한 확고한 규칙을 세우기는 어렵다. 오이디푸스 이전 시기에 획득된 기본적인 정신구조들(그것들의 자기애적 요소를 포함하여)의 경우, 욕동을 통제하는 면들은 환경에 의한 좌절로 인해 더욱 크게 영향받는 반면에, 욕동의 통로가 되는 구조들은 (다시 그것들의 자기애적 요소를 포함하여) 아이의 타고난 욕동의 요소에 의해, 자아의 타고난 자원에 의해, 그리고 대리물을 제공하는 부모의 안내에 의해 더욱 큰 영향을 받는다고 말할 수 있다. 그러나 특정한 문화적 환경과 아이의 정신구조 속에 있는 선천적 요소들이 어떻게 이런 상황에 영향을 미치는가? 라는 질문은 주로 정신분석 상황에서 획득되는 관찰 자료에 의존하는 연구를 통해서 대답될 수 있는 것이 아니다.

아이는 결국 오이디푸스 시기 동안에 찬양받는 자기대상에 대한 리비도 집중에서 벗어나는 것과 동시에, 의기양양한 남근기적 자기애의 수정되지 않은 오이디푸스적인 환상들이 지닌 환영적 성질을 시기 적절하게 인식함으로써, 자신의 비현실적이고 과대적인 자기상을 포기하기 시작한다. 이 비현실적인 자기상의 포기는 수정되지 않은 유아적 과대주의가 오이디푸스 시기의 대대적인(그러나 시기 적절한) 리비도 집중에서 벗어나는 것으로서, 이것은 이제 현실적인 자기가 응집력을 형성하고, 현실적인 자존감을 획득하며, 현실적인 기능과 활동을 즐길 수 있는 능력을 성취하는데 필요한 자기애적 에너지를 제공한다.

비록 앞의 고찰들이 발달적인 측면에서 제시되었지만, 그것들은 기본적으로 분석상황에도 똑같이 적용된다. 사실, 분석상황 그 자체가 본질적으로 본래의 발달 상황을 활성화시키고, 예전의 발달 기회들을 다시 활용하는 과정을 불러일으키도록 고안된 것이다. 그러나 전이에서 과대적 자기의 초기 발달단계의 현상을 공감적으로 이해하는 것은 쉽게 성취되지 않는다. 예를 들면, 환자가 장기간에 걸쳐서 분석에 대해 상대적인 불만족감을 느끼는 것, 즉 일반적으로 환자가 분석가 상에 대해 가지는 좁은 의미의 전이에서 뿐만 아니라 그의 과거와 현재의 삶에서 가지는 대상관계의 빈약함에 대해 불만족감을 느끼는 것이 원초적인 자기애적 관계에서 나타나는 적절한 현상이라는 인식을 치료자가 확고하게 유지하기란 쉬운 일이 아니다. 만일 원초적인 과대적 자기의 확장을 통해 분석가와의 융합이 형성된다면, 환자가 제공하는 연상자료 안에는 분석가와의 관련성을 인식할 수 있는 것이 아무 것도 포함되지 않는다; 그리고 쌍둥이 전이[12]에서 드러나는 분석가에 대한 심리적 관계는 환자 자신의 과대적 자기에 대한 원초적 경험과 관련해서만 체계적이고 일관되게 일어난다. 그때 원초적인 과대적 자기는, 점차 억압을 뚫고 나타나며 현실 자아로부터 떨어져 나간 과대주의를 분리시키는 부인(否認) 장벽이 충분히 제거된 후에 현실 자아에 의해 부인되지 않고 적절한 것으로 인정된다.

따라서 일반적인 거울 전이와 특정한 과대적 자기의 가장 원초적인 단계의 치료적 활성화를 혼동하는 빈번한 오해는 광범위하게 퍼져 있는 대상-본능적 전이의 확립에 대한 저항에서 생겨나는 것이다. 그리고 많은 자기애적 성격장애의 분석들은 이 지점에서 방해받거나 (이것은 중심적인 성격장애인 자기애적 장애는 그대로 남겨둔 채, 일반적인 전이가 발생하는 부수적인 성격의 영역만을 다루는, 비교적 단기간에 조급하게 종결되는 분석으로 인도할 수 있다), 환자의 만연

---

12 예컨대, 이 장에서 계속되는 환자 C의 제 2자아 전이에 대한 묘사를 보라.

되고 불특정하며 만성적인 자아의 저항으로 인해 무익한 방향으로 빗나가게 된다.

물론 일정한 저항들이 존재하며, 그것들은 때로 강렬하며 극복하기 어려운 것일 수 있다. 그러나 본질적으로 저항들은 일차적으로 과대적 자기의 환상 충동을 드러냄으로써 발생하는 특정한 공포에 의해 활성화되는 것이지, 대상을 향한 리비도적이거나 공격적인 욕동들의 표현에 대한 갈등에 의해 활성화되는 것은 아니다. 어쨌든, 분석가와의 대상관계에 관한 언급의 부재는 저항의 표현이 아니라 병리적 퇴행이 자기애적 대상관계의 단계를 재생시키는 것으로 인도했다는 사실의 표현이다. 그러므로 (a) 분석과정에서 발생하는 분석가에 대한 언급들(예컨대, 그에게 반영하고 긍정하며 칭찬해주는 거울로서 봉사하라는 요구들)을 현재 대상 요구들에 대한 적극적인 표현(정당한 요구들로서 반응되는 또는 아동기의 대상-본능적 추구가 재생되는 전이로 해석되는)으로 설명하는 것은 잘못된 것이며, 또한 (b) 분석가에 대한 언급의 부재를 환자가 현재의 치료적 친밀관계 형성을 꺼리기 때문이라고 설명하거나, 전이 발달에 대한 저항으로 해석하는 것도 잘못된 것이다. 자기애적 성격장애에서, 내가 전에 이 점에 대해 말했던 것처럼(1959), "분석가는 내적 구조를 투사하기 위한 스크린이 아니라 … 심리구조로 변형된(또는 변형되지 못한) … 초기 현실의 직접적인 연장으로 간주된다." 이 "초기 현실"은 여전히 자기의 일부로서 경험된다.

극복과정의 수단으로서 거울 전이가 지닌 중요성

거울 전이를 발생시키는 치료적 퇴행(병리적 고착점으로의 퇴행, 즉 수정되지 않은 과대적 자기의 치료적 활성화)은 종종 불안을 수반하며, 때로는 분석 초기 몇 주 동안에 환자가 떨어지는 꿈을 꾸는 것으로 나타나기도 한다. 일단 병리적 퇴행 단계가 형성되면, 과대적 자기를 점차 드러내는 것에 대해 다음과 같은 저항들이 발생한다. (1) 환자의 과대주의가 자신을 고립시키고 항구적으로 대상을 상실하게 할 것이라는 공포와 (2) 자기애적-과시적 리비도가 자아에게로 침입함으로써 일어나는 불안으로부터 도피하려는 욕망에 의해서 활성화된다. 여기서 잘못된 리비도의 방출 양식은 처음에는 고통스럽다는 생각, 수치감, 건강염려증 등의 정서가 번갈아 나타나는 불편하고 들뜬 기분을 만들어내기 쉽다. 자아는 이런 고통스런 정시들이 두렵지 않다고 단언하며 무관심함으로써 그 정서들을 부인하고자 하며, 재생된 억압 또는 정신 안에서 일어난 수직적 분리의 재강화를 통해 그런 정서들을 회피하려고 하거나 위급한 증상을 형성함으로써, 특히 반사회적 행동의 형태를 통해서 침입에 노출되어 있는 자기애적 구조들의 리비도 에너지를 유지하거나 방출하고자 한다.

그러나 전이는 여기서 특정한 치료적 완충장치로 기능한다. 좁은 의미의 거울 전이에서 환자는 치료자가 제공하는 공감적 참여와 정서적 반응에 힘입어 자신의 자기애적 긴장이 과도하게 고통스럽거나 위험한 수준에까지 도달하지는 않을 것이라는 믿음을 가지고, 과대적 환상과 과시주의를 활성화할 수 있다. 환자는 활성화된 자신의 과대적 환상과 과시적 주장들이 그의 아동기 때와는 달리 심적 상처가될 정도로 긍정, 반향 혹은 반영을 받지 못하는 경우는 없을 것이라고 기대한다. 왜냐하면 분석가는 그 환상과 주장들이 환자의 심리 발달에서 수행하는 역할에 대해 수용적이고 공감적으로 이해하고, 그것을 환자에게 의사소통할 것이며, 또한 그것들을 표현하려고 하는 환자의 욕구를 인식할 것이기 때문이다. 쌍둥이 전이나 거울 전이에서도 환자의 유아적 위대함과 과시주의를 수용해 주는 치료자에 대한 자기애적 리비도 집중이 장기간 유지됨으로써, 이와 유사한 보호가 제공된다. 이러한 형태의 거울 전이에서 활성화된 자기애적 리비도 집중은—이상화되거나 찬양받거나 사랑받지 않으면서—환자의 확장된 자기의 일부가 된 치료자에게 부착된다. 따라서 모든 형태의 거울 전이는 환자를 위해 비교적 안전한 영역을 만들어 주는데, 이로 인해 환자는 자신의 과대적 자기를 현실과 직면하도록 노출시키는 고통스러운 과제를 감내할 수 있게 된다.

발달적으로, 과대적 자기의 활성화를 통해 형성된 전이 상황에서, 분석가는 자기애적 아이들의 상상의 놀이 친구와 비슷한 역할을 떠맡는다 (Editha Sterba, 1960). 그러나 형성된 거울 전이가 무엇이든지, 즉 자기애적 리비도 집중의 활성화가 과대적 자기의 발달 초기 단계에 관련되어 있든지 아니면 후기 단계에 관련되어 있든지, 치료적으로 가장 중요한 것은 자기애적 영역에서 활용될 수 있는 대상 항구성이 획득된다는 사실이다. 다른 말로 하면, 거울 전이의 중요한 기능은 치료과정의 원동력을 유지시키는 조건을 가져오는 것이다.

물론 우리는 환자의 의식적인 동기의 영향, 즉 자신의 결함과 고통을 덜게 되리라는 소망을 무시해서는 안 된다. 그리고 보다 깊은 분석의 의도를 언어로 표현하지는 못하더라도, 환자는 치료과정이 정서적인 급격한 변동—무한한 야망과 실패감 사이 그리고 과대적 허영과 풀꺾인 수치감 사이의—에 의해 지배되는 불안정한 상태로부터 평정과 내적 평화와 안도감이 증가하는 상태로 옮겨지는 것을 느낄 수 있다. 이런 평안과 안도감은 원초적 자기애가 소중한 이상, 현실적인 목표와 야망 그리고 절제된 자존감으로 변형됨으로써 얻어지는 것이다. 그러나 자기애적으로 고착된 환자의 취약한 자아에게 합리적 목적을 가지고 억압, 부인 그리고 행동화 (acting-out)를 포기하도록 설득할 수는 없을 것이다. 또한 원초적인 과대적 자기의 욕구와 욕망을 직면하도록 설득할 수도 없을 것이다. 다만 환자에게 그의 과대적 환상을 현실적인 자아 개넘과 대면시키며, 삶은 자기애적-과시적 소망의 만족을 제한된 범위 안에서만 제공한다는 사실을 깨닫는 고통스러운 과정을 현실화하기 위해서 거울 전이의 형성이 필요하다. 그러나 만일 거울 전이가 발달하지 않거나 그것의 형성이 치료자의 거절 또는 조급한 해석에 의해 방해받는다면, 그때 환자의 과대주의는 과대적 자기에 고착되며, 치료자는 낯설고 해로운 사람으로 경험되고, 따라서 치료과정에 의미있게 참여하지 못하고 제외된다. 이런 상황에서 자아는 경직된 채 방어적 위치에 남아있게 되기 때문에, 자아의 확장은 일어날 수가 없다.

나는 요약된 임상 사례를 세시함으로써[13] 극복 과징의 도구로서 거울 전이가 가지는 중요성에 대한 논의의 결론을 내리고자 한다. 다음의 사례는 과대적 자기의 활성화가 제 2 자아 전이의 형태로 발생했음을 보여준다.

환자 C는 4년 동안 나와 분석을 하였다. 그는 40대 중반의 전문 직업인이었으며, 결혼하여 몇 명의 자녀들이 있었고, 학문 분야에서 어느 정도 성공을 거두었지만, 성인이 된 이후로 계속해서 여러 종류의 정신 치료(몇 가지 정신분석적인 시도를 포함하여)를 받은 경험을 갖고 있었다. 이런 치료적 시도들 중 어떤 것들은 단기간에 끝났으며, 나머지는 1년 정도 지속되었다. 그러나 그는 그 어떤 치료도 만족스럽지 못했고, 자신의 본질적인 정신 장애를 다루지 못했다고 말했다. 과거의 치료와는 대조적으로 이번에는 치료가 진행됨에 따라 환자가 확신을 갖고 말했듯이, 실로 그의 정신병리의 중심 영역에 집중하게 되었고, 따라서 비록 속도는 늦었지만 의미있고 확실한 결과를 이끌어냈다. 경미한 조루증과 성교시에 감정을 느끼지 못한다는 것이 그의 두드러진 증상이었지만, 대체로 그의 증상은 막연하고 광범위하며

____

13 보다 자세한 거울전이의 사례(이상화 전이에 있어서 이상화된 부모상의 활성화에 대한 예로써 제시된 Mr. A의 사례[3장]와 일치하는)는 9장에서 제시될 것이다.

말로 표현하기가 어려운 것(이런 유형의 사례들에서 자주 볼 수 있듯이)이었다. 즉 그가 우울하지는 않았지만 생생하게 살아 있지 않다는 만연된 감정; 신체적, 심리적 경험의 경계 영역에서의 고통스러운 긴장 상태; 그리고 그의 신체적 및 정신적인 기능에 대한 쓸데 없는 걱정에 몰두하는 경향 등이었다.

환자는 비록 분석 후기 단계 동안 몇몇 경우들에서 치료자로부터 받은 특별한 도움과 이해에 대해 따스한 감사의 감정을 느꼈지만, 치료자를 이상화하지는 않았으며, 합리적이고 현실적인 평가의 한계 내에서 치료자에 대해 칭찬하는 말(감정적이고 긍정적인 어조로)을 하였다. 그러나 분석은 다음의 특징적인 방식으로 쌍둥이(제 2 자아) 전이를 기초로 하여 진행되었다. 환자의 분석에서 나타나는 각각의 새로운 주제와 관련된 그의 연상은 장기간에 걸쳐서 예외없이 자기 자신이 아니라 치료자와 관련된 것들이었다; 그러나 치료자와의 관계를 다루었던 이 극복과정의 단계는 분명히 환자에게 중요한 심리적 변화를 가져왔다. 이 부분의 작업이 수행된 후에야 비로소 환자는 자기 자신에게 초점을 맞추게 되었으며, 자기 자신과 관련된 갈등에 그리고 자신의 성격과 발달 역사의 역동적 및 발생학적 상황에 초점을 맞추게 되었다. 그러나 이런 전형적인 순환의 처음 부분에서 내가 환자에게 그가 "투사"하고 있다고 말했거나 암시했다면, 환자는 정서적으로 철수했을 것이며 자신이 오해받고 있다고 느꼈을 것이다. 분석의 후기 단계에서조차, 그는 결국 자기 자신의 정신의 문제에 대해 말하게 될 것을 다 알고 있으면서도, 계속해서 특징적인 일련의 순서를 따랐다: 처음에 그는 장기간에 걸쳐 나에게 애정, 소망, 야망, 혹은 자신이 다루고 있는 환상을 투사했다. 이런 식으로 활성화되는 콤플렉스를 다룬 후에야 그는 그것을 자기 자신과 연관시킬 수 있었다.

나는 이제 분석 중반기 동안에 발생한 일화를 언급함으로써, 쌍둥이 전이의 극복과정을 설명하고자 한다. 예컨대, 환자는 나를 야망이 없는 사람으로 보기 시작했으며, 그때 나를 정서적으로 피상적이고, 병리적으로 무감동하며, 철수되어 있고, 비활동적이라고 느끼기 시작했다. 그리고 이런 환상에 대한 확신은 그것과 모순되는 정보에 의해 방해받지 않았다. 그후에 장기간의 극복과정이 뒤따랐다. 그 과정을 통해서 환자는 나의 성격을 상세히 조사했으며, 심한 갈등을 경험했다. 분석가가 두려워하는 것은 무엇인가? 그는 정말로 야망이 없는가? 그는 정말로 결코 질투를 하지 않는가? 그는 야망과 질투의 감정들이 자신을 파괴시킬지도 모른다는 공포감 때문에 감정들로부터 도망친 것은 아닌가? 이와 같이 외심하는 오랜 기간이 지난 後에 나에 대한 환자의 지각은 점차 변했고, 그는 나를 아주 다르게 볼 수 있게 되었다(분석시간 동안에 환자가 직접적으로 경험하는 분석가의 이미지 또한 환자에 의해 획득된 새로운 이미지와 조화를 이루면서 변화했다). 그는 분석가에 관한 이런 경험들을 다룬 다음에야 자기 자신을 돌아보기 시작했다.

이 전환점은 보통 환자가 외적인 사건들에 대해 보고한 뒤에 나타났는데, 이것은 환자가 분석가를 통해서 다루어 온 특정한 영역 안에서 이미 중요한 발전이 이루어졌음을 보여준다. 예컨대, 그는 직장 동료를 시기했던 경험을 보고하였다. 그리고 여기에는 그 동료를 능가하고 또한 그 자신이 지금까지 조용히 다른 사람에게 양보해왔던 공로를 함께 나누어 갖고자 하는 소망이 수반되었다. 그리고 나서 비교적 짧은 기간 동안에 환자는 자신 안에서 온전히 갈등을 경험했을 뿐만 아니라, 그 갈등을 아동기의 사건에 대한 생생한 기억 및 정서와 연결시킬 수 있었다. 이런 사건들이 전이 신경증에서 기억으로 떠오르거나 재구성되는 것과 동일한 중요성을 지닌 발생학적 요소가 아니었음에도 불구하고, 그것들은 성인의 성격장애의 초기 전조로서 중요한 것이었다. 따라서 그는 자신의 아동기의 외로움, 장기간 동안 빠져 있던 위대함과 능력에 대한 괴이한 환상들과 그런 환상들로부터 현실 세계로 되돌아올 수 없을지도 모른다는 염려들을 기억해내었다. 어린 시절에 그는 절대적이고 가학적인 힘을 행사하는 거의 망상적인 환상에 바탕을 둔 공포 때문에 감정적으로 격렬한 경쟁을 두려워했고, 인간관계에서 참여감과 현실감이 떨어졌다. 그는 (a) 특히 만성적으로 우울했던 어머니의 임신기간과 환자가 6세 되던 해에 그의 남동생이 태어난 후에 상상의 놀이 친구에 대한 환상을 발달시킴으로써, (b) 정서적으로 의미있는 소망들로부터 돌아서서 메마르고 감정이 격리된 지적인 일을 선호함으로써, 그리고 (c) 그의 모든 자발적인 의도와 목적과 지향성을 꼼꼼하게 따지는 합리성에 종속시킴으로써, 마침내 감정과 상상력 그리고 모든 자발적인 기쁨을 몰수당하게 되었다.

정신분석에서 치료의 진전을 가져오는 기제에 대한 일반적인 진술

치료과정에서 만나는 중심 전이의 내용과 대상의 본질은 그 병리가 고전적인 전이 신경증인지, 아니면 자기애적 성격장애인지에 따라서 크게 다르다. 그러나 광범위한 심리 경제적 및 역동적인 관점에서 볼 때, 심리적 건강을 향한 움직임 아래 있는 우세한 기제들은 분석이 가능한 이 두 부류의 정신병리들에서 동일하게 나타난다. 전이 신경증과 자기애적 성격장애 분석의 치료 효과를 설명하는 요소의 본질적 형태는 다음과 같다. (1) 분석과정은 정신의 전체와 통합되지 못함으로써 성격 전체의 성숙과 발달에 참여하지 못한 아동기의 소망과 얽매어 있는 본능 에너지를 활성화시킨다. (2) 분석과정은 (a) 유아적 수준에서 아동기 소망을 만족시키려는 행동 유형을 억제한다; (b) 분석과정은 해석을 통하여 유아적 소망과 욕구에로 후퇴하는 퇴행적 도피를 지속적으로 막아준다. (3) 따라서 한편으로 만족을 주는 일없이 유아적 소망과 욕구를 활성화시키고, 다른 한편으로 퇴행으로 도피하지 못하도록 막아줌으로써, 유아적 욕동, 소망이나 욕구에게 단지 하나의 통로만을 열어준다: 욕동을 지배하는 특정하고 새로운 심리구조를 통해 그 욕동이 현실 적응적인 정신의 성숙한 부분으로 통합됨으로써 욕동의 사용이 통제되고 사고와 행동의 양식이 성숙하고 현실적인 것으로 변형된다. 다른 말로, 분석과정은 성숙과 현실적인 사용을 제외하고 모든 통로를 동시에 차단함으로써, 전이에서 활성화되는 유아기 욕구 안에 담겨 있는 본능적 에너지를 심리구조의 건설을 위해 사용하는 과정이다.

앞에서 서술한 극복과정의 치료 행동에 대한 역동적 이론을 구체적인 용어로 설명하는 것이 유용할 것이다. 그것은 고전적인 전이 신경증 사례의 맥락에서 쉽게 보여질 수 있는 것이기는 하지만, 지금 진행하고 있는 연구의 틀 안에서 볼 때, 치료는 아이의 오이디푸스적 욕망과 관련된 것이 아니라 자기애적 성격장애에서 만날 수 있는 반영해 주고 확인해 주는 칭찬이나 유아적 소망과 주로 관련된다. 발생학적으로, 그러한 시기에 아이가 필요로 하는 부모의 수용에 대한 소망이나 욕구가 좌절되어 심적 상처를 일으키게 된다면, 그 소망이나 욕구는 이 시기에 특정한 다른 욕구나 소망이 좌절된 사례에서처럼, 즉각 강화된다는 사실을 분석가는 인식해야만 한다. 이처럼 강화된 소망은 그 소망과 욕구가 다른 정신 활동의 영역 안에 진정되게 그리고 지속적으로 참여하지 못하기 때문에 지속적인 혹은 증가하는 외적 좌절(또는 처벌의 위협)과 결합되면서 심각한 정신적 불균형을 초래하게 된다. 그리고 나서 방어벽이 세워지는데, 그것은 유아적 소망이 활성화되지 못하도록 하며(자기애적 성격장애에 속한 한 특정 부류의 원인론에 대한 사례에서 볼 수 있듯이): 또한 새롭게 느껴지는 외상적 거절에 대한 두려움 때문에 부모의 승인을 받으려는 소망이 활성화되지 못하도록 한다. 방어들이 정신 안에 자리잡음으로써 성격 안에 틈새가 생기는데, 그것은 다음의 두 가지 중의 하나로 나타난다. (1) 하나는, "수직적인" 틈새, 즉 정신의 한 영역 전체를 중심적인 자기를 담고 있는 부분으로부터 떼어놓는 분열로서, 이것은 (a) 긍정에 대한 좌절된 요구를 부인하는 과대주와 (b) 낮은 자존감과 공허감 사이를 동요하는 것으로 나타난다. 다른 하나는, (2) "수평적인" 틈새, 즉 억압 장벽에 의한 것으로서, 이것은 정서적 냉담함으로 그리고 자신이 자기애적 자양분을 공급받기를 원하는 대상과 거리를 유지하려는 환자의 고집으로 나타난다.

치료의 극복과정에서 해결해야 할 첫 번째 과제는 자기애적 전이의 형성에 대한 저항(현재의 예에서 거울 전이), 즉 부모의 수용을 받고자 하는 유아적 소망과 욕구가 의식 안에서 활성화되는 것에 대한 저항을 극복하는 일이다. 그 다음 단계에서 해야 할 치료 과제는 유아적 욕구가 본질적으로 다시 좌절된다는 사실에도 불구하고, 거울 전이를 활동적인 상태로 유지하는 일이다. 그리고 이 기간 동안에 같은 경험들을 반복하면서 이 전이의 극복에 많은 시간을 사용하게 된다. 새롭게 다가오는 좌절에 대한 불안의 압력 아래에서, 환자는 (a) 수직적 분리, 혹은 억압 장벽의 형성을 통해 전이 이전의 평정상태를 재창조함으로써; 또는 (b) 퇴행적 회피를 통해, 즉 병리적 고착이 일어난 지점의 정신 기능보다 더 초기 정신 기능의 수준으로 후퇴함으로써 고통을 회피하려고 한다(이런 퇴행적 변동의 체계적 요약은 4장의 표 2를 보라). 그러나 전이에 대한 해석과 병리 발생 원인에 대한 새로운 이해는 환자의 정신 안에 있는 협력적인 부분으로 하여금 이두 가지의 바람직하지 못한 도피 통로를 차단하며, 이로 인해 생긴 불안에도 불구하고 활성화된 유아적 욕구를 유지시킨다(유능한 분석가는 이 불안을 견딜 수 있는 범위 안에 유지시킴으로써 환자를 돕는다; 즉 그는 최적의 좌절 원리에 따라 분석을 수행한다).

반영에 대한 유아적 소망이 만족되지 않고 유아적인 형태로 남아 있는 상태에서 모든 퇴행의 통로가 차단되기 때문에, 정신은 본능 통제적이고 현실적인 흐름을 따라 유아적 욕구를 변형시키고 정교화시키는 새로운 구조들을 만들도록 강요받는다. 행동적이고 경험적 용어로 말한다면, 현실적인 자존감이 높아지고 현실적인 성공의 즐거움이 점차 증가하며; 성취의 환상들(실현 가능한 현실적 행동을 위한 계획과 융합되면서)을 적당하게 사용하고; 유머, 공감, 지혜, 그리고 창의성과 같은 성격의 현실적인 부분 안에서 복합적인 발달을 확립하게 된다(12장을 보라).

제 3 부

자기애적 전이의 임상적, 기술적 문제들

제 8 장

자기애적 전이에 대한 일반적 진술

이론적 고찰

자기애적 구조의 치료적 활성화와 관련해서 제기되는 까다로운 질문들 중의 하나는 용어와 관련된 이론적인 질문이다. 이상화된 부모상과 과대적 자기의 활성화를 초심리학적 또는 임상적 의미의 전이로 볼 수 있으며, 또 그런 용어로 부를 수 있는가?

분석가가 자기애적으로 투자된 정신구조의 치료적 활성화에 포함된 것을 포괄적으로 전이라는 말로 언급해야 하는가 라는 문제는 원칙적으로, 과대적 자기가 활성화되는 거울 전이보다는 이상화된 부모상이 활성화되는 이상화 전이와 더 많이 관련되어 있다. 그러나 이상화 전이가 때로는 고전적 전이 신경증에서 드러나는 임상적 상황과 비슷한 모습을 띠고 나타나기 때문에, 전이 신경증의 전이와 이상화 전이를 구분하는 것이 중요하다. 그리고 이상화 전이에서 명백하게 나타나는 전이는 대상 리비도의 활성화가 아니라 자기애적 리비도의 활성화에서 기인한다. 발달적으로 비교적 후기 단계의 과대적 자기의 활성화(좁은 의미의 거울 전이)는 또한 전이 신경증 분석에서 나타나는 전이와 외적으로 유사한 임상적 모습으로 나타난다. 그러므로 자기애적 전이에서 환자가 분석가를 분리되고 자율적인 존재로 인지함에도 불구하고, 분석가는 환자의 자기애적 욕구들의 맥락 안에서만 중요성을 가지며, 환자에게 반향해 주고, 긍정해 주며 환자 자신의 과대주의와 과시주의의 욕구를 충족시켜 주거나 좌절시키는 한에서만 의미있는 존재가 되고, 그렇지 않으면 환자는 분석가에 대해 방어적으로 반응한다는 점을 강조할 필요가 있다. 그러나 발달적으로 초기 단계의 과대주의의 활성화와 관련해서, 즉 과대적 자기의 확장을 통한 쌍둥이 (제 2 자아)전이 및 융합 전이가 나타날 때 상황은 달라진다. 이런 경우 내적 상황은, 전이 신경증의 구조 및 치료적 현상과 아주 많이 다른 것으로 보이며, 따라서 우선 이 두 상황을 비교하고 그것들의 유사성을 강조하는 것이 중요하다. 그 둘 사이의 유비 관계에 대해 명확한 인식을 가진 후에야 비로소 분석가는 초기 단계의 과대적 자기가 치료적으로 활성화될 때 나타나는 원초적 성질을 지닌 대인관계적 요소에도 불구하고, 환자와 실제로 안정되고 구조적이며 지속적인 임상적 관계 안으로 들어갈 수 있다.

이상화 전이와 거울 전이가 전이로서 분류되어야 하는가?라는 질문은 (a) 임상적 상황을 초심리학적으로 평가함으로써, 그리고 (b) "전이"라는 개념을 어떻게 정의할 것인지를 구체적으로 선택함으로써 대답할 수 있다.

여기에서 나는 자기애적 전이가 엄밀한 초심리학적 의미에서 전이인가? 라는 물음과 관련해서 어느 한쪽을 옹호할 생각은 없다. 나는 엄밀한 개념적 설명의 중요성을 부인하지 않으면서, 일반적으로 전이에서 다양하게 나타나는 이상화된 부모상과 과대적 자기의 치료적 활성화에 대해 계속 논의할 것이다. 자기애적 구조가 활성화됨으로써 장기간의 특정하고 체계적인 극복과정 안에 그리고 비교적 신뢰할 수 있는 치료관계 안에 환자 자신이 분석가에 대해 가지는 이미지를 가지고 들어온다는 확실한 사실에 비추어 볼 때, 광범위한 임상적 의미에서 전이라는 용어를 사용하는 것은 정밀한 초심리학적 평가와는 관계없이 충분한 정당성을 갖는다.[1]

　이제 이 두 가지 자기애적 전이를 이론적 영역 안에 이미 존재하고 있는 개념적 경향을 배경으로해서 검토해 보겠다. 그리고 보다 분명한 한계를 정하기 위해 이 책에서 제시되는 개념들을 이전의 개념들과 비교해 보겠다. 특히 나는 (1)분석 치료의 원동력을 형성하며 분석가의 치료적 개입을 효과있게 만드는 정서적 기초인 자발적인 "긍정적 전이"와 이상화 전이 및 거울 전이의 관계를 검토할 것이며, (2)이상화 전이 및 거울 전이와 투사적-내사적 활동들의 관계를 검토할 것이다. 이 두 번째 사항에 대한 관심은 몇몇 분석가들에 의해 강조되고 있는 바, 그들은 투사적-내사적 활동이 모든 환자들의 분석치료에서 일어나는 임상적 전이에 지배적인 영향을 끼친다고 간주한다. 이러한 생각은 또한 유아기에 누구나 거치게 되는 두 개의 근원적인 심리적 자리인 "편집적" 자리 및 "우울적" 자리(E. Bibring, 1947: Glover, 1945: Waelder, 1936)가 존재한다는 멜라니 클라인의 가정과도 일치한다. 클라인에 의해 시도된 이와 같은 상상력이 풍부한 선구자적인 연구(그러나 불행히도 확고한 이론적 기초를 갖지 못한)는 가장 깊이 숨겨져 있는 인간 경험의 영역을 탐구하려는 노력이었다고 할 수 있다.

---

1 안나 프로이트는 사적인 대화에서 현재의 연구에 대해 언급하면서 다음과 같은 식으로 이런 사고의 흐름을 표현했다: "이런 사례들에서 환자는 분석가를 대상-지향적 추구를 재생시키는데 사용하는 것이 아니라 퇴행된 리비도적 (즉 자기애적) 상태에 포함시키는데 사용한다. 우리는 그것을 전이라 부를 수 있으며, 또는 전이의 특수한 하위 형태라고 부를 수 있을 것이다 … 이것은 대상 리비도가 분석가에게 부착됨으로써 그러한 현상이 만들어지는 것이 아니라는 사실을 이해하는 한, 실제로 문제가 되지는 않는다."

기본적인 "긍정적 전이"에 관해서 말한다면, (Waelder, [1939], 특히 E. Kris, [1951]는 프로이트가 "분석가와 환자 사이의 협동 영역을 강조"한 사실을 언급한다)[2] 나는 내가 전에 제안한 것(1959), 즉 우리는 (1)"아동기 모델을 따라 형성된, 비전이적 대상 선택(종종 긍정적 '전이'로 잘못 불려지는)과 (2)진정한 전이를 구별해야 한다"는 이론을 반복할 것이다. 전자는 "비록 그것이 심층에서 출현하는 것이기는 하지만, 억압 장벽을 통과하지 못하는 대상을 향한 추구들"과, "처음에는 전이였다가 나중에 억압된 내용과 단절되어 자율적 대상이 된 대상을 향한 자아의 추구들"로 구성되어 있다. 그리고 "모든 전이가 반복되는 것은 사실이지만, 반복되는 모든 것이 전이는 아니다"라는 격언을 언급함으로써 나는 이 구별을 요약하였다(p. 472).

"의심의 여지없이, 분석가와 환자 사이의 협력"(Kris, 1951)은 분석 작업을 지속시키기 위해서 보호되어야 한다. 치료에서 우리가 "환자의 자아와 동맹을 맺지 않으면"(프로이트, 1937) 분석은 최면에서처럼 수동적이며 일시적인 경험에 지나지 않는다. 더욱이, 현실적 유대의 토대 위에서 분석 과제를 수행하기 위해 필요한, 관찰하는 자아와 경험하는 자아의 치료적 이분법(R. Sterba, 1934)은 환자의 관찰하는 자아가 분석가와 협력할 때에 가장 잘 유지된다. 이 현실적 유대는 "아동기 모델을 따라 유형화된 비전이적 대상 선택"과 "자아의 자율적

---

2 "잘 알려져 있듯이, 분석 상황은 치료를 받고 있는 환자의 자아와 분석가 자신이 동맹을 맺고 있는 상황이다. 이렇게 함으로써 통제되지 않는 환자의 원본능의 부분들을 억제한다. 즉 환자의 자아에 그것들을 통합시킨다. 만일 분석가가 환자의 자아와 그러한 협정을 맺을 수 있다면, 그 자아는 분명히 정상적인 자아일 것이다. 그러나 정상적인 자아는 … 이상적인 허상일 뿐이다 … 모든 정상적인 사람은 실제로 다만 평균적이란 의미에서만 정상일 뿐이다. 인간의 자아는 일정 부분에서 정신병자의 자아와 근접해 있다 …; 그리고 그 자아가 연속체의 한 쪽 끝에 또는 다른 쪽 끝에 접근해 있는 정도는 우리로 하여금 '자아의 변동'에 대한 잠정적인 측정을 가능하게 한다"(프로이트, 1937, p. 235).

대상 선택"(Kohut, 1959)에 기초해 있으며, 이때 후자는 "이차적 자율성"(하트만, 1950, 1952)을 의미한다. 이 조건들은 고전적 전이 신경증 분석에서 그러하듯이, 자기애적 성격의 정신분석 치료에서도 필수적이다. 분석가와 협력하며 적극적으로 분석과제를 책임지는 환자의 성격 안에 있는 관찰적 자아 부분은 자기애적 장애에서건 전이 신경증에서건 본질적으로 다르지 않다. 이 두 가지 유형(전이 신경증과 자기애적 장애) 모두에서 아동기의 긍정적 경험으로부터 유래하는 현실적이고 충분한 협력의 영역은 환자로 하여금 자아의 치료적 분리를 유지하고, 치료과정 중에 충분한 신뢰관계를 유지하며 분석가에게 호감을 갖게 하기 위한 전제조건이다. 환자가 치료자를 좋아하는 것은 치료과정에서 힘든 기간 동안에 분석이 지속되도록 보증해 주는 요소이다.

다른 한편, 이상화 전이와 거울 전이는 분석되어야 할 대상관계들이다; 즉 관찰하고 분석하는 환자 자아의 부분은 분석가와 공조하여 그러한 전이들을 대면하며, 점차 역동적, 경제적(에너지의 양적 조절 기능을 갖는), 구조적 그리고 발생학적 차원에서 그것들을 이해함으로써, 그 전이들을 점진적으로 통제하게 되고, 그것들과 얽힌 상호적인 요구들을 포기하게 된다. 환자의 자아가 그와 같은 통제를 성취하는 것이 자기애적 장애에 대한 정신분석 치료의 본질적이며 구체적인 목표이다.

이 "분석가와 환자의 협력"(Kris)에서 발생하는 "비전이적 대상 선택"에 기초한 "긍정적 전이"(프로이트)는 이런 작업을 수행하는데 사용되는 도구이다; 그리고 이러한 사례들의 성공적 정신분석을 특징짓는 구체적인 치료 결과들은 거울 전이의 궁극적인 포기 또는 원초적 자기 대상에 대한 이상화를 포기하는 것으로 나타난다.

자기애적 전이가 환자와 분석가 사이에서 발생하는 현실적인 결속과 어떻게 다른지를 분명하게 구분하는 것은 이론적으로 중요하며,

실제적인 임상 상황에서는 훨씬 더 중요하다. 이론적 관점에서 볼 때, 앞의 단락에서 지적했듯이 분석가와 환자 사이의 현실적 결속(긍정적 전이, 친밀관계, 작업동맹, 치료 동맹 등)은 초심리학적 의미에서 전이가 아니라 초기의 대인 관계적 경험에 어느 정도 기초해 있는 관계로서, 그것은 점차 중화되고 따라서 본능 억제적 기능을 갖게 됨으로써 계속해서 분석가와의 관계를 포함하여 모든 성인 대상에 대한 환자의 리비도 투자에 영향을 미친다. 정신구조의 구성물이라는 측면에서 이런 대상에 대한 애착은 **전이의 영역**이 아니라 **중화의 진전**이 이루어지고 있는 영역에서 발생한다고 할 수 있다(코헛, 1961; 코헛과 자이츠, 1963).

그러나 치료기법의 관점에서 볼 때, 특히 자기애적 성격의 몇몇 측면들과 관련해서, 자기애적 전이가 발생할 때 분석가가 그것을 방해하지 않고 현실적인 치료적 결속을 촉진시키려는 어떤 적극적인 시도도 자제할 수 있다면, 이것은 분석가의 능력이며 이 능력은 때때로 치료를 성공으로 이끄는데 결정적으로 중요한 요소가 될 것이다. 예컨대, 원초적인 과대적 자기에 대한 과도한 리비도 집중은 현실적 자기의 경험에서 리비도적 자양분을 빼앗는다(Rapaport, 1950). 현실 같지 않고 가짜 같으며, 살아 있는 것 같지 않은 막연한 느낌은 전의식적 상태로 존재한다. 그러나 환자는 이런 장애가 있음을 전혀 자각하지 못하거나 막연하고 희미하게 의식할 뿐이며, 다른 사람들과 자기 자신이 그것을 알지 못하도록 덮고 있다. 분석가와 **현실적** 결속을 형성하지 못하는 환자의 무능력이 표현될 때, 분석가는 "동맹"을 형성하기 위해 계획적이고 적극적으로 개입해서는 안 된다. 그것은 환자의 자기(self)에 대한 리비도 집중에 장애가 있다는 것과 이와 관련해서 살아 있음과 세계를 생생하게 경험하지 못하는 환자의 무능력에 대한 암시로서 침착하게 검토되어야 한다.

분석가는 분석 초기에 나타나는 몇몇 증상들이 초자아의 결함에서 기인한 것이라는 인상을 받을 수도 있으나, 실제로 그것은 자기애적 성격장애의 증상을 보여주는 요소일 수 있다. 근저에 있는 자기 이미지의 장애를 분명히 지각하지 못하고, 따라서 그것에 대해 분석가와 의사소통할 수 없음으로 해서 환자는 분석 초기에 거짓말을 하거나 금전 문제에서 불성실하거나 또는 다소 사기 행각처럼 보이는 행동을 보일 것이다. 분석가는 이런 환자의 행동화를 통해 나타나는 초기 의사소통을 가볍게 취급해서는 안 되며, 그것에 대해 경멸하거나 적극적으로 방해해서도 안 된다. 대부분의 경우에 분석가는 경멸하는 어조로 환자에게 그것을 직면하리고 말하기보다는 사건을 있는 그대로 지적해 주면 된다. 그리고 필요하다면 그것의 현실적인 측면에 대해 토론하고, 그것이 어떤 숨겨진 의미를 갖고 있는지를 물으며, 만일 숨겨진 의미가 있다면, 그 의미가 어떤 것인지 아직 확신하기 어렵다는 사실을 말해주면 된다. 분석가가 환자의 증상적 행동을 전적으로 현실적 행동으로 취급하여 적극적으로 개입할 경우, 분석작업의 초점은 환자의 중심적 장애로부터 벗어나게 될 것이다. 왜냐하면 환자는 분석가의 검열에 대해 처음에는 분노와 저항으로, 그리고 나중에는 순응으로 반응할 것이기 때문이다. 요약하면, 기본적인 병인적 자기애적 형태가 활성화되지 않은 채, 환자의 자아 안에 변화가 일어날 것이기 때문이다. 준비되어 있지 않음으로 해서, 또는 환자가 보여준 행동에 충격을 받음으로 해서, 분석가는 이런 첫 증상적 행동에 대한 반응에서 일시적인 실수들을 범하기 쉬운데, 그것들은 만일 분석가가 나중에 초기 사건으로 돌아가 그것에 재접근할 수 있다면, 항구적인 해가 되지는 않을 것이다. 그러나 만약 분석가가 환자의 특정 행동("실제적 사기," "성실성의 실제적 결여," 또는 "치료에 대한 진정한 참여의 결여"등을 포함하는)에 대한 자신의 도덕주의적 반응을 당연한 것으로 생각하는 이론적 신념 체계를 갖고 있다면, 그의 현실적이고 도덕주의적인 반응은 전적으로 정당화될 것이고, 그때 더 깊은 자기애적 장애의 분석에 접근할 수 있는 길은 차단될 것이다.

전에 언급했듯이, 이런 자기애적 성격장애가 생기는 전의식의 중심에는 자기에 대한 불완전한 현실감각과, 이차적으로는 외적 세계에 대한 불완전한 현실감각이 자리잡고 있다. 정신분석 상황 자체가 숨겨진 자기 경험의 병리(그리고 따라서 자기의 주변 환경의 현실 감각의 병리)를 개방하기 위한 특별한 적용이라고 할 수 있다. 분석과정에서 이런 상황이 점진적으로 출현하게 되면서 환자는 그것의 역동적 출처와 구조적 뿌리(즉 원초적 자기 이미지에 대한 고착과 역기능과 [전]의식적 자기의 불충분한 리비도 집중)를 인식하게 되고, 이에 따라 대체로 장애가 호전되는 길을 연다는 사실을 인식하는 것은 분석가의 중요한 과제이다.

병리적 자기의 출현을 허용하고 고무시키는 분석 상황의 구체적인 속성은 다음과 같다. 일반적인 의미에서 볼 때, 정신분석 상황은 그 중심적인 측면들에서 현실적이지 않다. 그것은 극장에서 경험하는 것과 같이 어느 정도 예술적인 경험의 현실과 비슷한 특수한 현실이다. 예술적 현실에 몰두하기 위해서는 어느 정도 안정된 자기에 대한 리비도 집중이 이루어져야 한다. 만일 우리가 우리 자신의 현실성에 대해 확신을 갖는다면, 우리는 일시적으로 우리 자신으로부터 거리를 두고 바라볼 수 있고, 일상 생활의 현실과 우리가 참여하는 정서적 현실을 혼동하는 일없이 무대에서 벌어지는 비극의 주인공과 함께 예술적 현실을 경험할 수도 있지만, 현실 감각이 불안정한 사람은 예술적 경험에 자신을 맡기기가 어려울 것이다. 예컨대, 그는 자신이 보고 있는 것은 영화 또는 연극일 "뿐"이며, "현실은 아니다"라고 스스로에게 말함으로써 자신을 보호해야 한다. 분석 상황은 유사한 문제를 제시한다. 현실 감각이 비교적 손상되지 않은 환자들은 일시적이고 적절한 저항을 통해서 분석과정에서 필수적인 퇴행을 허용할 것이다. 따라서 그들은 과거 한때 다른 현실(당시에는 현재적이고 직접적이었던)과 관련되었던 유사-예술적이며 간접적인 전이감정을 경험할 수 있다.[3] 이런 퇴행은 극장에서 그런 것처럼 자발적으로 일어난다. 그리고 극장에서 그렇듯이, 현재의 현실로부터의 탈리비도 집중이 즉각적인 주변 환경으로부터 오는 자극의 감소에 의해 지원받는다. 더욱이, 그 환자에게는 정신분석이 어떤 것인지를 가르칠 필요가 없다. 그는 사람들이 극장에서 보는 연극과 어떻게 관계해야 하는지를 아는 것처럼 분석 상황과 어떻게 관계해야 하는지 알고 있다.

나는 여기서 분석가가 친숙하지 않은 경험의 장(setting)에 대해 환자에게 적절한 설명을 해준다면, 환자가 보다 더 쉽게 적응할 수 있을 것이라는 원칙하에 분석가가 실제적이고 이차적인 전략 행동을 해야 한다는 생각을 받아들이지 않는다. 만일 극장에 가 본적이 없는 어떤 사람에게 연극이라는 예술 형태에 대해 일반적인 설명을 해 준다면, 이로 인해 그는 연극에 더욱 쉽게 반응할 수 있게 될

---

3 우리가 극장에서 막 시작되는 연극에 몰두함에 따라 자아의 상태가 변하는 것은, 즉 현재의 현실에 대한 리비도 집중에서 벗어나 상상의 세계와 예술적으로 만들어진 기억들에게로 향하는 것은 괴테가 그의 책 파우스트에서 자신의 창작물 중에서 가장 위대하고 개인적으로 가장 중요한 작품으로 소개한 시, "봉헌"(Zueignung)에서 아름답게 표현되고 있다. 이 시는 약간의 불일치들을 제외하고는, 리비도 집중의 변동이 환자 안에서 그리고 공감적 공명을 통해 분석가 안에서 불러 일으켜지는 정신 상태에 대해 완벽하게 묘사하고 있다고 말할 수 있다. 이 시의 마지막 두 행(나는 관련된 상황에서 그것들을 인용한 Richard Sterba에 의해 이 두 행들이 지닌 적절한 의미를 이해할 수 있게 되었다 [1969])은 예술 작업, 특히 무대 연극의 경험에 의해 야기된 정신 상태뿐 아니라 분석과정에서 환자의 과거가 되살아나고 현재가 물러나는 특징적인 정신 상태를 잘 설명해 준다:

Was ich besitze seh' ich wie im weiten,

Und was verchwand wird mir zu Wirklichkeiten.

내가 지금 소유한 것은 멀리 보이고,

지나간 것은 현실이 되네.

[괴테의 파우스트], Walter Kaufmann 역, Garden City, New York: Doubleday, 1961, p. 67.

것이다. 그러나 청중에게서 활성화되는 본질적인 심리적 과정은 가르칠 필요가 없다. 실제로 그것은 가르칠 수 있는 것이 아니다. 예술 경험과 분석 경험 사이에 존재하는 수많은 근본적인 차이점들에도 불구하고, 앞서 말한 것과 유사한 고려 또한 분석 상황에 적용된다. 분석을 위해 필수적인 심리적 태도를 확립하는 것은 적절한 수단을 통해 지원받을 수 있다; 그러나 전이 감정의 특정한 현실을 경험할 수 있도록 허용하는 본질적인 심리적 과정들은 배울 수 있는 것이 아니다.

만일 환자에게 분석적인 현실을 경험할 수 있게 하는 중심 기능들에 대한 장애가 있다면, 교육적 방법(설명)이나 설득(도덕적 압력)이 사용되어선 안 되며, 분석이 수행되기 위해서 그 결함은 자유스럽게 드러나도록 허용되어야 한다. 다른 말로, 만일 환자의 (전의식적) 자기가 부실하게 집중되어 있다면, 자발적인 분석 상황을 형성하지 못하는 그의 어려움들이 분석 작업의 중심 과제가 될 것이다. 그러나 만일 현실로부터 리비도의 탈집중을 견디고 분석 상황의 모호함을 받아들일 능력이 없는 환자에게 분석가가 설득하고 훈계하거나 또는 현실적인 관점이나 도덕에 입각해서 반응한다면, 환자의 병리에 있어서 이런 중요하고 중심적인 측면은 분석의 초점에서 벗어나게 될 것이다.

나는 이제 이상화 전이와 거울 전이 개념을 영국 정신분석 학파에서 말하는 투사적 및 내사적 동일시(클라인, 1946) 개념을 사용하는 특별한 극복과정과 그 치료적 대면을 포함하는 문제에 국한시켜 논하고자 한다. 거울 전이는 클라인 학파가 "내사적 동일시"라고 부르는 영역과 최소한 부분적으로 겹치며, 마찬가지로 이상화 전이는 소위 "투사적 동일시"라고 부르는 영역과 겹친다. 현재의 작업에서 이루어진 접근 방식을 영국학파의 접근 방식과 구별하는 특징적인 이론적 관점—그것은 또한 매우 다른 치료적 태도를 이끌어낸다—은 여기에서 제시할 필요가 없다. 여기서 제시된 관점과 관련해서, 거울 전이와 이상화 전이는 일차적 자기애 단계에 이어 형성되는 자기애적 리비도의 두 개의 기본적 자리를 치료적으로 활성화시킨 형태라고 말하는 것으로 충분하다. 이 두 자리들이 건강한 성장과정의 필수적인 성숙 단계들이기 때문에, 그 자리들에 고착되어 있거나 그 자리로 퇴행하는 것은 치료 과정 안에서 병적인 것도 나쁜 것도 아님을 먼저 이해해야 한다. 환자는 우선 치료적 활성화가 일어날 때, 그 안에 이런 자기애의 형태들이 있음을 인시한다. 그리고 그는 치음부디 그 형태들을 싱장 과정에서 필수적으로 나타나는 건강한 현상으로 받아들일 수 있어야 한다! 그리고 나서 그는 그것들을 점진적으로 변형시키며, 보다 성숙한 성인의 성격으로 조직화시키고, 또한 성숙한 목표와 의도를 위해 사용하기 시작한다. 따라서 환자의 자아는 자신의 원초적 자기애를 마치 적대자나 낯선 사람인양 대하지 않으며, 보다 높은 단계의 대상 분화(좌절을 주는 대상을 삼켜버리는 소망이나 그 대상에 의해 삼켜지는 두려움과 관련된 특정한 환상과 같은)에 속한 무의식적 환상 과정들이 치료적으로 활성화된 영역을 오염시키지 않게 되며, 그 결과로 죄책감의 긴장들이 발생하지 아니한다. 물론 분석과정 중에 자발적으로 긴장들이 발생하기도 한다. 그것들은 수정되지 않은 자기애적 리비도가 자아로 유입될 때 발생하며, 건강염려증, 자기-의식 그리고 수치심으로 경험된다(그것들은 이상화된 초자아와의 갈등에서 일어나지 않는다. 초자아는 우리가 여기에서 다루는 발달단계에서는 존재하지 않는 구조이다). 만일 분석가가 앞에서 서술한 이론을 고려하면서 분석에 임한다면, 대상 분화가 덜 된 단계로 후퇴하는 퇴행과 그런 상태로부터 벗어나려고 하는 재탈피의 흐름—그리고 동시적으로 발생하는 언어화 이전의 긴장 상태의 경험과 언어화할 수 있는 환상 사이의 변동—을 인식하는 작업은 그렇게 쉽지 않은 작업임에도 불구하고 순조롭게 진행될 것이며, 이와 동시에 환자의 자아 안에 있는 관찰하고 통합하는 부분이 자율성을 유지할 수 있도록 촉진시킬 것이다.[4]

그러나 나는 정신병리에 대한 클라인 학파의 이론적 견해 및 임상적 견해와 자기애적 성격장애의 특정한 이론적 및 임상적 공식화를 더 이상 비교하지 않을 것이다. 그런 비교를 심층적으로 묘사하는 일은 이 연구의 한계를 넘어선다. 왜냐하면 그것은 한편으로 편집증과 조울적 정신병의 정신병리와 다른 한편으로 자기애적 성격장애의 정신병리를 구분해야 하기 때문이다.[5] 대신에, 나는 (1) (a) 파편화된 자기의 핵을 구성하는 신체적 자기(body self) 단계(자체성애)와 (b) 응집적 신체 자기 단계(자기애)[6] 사이의 발달적-퇴행적 움직임, 그리고 (2) (a) 고립된 심리적 기제들과 (b) 응집적이며 구조화된 전체적인 정신적 자기(mental self) 사이의 구별이라는 맥락에서, 거울 전이와 이상화 전이 개념에 대한 이론적 분류를 마무리할 것이다.

거울 전이와 이상화 전이라는 용어는 고립된 심리 기제(내사와 투사 같은)의 활성화를 일컫는 것이 아니다. 그것은 어느 정도 안정되고 견고한 전반적인 성격 구성물들의 활성화를 일컫는 용어로서, 전체 성격 형태들에 의해 사용되거나 심지어 그것들의 특성이 될 수도 있는 심리 기제들과는 다른 것이다. 자체성애에서 자기애로 발달해 가

---

4 대상-분화 전단계에 속하는 심리구조가 지닌 공격적 요소에 대한 분석은 유사한 흐름을 따라 진전된다. 즉 "자기애적 격노"의 현상은 또한 그것의 성장 과정에 따라 발달적 관점에서 조명될 수 있으며, 후기 역동적-심리 경제적 성장 과정이 적절하게 이루어진다면, 본래적인 목적과 의미는 마음의 보다 깊은 영역 안에 남게 된다.

5 그러나 고립된 심리 기제의 기능과 응집적인 심리적 구성물의 활동 사이의 구분에 대한 논의에 이어 곧바로 뒤따라오는 것은 클라인 학파의 이론 체계와 관련성을 갖고 있다. 그러나 내 견해에서 볼 때 클라인 학파의 이론 체계는 이런 중요한 구별을 모호하게 하기 쉽다. 1장에서 논의한 정신병과 자기애적 성격장애 사이의 차별적 진단을 위한 개요를 참조하라.

6 이 맥락에 빛을 던져주는 Nagera (1964)의 공헌을 참조하라.

는 과정(프로이트, 1914)은 개별적인 신체 부분에 대한 리비도 집중 또는 고립되어 있는 신체적 및 정신적 기능에 대한 리비도 집중으로부터 응집적 자기에 대한 리비도 집중으로 변동되는 것(비록 처음에는 과대적이고 과시적이며 비현실적이지만)을 통해서 점차적으로 성격의 통합을 향해 나아가는 움직임이다. 다른 말로 하면, 신체 자기와 정신 자기의 핵은 연합되고 하나의 특별한 단위체를 형성한다. 정기적으로 신체적 질병을 일으키는 자신의 신체에 대한 몰두는 자기애가 증가되고 있다는 표시이며, 그것은 심지어 하나의 신체 기관에 중심적으로 몰두하고 있을 때에도 그러하다. 왜냐하면 그 기관은 여전히 고통당하는 전체적인 신체 자기의 상황 안에 있는 것으로 드러나기 때문이다. 그러나 정신병적이거나 전정신병적인 건강염려증의 경우, 즉 정신분열증의 초기 단계에서는 개별적인 신체 부분이나 신체적 또는 정신적인 기능들은 고립되고, 리비도가 과도하게 집중된다. 이때 응집적 자기의 상은 해체되고, 환자의 성격 안에 남아있는 관찰하는 응집적인 부분은 통제될 수 없는 퇴행의 산물들을 드러낼 뿐이다(Glover, 1939, p. 183ff).

신체적 질병을 수반하는 자기애적 퇴행과 분열증 초기 단계에서 발생하는 신체 자기의 전자기애적 파편화 사이의 차이는 다음과 같은 특정한 상황에서 어느 정도 모호해진다. 만일 심각한 전자기애적 고착을 갖고 있는 사람이 신체적 질병을 앓게 된다면, 그때 그 질병을 수반하는 신체적 자기애의 증가는 신체적 자기의 파편화로 향하는 더욱 심각한 퇴행을 가져올 것이며, 그 사람은 건전한 자기-관심의 경험 대신에 건강염려증적 불안을 보일 것이다. 만연된 증상(다양한 질병으로 발전되는 감기를 포함한 초기의 불특정한 증후군)을 수반하는 신체적 질병은 특히 이러한 건강염려증적 반응을 이끌어내기 쉽다. 다른 한편, 특정한 기관에 대한 강렬한 자기애적 집중과 함께 발생하는 뚜렷한 증상(예컨대, 인후염, 콧물 감기, 재채기 등)은 전자기애적 고착점으로 끌려가지 않도록 막아주는 경향이 있다. 이런 이유로, 일반적으로 건강염려증적 성향을 지닌 사람들은 그러한 증상이 나타나는 것에 대해 안도감을 갖는다. 따라서 그들은 심한 고통이 따르는 신체 부위의 질병이 심지어 생식기나 눈과 같이 자기애적으로 리비도가 매우 집중된 기관에 영향을 미칠 때에도, 대체로 건강염려증적 반응을 보이지는 않는다.

(1) 응집적 신체 자기의 단계(자기애)에서 (2) 파편화된 신체 자기의 단계, 즉 심리적으로 고립된 신체의 부분과 그 기능들의 단계(자체성애)로 되돌아가는 것과 같은 퇴행은 또한 정신적인 영역에서도 관찰될 수 있다. 달리 말해서, 인간의 전체적인 정신적 태도에 대한 리비도 집중(자기애)이 심리적으로 왜곡되거나 과장된 형태로 나타날 때조차도, 자기애적으로 집중된 응집적인 정신적 자기가 해체된 결과로서 발생하는 고립된 정신 기능과 기제들에 대한 과도한 집중(자체성애)과는 구별되어야 한다. 과제 지향적이고 적응적이며 본질적으로 자발적인 정신적 자기에 대한 과도한 리비도 집중은 정신분석 치료 과정 안에서 발생한다; 즉 정신분석적 상황은 환자의 정신적 태도와 그것의 다양한 기능들에 깊은 관심을 기울이도록 조장한다. 그러나 신체적 질병의 경우에서 그러하듯이, 여기서도 단일한 증상이나 단일한 심리 기제가 아무리 두드러지고 자아-이조적(ego-alien)이라고 할지라도, 그것은 여전히 전체적(즉 응집적)인 정신적 자기 이미지의 상황 안에서 인식되고 경험된다. 그러나 정신적 자기가 파편화된 후에 발생하는 고립된 정신 기능과 정신 기제들에 대한 과도한 리비도 집중은 흔히 정신병적 퇴행의 초기 단계에서 나타나는 신체적인 건강염려증에 수반되는 현상이기 때문에, 심리적 건강염려증(즉, 예컨대, 자신의 지성 상실에 대한 염려, 광증에 대한 공포 등으로 합리화되는)과 유사한 것으로 경험된다.

때때로 분석가는 각각의 심리 기제에 세심한 관심을 기울여야 한다. 예컨대, 내사와 투사 기제는 방어적이거나 방어적이지 않은 양태(즉 적응적인)로 보통의 전이 신경증 환자뿐 아니라 자기애적 성격장애로 고통 당하는 환자에 의해 사용된다. 만일 이런 기제들이 정신적 자기가 파편화되고 퇴행되는 해체과정의 일부로 취급된다면, 그것들은 정신분석적으로 적절히 접근할 수가 없다; 즉 성격의 주변적인 측면들과 퇴행이 일어나기 이전의 심리적 사건들만을 의미있게 관찰할 수 있다. 그러나 그러한 기제들이 전체적이고 응집적인 자기의 기능(설령 그것들이 무의식적으로 실행된다 할지라도)으로 남아 있는 한, 그 기제들의 작용은 분석가가 해석해야 할 정당한 목표물이 된다. 구체적으로 말하자면, 해석을 통해서 환자는 자신의 활동적 자기 및 반응적인 자기와 예측할 수 없고 동기화되지 않은 것으로 보이는 심리적 기제가 서로 연결되어 있음을 점점 더 자각하게 된다. 분석 작업을 통해서 이런 기제들은 점점 더 자아의 주도성과 접촉하게 되며, 따라서 그것들에 대한 자아의 지배 영역은 확장된다.

불행하게도, 이런 구별(고립된 원초적 기제들과 응집적인 정신 활동의 의미 있는 구성 요소로서의 기제들 사이에 존재하는)은 때때로 정신분석 문헌에서 볼 수 있는 심리적 기제의 인격화 경향 때문에 훨씬 더 복잡해진다. 예를 들면, 어떤 저자들은 내사와 투사 기제들에 인격적 요소를 부과하는 것 같다. 즉 내사의 기제는 화가 나서 삼켜버리는 아이가 되고, 투사는 침을 뱉거나 토하는 아이가 된다. 만일 그런 이론적 태도들을 임상 상황으로 가져온다면, 그것들은 다만 환자에게 죄책감을 불러일으킬 뿐이다. 그리고 훨씬 더 중요하게는, (a) 임상 상황에서 전이를 형성할 수 있음으로 해서 분석이 가능한 응집적인 자기애적 구조와 (b) 리비도가 응집적인 자기애적 구성물(과대적 자기; 이상화된 부모상)에 집중되지 않고 고립된 신체적 혹은 정신적 기능에 집중되어 있음으로 해서 분석이 불가능한 자체성애적 구조 사이의 결정적인 차이를 없애버린다. 일시적이거나 만성적인 퇴행기간 동안에 거울 전이에서의 리비도 전개는 실제로 고립된 내사들에 의해 대체되며, 이상화 전이의 응집적 투자는 해소되고, 고립된 투사들에 의해 대체된다. 이 후자의 경우, 전이가 일어날 수 없으며, 따라서 병인적 영역 자체도 (일시적으로나마) 분석되기가 어렵다.

내가 사용하는 개념(자기애적 성격장애를 가진 성인 환자들에 대한 체계적이고 분석적인 관찰을 통해서 개념화된)과 심각한 장애 아동들에 대한 체계적인 관찰을 통해서 개념화된 말러(Mahler)와 그녀의 동료들[7]의 개념을 비교하는 것은 흥미로운 일이다. 내가 사용하는 개념들은 정신분석 이론의 초심리학적 관점(특히 역동적-경제적 관점 그리고 지형학적-구조적 관점)들과 일치한다. 다만 치료과정에서 광범위하게 활성화되는 원초적 경험의 층들(이상화 전이, 거울 전이, 일시적인 자기 파편화로의 변동)에 대한 연구 결과에 따르면, 아동기 경험에 대한 고전적 정신분석 이론은 재구성되어야 한다. 말러의 개념들은 어린아이들의 행동을 정신분석적 관점에서 정교하게 관찰한 결과를 토대로 개념화한 것이므로 그녀의 관찰 영역에 적합한 이론적 틀에 맞추어져 있다. 따라서 자폐-공생기 및 분리-개별화 단계를 말하는 그녀의 이론은 직접적인 아동 관찰이라는 심리 생물학적 틀 안에 속해 있다.

적절한 경험적 관찰을 거쳐서 일반 이론으로 변형시킨 말러의 이론과 나의 이론의 차이를 간명하게 요약해보면 다음과 같다. 말러의 개념적 틀 안에서 아이는 환경과 상호작용하는 심리 생물학적인 단위이다. 말러는 대상과 아이의 관계에 있어서 (a) 대상관계가 없는 상태(자폐)로부터 (b) 대상과의 융합(공생)단계를 거쳐 (c) 대상으로부터 분리되어 자율성을 획득하는 성숙과정(개별화)을 향한 일관된 사회 생물학적 발달을 개념화한다. 나의 관찰 방법, 즉 전이 안에서 활성화

---

7 예컨대, Mahler(1952, 1968), Mahler와 Gosliner(1955), Mahler와 La Perriere(1965)를 보라.

되는 아동기 경험에 대한 관찰에 토대를 둔 내 견해는 자기애와 대상 사랑의 발달과정(각각 원초적인 단계에서 더 발달한 단계로 옮겨가는)이 존재할 뿐만 아니라 자기애가 두 가지 주요한 흐름(과대적 자기, 이상화된 부모상)을 따라 발달한다는 사실을 인식하도록 이끌었다. 이러한 개념화의 차이점은 다음과 같이 기본적으로 다른 두 가지의 관찰 태도에 따른 결과이다: 말러는 어린아이들의 행동을 관찰하였고; 나는 전이의 활성화에 기초해서 어린이들의 내면적 삶을 재구성하였다.

정신분석적 초심리학의 견해와 직접적인 어린이 관찰을 통해 개념화한 이론을 서로 자세히 비교하는 일은 이 논문의 범위를 넘어선다. 그것은 말러와 그녀의 동료들의 공헌에 더하여, 벤자민(Benjamin, 1950, 1961), 스핏츠(Spitz, 1949, 1950, 1957, 1961, 1965), 그리고 다른 많은 사람들의 연구들이 고려되어야 하기 때문이다.[8] 특히 지난 20년 동안 어머니와 유아 사이의 초기 상호작용에 대한 이해는 의미있고 중요한 여러 정신분석적 연구를 통해 풍부한 내용을 갖게 되었다. 그러나 그들 가운데 가장 지속적이고 체계적일 뿐 아니라 가장 유용하고 영향력 있는 공헌을 한 말러가 이 영역 전체의 대표자로서 간주될 것이다.

자폐상태에서 공생상태를 거쳐 개별화되어 가는 말러의 발달 이론은 프로이트의 자폐상태로부터 자기애를 거쳐 대상 사랑으로 가는 고전적인 리비도 발달 개념과 전반적으로 일치한다. 말러의 개념적 틀 안에서 본다면, 자기애적인 전이들은 주로 공생 단계 후반부와 개

---

8 Therese Benedeck의 선구자적인 연구(1945, 1956, 1959)는 비록 직접적인 어린이 관찰 방법의 상황에서 시작된 것은 아니지만, 말러의 연구처럼 정신분석학적 상호작용주의라는 개념적 영역에 속한다. 이런 이론적 체계는 관찰자가 상호작용하는 두 사람과 동일한 거리를 유지하면서, 두 개인의 경험 궤도 바깥에 하나의 상상의 지점을 갖는다는 사실에 의해 정의된다. 그러나 정신분석적 초심리학의 핵심 영역(코헛, 1959을 보라)은 공감적으로 동일시하는 성찰(대리적인 성찰)을 가능케 하는 개인의 심리 조직 내부에 있는 상상의 지점을 갖는 관찰자의 위치에 의해 정의된다.

별화 단계 초반부 사이에 있는 중간 단계와 일치하는 발달단계의 치료적 활성화들이다. 그러나 나는 나의 관찰에 근거해서 개별적이고 독립적인 두 개의 커다란 발달의 흐름이 있음을 발견했다. 즉 자체성애에서 자기애를 거쳐 대상사랑으로 이끄는 발달의 흐름과 자체성애에서 자기애를 거쳐 좀더 발달한 자기애 형태로 이끄는 변형적 발달의 흐름이 있다는 것을 가정하게 되었다. 또한 나는 그것이 경험적 자료와 일치한다는 확신을 얻게 되었음을 다시 강조하고 싶다. 물론 이러한 발달의 두 흐름 가운데 첫 번째 흐름과 관련해서, 몇몇 학자들이 대상 사랑의 초보적인 전단계는 자체 성애적이고 자기애적 단계에서 이미 구별된다는 것, 즉 아주 원초적이고 초보적인 대상 사랑의 형태로 시작하는 대상 리비도 발달의 개별적인 흐름이 존재한다고 가정한 것은 놀라운 일이 아니다(이런 맥락에서 M. Balint, 1937; 1968, 특히 p. 64ff를 보라). 그러나 나의 성향은 고전적인 이론에 충성스럽게 머무르는 것이다. 즉 나는 아주 어린아이에게 초보적인 형태의 대상 사랑의 능력이 있다고 가정(물론 대상 관계와 혼동을 피하기 위해서)하는 것은 성인 중심적인 왜곡된 회상에 기초한 것이라고 간주하는 편이다.

임상적 고려

어떤 환자들의 경우에는 이상화 전이와 거울 전이 사이의 구별이 쉽지 않다. 이것은 분석가에 대한 이상화, 분석가로부터 반영받고 칭찬받으려고 하는 욕구, 또는 그와의 제 2자아 관계 및 융합 관계에 대한 욕구 등, 여러 가지 욕구들이 공존하는 특징을 보이면서, 이 두 전이들이 아주 빠르게 변동하거나, 자기애적 전이 자체가 일시적으로 혼합된 경우에 속한다. 이런 유형은 분석과정에서 오랫동안 이상화 전이와 거울 전이가 뚜렷이 구별되는 경우에 비해 훨씬 드물게 발생한다. 그 중간에 속하는 경우, 특히 과대적 자기의 활성화와 이상화된 부모상 사이의 빠른 변동 때문에 예리하게 초점을 맞춘 해석을 제공할 수 없는 경우에, 분석가는 일시적으로 리비도가 집중된 과대적 자기나 이상화된 부모상에 집착할 것이 아니라, 이 전이들 사이의 변동과 그것들을 촉진시키는 사건들에 관심을 기울이는 것이 현명할 것이다. 이러한 경우에, 이 두 전이들 사이의 빠른 변동은 취약성을 부인하는 방어적인 목적으로 사용되는 것으로 보인다. 분석가를 이상화하는 취약한 순간, 또는 자기를 과시하고 분석가에게 칭찬을 받기 위해 수줍게 시도하는 순간에, 환자는 재빨리 자신의 입장을 정반대로 바꾸고, 마치 우화 속의 거북이처럼 아주 오랫동안 목을 움츠린 상태에 머무르곤 한다. 이때 분석가는 환자의 빠른 움직임을 따라 잡는 것이 어렵다.

또 하나의 실제적인 문제는 특히 거울 전이에서, 자기애적 전이에 초점을 맞추는 해석의 형태에 관한 것이다. 여기에는 두 가지 상반되는 함정들이 있어서 자기애적 성격의 분석을 방해한다. 하나는 분석가가 환자의 자기애에 대하여 윤리적이며 현실적인 관점을 갖는 성향과 관련된 것이며; 다른 하나는 분석가의 해석이 추상성을 띠는 경향과 관련된 것이다.

일반적으로 가치 판단, 현실 윤리(참조. 건강한 윤리학에 대한 하트만의 개념[1960, p. 64]), 그리고 분석가가 단지 기본적(즉 해석적)인 태도를 유지하는데 머무르는 것 이상으로 환자의 지도자, 교사 및 안내자가 되어야 한다고 느끼는 치료적 활동주의(교육적 방법, 권고 등)의 삼박자는 정신병리에 대한 상세한 관찰 내용들이 초심리학적으로 이해되지 못할 때 가장 빈번히 발생한다. 이런 상황에서 분석가는 자신의 치료적 무능력과 실패를 감당해야 하기 때문에, 치료의 변화를 가져오기 위해 비효율적으로 느껴지는 분석 작업을 포기하고, 환자에게 이런 저런 것을 제안하는 (예컨대, 환자에게 동일시를 위한 모델 또는 대상으로서 자신을 제공하는 것) 쪽으로 선회하기 쉽다. 물론, 이때 그를 비난하기란 쉽지 않다. 그러나 만약 분석가가 자신의 실패를 초심리학적으로 이해하지 못한 상태에서 분석 방법을 포기하지 않고, 또는 활동주의로 돌아서지 않고 거듭되는 실패를 견디어낸다면, 그때 그는 새로운 분석적 통찰을 얻게 될 것이며, 따라서 정신분석 치료의 진전을 가져올 수 있을 것이다.

이것과 관련된 또 하나의 현상은 초심리학적인 이해가 전적으로 결핍된 것은 아니지만 불완전할 경우에 관찰된다. 이런 경우에 분석가는 자신의 해석과 재구성을 암시적인 압력으로 대치하는 경향이 있으며, 따라서 초심리학적인 이해가 충분한 경우보다 치료자의 성격이 차지하는 비중이 훨씬 더 커진다. 자기애적 성격장애의 분석치료에 뛰어난 재능을 인정받은 몇몇 분석가들의 치료 활동에 대한 일화들은 분석가들 사이에 널리 알려져 있다.[9] 그러나 과거의 외과 의사가

---

9 치료자의 성격이 환자에게 미치는 영향에 대한 평가는 정신병과 소위 "경계형" 상태의 정신치료에 대한 치료 결과를 평가하는 과정에서 특히 중요하다(A. Stern, 1938). 치료자가 갖고 있는 유사-종교적 열정이나 심오한 내면적인 거룩함의 느낌(예컨대, Gertrude Schwing, 1940.p. 16)은 심각한 장애를 갖고 있는 성인과 어린이 치료에서 강력한 치료 수단을 제공함으로써, 치료의 성공을 가져오게 되는 경우가 있다. 치료의 효력은 치료자의 카리스마로부터 직접적으로 나오거나 또는 그 치료자가 지도자로 있는 치료 집단을 통해 전달될 수도 있다. (이런 맥락에서 우리는 치료 공동체에서 자신의 조력자에게 틀림없이 깊은 영향을 미쳤으며, 따라서 간접적으로 심각하게 장애를 입은 환자에게 영향을 미쳤을 C. G. 융의 카리스마적인 성격을 생각할 수 있다.) 궁극적으로 우리는 여기에서 프로이트가 페렌치의 마지막 치료 실험과 직면했을 때, 그가 이의를 제기했던 접근법과 관련된 사랑—비록 그것이 대체로 자기애적 사랑일지라도!—을 통한 치료의 문제를 다루고 있다(Jones에 의해 발췌된, 프로이트가 페렌치에게 보낸 1931년 12월 13일자 편지[1957, p. 113]를 보라). 치료자의 구세주 같은 거룩한 성격뿐만 아니라 그의 삶의 역사는 치료의 성공에서 적극적인 역할을 하는 것으로 보인다. 그리고 자기를 생성케 하며 생명을 주는 사랑의 세력을 통해서 죽음으로부터 부활한 그리스도의 신화처럼 신화는 때때로 효과적인 카리스마의 특정한 부분을 형성하는 것으로 보인다(이런 맥락에서 포로 수용소—죽음의 수용소에서 살아남

개인적인 용기와 영웅적 기술을 가지고 수술을 행하던 것과는 달리, 현대 외과 의사는 침착하고 잘 훈련된 기능인으로서 역할을 수행할 것을 요구받는 것과 마찬가지로, 현대 분석가에게 요구되는 것은 침착하고 숙련된 기능이 요구된다. 자기애적 성격장애에 대한 지식이 증가하면서, 과거에는 분석가의 개인적인 재능이 요구되던 치료과정이 이제는 점차 분석가의 어떤 특별한 능력을 사용하는 것이 아니라 합리적인 접근 방법을 사용하는 통찰력 있고 이해심 있는 분석가들이 수행하는 노련한 작업이 되고 있다.

환자의 자기애적 고착들에 대하여 짜증스럽고 조급하게 반응하는 치료자의 역전이에 대해서는 11장에서 논의할 것이다. 여기서 나는 내가 전에 말했던 것(1966a), 즉 치료자가 환자에게 조급하게 반응하는 것은 환자의 성장발달이나 적응능력에 대한 객관적인 고려로부터 온 것이 아니라 환자의 자기애적인 요소들을 대상에 대한 사랑으로 대체하기를 원하는 치료자의 소망으로부터 온 것이라고 생각한다. 그리고 그것은 서구 문명의 이타적 가치 체계를 환자에게 강요하는 부적절한 침범이 될 것이다. 역으로 말하면, 자기애적 구조들이 새로운

___

은 경험이 치료자로서의 자질과 치료 자세의 중심적 부분에 자리잡고 있던 Victor Frankl [1946, 1958]을 보라). 물론 직접 또는 간접적으로 치료자의 성격이 환자의 치료에 영향을 끼침으로써 그렇지 않았더라면 치료가 거의 불가능한 심리적 장애를 성공적으로 치료할 수 있다는 사실에 대해서는 아무도 부인할 수 없을 것이다. 그러나 이와 같이 사용된 절차에 과학적인 신빙성을 부여하려고 하는 이차적인 합리화 작업에 대해서는 반대할 수밖에 없다. 특정한 치료 방법이 본질적으로 과학적인가 아니면 영적(inspirational)인가에 대한 결정(즉 관련된 비합리적 세력이 치료자의 합리적 통제 하에 있는가라는 문제)은 다음과 같은 질문들에 답함으로써 접근해야 한다: (1) 우리는 치료와 관련된 과정들을 체계적이며 이론적으로 이해하고 있는가? (2) 그 치료방법은 다른 사람들과 의사소통될 수 있는가? 즉 그 치료방법의 창시자가 없더라도 그것은 전수(그리고 궁극적으로 치료 실제에서 사용)될 수 있는가? 그리고 (3) 가장 중요한 것으로, 창시자가 죽은 후에도 그 치료 방법은 계속 효과적으로 사용될 수 있는가? 매우 흔한 일로서, 치료 방법이 과학적이지 않을 경우, 단지 특별한 재능을 부여받은 사람이 실제로 살아 있는 동안에만 치료의 성공이 가능하다.

형태를 취하는 것 그리고 그것들이 성격 안에 통합되는 것은 환자가 그의 자기애를 대상 사랑으로 대체하라는 치료자의 요구에 순응함으로써 얻어지는 결과라고 평가해서는 안 되며, 더욱 진정하고 확실한 치료적 결과로서 평가해야 한다. 물론, 어떤 자기애적 성격 분석의 경우, 환자에게 수정되지 않은 자기애적 환상들에서 얻는 만족들은 진정된 것이 아니라는 사실을 설득하는 마지막 순간에 강력한 진술을 사용할 수도 있다. 예컨대, 정신분석가들 사이에 널리 알려져 있듯이, 좀더 연륜이 있는 능숙한 분석가라면, 또 하나의 언어적 해석을 통해 환자와 직면하지 않고, 환자의 자존감을 세워주면서, 적절한 순간에 조용히 환자를 변화시키려고 노력할 것이다.

그러나 일반적으로 분석가가 진실하고 객관적이며 수용적인 언어로 환자에게 그의 자기애가 그 자신의 삶에서 어떤 역할을 하는지 드러내 보여줄 때, 분석과정은 크게 진전된다. 물론 환자가 그러한 사실을 인정하게 되기까지는 상당한 어려움을 겪는다. 분석가는 현실성이 결여된 환자를 경멸하고 거절함으로써 그런 모습을 환자가 모방하도록 허용하기보다는, 분석적이며 공감적으로 수용해 줌으로써 환자가 성격의 자기애적인 부분을 점진적으로 통제할 수 있게 해주어야 하며, 그의 자발적이고 통합적인 자아의 기능을 신뢰해야 한다. 만약 분석가가 환자의 원초적 자아 상태와 그 상태에서 자기애적 전이들이 갖는 구체적인 역할을 광범위하게 재구성할 수 있게 되고, 적절한 전이 경험과 그것과 관련된 환자의 아동기 외상을 연결시키게 된다면, 커다란 치료적 진전을 가져올 수 있다.

프로이트는 분석기술에 대한 자신의 논문(1937b) 끝 부분에서, 비록 그것이 구체적으로 자기애적 장애에서 분석가가 갖는 역할에 초점을 맞춘 것은 아니었지만, 동일한 문제에 관한 이론적 재구성의 유형과 형태에 대하여 짧게 언급한 바 있다. 그의 언급은 치료자가 개입할 때 수용적이고 설명적이며 객관성을 지닌 분위기를 유지하는 것에 대한 적절한 예가 될 것이다. "당신은 … 새가 될 때까지는 [프로이트는 그의 상상의 환자에게 말한다] 어머니를 무제한적으로 소유하고 있는 유일한 존재라고 생각했습니다; 그때 또 다른 아기가 태어나서 당신에게 커다란 환멸을 가져다 주었습니다. 당신의 어머니는 얼마동안 당신을 떠나갔고, 다시 나타난 후에도 결코 전처럼 당신에게만 전적으로 헌신하지는 않았습니다. 어머니를 향한 당신의 감정은 양가적이 되었고, 당신의 아버지는 새롭게 중요한 사람이 되었습니다 … 등"(p. 261).

분석가가 환자에게 교육적인 압력을 사용하는 것이 적절한 것인지 아닌지는, 그것이 냉정한 객관적인 진술의 형태이든, 아니면 도덕적 권고의 형태이든, 치료적 관심사인 환자의 비현실적 정신구조들에 대한 초심리학적 이해를 배경으로 판단해야 한다. 환자의 비현실적 이상화와는 별도로, 환자의 비현실적인 과대주의에 의해 자극받을 때 분석가는 무의식적으로 교육적인 태도(현실과 대면시키는)로 반응하거나, 또는 하트만(1960)이 말하는 현실적인 태도 혹은 도덕적이고 성숙한 태도로 반응하기 쉽다(특히 환자가 교만하고 오만불손한 태도를 통해서 그리고 타자, 예컨대 분석가의 권리나 한계를 전혀 고려하지 않고 자신에게 무한한 관심을 보여줄 것을 노골적으로 요구할 때, 분석가는 교육적인 수단에 의존하기 쉽다).

환자가 드러내 보이는 과대주의에 적절하게 반응할 수 있는 분석가의 능력은 환자의 특수한 성격구조와 환자의 요구 안에 담겨 있는 특수한 심리적 의미를 이해하는데 달려 있다. 정확하게 말하자면, 겉으로 드러나는 자기애적 주장들은 구조적이며 역동적인 용어로 구별될 수 있는 세 가지 형태로 발생한다. 이런 각각의 형태들은 분석가 쪽에서 어떤 치료적 반응들을 이끌어내는데, 그것들은 환자의 행동을 결정하는 특정한 구조적 역동적 요소들에 대한 반응들이기도 하다.

1. 과대적 행동은 전체 정신구조로부터 수직적으로 떨어져 나간 정신의 부분이 드러나는 것일 수도 있다(7장의 사례 J에 대한 논의와 표 3을 보라). 나는 교육적인 설득, 권고 등을 통해서 수직적으로 떨어져 나간 정신 부분을 드러내 보이는 노골적인 자기애적 표현들을 현실과 대면시키는 것이 정신분석 치료의 진전, 즉 정신의 구조적 변화를 통해서 정신건강을 회복시키는데 도움이 되지 않는다는 사실을 알게 되었다. 분석 작업의 본질적인 부분은 전체 정신구조에서 떨어져 나간 소란스런 영역이 전체 정신구조의 중심에 있는 고요한 현실 자아와 만나는 경계지대에서 이루어져야 한다. 그러나 이 경계지대에서 발생하는 저항은 떨어져 나간 정신이 지닌 오만함과 투쟁하는 것을 통해서가 아니라, 현실 자아가 떨어져 나간 부분을 자신의 영역 안에 받아들이도록 설득하기 위해 성격의 중심적인 부분에게 떨어져 나간 부분이 지닌 오만함을 설명하는 것(역동적-발생학적 재구성을 통해)을 통해서 극복된다. 이런 노력들이 거듭 성공할 때, 두 가지 결과를 가져온다. (a)중심 자아의 도덕적이고 심미적이며 현실적인 적응 세력들이 스스로 원초적 자기애적 주장을 변형시켜서 그것들을 사회적으로 잘 용납될 수 있고, 정신 에너지의 양적 조절을 위해 유용한 것으로 만들기 시작한다. 그리고 훨씬 더 중요하게는, (b)원초적 자기애적 리비도 집중이 수직적으로 떨어져 나간 정신의 부분에서 정신의 중심 부분(자기애적 전이 형성의 성향이 증가하는)으로 옮겨지게 된다. 즉 리비도 집중이 수직적으로 떨어져 나간 정신의 부분(전이를 일으키지 않는)으로부터 수평적으로 떨어져 나간 정신의 부분(실제로 자기애적 전이를 형성할 수 있는)으로 옮겨진다. 나는 여기에서 자기애적 토대 위에 세워진 성도착증(대다수를 차지하는)의 분석에서도 이와 동일한 상황들이 지배적이라는 점을 덧붙일 수 있다. 성도착적인 행동은 수직적으로 떨어져 나간 정신의 부분에 자리잡고 있으며, 근저의 본능 세력들이 자기애적 전이로 전환되어 체계적인 치료과정

에 사용되기 위해서는 먼저 그 수직적으로 떨어져 나간 부분이 정신의 중심 부분 안에 통합되어야 한다.

2. 자기애적 주장이 노골적으로 나타나는 두 번째 형태 또한 구조적이며 역동적인 용어로 정의될 수 있다. 이런 경우에 우리는 성격의 중심 부분에 불안정하게 담을 쌓고 있는(수평적으로 떨어져 나간) 과대적인 정신구조를 다룬다. 이러한 정신구조는 비교적 짧은 기간 동안 간헐적이며 갑작스럽게 자기애적 주장을 분출시킨 후에, 만성적인 자기애적 고갈의 상태로 되돌아가는 증상을 드러낸다. 이러한 분출은 일반적으로 정신 에너지의 양적 조절의 불균형(예긴대, 과도한 자극)을 가져오기 때문에, 외상적 상태로 간주되어야 한다.

3. 마지막으로, 겉으로 드러난 자기애적 태도들은 종종 훨씬 더 깊은데 놓여 있는 원초적인 자기애적 구성물의 주장에 대한 방어들을 유지시켜 주는(만성적 또는 일시적인 비상 수단으로서) **방어적 자기애**의 형태에서 발생한다. 예컨대, J는 자신의 면도 습관에 대해 말하면서 원초적인 과대적-과시적 자기의 주장을 드러내었는데, 이때 그의 일시적인 오만함이 이런 맥락에 속한다. 여기에서 분석가의 적절한 반응은 역동적인 해석과 발생학적 재구성을 제공하는 것이다. 그러나 (공포증이 개인의 특이한 취미와 선호를 합리화해 주는 방어체계와 질투에 의해 둘러싸인 채 위장되어 있는 것과 마찬가지로) 만성적이며 방어적인 과대주의가 합리화 체계에 의해 이차적인 방어 층을 형성하고 있다면, 그때 분석가는 교육적 방법을 사용하고자 하는 유혹에 빠지기 쉬운데, 그것은 실제로 치료과정을 방해할 수도 있다.

지금까지 환자의 자기애에 대해 분석가가 지나치게 윤리적이거나 성급하게 현실적인 반응(성공적인 적응을 촉진시킨다는 의미에서)을 보이는 것에 대해서, 특히 노골적이거나 은밀하게 도덕적인 비난을 나타낼 때 환자가 보이는 반응에 대해서 논의해왔으므로, 이제 나는 이러한 심리적 장애의 분석기술 안에 숨어 있는 두 번째 함정, 즉 자기애적 전이와 관련해서 분석가의 해석이 지나치게 추상적이 되는 문제를 다루겠다. 이러한 위험은 우리가 대상관계와 대상 사랑 사이를 구별하지 못하는 만연된 혼동을 피한다면, 훨씬 감소될 수 있다. 전에 내가 말했듯이(1966a), "자기애의 반대 명제는 대상관계가 아니라 대상사랑이다. 사회적 관계에서 관찰되는 한 개인의 풍부한 대상관계는 대상세계에 대한 그의 자기애적 경험을 드러내기 보다는 오히려 그것을 숨길 수도 있다; 그리고 한 개인의 표면적인 고립감과 외로움은 사실상 대상을 향한 풍부한 리비도 투자가 일어나고 있는 것의 겉모습일 수도 있다"(p. 245). 따라서 우리는 (a)대상이 자기애적 에너지들로 투자되어 있다는 사실에도 불구하고, 이상화 전이와 거울 전이에 대한 우리의 해석은 강렬한 대상관계에 대한 진술이며; (b)이것은 우리가 환자에게 어떻게 환자 자신의 자기애가 그를 대상에게로 이끄는지, 즉 그가 (자기애적 양태에서 경험하는) 분석가의 어떤 특정한 측면과 행동에 대해서 어떻게 더욱 민감해지는지에 관하여 설명해주는 것임을 기억해야 한다. 만일 분석가가 정신분석의 전개 과정에서 자기애적 정신구조의 활성화가 자기애적 대상 관계의 형태로 발생한다는 사실을 기억한다면, 그때 분석가는 환자에게 그가 어떻게 반응하는지 보여줄 수 있을 뿐만 아니라 그 반응들이 현재의 분석가에게 초점이 맞추어져 있다는 사실을 구체적으로 보여줄 수 있다. 이 전이 안에서 환자는 분석가의 태도와 행동을 과거에 자신이 자기애적으로 중요하게 경험했던 상황, 기능 그리고 대상의 재생으로서 경험한다. 더욱이 자기애적 장애의 분석에서 활성화된 병적 수준의 퇴행에서 환자의 사고와 행동은 여전히 불완전한 분리상태에 있기 때문에, 분석가는 또한 환자의 행동이 반복되는 "행동화"로 나타나는 것을 원초적인 의사소통 방법으로 침착하게 받아들여야 하며, 그런 관점에서 그 행동화들에 대해 반응하는 법을 배워야 한다.

만일 분석가가 비난하지 않는 일관된 태도로 해석을 제공한다면; 만일 분석가가 환자에게 구체적인 언어로 환자의 (종종 행동화된) 메시지들과 외관상 비합리적인 과민성 그리고 자기애적 전이의 변동과 흐름의 중요성과 의미를 분명히 밝혀줄 수 있다면; 그리고 특히 분석가가 환자의 전반적인 성격 발달단계의 맥락 안에서 관찰하고 분석하는 기능을 담당하는 환자 자신의 자아 부분에게 그의 병리적 태도들은 이해받을 수 있고, 적응적이고 가치있는 것으로 인정받을 수 있음을 보여준다면; 그때 환자 자아의 성숙한 부분은 자기애적 자기의 과대수의로부터 또는 대상(과내 평가되고 자기애적으로 경험된)이 지닌 두려운 특성들로부터 등을 돌리지 않을 것이다. 거듭해서 심리적으로 감당할 수 있을 만큼 조금씩, 자아는 과대적 자기의 주장들이 비현실적임을 깨닫는데 따르는 실망을 다루게 될 것이다. 이런 경험에 대한 반응으로, 자아는 자기의 원초적 상으로부터 자기애적으로 투자된 리비도의 일부를 철수시키거나, 아니면 새로이 획득한 심리구조에 힘입어 이와 관련된 자기애적 에너지를 중화하거나 또는 그것이 비성적인 목적을 지닌 활동을 추구하는데 사용되도록 전환시킬 것이다. 그리고 심리적으로 감당할 수 있을 만큼 조금씩, 자아는 이상화된 자기대상이 항상 사용할 수 있는 것이 아니며, 불완전한 존재라는 사실을 깨닫는데 따르는 실망을 다루게 될 것이다. 이런 경험에 대한 반응으로, 자아는 자기대상에게 투자된 이상화하는 리비도의 일부를 철수시킬 것이며, 이에 상응하는 내적 구조를 강화시킬 것이다. 간단히 말해서, 만일 자아가 우선 활성화된 자기애적 형태들을 있는 그대로 받아들이는 것을 배운다면, 그 자아는 점차 그것들을 자신의 영역 안으로 통합할 것이며, 분석가는 환자의 자아가 그의 성격의 자기애적인 부분을 지배하고, 자신의 자아의 자율성을 확립하는 과정을 목격할 수 있을 것이다.

외상적 상태

대다수의 자기애적 성격장애 환자들의 중화하는 정신의 기본구조가 충분히 발달하지 못했다는 사실에 비추어 볼 때, 이런 환자들은 자신의 욕구와 갈등을 성적인 것으로 전환시키는 경향이 있을 뿐만 아니라 그 외에도 많은 다른 기능적 결함을 드러낸다. 그들은 쉽게 상처받거나 과민 반응을 보이며, 끝없는 공포를 느끼고 걱정하는 경향이 있다. 그러므로 분석과정에서 (그들의 일상 생활에서와 마찬가지로) 그런 환자들은 특히 치료 초기에 반복적으로 외상적 상태를 경험하기 쉽다. 그런 경우에 분석의 초점은 일시적으로 정신이 과도한 부담을 안고 있다는 사실에 대한 고려, 즉 정신 에너지의 양적 조절의 불균형에 대한 고려로 이동한다.

물론 이러한 몇몇 외상적 상태들은 외적 사건들에 의해 촉발된다. 이 촉발적 요소는 모든 사람에게서 불안, 근심, 염려 등을 일으키는 모든 것과 관련되어 있기 때문에, 그것들을 구체적인 사항별로 논의하는 것은 의미가 없다. 다만 나는 여기에서 촉발적 사건의 내용이 아니라 그 사건에 대한 지나친 반응, 강렬한 심적 충격, 그리고 이러한 정신 상태에서 두드러지게 나타나는 정신 기능의 일시적인 장애가 문제가 된다는 점을 강조하려고 한다. 나는 구체적인 촉발적 사건에 대한 예 하나를 간단히 언급함으로써, 이러한 장애가 지닌 과도한 요소와 이러한 경험의 심리적 특성을 설명하겠다. 환자는 여러 번 (특히 자기애적 성격 분석의 초기 단계에서) 자신이 잘못했다는 수치감과 불안에 압도된 상태에서 상담하러 왔다.[10] 그는 자신이 상황에 어

---

10 다른 사람들의 현실 또는 상상에서의 부적절한 행동(관심을 요구하는 행동이나 화려한 복장 같은)에 대해 과도하게 민감하고 비판적인 경향은 대체로 자신의 과대주의와 과시주의가 불완전하게 통합된 상태로 남아 있는 사람들에게서 발견된다.

울리지 않는 농담을 하며, 회사에서 자신에 대한 말을 너무 많이 하고, 어울리지 않게 옷을 입는다고 털어놓았다. 자세한 검토를 통해서 드러난 환자의 고통은 그가 가장 취약했던 바로 그 순간, 즉 자신의 환상 속에서 영예로운 존재로 인정받고 갈채받기를 기대한 바로 그 순간에 갑자기 예기치 않게 거절받았다는 사실이었다. (말의 실수를 했을 때 느끼는 수치심은 어떤 잘못을 저지른 후에 느끼는 감정과 비슷하다. 그것은 스스로를 거장이라고 당연하게 믿는 바로 그 영역에서 갑작스럽게 자신을 형편없다고 느끼는 자기애적으로 고통스런 인식에 의해 야기된다[프로이트, 1917b]를 보라). 자기애적 환자는 자신의 실수에 대해 과도한 수치심과 자기-거절로 반응하는 경향이 있다. 그의 사고는 마술적인 방법으로 사건의 현실성을 제거하려고 시도하면서 거듭 고통스러운 순간으로 되돌아간다. 동시에 환자는 고통스런 기억을 지워버리기 위해 분노하며 자신을 거부한다.

자기애적 환자의 분석에서 이러한 순간들은 극히 중요한 순간들이다. 이 순간들은 종종 겉으로 보기에 사소한 사건을 통해서 그에게 야기되는 고뇌에 대해서 반복적으로 말하는 환자의 이야기를 들어주어야 하기 때문에, 분석가의 인내가 요청되는 순간들이다. 오랜 시간 동안 분석가는 환자를 고통스럽게 하는 정신의 불균형 상태에 공감적으로 참여해야 한다; 분석가는 자신이 저지른 실수를 돌이킬 수 없다는 사실에 대해 환자가 느끼는 분노와 고통스런 당혹감을 이해해야 한다. 그리고 나서 점차 그 상황의 역동성을 이해하는 데로 나아갈 수 있으며, 수용적인 언어로 갈채받고 싶어하는 환자의 소망에 대해서, 그리고 그의 아동기 과대주의와 과시주의의 불안정한 역할에 대해서 그에게 확인시켜 줄 수 있다. 그러나 아동기의 과대주의와 과시주의 또한 비난받아서는 안 된다. 한편으로, 분석가는 어떻게 이 영역에서 수정되지 않은 아동기 요구가 침범함으로써 환자에게 실제로 당황스런 상황을 야기시켰는지를 보여주어야 하며; 다른 한편으로, 분석가는 환자의 이런 추구들에 대해 공감적으로 이해해 주고, (발생학적 맥락에서 볼 때) 그 추구들이 정당한 것임을 인정해 주어야 한다. 이와 같은 예비적 통찰의 기초 위에서 분석가는 환자의 강렬한 격노와 자기 거절의 원인을 좀더 깊이 이해할 수 있다. 이때 환자에게는 이와 관련된 기억들이 떠오를 것이며, 그 기억들이 수정되고 상담 초기에 말했던 내용들 또한 수정되는 경향을 나타낼 것이다. 그것들은 종종 성인들의 칭찬과 관심을 받기 원하는 아이의 정당한 요구가 받아들여지지 않았던 상황, 즉 아이가 가장 자랑스럽게 자신을 드러내고 싶어한 바로 그 순간에 경시당하고 조롱당했던 상황과 관련된 것들이다.

물론 이러한 자기애적 성격장애의 치료에서 분석 작업은 분석기간 내내 하나의 특정한 실수와 같은 외적 사건에 대한 반응(또는 임상적 전이의 상황 안에서 유사한 단일 사건에 대한 반응)으로만 이루어지는 것은 아니다. 비록 더디기는 하지만, 이런 유형의 반복된 외상적 상태에 대한 체계적인 분석을 통해서만 강한 저항의 중심에 놓여있는 뿌리 깊은 과대주의와 과시주의는 이해될 수 있으며, 과도한 수치감이나 거절당하거나 조롱당하는 것에 대한 공포 없이 자아에 의해 감당될 수 있다. 자아는 그것들에게 접근할 수 있게 됨으로써, 원초적 자기애적 욕동 및 관념을 용납될 수 있는 야망과 자존감으로 그리고 그 야망과 자존감을 사용하는데서 오는 즐거움으로 변형시키는 적절한 구조들을 세울 수 있게 된다.

자기애적 성격분석의 중간 단계에서 또는 심지어 후기 단계에서 전형적으로 발생하는 심리적 외상들도 있는데, 이것들은 역설적으로 종종 공감적으로 주어진 정확한 해석에 대한 반응으로 나타나기도 한다. 사실 공감적으로 주어진 정확한 해석은 긴 안목으로 본다면 언제나 그런 결과를 가져오지만, 분석의 진전을 촉진시킨다. 분석가는 우선 이런 반응들을 무의식적인 죄책감의 영향으로 설명하는 경향이 있다; 즉 그것들을 부정적 치료 반응이라고 추정하기 쉽다(프로이트, 1923). 그러나 여러 가지 면에서 이런 설명은 옳지 않다. 자기애적 성격장애자들은 일반적으로 죄책감의 영향을 크게 받지 않는다(그것들은 이상화된 초자아가 행사하는 압력에 부당하게 반응하지 않는 경향이 있다). 그들은 주로 수치감에 의해 압도당하는 경향을 갖는다. 즉 그들은 과대적 자기의 원초적 측면들의 분출, 특히 그것의 중화되지 않은 과시주의에 대해 반응한다.

다음 사례는 B의 분석 치료에서 나온 두 번째 유형(일반적으로 분석의 초기 단계가 지난 **후**에 발생하는 종류)에 속하는 외상적 상태를 보여주는 예이다. 전에 언급했듯이, 종종 심각한 정신 에너지의 양적 조절의 불균형 상태들과 그것들의 정신적 구성물들은 (a) 정확한 해석들에 의해 촉발되며 (b) 환자의 반응의 성질을 이해하지 못하는 분석가의 일시적인 실패에 의해 지속되고 연장된다.

여기에서 제시하는 내용은 B가 분석을 시작한지 1년쯤 되었을 때 주말을 보내고 난 다음의 면담에서 발생한 것이다. 그는 분리를 더 잘 견딜 수 있는 자신의 능력에 대해 비교적 조용히 이야기했다. 예컨대, 그는 분석가와 떨어져 있는 주말에 그를 이해해 주고 달래주는 여자 친구가 최근에 다른 지방으로 이사가고 없었음에도 불구하고 자위행위를 통해서 자신을 진정시키지 않고서도 잠들 수 있었다. 그리고 나서 그는 자신의 외로움 핵심에 자리잡고 있는 것으로 여겨지는 특정한 "어린 소년의 욕구"에 대해 깊이 생각하기 시작했다. 그는 자신의 어머니가 그녀 자신의 몸을 혐오했으며 신체적 접촉을 아주 싫어했다고 말했다. 이 지점에서 분석가는 환자에게 그의 불안과 긴장은 어머니의 태도로 인해 생겨난 결과이며, 그것은 그가 자신에 대해 "사랑스럽고 만지고 싶은" 사람이라는 믿음을 형성하지 못했다는 사실과 관련되어 있다고 말해 주었다. 얼마의 침묵이 흐른 후에 환자는 분석가의 진술에 다음과 같이 대답했다: "바로 그것이었어요!" 이런 탄성에 이어 그의 애정생활의 세부 내용에 관한 짤막한 설명이 뒤따랐다. 그리고 나서 그는 다시 자신으로 하여금 마치 벌레나 오물인 것처럼 느끼게 했던 그의 어머니(그리고 자신의 전처)에 대해 언급했다. 마침내 그는 침묵에 도달했다; 이 모든 것이 끔찍스럽게 느껴진다고 말했다; 그의 눈에는 눈물이 가득 고였으며, 상담 시간이 끝날 때까지 그는 말없이 울었다.

다음 날 그는 흐트러지고 깊은 고뇌에 찬 모습으로 면담장소에 도착했고; 그 다음 주 동안에도 흥분되고 몹시 혼란스러운 상태에 머물렀다. 그는 분석 시간이 너무 짧다고 불평했으며, 밤에 잠을 잘 수 없고 결국 지쳐서 잠이 들기는 해도 편히 잠을 잘 수 없으며, 불안하고 흥분시키는 수많은 꿈들을 꾼다고 보고했다. 그는 연상을 통해서 자신이 공감적이지 못한 여성들에 대해서 분노하고 있음을 알게 되었다. 그는 분석가에 대한 명백하고 노골적인 성적 환상들을 갖고 있었으며, 젖가슴을 먹어치우는 위협적인 구강기-가학적 상징들(윙윙거리는 벌들)이 나타나는 꿈을 꾸었다. 또한 자신이 마치 살아있지 않은 것 같으며, 마치 모든 전선들이 뒤엉켜 있는 고장난 라디오와 같이 느껴진다고 했다. 그리고 놀랍게도 그는 "전등의 소켓 안에 있는 젖가슴들"과 같은 기괴한 환상들(치료 초기에 나타났던 종류의)에 대해 묘사하기 시작했다. 환자의 외상적 상태에 대해 방향을 잡지 못하고 있던 분석가는 비공감적이었던 그의 어머니에 대해 언급함으로써 그를 도우려 했지만 소용이 없었다. 분석가는 얼마의 시간이 경과한 후에야 그때를 회고하면서 (그후에 비슷한 일화에서 확인되었듯이) 이 사건의 의미를 이해할 수 있었으며, 환자가 비슷한 상황에 들어갈 때 그의 흥분상태를 쉽게 극복하도록 도울 수 있었다.

이 환자의 외상적 상태는 본질적으로 그가 분석가의 정확한 해석에 대해 과도하게 민감한 반응을 보이며 흥분하는 사실에서 알 수 있었다. 그의 취약한 정신은 아동기 이후로 존재해 온 욕구의 만족(또는 소망 성취), 즉 그에게 아주 중요한 인물에 의해 주어지는 좋은 공감적인 반응을 다룰 수 없었다. 그의 어머니의 공감적인 신체적 반응에 대한 아동기 소망(또는 욕구)은 분석가가 그것에 대해 말로 표현했을 때 갑자기 강렬하게 자극되었다. 특히 분석가가 환자에 대해서 "사랑스럽고 만지고 싶은"이라는 말을 했을 때 그의 만성적인 방어는 무너졌다. 따라서 그의 정신은 흥분으로 넘치게 되었으며, 갑자기 강렬하게 자극 받은 자기애적 리비도는 정신 활동의 속도를 크게 가속화시켰고, 자기애적 전이를 성적인 것으로 전환시켰다. 그러나 마지막 분석에서 흥분의 원인으로 드러난 것은 환자의 기본적인 심리적 결함이었다: 그의 정신은 분석가의 해석에 의해 촉발된 구강기의 (그리고 구강기-가학적) 자기애적 긴장을 중화하는 충분한 능력을 갖지 못했으며, 이런 긴장을 어느 정도 비성적인 목적을 지닌 환상들로 승화시킴으로써 그것을 애무, 낭만적 이상화, 또는 심지어 창조성과 일에 대한 소망들로 변형시키는 자아 구조를 갖지 못했다.

종종 이와 같은 강렬한 충격적인 반응들의 내용은 매우 다양하며, 그러한 반응들은 환자의 전체 성격구조 뿐만 아니라 정신 에너지의 불균형적인 양적 조절과 자아의 무기력 상태(그것은 상대적으로 불충분한 자아의 조절 기능에 기인한다)를 촉발시키는 특정한 사건에 의해 결정된다. 어떤 환자들은 그런 상황에서—히스테리 환자들이 마치 자신들은 기괴한 신경학상의 질병으로 고통당하고 있는 것처럼 행동하듯이—마치 "미치광이"처럼 행동한다. 그러한 일시적인 정신적 불균형 상태들을 관찰하는 사람은 환자가 마치 제정신이 아닌 듯이 행동하지만, 실제로 그는 미친 것도 아니고 꾀병을 부리는 것도 아니라는 점에 대해 의아스런 느낌을 갖게 된다. 몹시 비정상적인 환자의 행동은 분석 상황 바깥에서 위험한 활동으로 나타날 수 있다. 그러나 일반적으로 이런 급성적인 형태의 정신병리는 정신분석 상황 안에서 언어 사용으로 국한되는 경향이 있다; 즉 환자는 대체로 사회적으로 위험한 행동을 저지르지 않을 수 있는 충분한 현실 감각을 갖고 있지만, 분석 상황에서 나타나는 행동은 언어의 퇴행적 사용, 노골적인 농담에 가까운 유머, 그리고 말이 되지 않는 의사소통에서 풍기는 강한 항문기-가학적 또는 구강기-가학적인 특성들로 인해 매우 기괴한 모습으로 나타난다.

문학에서 그 유비를 찾는다면, 우리는 햄릿의 행동이 보여주는 몇몇 측면들을 이런 맥락에서 언급할 수 있을 것이다. 햄릿의 행동은 공감적 관찰자로 하여금 그가 진짜 정신적 질병으로 고통 당하고 있는지 아니면—어느 정도 의식적으로—다만 제정신이 아닌 척 하고 있는 것인지에 대하여 쉽게 대답할 수 없는 의문을 갖게 한다. 내 생각에 그 문제는, 우리 환자들의 유사한 외상적 일화에서 그렇듯이, 햄릿의 자아가 내면의 적응과 변화라는 커다란 과제에 의해 압도됨으로써 비교적 일시적인 정신적 불균형 상태에 처해 있다는 사실을 이해한다면, 곧 해결된다. 구체적으로 말하자면, 우리는 햄릿이 아주 이상주의적인 젊은이였다는 많은 암시들(아마 온 국민이 왕자를 사랑한다는 반응을 포함하여)에 기초해서, 그는 세상과 특히 그를 둘러싼 가까운 사람들을 본질적으로 좋고 고귀한 것으로 믿었다고 가정할 수 있다. 비극의 원인이 된 그 사건(그의 삼촌과 어머니가 공모하여 아버지를 살해한 범죄)이 일어났을 때, 그의 세계관에 대한 전반적인 전환, 즉 기본적으로 그의 중심적 가치를 이루고 있던 모든 것에 대한 평가 절하와 함께 세상에서 악의 역할에 대한 현실성을 인정하는 새로운 세계관의 창조가 그에게 요구되었다. 가치와 이상의 (자기애적) 영역에서의 이러한 전체적인 변화는 강력한 오이디푸스적인 긴장들로부터[11] 오는 자아에 대한 요구를 동시적으로 다루어야 하기 때문에, 정신적 기구에 과중한 부담을 주게 된다. 그러나 오이디푸스적인

---

11 프로이트의 해석(1900, p. 294ff.)을 보라: 또한 Jones(1910)를 보라.

갈등만으로는 햄릿이 경험한 외상적 상태의 범위와 성질을 다 설명할 수 없다; 햄릿은 자신이 믿어온 세상이 "와해된 상태"가 되었다는 사실과 대면해야 했기 때문에 그의 정신은 "와해된 상태"가 되어 있었다. 처음에 그는 과거의 이상주의적인 세계관을 붕괴시킨 새로운 현실에 대해서 부인(否認)으로 반응했다. 그 부인 다음에는 부분적으로 심히 혼란스럽고 원치 않는 환상이 유사-망상적인 형태(아버지의 유령의 모습)를 띠고 햄릿의 인식 안으로 침범해 들어오는 일이 뒤따랐다. 현실에 대한 새로운 견해를 부분적으로 수용하는 이 시기 동안에 햄릿 자신이 발견한 사실이 지닌 중요성에 대한 부분적인 부인은 진실에 대한 인식과 함께 나란히 유지된다. 햄릿의 성격의 한 부분은 심리적으로 그 진실을 인정하지만, 다른 부분(자아의 수직적 분리)은 고립된 채로 남아 있다. 그리고 나서 외상적 상태가 가장 전형적인 모습으로 드러나는 단계가 온다; 그것은 (a)냉소적인 농담에서부터 무모하고 공격적으로 폭발하는 감정의 표출 현상; 그리고 (b) 철학적인 상념에서부터 깊은 우울증적 몰두에 이르는 철수 현상에 의해 특징 지워진다.

우리가 만나는 대부분의 환자들은 햄릿이 경험한 것과 같은, 즉 그의 전체 세계의 상을 산산조각으로 만들 정도로 심각한 정신적 긴장에 직면하지는 않는다. 그러나 자기애적으로 취약한 사람의 깨지기 쉽고 불완전한 자아의 상대적인 불균형은 세익스피어의 작품에서 위대한 왕자에 의해 제시되는 것과 매우 유사한 임상 상황을 만들어낼 수도 있다.

여기에서 분석가의 현존과 환자의 외상적 상태에 대한 분석가의 반응은 아주 중요하다. 그것은 분석가의 현존과 반응이 환자의 붕괴된 정신기구를 빠르게 회복시킬 뿐 아니라 특히 환자로 하여금 자신의 정신적 불균형 상태의 원인과 반복되는 외상적 상태의 성질을 이해하도록 돕기 때문이다.

다른 말로, 만일 분석가가 이런 외상적 상태들을 인식하는 것을 배우다면, 그것들이 비중화된 자기애적 리비도(종종 구강기 가학적)로 채워져 있기 때문임을 이해한다면, 그리고 자신이 이해한 것을 적절하게 제시된 해석을 통해서 환자에게 의사소통한다면, 그때 환자의 흥분은 대체로 가라앉게 될 것이다. 예컨대, 분석가는 환자에게 그가 이전의 상담 시간에 얻은 이해와 통찰로 인해 마음이 상당히 혼란된 상태에 있으며, 현재에 그는 자신의 균형을 되찾는데 어려움을 겪고 있다고 말해 주어야 한다. 이전의 해석의 내용(예컨대, B의 사례에서 유지되고 접촉되어야 하는 원초적 욕구에 대한)을 다시 언급하는 일 없이, 또는 그것을 강조하지 않거나 왜곡시키는 일없이 분석가는 환자에게 다음과 같이 말해 주어야 한다. 즉 환자 자신의 오래된 소망과 욕구들이 지닌 강렬함을 인식하기란 때때로 매우 어려운 일이고, 환자는 당장 그 욕구들의 충족을 감당할 수 없으며, 따라서 현재의 상태는 자신의 과도한 흥분을 제거하려는 시도로 이해할 수 있다고 말해 주어야 한다. 상담 시간이 너무 짧다는 B의 느낌과 같이 역동적으로 중요한 내용들은 그가 지닌 긴장과 그것을 다루려는 능력 사이의 모순에 대한 표현으로서 그의 내면의 정신적인 불균형을 보여주는 것이라고 말할 수 있다. 이 모든 것이 명료하게 드러내는 몇 가지 사실은 다음과 같다: 긴장 및 긴장의 해소와 관련된 환자의 어린시절의 경험이 재구성될 수 있으며, 그는 자신의 아동기에 긴장을 해소시켜 주는 성인의 도움을 필요로 했지만, 그의 어머니는 적절한 경험을 허용해 줄 수 없는 성격이었으며, 그런 이유로 그는 치료과정 안에서 일시적으로 이런 옛 상태를 재경험하였다.

앞에서 언급한 이 모든 진술들은 환자가 정신적 불균형을 겪는 순간에 분석가가 취해야 하는 일반적인 태도를 묘사하기 위한 것에 지나지 않는다. 내 경험에서 흥분의 문제를 다루는 것은 대체로 어렵지 않았다. 일반적으로 환자의 흥분상태는 곧 가라앉을 뿐 아니라 그 과정을 통해서 자신에 대해 많은 것을 배우게 된다. 마지막으로 그러나 그 중요성에서 마지막은 아닌 하나의 분명한 사실은 이 순간에 심리구조를 세우는 작업이 시작된다는 점이다. 지금까지의 치료과정을 통해 얻어진 통찰 덕택에 환자는 자기애적 긴장들을 인식할 수 있으며, 따라서 그 긴장들을 다양한 관념적 상황들로 전환시킬 수 있다. 게다가, 그는 분석가의 도움 없이, 점차로 이미 친숙해진 이러한 긴장 상태들이 증가되는 상황을 다루는 방법을 터득한다. 예컨대, 이런 과정에서 때때로 환자는 흥분이 밀려오는 주말에 분석가가 실제 자신과 함께 있다고 상상하거나 또는 분석가가 그들에게 했던 말을 빈복할 것이다. 그러나 이러한 심한 동일시들은 조만간 없어지고, 진정으로 내면화된 태도로 그리고 출현하는 독립적인 성격의 구체적인 획득물로 대체된다. 즉 지금까지 그의 정신 안에 잠재적인 초기 형태로 존재해 왔지만 발달의 기회를 갖지 못했던 능력들(예를 들면 유머감각)이 꽃을 피우게 된다.

제 9 장

자기애적 전이에 대한 임상적 설명

정신분석적 심리학의 틀 안에서 (발달적 고려를 포함하여) 이론적 명제들의 합리성과 일관성 및 그것들의 경험적 토대와 임상적 타당성을 증명해 보이기란 현재의 설명에서는 어려운 일이다. 어떤 단일한 설명 장치를 통해서 이것을 증명하기란 불가능할 것 같다. 이 일을 위해서 우리는 이론적 논점과 임상 사례 요약 사이를, 그리고 보다 광범위한 이론적 진술들과 사례 보고들 사이를 번갈아 왕복해야 할 것이다. 즉 우리는 다중적 접근을 통해서만 우리가 다루고 있는 현상에 대한 일관성 있는 이론적 및 임상-실험적인 이해에 도달할 수 있을 것이다.

정신분석학이 학문적으로 발전하기 위해서는 임상적 관찰과 이론적 공식이 합치해야 한다는 일반적인 금언을 뒷받침하기 위해서, 그리고 다음과 같은 서로 독립적인 두 개의 구체적 목표를 위해서 두 개의 사례를 제시할 것이다.

1. 다음의 임상 보고는 환자의 주된 정신병리를 구성하고 있는 과대적 자기가 치료적으로 활성화되는 특정한 유형의 예로서 제공된다.

특정한 임상적 내용들에 대한 묘사와 근저의 정신병리에 대한 개요를 담고 있는 이 임상 자료는 거울 전이와 정신병리의 특성들을 설명하기 위해 앞에서 인용했던 몇몇의 진술과는 대조적으로, 시간적인 길이나 깊이 모두에 있어서 자기애적 성격장애에 대한 어느 정도의 포괄적인 이해를 제공하기 위한 것이다. 이렇게 함으로써 자기애적 성격장애의 대표적인 집단들이 지닌 전체적인 구조에 대해 일별하고자 한다. 따라서 이 사례는 현재의 연구의 틀 안에서 거울 전이의 주제와 관련해서 중요한 위치를 차지하고 있다. 이것은 사례 A(3장)가 이상화 전이의 주제와 관련해서 중요한 위치를 차지했던 것과 같다.

2. 이 임상 자료는 과대적 자기의 치료적 활성화에 대한 좋은 예가 되는 것 외에도, 자기애적 성격장애에서 드러나는 기본적인 역동적-구조적 상황에 대한 이론적 탐구(7장에서 시작된)를 계속하기 위한 출발점으로 사용될 수 있다. 초기에 행해진 조사는 (1) 자기애적 성격장애들에서 종종 볼 수 있는 정신의 수직적 분열과 (2) 단독적인 것이든(일반적인 현상은 아닌) 정신의 수직적 분열과 혼합된 것이든, 이러한 장애의 모든 사례에서 제시되는 정신의 수평적 분열 사이의 관계를 포함한 것이었다. 초기에, 특히 J씨의 사례에서 지적했듯이, 정신의 수평적 분열은 종종 확인하기 어렵고 간과되기 쉽다. 비록 수평적으로 분열된 자기애적 형태들이 깊은 영향을 끼친다고 할지라도, 그것들은 일반적으로 수직적으로 분열된 부분에 의해 공공연하게 드러나는 과대주의보다 눈에 훨씬 덜 띈다. 수평적으로 분열된 자기애적 형태들이 지닌 비교적 눈에 잘 띄지 않는 요소와 관련해서 중요하게 부각되어야 할 점은 다음과 같다. 첫째 주의 깊고 체계적인 정신분석적 조사는 자기애적 성격 안에 항상 정신의 수평적 분열이 존재한다는 사실을 드러낸다. 둘째 치료자는 정신 안에 중요한 수직적 분열이 존재하지 않는 것 같은 자기애적 환자들을 실제로 만날 수 있다. 이 후자의 경우들에서, 원초적인 자기애적 형태는 성격의 밑바닥에 가라

앉게 되어 성격의 성숙한 층들과 통합되지 못한다. 비교적 조용한 모습으로 나타나는 이러한 발달적 결함은 그 결과로 자기애적 영역에서의 다양한 성격적 결함을 가져온다. 이런 결함들 중에 자존감의 결여는 성숙하고 현실적인 형태의 자기애적 리비도, 즉 자기에 대한 의식적인 표상을 위한 영양분을 충분히 공급받지 못한데서 기인한다. 이것은 많은 양의 자기애적 리비도가 성격의 밑바닥에 가라앉은 원초적 구조에 집중된 채로 남아있기 때문에 생긴 결과이다. 건강염려증적 몰두, 수치스러워하는 성향, 때때로 불안하고 급격한 조적 흥분 상태를 수반하는 깨어지기 쉬운 방어적인 오만함 등이 갑작스럽게 출현하는 이유는 제대로 차단되지 못한 원초적 구조들이 통제되지 않고 현실적인 정신의 층들 안으로 침입해 들어오기 때문이다.

그러나 대부분의 거울 전이에서, 수직적으로 분열된 과대적 요소는 행동 무대의 중심에 위치하고 있으며, 무의식적이고 수평적으로 분열된 과대적 요소는 수직적으로 분열된 부분과 현실 부분의 통합을 향한 발달이 상당 정도 이루어진 후에야 마침내 극복과정에 들어갈 수 있게 된다(J의 사례 보고와 표 3을 보라). 수직적 분열을 만들어 내고 유지시키는 동기는 대체로 이해할 수 있는데, 그것은 자기애적 영역에서의 심리 경제적 불균형에서 오는 특정한 불안 때문이다. 그러나 수직적으로 분열된 정신의 부분과 현실 자아 사이에 세워진 방어벽의 성질과 그것이 영향을 미치는 방법에 대해서는 훨씬 더 많은 연구를 필요로 한다. 현실 자아가 노골적인 자기애적 주장들과 오만함 등의 분열된 정신 부분과 직면하게 될 때 활성화시키는 저항의 심리학적 본질은 무엇인가? 왜 정신의 오른손(낮은 자존감을 지닌 채 중심에 위치해 있는 현실 자아)은 그것의 왼손(분열된 과대적인 부분)이 하는 일을 모르는가? 내가 믿고 있듯이, 그 방어벽은 프로이트(1927)가 주물 숭배자의 상황을 묘사하면서 설명한 부인의 기제와 비슷한 것인가?

비록 이런 질문들이 중요한 것이기는 해도, 다음의 사례 보고는 수직적으로 분열된 정신의 부분들 사이의 장벽에 관한 것이 아니라 수평적으로 분열된 부분 사이의 장벽에 관한 것이다. 다른 말로, 우리는 프로이트(1915b)가 고전적인 전이 신경증의 기초를 형성하는 것으로서 묘사한 심리적 조건과 여러 가지 점에서 비슷한 내용들을 조사할 것이다. 따라서 여기에서 묻고자 하는 한 가지 질문은 자기애적 성격 장애에서 정신의 수평적 분열의 성질에 관한 것이다. 이것은 J의 사례에서 보았듯이, 수직적으로 분열된 영역에 대한 충분한 발달이 이루어신 후에야 수평직 분열이 분명히 드리나는기 아니면, 다음에 논의할 K씨의 사례에서처럼, 병인적 과대적 자기가 주로 무의식적 형태로 현존하고 있는가, 즉 성격의 심층에 묻혀 있는가라는 질문으로 요약될 수 있다.

내가 명료화하려는 구체적인 문제는 두 가지 질문과 관련되어 있다: (a) 자기애적 구조들은 억압 안에 존재한다고 할 수 있는가? (자아가 근저의 억압을 지탱하기 위해 어떤 다른 이차적인 방어들을 사용하든지 관계없이); 그리고 만일 첫 번째 질문에 대한 대답이 긍정적인 것으로 판명된다면, (b) 억압된 자기애적 형태와 관련된 (K씨의 경우, 지배적으로 과대적 자기와 관련된) (전)의식적인 행동들 안에 담긴 초심리학적인 내용은 활성화된 무의식적 구조와, 프로이트(1900)가 "전이"라고 불렀던 (전)의식적 정신 내용이 혼합된 것인가? 전이라는 용어의 의미는 1900년 프로이트가 구조적-역동적으로 정의한 이후로 점차 바뀌어 왔으며, 지금은 광범위한 임상적 의미를 갖고 있다. 따라서 그것이 말하는 개념은 초기 초심리학적 정확성을 어느 정도 상실했다고 할 수 있다. 그러나 다른 곳에서도 주장했듯이 (코헛, 1959), 전이에 대한 프로이트의 초기 개념화는 전이의 기본적인 방향을 설정했다는 점에서 결코 그 의미가 과소 평가될 수는 없다.

앞에서 서술한 개론적 고려 사항들을 염두에 두면서, 임상적 설명을 시작해 보겠다. 우선, 짧은 이상화 시기 이후에 분석가와 비교적 튼튼하고 조용한 자기애적 관계를 형성했던 40대 초반의 산업 기술자 K의 분석에서 얻은 꿈의 자료를 생각해 보겠다. 이 전이는 처음에는 거의 대상이 정교화되지 못한, 융합 전이와 쌍둥이 전이 사이의 경계에 위치한 것이었다; 나중에야 비로소 분석가가 반향해 주고 긍정해 주며, 확인해 주기를 바라는 요구가 증가했다; 즉 엄격한 의미에서의 거울 전이가 점차 형성되었다.

내가 이 임상 자료에서 초점을 맞추고자 하는 측면은 나와 떨어지는 이별이 다가오거나 또는 면담 약속 시간이 변경될 때 나타나는 환자의 반응과 관련된 것이다. 그런 상황에서 환자는 일반적으로 정서적으로 철수하고 피상적이 되며, 만성적으로 우울해지는 경향을 보일 뿐 아니라, 꿈의 양상이 두드러지게 변화했다. 일반적으로 그의 꿈들은 사람들로 가득 차 있었으나 나와의 이별에 직면할 때마다, 그는 복잡한 기계들, 전기 배선 그리고 돌아가는 바퀴들에 대한 꿈을 꾸었다. 처음에 그는 자신의 정서적 반응(그의 자존감을 심각하게 저하시키는)이 이별과 관계가 있다는 사실을 알지 못했다. 내가 대상 리비도와 대상 공격성의 수준에서 제공한 해석은 치료에서 의미있는 진전을 가져오지 못했다. 예컨대, 그의 꿈에서 돌아가는 바퀴들은, 내가 처음에 생각했듯이, 나의 여행을 방해함으로써 나를 떠나지 못하게 하려는 그의 소망을 표현하는 것이 아니라, 신체적인 긴장과 자신에 대한 강렬한 관심으로 후퇴하는 퇴행, 그리고 어떤 커다란 아동기 외상에 따른 자기애적 긴장 상태에서 기인하는 초기의 건강염려증적인 몰두와 비슷한 경험들을 나타내고 있었다. 꿈에 나타난 전선들, 바퀴들 그리고 기계의 다른 면들은 나중에 그가 아동기에 무시되고 유기되었다고 느꼈던 어느 순간에 자신의 몸에 대해서 걱정하면서 상상한 자신의 몸의 부분들에 관한 환상에 대해 언급했을 때, 비로소 그 의미가 이해될 수 있었다.

일반적인 용어로 말하자면, 이런 경우에 최근에 경험한 자기애적 상처에 대한 기억에 이어서 아동기의 자기애적이고 자체 성애적인 반응들에 대한 회상으로 인도하는 무의식적이고 자기애적이며 자체 성애적 구성물들—즉 자기의 초기 단계들과 그것의 파편화된 전조들—에 대한 기억이 출현한다. 이러한 일련의 과정들에 대한 관찰을 통해서, 환자의 정신 안에는 자기애적 시기 또는 자기애적 시기 이전에 생긴 상처가 있으며, 그 상처가 무의식적인 상태에 머물러 있다가 최근의 자기애적 상처의 경험으로 인해 자기애적 리비도의 집중을 내내적으로 받게 되있다는 가징을 경험직으로 획인힐 수 있다. 이때 유입된 자기애적 리비도는 **현재**의 자기로부터 철수되어 억압된 **원초적 자기 표상**들을 중심으로 모여 있다고 말할 수 있다.

앞에서 서술한 임상적 설명은 무의식적인 자기애적 구조들이 존재한다는 사실, 즉 자기애적 에너지가 집중된 자기는 억압된 특정한 생각과 환상들을 갖는다는 사실을 보여준다. 그러나 무의식적인 자기애적 구조들 그 자체가 전이는 아니며, 이들은 다만 전이를 위한 전제 조건이다; 게다가 예전의 자기 표상은 (활성화된 상태에서) 현재의 현실과 관련된 사고의 내용에 영향력을 행사하며, 역으로 그것은 다시금 현재의 요소들에 의해 영향을 받는다(즉 그것은 심리적 촉발로서 작용하는 현재 사건들에 대한 반응으로 활성화된다). 임상 사례에서 우리는 실제로 치료적으로 활성화된 과거와 현재 사이의 이 두 가지 관계들을 구별할 수 있다: (1) 하나는 환자의 신체와 자기에 관한 초기의 상이 그가 낮 동안에 겪은 경험의 잔여물과 결합된 꿈에서 찾아볼 수 있다. 예컨대, 환자는 꿈에서 자신의 신체 및 자기에 관한 초기의 상을 현재의 관심에 의해 자극된 기계와 전기 배선의 상과 결합하여 전의식적 관념의 형태를 만들어 낸 것으로 보인다; (2) 다른 하나는 치료 기간 동안에 퇴행(면담 약속의 취소와 같은)을 발생시킨 유사한 사건들 그리고 환자의 아동기 경험 가운데 리비도 집중이 급작스럽게 변동(부모의 철수)될 때 그가 느꼈던 감정을 촉발시키는 사건들에서 찾아볼 수 있다.

우리는 처음에 기계들, 돌아가는 바퀴들과 전기 배선에 대한 꿈의 내용에 관심을 기울일 것이다. 기계에 관한 꿈들이 지닌 초심리학적인 구조는 엄격한 의미에서 전이의 구조이다(프로이트, 1900, p. 562; 또한 코헛 1959; 코헛과 자이츠, 1963을 보라). 그러나 전의식적인 상태로 남아있는 낮에 겪은 경험의 잔재(기계와 관련된 현재의 관념)는 억압된 무의식적 내용(원초적 신체 - 자아)을 위한 매개체가 된다고 진술하는 것으로는 충분치 않다. 그것은 내가 표상적인 상징의 형식적인 퇴행만을 말하고 있다는 주장을 가능하게 하기 때문이다. 다른 말로 하면, 환자가 무의식적인 정신 내용을 다룰 때에 언어적 사고가 아니라 실버러(Silberer, 1909)가 묘사한 마치 최면적 퇴행과 같은, 잠을 자는 동안에 떠오르는 상(像)의 언어를 사용하고 있다는 사실이다.

그러나 환자의 꿈에 나타난 기계들은 의심의 여지없이 일반적으로 사용이 가능한 몸의 상징 그 이상이었다. 왜냐하면 기계들은 환자가 전 생애를 통해 확장시켰던 자기 경험의 중요한 의식적 차원을 구성하고 있기 때문이다. 그가 아동기에 가지고 놀았던 기계류의 장난감들, 썰매와 세발 자전거는 특별히 자기애적이며 자체 성애적인 긴장(몸에 대한 건강염려증적 걱정)을 극복하는 중요한 수단이었다; 이러한 기계를 다루는 다양한 기술과 특히 움직이는 복잡한 기구들을 다루는 뛰어난 그의 능력(예컨대, 그는 능숙한 경비행기 조종사였다)은 그가 성인이 되어서까지도 그의 자부심과 긍정적인 자기상의 중요한 구성요소를 이루고 있었다. 이런 요소들을 고려할 때, 그의 꿈에 기계들이 나타난 것은 그것들이 그림으로 표현되기에 적절해서가 아니라고 말할 수 있다. 오히려 그 기계들의 모습은 꿈 또는 전이 신경증에서의 대상 추구들과 마찬가지로, 자기 표상의 현재 측면과 원초적 측면이 서로 만나고 타협을 이룬 결과로 이해될 수 있다. 환자의 자존감이 타격(자기애적으로 경험된 분석가의 상실)을 받았을 때, 그의

(전)의식적인 자기표상은 리비도 집중에서 벗어나게 되었고, 아동기의 무의식적인 원초적 자기상들은 과대적 자기와 그것의 자체 성애적 파편화 사이의 경계 지점에서 과도하게 집중되었다. 그 결과로 그의 신체 자아는 위협적이고 고통스런 자기애적 긴장과 표현을 추구하게 되었던 것이다. 이와 같이 예전의 자기표상과 새로운 자기표상이 섞이고 일시적인 평정이 형성되는 타협의 현상으로서의 꿈이 나타나게 된 것이다.

앞에서 서술한 초심리학적 분석은 우리에게 특정한 자기애적 형태들과 전이 신경증이 지닌 유사한 전이 형태들 사이에 상당한 유사성이 있음을 보여준다. 두 경우 모두에서, 먼저 억압된 구조가 전의식적 표상으로부터 철수하고, 이 억압된 구조는 퇴행한 본능 에너지에 의해 과도하게 집중된다; 그리고 나서 이 과도하게 집중된 구조는 전의식적 자아에 침입하여 환자의 심리적 영역의 적절한 내용과 융합(접착 또는 타협의 방식으로)한다. 과연 이 유사성은 우리가 그런 꿈들을 전이 현상으로 말해도 될 정도로 충분한 것인가? 처음에 사람들은 그렇게 말하는데 크게 주저할 것이다. 왜냐하면 거기에는 초심리학적 의미에서 볼 때 전이의 본질적 요소들 중 하나인 대상-본능적 리비도 집중(object-instinctual cathexis)이 결여되어 있기 때문이다. 더욱이, 활성화되는 본능 세력이 자기애적인 질적 요소를 갖고 있다는 결정적인 사실 외에도, 거기에는 심지어 인지적 관념에서 조차도 대상이 존재하지 않으며: 무의식적 환상 안의 신체 자기의 표상뿐만 아니라 전의식적 상으로 나타난 기계의 표상도 대상의 질적 요소를 지니지 못한 것으로 나타나고 있다.

만일 우리가 꿈에 대한 초심리학적 평가로부터 자기애적 퇴행을 촉발시킨 심리적 사건으로 관심을 돌린다면, 지금 우리는 가장 엄격한 초심리학적 의미에서가 아니라 더 광범위한 임상적 의미에서 전이 반응을 다루고 있음을 곧 알 수 있을 것이다. 그리고 실제로 분석과정에서 얻게 되는 대부분의 정보는 이런 최초의 인상을 확인시켜 주는 듯하다. 많은 표면적인 저항이 제거된 후에 나타나는 환자의 정서적 후퇴는 분석가가 약속을 취소하거나 변경할 때 그리고 휴가를 떠날 경우에 나타나는 반응이라는 것이 분명해진다. 이와 유사한 반응들은 이미 분석 이전에 (특히 그의 부인과의 관계에서 그것들은 분석가에 대한 반응과 나란히 계속 발생하였다), 아동기에 그의 부모가 그를 두고 떠나갔을 때 일어난 것으로 확인되었다. 끝으로, 환자가 세 살 때 일어난 어머니의 임신과 남동생의 출생, 그리고 그와 동시에 또는 그후에 어머니가 그에 대한 관심을 철수하게 했던 사건들은 그의 후기 성격발달에 결정적인 영향을 주었을 뿐 아니라, 자기애적 고착의 주요 원인이 되었다. 이러한 자기애적 고착은 분석가에 대한 그의 반응들의 핵을 이루고 있었고, 이런 사실은 그가 어린 시절의 상처에 대해 많은 기억들을 분명하게 회상해냄으로써 확인되었다.

남동생의 출생이 아이의 자기애적 장애의 본질적인 원인이 아니라는 사실이 강조되어야 한다. 오히려 어머니의 자기애적 성격과 남동생이 출생한 후에 발생한 아이와 어머니와의 관계가 그가 받았던 외상적 충격과 그에 따른 병리의 원인이었다. 우리는 그에게 다른 형제가 없었더라도 마찬가지로 자기애적 고착들이 형성되었을 것이라고 가정할 수 있다. 따라서 남동생의 출생을 둘러싼 기억들이 분석에서 갖는 중요성은 그 기억들이 유사한 (초기와 후기의) 병리 발생적인 경험들을 보여주는데 있다고 가정할 수 있다. 사실, 남동생의 출생은 어떤 의미에서 환자의 정신 발달에, 특히 그의 자기애 영역의 발달에 긍정적으로 공헌했다. 그것은 양가적인 그의 어머니와 심리적으로 얽혀있는 상태를 단절시켰으며, 막다른 골목과 같은 상황에서 도피하려고 하는 두 가지 중요한 시도들을 활성화하였다. 그 시도들 중 하나는 성공적이었으나, 다른 하나는 불행히도 실패하였다. 그 실패는 환자가 자기애적 긴장을 해소시켜 줄 새로운 대상을 아버지에게서 찾으려고 했을 때—그런 상황에서 아주 전형적인 시도인—발생한 것 같았다. 세살 반이었을 때, 찬양되고 이상화된 부모상(남성적인 완벽함의 상)으로서의 아버지와 애착관계를 형성하려고 했던 그의 시도는 다음의 세 가지 요인 때문에 실패하였다: (1) 보이지 않는 그러나 매우 효과적인 어머니의 방해로 인해서; (2) 그가 대체로 만족을 주는 강력한 어머니와 얽혀 있는 상태에 빠져 있었기 때문에, 즉 그의 이전의 발달은 현재 갑작스럽게 요구되는 변동을 위해 준비되지 못한 상태였기 때문에; 그리고 훨씬 더 중요한 것은 (3) 아버지가 어머니에게 무시받음으로 인해 (예컨대, 그는 아내의 귀족적인 배경과 비교하여 자신의 집안이 낮은 사회적 계급의 배경을 가지고 있는 것에 대해 숨기려고 했다) 아들의 이상화를 감당할 수 없었고, 따라서 아들에게서 철수하였기 때문이었다.

아이는 신체적인 활동을 통해서 자기애적 긴장들을 보다 성공적으로 방출하였다. 비록 그것들이 과대적이고 비현실적인 (따라서 종종 그의 생활과 건강을 위험스럽게 했던) 경계 영역에 속해 있었다 하더라도, 그것들은 어느 정도 승화적 가능성을 포함하고 있었으며, 근저의 과대적 환상들과 과시주의를 현실성 있는 만족으로 바꿀 수 있는 가능성들을 제공하였다.

K로 하여금 그와 같은 건전한 치료적 변형을 성취하게 했던 자기애적 행동들을 설명하기 위해 전이라는 용어를 사용하는 것은 정당한 것인가? 나는 이 질문은 명백하게 대답할 수 있는 것이 아니며, 대체로 이론가의 개인적인 선호에 달려 있다고 생각한다. 나는 이런 용어상의 문제는 열린 문제로 남겨놓을 것이며, 이런 이론적인 문제들을 추구하는 대신에 임상 자료로 되돌아가서 분석기간 동안에 환자를 위해 분석가가 담당해야 하는 구체적이고도 경험적인 역할에 있어서 가장 중요한 요소들을 열거할 것이다.

1. 분석 초기 단계에서 환자는 분석가와 그의 전문적인 능력을 크

게 찬양하고 있을 보여주었다. 이런 환자의 태도(이상화 전이)는 급속히 형성되었으며, 몇 주 동안 지속되었다. 그리고 나서 그것은 보다 조용하면서도 강력한 치료자와 환자 사이의 유대에 의해 점차 대체되었는데, 이 유대가 바로 앞에서 논의했던 환자의 꿈 내용이 변하게 된 배경이었다. 이 전이 유대는 대상에 대한 인식이 거의 정교화되어 있지 않았다. 분석 자료가 거의 드러나지 않는 이유는 환자가 자신을 분석가와 조용하게 융합되어 있다고 느끼거나, 분석가를 제 2자아로서, 즉 자신의 사고와 경험을 공유할 수 있는 자신과 같은 사람으로 경험하고 있기 때문이다. 이런 자기애적 관계로 인해 환자는 점차 자신의 강력한 자기애적 욕구, 특히 신체적으로 용맹스러움을 보여줌으로써 자신의 과시적이고 과대적인 소망을 드러낼 수 있었다. 이런 분석 자료는 특히 이전에 환자에게 병적으로 장기화된 강하고 무조건적이며 무선택적인 자기애적 만족을 주었던 환자의 어머니가 그에게 등을 돌린 시기와 관련되어 있었다. 그리고 나서 그 아이는 아버지를 이상화함으로써 자신의 자기애적 리비도를 아버지에게로 전환시키려고 시도했다; 그러나 그의 시도가 실패했을 때, 그는 우울한 상태에서 외로움 (어머니와 융합된 예전의 느낌들을 재활성화시켜야 했던)에 빠지는 것과 놀이 친구[1]와의 관계에 대한 환상으로 후퇴하는 것을 번갈아 반복했다. 과대적 자기의 이런 단계들은 처음의 이상화 단계가 지나갔을 때 나타났으며, 이차적인 쌍둥이-융합 전이가 분석의 대부분을 구성하고 있었다. 그러나 분석이 진행됨에 따라 융합-쌍둥이 전

---

1 다른 맥락에서 언급된 환자 C는 (7장을 보라) 자신의 아동기를 회상하면서 태어난 새 아기(그의 미래에 대한 상상 속에서: 쌍둥이)에 대한 환상을 가지고 있던 사실을 기억해냈다. 그의 환상 내용은 새로 태어난 아기가 자신의 놀이 친구가 될 것이고, 그렇게 함으로써 그 아기는 자신이 어머니로부터 입은 상처를 치유받고 자기애적 균형을 회복하는데 어떤 역할을 할 것이라는 것이었다. 그가 어머니로부터 받은 상처는 어머니가 환자에게 자기애적으로 얽혀 있다가 임신과 함께 갑자기 철수함으로 해서 발생한 것이었다.

이는 점차 좁은 의미의 거울 전이로 대체되었다; 즉 환자는 자신이 분석가로부터 칭찬, 반향, 확인받기를 원하고 있다는 사실을 더욱 분명히 인식하게 되었다. 그러나 환자가 분석가와의 관계에 있어서 강조점은 여전히 분석가에게 있는 것이 아니라 그 자신과 그의 자기애적 요구들에게 있음이 분명했다. 오랜 분석기간의 마지막 해에 이르러서야 환자는 비로소 보다 응집적인 이상화 전이를 한번 더 형성하는 것으로 보였다. 그것은 특히 (어머니에게 거절당한 후에 아버지에게로 향했던 시기와 관련해서) 그의 이상화 시도들의 극복과정에서 마지막 단계로 이끄는 것 같았다. 그때 외직 사건으로 인해 분석을 중단할 수밖에 없었고, 따라서 이 경우에 마지막 단계에 대한 평가는 신뢰할 수 없었다. 그러나 새롭게 나타난 이상화의 짧은 분출들은 분석의 중간 단계에서, 즉 융합-쌍둥이 전이가 분석을 지배하는 동안 종종 만날 수 있었다. 이러한 짧은 이상화의 기간들은 자기애적 리비도의 발달과정에서 일시적으로 나타나는 잠정적인 단계를 보여주는 것으로서, 특히 분석가에 대한 이상화가 일시적으로 중단된 후에 환자가 분석가와의 융합-쌍둥이 전이를 통하여 자신의 과대적 자기를 활성화하는 기간으로 이해할 수 있다. 분석의 주된 부분을 차지하는 과대적 자기의 장기적인 활성화에 앞서서 일시적으로 나타나는 이상화된 부모상의 활성화 기간이 갖는 의미는 앞에서 이차적인 거울 전이의 맥락과 관련하여 토의한 바 있다(6장). 여기서 나의 관심은 주로 분석의 극복과정의 본질적인 기초를 구성하는 비교적 안정적인 전이에 있으며, 따라서 이러한 장기간의 유대에 대해서, 특히 치료과정에서 나타나는 몇몇 변천들의 문제에 대해서 다루고자 한다.

2. 앞에서 언급했듯이, 이 단계에서 나타나는 분석가와 환자 사이의 기본적인 관계는 공공연하든 은밀하든 분석가에 대한 찬양의 증거가 전혀 없거나 거의 없는, 그리고 대상의 특성에 대한 정교한 묘사가 전혀 없는 비교적 조용한 융합-쌍둥이 전이의 관계였다. 분석가는 조

용히 현존하는 자로 또는 후기의 다양한 거울 전의의 관계에서, 환자가 표현하는 것을 반향하는 자로 받아들여졌다. 분석가의 성공적인 해석은 주로 환자의 자존감, 그의 현재와 과거 및 그의 현재와 과거의 열망 및 야망과 관련되었다. 비록 이런 해석들은 때때로 심각한 저항을 일으키지만,[2] 분석가의 현존은 과대적 자기와 융합되거나 자신의 쌍둥이로서 환자에게 경험됨으로써 중요한 완충 기능을 하며, 환자의 자기에 대한 가치 평가는 감당할 수 있는 긴장의 범위 내에서만 그 변동(그 극단은 강렬한 낙관적 흥분으로서, 이것은 다양한 자기 몰입을 통해서 자신을 달래는 것에 의해 과도한 자극에서 철수한 후에 뒤따라 온다)이 유지되었다. 그러나 대체로 분석과정은 환자의 직무 능력을 확장시키고 책임을 떠맡을 수 있는 독립적인 능력을 증가시킴으로써 보다 현실성 있고 예측할 수 있는 방향으로 환자를 이끌었다.

3. 예정된 분석가와의 이별(또는 이와 비슷한 사건)로 인해 환자의 제 2자아로서의 분석가의 현존, 또는 환자와 융합된 자로서의 분석가의 현존에 의해 제공된 항상성의 완충 기능이 위협 당할 때면, 분석작업은 여지없이 중단된다. 그런 기간 동안 환자는 철수되고 몰수되며 낙심했으며, 이 시기에 그는 기계에 대한 꿈을 많이 꾸었다. 또한 그는 자신의 기분과 신체적이고 정신적인 상태에 대해 언급하는 것 외에는 다른 연상 내용을 생각해 내지 못했다. 특히 다소 후기에 그의 긴장은 분석가와의 이별에서 기인했다는 (전)의식적 인식의 표명을 제외하고는 그 시기에 분석가에 대한 언급은 아무 것도 없었다.

4. 분석가에 대해 느끼는 환자의 감정들에 관한 분석가의 해석들은, 환자의 애정 어린 갈망이든 분개와 파괴의 가능성을 다루는 것이든,

---

2 이런 사례들의 극복과정 동안에 나타나는 저항들에 대한 논의를 위해서는 **7장**을 보라.

환자에게 전혀 효과가 없었으며, 아무런 느낌도 불러일으키지 못했다. 환자의 초기 삶에 대한 분석가의 재구성이 환자의 아동기 상들에 대한, 특히 그의 어머니에 대한 대상-리비도적이고 대상-공격적인 추구를 표현하는 한, 병리의 발생 원인에 대한 해석들조차도 치료적 진전에 전혀 도움이 되지 못했다.

5. 그러나 분석가의 해석에 대한 환자의 반응(현재와 과거)이 자기애적 수준에 접근하자마자 (그의 꿈에서 바퀴들이 돌아가기를 멈추었고 마찰이 있었다) 중요한 치료적 진전이 이루어지기 시작했다. 특히 우리는 분석의 초기 단계에서 환자가 분석가를 자신이 사랑하거나 미워하는 독립적인 사람으로서가 아니라 말없는 복제물 또는 자신의 유아적 자기애의 대리물로 경험했다는 것을 이해하게 되었다; 분석가의 현존은 환자의 심각한 자존감 결여와 그것과 연합된 동기 결여 및 무기력감에 압도당하지 않도록 그를 지원해 주었다. 이 분석가의 지원은 어린시절 부분적으로 그를 보호해 주었으며, 심지어 그의 어머니가 갑자기 그와의 신체적인 접촉(이전에는 지나치게 강렬하고 시기가 적합하지 못했던)으로부터 철수하였고 또 그의 성취에 대해서 과장되게 찬양했음에도 불구하고, 어린 환자가 자존감을 어느 정도 획득할 수 있는 신체적인 활동(여기서는 세 발 자전거가 주도적인 역할을 했다)을 유지할 수 있게 했던, 마치 제 2자아로서의 놀이 친구(이들은 처음에는 완전히 상상적이거나 또는 나중에는 진짜 놀이 친구였던 존재들이었으며, 이들을 둘러싸고 그는 쌍둥이 환상을 만들어 내었다)와 같은 것이었다. 분석 후기에 접어들면서, 대체로 제 2자아로서의 분석가의 위치가 어느 정도 **엄격한 의미**의 거울 전이로 대체되었을 때, 분석가가 제공하는 해석의 내용이 변하기 시작했다. 이때 환자는 자신의 자존감이 고갈되었고, 자신만의 특유한 무기력감 때문에 고통당하고 있음을 깨달았는데, 그것은 예정된 분석가의 부재(또는 비록 표면상으로는 아주 다르지만, 환자에게 있어서 동일한 정서적

의미를 갖는 다른 많은 사건들)를 과대적 자기(찬양해 주는 어머니 앞에서 끊임없이 과시해야 하는 자기)로부터 자기애적 리비도를 철수시키는 것으로 경험했기 때문이었다. 그러나 그가 제 2자아로서의 역할에서든 아니면 반향하고 찬양하며 긍정하는 거울로서의 기능에서든, 확장된 자신의 일부분인 분석가를 박탈당하는 경우에, 그는 비교적 방해받지 않은 자기애적 단계로부터 퇴행함으로써, 응집적인 과대적 자기보다 더 원시적이며 관념적으로 덜 구별된 자기, 즉 보다 원초적이며 파편화된 신체 자기에게로 리비도를 집중시켰다. 그러나 원초적인 신체 자기에 대한 과도한 리비도 집중은 환자에게 건강염려증적 몰두라는 고통스런 자체 성애적 긴장 상태를 가져왔다. 우리는 이때 과대적 자기의 영역 안에서 자기애로부터 자체 성애로의 퇴행, 그리고 자기의 응집성으로부터 그것의 파편화로의 퇴행이 일어났다고 말할 수 있다.

여기에서 환자의 다소 심각한 자기애적 고착을 형성하는데 환자의 어머니의 성격이 끼친 영향을 상세하게 검토하기는 어렵다. 앞에서 언급했듯이, 환자가 세 살 반이었을 때, 남동생의 출생과 관련된 기억들은 이 사건이 환자와 그의 어머니와의 관계에서 전환점을 가져왔음을 가리킨다. 그러나 아이의 자기애적 고착의 주요 원인이 되는 외적 상황은 (외적인 영향에 대한 아이의 심리내적 정교화 및 그것에 대한 반응과 관련된 발생학적 자료와는 구별되는) 사회 심리학적인 것이다. 실제로 문제가 된 것은 그의 자기애적인 어머니는 한번에 한 아이와만 관계를 유지할 수 있는 능력을 가지고 있었다는 것이다.

이러한 어머니의 정서적인 제한은 종종 자기애적 성격장애로 고생하는 환자들의 아동기 내력에서 확인될 수 있는데, 처음에 그들에게 떠오르는 기억들은 형제의 출생을 자신들이 지닌 장애의 주요 원인으로 지적하는 것으로 보인다. 그러나 자기애적 장애의 주요 원인이 되는 사건은 형제의 출생이 아니라—대부분의 아이들은 실제로 이런 사건을 겪으면서 자기애적 영역에 심각한 상처 없이 살아남는다—어머니가 큰 아이와 자기애적으로 얽혀 있는 상태에서 새아기와 자기애적으로 얽히는 관계로 전적으로 갑작스럽게 변동하는 것이다. 정확히 말하자면, 그런 어머니들은 오직 오이디푸스 시기 이전의 어린 아들에 대해서만 진정한 감정을 느낄 수 있는 것 같다(아버지는 대체로 경시되고, 큰 아이는 어머니에 의해 정서적으로 버림받거나 또는 양가적으로 유아화된다); 이런 관계는 그 관계가 지속되는 동안에 실제로 매우 강렬하다. 오이디푸스 시기 이전의 어린 소년은 어머니의 자기애적 리비도가 강하게 집중되는 상태에 있게 된다. 그리고 자기애적인 어머니의 경우, 아이를 칭송해 주는 것을 필요로 하는 시기가 지나서까지도 계속해서 아이를 칭송해 준다. 그러다가 그 어머니는 다른 아이가 생기자마자 큰 아이에게 집중되었던 자기애적 리비도를 철수시켜서 새아기에게 투자함으로써 큰 아이에게 상처를 입히게 된다.

여기에서 환자 부모의 병리적 성격에 대한 객관적인 평가는, 그런 지적인 활동이 환자의 자아를 지원해 줄 수도 있기 때문에 분석에서 때때로 전술적인 유용성을 갖기도 하지만, 그것은 엄격하게 말해서 정신분석의 과제가 아니라 정신분석학을 사회 심리학에 확장시키고 적용하는 것, 즉 아이의 환경에 대한 정신분석학적인 조사에 속하는 것이다.[3] 여기에서는 많은 경우에 아이가 부모에게 장기간에 걸쳐 자

---

3 나는 아이의 환경에 대해 객관적으로 확인할 수 있는 요소들을 조사하는 것은 엄격한 의미에서 정신분석의 범위를 넘어서는 과제라고 생각하는 편이다. 내 판단에 이런 선호는 임의적으로 결정할 수 있는 것이 아니라 (a) 발생학적 관점, 즉 정신분석적 초심리학의 본질적인 접근들 중 하나(Hartman과 Kris, 1945를 보라)와 (b) 병인학적 조사들(단지 몇몇을 거론하자면 생물학, 생물학적 발생학, 사회학 그리고 사회 심리학과 같은 많은 인접 학문들에 속한 개념적 및 기술적 도구들로 사용되는) 사이의 유용한 구별에 기초해 있다는 것을 명백히 할 필요가 있다. 정신분석에서 **발생학적** **접근**은 심리내적인 세력 및 구조의 분포와 발달에 점진적인 변화를 가져오는 아이의

기애적으로 집착하는 이유는 아이에게 자기애적으로 고착된 부모의 태도 때문이라고 강조하는 것으로 만족할 수밖에 없다. 이러한 부모가 지닌 장애의 범위는 가벼운 자기애적 고착에서부터 잠재적이거나 명백한 정신병에 이르기까지 광범위하다. 부모의 드러나지 않은 정신병은 명백히 드러나는 정신병 보다 자기애적인 영역에서 그리고 특히 자기애적 이전 시기에 속하는 (자체 성애적) 영역에서 더욱 광범위하고 깊은 고착을 낳는 경향이 있다. 후자(부모가 드러난 정신병 환자인)의 경우에 아이는 대체로 부모의 유해한 영향을 덜 받게 된다. 이런 경우 설령 부모가 병원에 입원해 있지 않다 하더라도, 그의 행동이 매우 비정상적이라는 사실이 환경에 의해 인식되기 때문에 아이는 신체-정신-자기의 자율적인 핵의 발달을 추구하는 과정에서 다른 사람들로부터 지원을 받을 수 있게 된다.

심각하게 병리적인 부모—합리화를 통해 정신병을 위장할 수 있을 뿐만 아니라, 자녀로 하여금 전적으로 자신의 생각을 따르도록 환경을 교묘하게 이용할 수 있는—가 아이에게 어떤 영향을 끼치는가에 대한 설명은 니더란트(Niederland 1959b, 1960)와 보마이어(Baumeyer, 1955)가 쉬레버 (Schreber *프로이트의 사례에 나오는 인물)의 아버지에 대해 수집한 증거들에서 찾을 수 있다. 그것은 이 저자들이 제시하고 있는 바, 아버지의 성격이 아이의 병리에 심각한 영향을 미쳤다는 사실만이 아니라, 어머니가 아버지의 군림하는 성격에 종속되어 가리워 있었으며 그 성격과 한데 얽혀 있었기 때문에, 그녀는 아버지의 병리로부터 아들을 보호할 수 있는 피난처를 제공하지 못했다는 사실에서 추론될 수 있다. 쉬레버의 아버지의 병리는 무엇인가? 이에

주관적인 심리적 경험들에 대한 조사와 관련되어 있다. 다른 한편, **병인학적접근**은 객관적으로 확인할 수 있는 요소들에 대한 조사와 관련되어 있다. 그 요소들은 특정 순간에 아이의 심리와의 상호작용을 통해서 발생학적으로 결정적인 경험을 구성할 수도 또는 구성하지 않을 수도 있다.

대해서 우리는 일반적으로 받아들여지는 진단적 범주를 갖고 있지는 않지만, 나는 그가 어떤 심각한 정신 신경증을 나타내고 있다기보다는 대체로 온전한 현실검증 능력의 유지가 가능한 특정한 정신병적 구조를 나타내고 있다고 생각한다. 그의 경우에는 이 현실 검증 능력이 정신병의 중심에 있는 고정 관념을 유지하는데 사용되고 있다고 할 수 있다. 그것은 아마도 일종의 치유된 정신병으로서, 예컨대 유태인들이 독일이라는 국가를 침범했으며, 따라서 이들을 박멸해야 한다는 고정 관념을 통해서 자신의 신체에 대한 건강염려증 상태에서 벗어난 히틀러의 경우(Erikson, 1950; 득히 Bullock, 1952를 보라)와 비슷한 것이다. 쉬레버의 아버지가 절대적으로 확신했던 중심적 사고, 즉 그가 열광적으로 추구한 세계 건강을 성취하겠다는 목표는, 내가 믿기로는, 깊은 자기애적 또는 전자기애적 특성을 드러내는 것이다; 그리고 나는 그의 유명한 신체 훈련 교육 지침에서 자위행위를 투쟁적으로 반대하는 논리의 배후에는 건강염려증적인 불안에 대한 공포가 놓여 있다고 가정한다. 이런 광신적인 활동들은, 비록 그것들이 그의 책,「육체와 영혼의 교육을 위하여」(Das Buch der Erziehung an Leib und Seele, 1865 참조)를 통해서 대중에게 제시되었고, 자신의 아들의 신체에 그대로 적용되었지만, 쉬레버 자신의 숨겨진 정신병적 체계의 표현이라고 볼 수 있다. 다른 말로 하면, 쉬레버의 아버지는 아들을 독립된 인격으로서가 아니라 자신의 정신병적 자기-세계의 일부로서 경험하였다. 나는 여기에 쉬레버의 깊은 전자기애적 고착의 주요 근원이 있다고 생각한다. 성인이 아이를 신체적으로 학대하고 강압적으로 대하는 전자기애적 망상체계를 가지고 있다면, 아이는 대상 리비도적 성적 환상들이나 대상에 대한 보복 환상들을 발달시키지 못하게 되고, 따라서 성적 및 공격적 욕동들은 자기애적 또는 전자기애적(자체 성애적) 상태에 머무르게 된다.

물론 쉬레버의 편집증의 근원에 관한 앞의 고찰은 자기애적 성격장애의 병인에 대해 간접적으로만 말해주고 있다. 후자의 경우 부모의 병리는 대체로 정신병이 아니라 자기애적인 성격장애에 속하며, 이것이 자녀에 대한 부모의 태도를 결정하고 자녀의 성격 안에 자기애적 고착을 만들어낸다. 그러나 나는 부모의 병리가 드러나지 않은 정신병적 병리였다는 강력한 증거를 보여주는 자기애적 성격장애의 사례들을 접할 수 있었다 (예컨대, 환자 C와 D의 어머니들은 잠재적인 정신분열증 환자로 보였으며; 환자 J의 어머니는 노년기에 자신의 소유물에 대한 노골적인 박해적 망상 체계—J의 특정한 정신병리를 고려할 때 중요한 증상—를 발달시켰다).

나는 자기애적 성격장애의 발생원인으로서 사회심리학적 요소가 가지는 역할에 대한 고려보다는 과대적 자기의 치료적 활성화를 설명하기 위해 제시된 자기애적 성격장애의 구체적인 사례인 K의 정신병리가 지닌 구조에 대한 분석과정을 요약함으로써, 지금까지의 고찰을 끝맺고자 한다. 아버지를 이상화시킴으로써 자기애적 균형을 다시 얻고자 했던 시도가 실패했을 때, 그 아이는 자신의 과대적 자기의 활성화에로, 즉 그의 어머니가 그에게서 돌아서기 전에 이미 그가 가지고 있던, 본질적으로 병리적인 자기애적 상태로 퇴행하였다. 초기 단계의 과대적 자기가 지닌 수정되지 않은 요구들과 예전의 신체 자기가 지닌 원초적 과시주의, 이 두 가지 모두에서 동시에 발생한 고착과 이 구조의 일부분에 대한 억압(또 다른 부분은 운동에 대한 흥미로 승화되었다)은 그의 정신구조 안에 항구적인 병인적 핵을 만들었다. 그러나 분석에서 그의 자기애적 전이가 형성되는 동안 그 흐름은 역전되었다. 이 역전은 일시적인 이상화 전이(그의 아버지를 이상화하려 했던 과거의 시도를 재생하는)로 시작하였다. 그리고 나서 곧 어머니와 관련된 자기애적 전이가 뒤따랐는데, 그것은 과대적 자기의 이차적인 활성화, 즉 융합-쌍둥이 전이의 형태로 오랫동안 지속되었다. 그리고 마침내 융합 – 쌍둥이 전이는 차츰 좁은 의미의 거울 전이로 대체되었으며, 이 대체 과정은 초기에 그의 어머니와 얽혀 있던 어떤 두드러진 면들을 보여주는 칭찬에 대한 강한 요구와 분석가에게 자신과 자신의 용맹을 과시하려는 소망의 표현과 함께 점진적으로 발생했다. 이차적인 거울 전이의 극복과정이 완성되고 분석의 종결이 가까워졌을 때, 이상화 전이는 (아버지와 관련된 중심적인 자기애적 전이의 활성화로서) 재확립되었다.

따라서 이 환자의 정신병리의 본질적인 심리구조들은 자기애적인 것이었으며, 분석기간 동안에 드러난 결정적인 역동적 움직임들(예컨내, 기계 꿈들에서 드러난 깃과 같은)은 대상 사랑으로부디 자기애로 옮겨가는 것이 아니라 하나의 자기애적 자리(융합 – 거울 전이)로부터 또다른 자기애적 자리(원초적 자기애의 단계와 자체 성애적이고 파편화된 신체 자기 사이의 경계에 있는)로 옮겨가는 심리적 변동이었다. 따라서 거울 전이에서 활성화되는 이 환자의 과대적 자기는 온전한 대상 사랑으로 가는 경로에서 생긴 고착점이 활성화된 것이 아니라(실상 그는 대상에 대한 리비도 투자에 있어서 상당한 넓이와 깊이에 도달했던 성격의 다른 부분들을 가지고 있었다), 자기애의 주요 형태들에 속하는 하나의 발달적 고착점이 활성화된 것으로서 이해될 수 있다. 어머니와의 병리적 관계, 그에 대한 어머니의 관심을 갑작스럽게 상실한 것, 그리고 그의 아버지에 대한 이상화의 실패는 대상 사랑 능력의 발달을 방해했다기 보다는 성숙한 야망과 자아 목표의 획득을 방해했다고 할 수 있다. 그것은 외적으로 드러난 환자의 주요 병리는 사랑할 수 있는 능력의 영역과 대인 관계적인 영역에 있는 것이 아니라, 끊임없이 자신의 일에 헌신할 수 있으며, 가치 있고 장기적인 목표에 전념할 수 있는 능력의 결핍에 있다는 사실을 계속해서 보여준다. 따라서 과대적 자기가 현실적인 야망과 목적으로 변형되고, 건강한 의미의 자존감 형성을 위한 본능적 투자에 사용되는 대신에, 원초적인 과대적 자기는 수정되지 않은 채로 남아 있었으며, 자기애적 리비도의 많은 부분은 이런 자기애적 구조뿐 아니라 때때로 전자기애적 구조에 속하는 자체 성애적이고 파편화된 신체 자기에 계속해서 투자되고 있었다. 그 결과 그의 현실적인 삶은 의미 있는 일을 하고 무엇인가를 성취하는 즐거움이 배제된 삶이었다; 그러나 그는 다양한 운동 경기와 스포츠, 특히 빠르게 이동하는 것과 관련된 활동에 참여함으로써, 꽤 성공적으로 자체 성애적인 몸의 긴장과 위험한 과대적 자기, 이 두 가지 모두에서 자신을 구출하는 길을 발견하였다. 그러나 이런 적응방식의 불안정성으로 인해 그는 계속 사회적 갈등에 시달렸으며, 우울 상태와 내적 고갈 상태로 인해 고통을 겪었다.

제 10 장

이상화 전이에 대한 분석가의 반응

예상할 수 있듯이, 자기애적 장애의 분석에서 분석가의 주요 반응들(그의 역전이를 포함하여)은 분석가 자신의 해결되지 않은 자기애적 장애에 그 근원을 갖고 있다. 이런 현상들은 본질적으로 환자에게서 발생하는 현상들과 크게 다르지 않다. 여기에서는 자기애적 환자가 지닌 전이의 형태에 대한 반응으로 분석가 안에서 활성화되는 현상들에 국한하여 고려할 것이다. 따라서 환자의 이상화된 부모상이 활성화되는 이상화 전이를 만나게 될 때 분석가가 보여주는 다양한 반응들에 대한 조사는 환자의 과대적 자기가 분석과정의 초점이 되는 거울 전이에 대한 조사와는 별개의 것이 될 것이다 (11장을 보라).

나는 구체적인 예를 제시함으로써 환자의 이상화 전이에 대한 분석가의 반응에 관하여 논하고자 한다.

얼마 전에 한 동료가 젊은 여성인 L양의 분석과정이 오랫동안 침체상태에 빠져 있는 것에 대해 내게 자문을 구했다. 이 치료의 침체상태는 분석 초기부터 시작되었으며, 2년에 걸친 분석기간 동안 지속되었다. 동료 분석가가 내게 환자의 과거에 대해 그리고 지금까지의 분석과정에 대해 개괄적인 정보를 주었음에도 불구하고, 나는 처음에 그 침체의 원인을 밝혀낼 수 없었다. 그 여성 환자는 정서적으로 깊이가 없고 게으르고 난잡했으며, 의미 있는 대상관계를 형성하는 능력에 심각한 장애를 갖고 있었고, 심각한 아동기 외상들을 갖고 있었다. 이러한 이유 때문에 나는 처음에 그녀의 자기애적 고착의 정도가 너무 깊어서 분석을 진행시키는데 필요한 최소한의 전이마저도 형성되지 않고 있다는 동료 분석가의 의견에 동의하고 있었다. 치료의 침체는 사실 치료 초기부터 시작된 것이었다. 그러나 환자가 분석가를 향해 따스한 감정을 느끼고 있으며 치료에 대해 관심을 가지고 있다는 사실은 그 환자의 치료적 전망에 대해 비관적으로 생각할 필요가 없음을 보여주었다. 따라서 나는 환자가 거절로서 경험했을 가능성이 있는 분석가의 행동에 특별히 관심을 기울이면서 동료 분석가에게 분석 초기의 면담에 대해 설명해 줄 것을 요구했다.

천주교 신자인 이 환자가 드러낸 최초의 전이 징후들 가운데 몇 가지 꿈들은 영적이고 이상적인 사제의 상을 담고 있었다. 이런 초기 꿈들이 해석되지 않은 상태에서, 분석가는 환자에게—분명히 저항으로서—"나는 천주교 신자가 아닙니다"라고 말한 사실을 나중에 기억해 냈다. 분석가는 환자의 꿈에 대한 반응으로 이런 사실을 그녀에게 말했던 것이 아니라, 자신의 견해에서 볼 때, 환자의 현실 파악 능력이 부족했기 때문에 그녀로 하여금 최소한의 실제 상황을 알게 할 필요가 있다고 생각해서 그녀에 대한 자신의 반응을 정당화했던 것이다. 그러나 이 사건은 환자에게 매우 중대한 것이었다. 우리는 초기의 잠정적인 전이 단계에서, 그녀는 청소년기 초부터 신을 이상화하는 헌신적인 종교적 태도를 갖고 있었으며, 이러한 그녀의 태도는 아동기에 그녀가 경험했던 희미한 경외감과 찬양의 감정이 되살아난 것임을 이해할 수 있었다. 이 환자의 분석에서 후에 얻은 자료를 통해서 이 최초의 이상화들은 병리가 심각했던 그녀의 부모로부터 받은 외상적 자극과 좌절로 인해 생긴 긴장과 기괴한 환상들의 위협으로부터 도망치려는 시도였다는 결론에 이르렀다. 그러나 자신은 천주교 신자가 아니라는—즉 그녀의 꿈속의 사제와 같지 않다는 그리고 환자의 이상화된 좋고 건강한 면과 동일하지 않다는—분석가의 말을 환자는 자신에 대한 거절로 받아들였으며, 이것이 분석의 침체를 가져왔다. 이러한 침체는 나중에 분석가가 이 환자에 관해 그리고 환자에 대한 분석가 자신의 반응에 관해 자문을 받음으로써 대체로 극복되었다.

나는 이 논의에서 초기 이상화 전이의 특정한 의미 또는 분석과정에서 분석가의 실수로 인해 발생하는 구체적인 결과—이런 경우는 대부분 환자에게도 일부분 책임이 있다—에 초점을 맞추고자 하는 것이 아니라 역전이 증상에 관한 설명에 초점을 맞추고자 한다. 관찰만으로 어떤 타당성 있는 결론을 이끌어내기란 어렵지만, 여러 요소들이 한데 모아짐으로써(그 중에서도 내가 유사한 사건들을 관찰했다는 사실, 즉 내가 지도한 학생에게서 발생했던 거의 똑같은 사건), 나는 확신을 갖고 다음의 사실을 설명할 수 있게 되었다. 환자의 이상화하는 태도에 대해서 분석적인 고려없이 표현되는 분석가의 거절은 대체로 분석가 자신의 억압된 과대적 환상이 환자의 이상화에 의해 자극받음으로써 발생하는 고통스런 자기애적 긴장(당황, 자기 의식 그리고 수치감으로 경험되며, 심지어 건강염려증적 몰두로 이끄는)을 방어적으로 밀어내고자 하는 시도로 볼 수 있다.

환자에 의해 이상화되는 것에 대해 분석가가 불편하게 느끼는 것은 특히 이상화가 치료 초기부터 급속도로 이루어질 때, 즉 분석가가 환자의 자기애적-이상화 리비도의 물결이 갑작스럽게 밀려올 때 놀라움에 사로잡혀 그러한 상황을 정서적으로 받아들일 시간적 여유가 없을 때 발생하는 것 같다. 물론 우리는 노골적이고 심한 아첨에 노출될 때 항상 불편함을 느끼며(그리고 잘 알려진 속담으로서: "얼굴을 맞대고 하는 찬양은 모욕이다!"), 따라서 자기애적으로 취약하지 않은 건강한 성격을 지닌 분석가조차도 환자의 찬양을 밀쳐내고 싶은 유혹을 느끼게 되는데, 그때 그는 이 유혹에 저항해야 한다. 그러나 이상화되는 것과 관련해서 분석가에게 특별한 취약성이 없다면, 이런 반응들은 통제될 것이며, 그는 계속해서 이상화 전이(이상화 전이에 대한 환자의 내적 저항과 함께)를 적절히 전개하도록 허용하고, 자신이 느끼는 불편함을 분석과정의 발달을 유지하는 반응들과 태도들로 대체할 것이다. 그러나 만일 분석가가 자기애적 긴장들을 잘 참을 수 없는데도 그 사실을 충분히 인식하지 못한다면, 그리고 특히 그러한 자신의 태도를 정당화하는 일종의 이론적 확신(동일시와 모방을 통해서 혹은 자기 스스로), 또는 특정한 방어들, 아니면 그 두 가지 모두를 지닌 확고한 역전이 태도를 형성한다면, 그때 자기애적 성격장애를 가진 환자들을 치료할 수 있는 그의 능력은 크게 손상될 것이다.

드문 일이긴 하지만, 분석가가 환자의 이상화를 드러내놓고 거절하는 것이나, 흔히 있는 일로서 드러나지 않게 거절하는 것이나(보고된 사례에서처럼), 아니면 아주 흔한 일로서 정확하지만 성급하게 주어진 발생적 혹은 역동적 해석(분석가가 성급하게 환자의 과거의 이상화된 상에 주의를 갖도록 환기시키거나, 이상화 행동의 밑바닥에 적대적인 충동들과 경멸적인 생각이 있음을 지적하는 등)에 의한 은폐된 거절 사이에 실제로 별 차이는 없다. 거절은 단지 약간 지나치게 객관적인 분석가의 태도, 또는 분석가의 냉담한 목소리를 통해 표현되기도 하고, 분석가를 존경하는 환자에게 농담을 하거나 유머스럽고 친절한 방식으로 환자의 자기애적 이상화를 무시하는 경향성으로 나타날 수도 있다(Kubie, 1971을 보라).

지나치게 농담이 심한 대부분의 사람들이 그와 같은 특징적인 방어를 사용하는 이유는 그들의 자기애적 취약성 때문이라는 사실을 첨가할 수 있다. 곧 그들은 계속해서 타인과 자신을 축소시키는 농담을 통해서 그들 자신의 자기애적 긴장(자기애적 진노의 압력을 포함하여)을 다루지 않으면 안된다(자기애의 심리학의 틀 안에서 농담 및 냉소주의와 진정한 유머감각을 구별하는 차이점에 관해서는 코헛, 1966a를 보라).

마지막으로, 분석가가 자신의 자기애적 긴장(또는 그가 이상화된 부모상의 치료적 활성화의 모습들을 숨기는 환자의 방어를 간과하게 만드는 것)으로 인해 부담을 느낄 때, 그는 다양한 방법을 사용하여 환자의 노골적인 이상화를 방어하려고 한다(또는 이때 분석가는 환자가 이상화된 부모상의 지료석 활성화의 표현을 위장하기 위해 방어들을 사용하는 것을 간과하게 된다). 환자가 분석가를 이상화함으로써 자신 안에 자리잡고 있는 자기애를 확장시키는 그 순간(이때 환자는 동시에 치료자와의 비교를 통해서 자신을 초라하고 보잘것 없는 존재라고 느낀다)에 분석가가 환자의 장점들을 강조하는 것은, 설령 그것이 환자에 대한 존중감을 표현하는 것처럼 보일지는 몰라도, 사실상 환자의 시도에 찬물을 끼얹는 것이다. 간단히 말해서, 자기애적 특성을 지닌 장애를 분석하는 이런 단계 동안에 이상화 전이가 생기기 시작할 때, 분석가가 지녀야 할 올바른 태도는 자신에 대한 환자의 찬양을 있는 그대로 받아들이는 것이다.

이상화 전이가 나타날 때 적절히 대응하지 못하는 분석가의 이러한 실패들은 우리가 역전이라고 부르는 분석가의 정신기구 안에 있는 심리내적 구성물에서 기인하는 것인가? 이것은 또한 거울 전이에서 활성화된 과대적 자기의 분석에서 발생하는 유사한 현상에 대한 질문으로서 제기될 수 있으며, 그것은 우리를 복잡하지만 낯설지 않은 문제들로 인도한다. 여기서 나는 전이의 의미를 어떻게 받아들이느냐에 달려 있는 문제들에 대해 다시 말하려는 것이 아니다. 즉 우리가 그것을 역동적이고 발생학적 차원에서 이해되는 임상적 현상으로 받아들일 것인지, 아니면 추가적으로 지형학적 – 구조적 그리고 심리 경제적 관점에서 이해되는 보다 엄밀한 초심리학적 정의(8장과 9장)로서 받아들일 것인지에 대한 문제는 여기에서 논의할 관심사가 아니다. 여기서 나는 다만 치료자의 반응들이 주로 현재의 스트레스에 의해 활성화되는가? 아니면 그의 결함 있는 반응들이 억압되고 무의식적인 특정한 심리적 자리의 활성화로 인해 드러나는 오래된 취약성에서 기인하는가?라는 제한된 질문에 관심을 가질 것이다. 나는 방금 언급한 두 요소들 중 하나에 책임이 있다고 확신하기 때문에, 이 질문은 일반적인 차원에서 대답될 수 있는 것이 아니라 개별적인 사례에 대한 정신분석적 연구를 통해서 찾아져야 한다고 믿는다.

자기애적 성격의 정신분석적 치료와 또는 이와 유사한 자기분석에 참여했던 나의 동료들이 제공한 자료에 의하면, 이러한 잘못된 반응들은 (a) 그 순간에 느끼는 스트레스의 상황에 대한 단순한 방어적 반응들에서부터 (b) 내재된 역전이 태도의 일부분으로서의 반응들에 이르기까지 폭넓은 범위 안의 어느 한 지점과 관련되어 있음이 확실하다. 첫 번째 경우, 상담 지도자나 감독자가 상황에 대한 적절한 설명을 제공하거나 분석가 자신이 상황을 신속하게 관찰한다면, 그리고 분석가가 이상화 전이의 중요성을 이해하게 되고, 따라서 이러한 분석 상황의 자발적인 전개를 기꺼이 허용한다면, 그 상황은 대체로 개선될 것이다. 앞에서 언급했듯이, 이런 경우에 분석가의 최적의 기능을 잠시 방해하는 것은 어느 정도의 자기애적 취약성이 편재해 있다는 사실에서 오는 것으로서, 대부분의 교양있는 사람들은 공개적인 칭찬과 찬양(그리고 특히 자기애적으로 자극받는 일이 예상되는 긴장)에 대해 불편하게 느끼고 따라서 그것에 대해 방어적이 된다는 사실에서 기인한다. 그러나 분석가가 환자의 이상화를 허용하는 것에 대해 특정한 저항을 갖고 있는 경우, 그 저항에 대한 단순한 설명만으로는 분석가의 태도를 변화시키는데 충분하지 않다. 그러한 분석가의 저항은 그의 반응들이 지닌 특성과 경직성에 의해 확인될 수 있다. 예컨대, 분석가는 자신을 찬양하려는 환자의 소망 배후에는 항상 적대감이 놓여 있다고 믿고 있을 수 있다; 그는 환자와의 친밀한 관계를 유지하기 위해서는 자신이 어느 정도 현실성을 바탕으로 반응해야 한다고 확신하고 있을 수 있다. 만약 분석가가 이상화 전이를 다루지 않는다면, 이런 두 가정들 모두는 사실상 옳은 것이다. 따라서 이 영역에서 분석가의 실수 여부를 판단하는 것은 그가 전문가로서 가져야 할 일반적인 지각과 공감적 민감성에서 두드러진 실수가 있었는지에 달려있다. 이런 감정들은 보통 분석가가 환자 자신을 오해했다고 느꼈을 때, 또는 흰지기 니타내는 표현 속에 담긴 의미를 분석가가 파악하지 못했을 때 특히 심각한 것으로 드러난다. 경험 많은 분석가들이 무의식적이고 암시적인 적대감을 수반하는 환자의 과장된 칭찬과 이상화 전이가 형성되는 동안 환자에게서 (예컨대, 그의 꿈에서) 슬며시 수줍게 고개를 들고 나타나는 이상화의 움직임을 혼동한다면, 치료작업을 방해하는 (무의식적인) 요소들이 발생할 것이 분명하다. 그리고 이와 마찬가지로 분석 초기에 환자의 이상화에 대해서 분석가가 현실적으로 응답하는 것을 무조건 강조하는 것은 환자의 오이디푸스적 추구의 첫 암시에 대한 반응으로서 분석가가 자신은 환자의 부모가 아니라고 항의하는 것만큼이나 부당한 것이다.

프로이트는 빈스방거(Binswanger)에게 보낸 편지(1913년 2월 20일)에서 역전이 문제에 대해 자신은 그것을 "정신분석에서 기술적으로 가장 어려운 문제들 중의 하나"로 생각한다고 말했다. 그는 "환자에게 제공되는 것은 의식의 영역 안에서 주어져야 하며, 필요에 따라 많거나 적게 주어져야 한다. 그리고 때로는 상당히 많은 것을 …" 제공해야 한다고 보았다. 나중에 프로이트는 이와 관련해서 중요한 금언을 기록하였다: "우리가 환자를 너무 사랑한다는 이유로 그에게 너무 적게 주는 것은 부당한 것이며, 기술적으로 잘못된 것이다"(빈스방거, 1956, p. 50).

　　현재의 고찰은 전이 신경증의 분석에서 나타나는 역전이에 대한 프로이트의 진술이 자기애적 성격장애의 분석에도 그대로 적용되고 있음을 발견한다. 전이 신경증의 분석에서 환자의 활성화된 원초적 본능-리비도적 요구들이 분석가 자신이 이해하지 못하는 강렬한 무의식적 반응을 유도해낸다면, 그때 분석가는 냉담해지고 환자의 소망들에 대해 지나치게 현실적이 될 것이며, 다양한 방식으로 그것들을 거절하거나 심지어 그것들에 대해 인식조차 하지 못할 것이다. 결국 분석가의 자아는 분석상황이 요구하는 것과 조화를 이루는 반응을 자유롭게 선택하지 못할 것이다. 그리고 그는 프로이트가 표현한 대로, 환자에게 "욕구가 일어날 때 어느 정도…" 그 욕구에 대한 만족을 제공해야 할지를 의식적으로 깨닫지 못할 것이다. 자기애적 성격장애의 분석에서 이상화된 부모상이 활성화됨으로써 환자가 분석가를 이상화된 완전한 존재로 보게 될 때 이와 유사한 상황이 발생한다. 이때 분석가가 자신의 과대적 자기와 타협을 이루어내지 못한 상태에 있다면, 그는 자신의 무의식적인 과대적 환상에 의해 강렬하게 자극받음으로써 환자의 이상화에 반응할 것이다. 이런 압력들은 방어의 강화로 나타날 것이며, 분석가는 그 방어를 정교화하고 유지하면서 환자의 이상화 전이에 대해서 거절하게 될 것이다. 그러나 이렇게 분석가의 방어적인 태도가 만성적이 되면, 효과적인 이상화 전이의 형성 과정과 이상화된 부모상의 영역에서의 점진적인 극복과정, 그리고 이와 동시에 일어나는 변형적 내면화 과정이 방해를 받게 될 것이다. 분석가의 "직무 자아"(work ego, Fliess, 1942)가 자유를 제한받는 것은 환자의 특정한 자기애적 요구를 분석가가 감당하지 못하는 데서 기인하는 것이다. 프로이트의 말을 약간 바꾸어 말한다면, 그 분석가는 환자에게서 "욕구가 일어날 때 어느 정도 …" 그의 욕구를 받아주기 위해 자신이 이상화되는 것을 허용할 수 있어야 했지만 바로 이 점에서 그는 실패했다.

대체로 분석 후기에, 오랜 극복과정의 기간에 발생하고 서서히 진행되는 이상화 전이의 해소는 분석가를 이 영역에서 또 다른 정서적 시험에 노출시킨다. 전에 묘사했듯이, 분석의 초기 단계에서 분석가는 그의 자기애적 환상들이 자극됨으로써 자신이 억압당한다는 느낌을 가질 수 있다; 후기 단계에서 분석가는 이전에 자신을 이상화했던 바로 그 환자에 의해 경시되는 것에 대해 분개할 것이다.

때로는 환자가 분석 초기에 이상화 전이가 **형성**되는 것에 대한 비교적 단순한 방어들의 표현으로서 환자가 분석가가 지닌 결점들을 과장되게 지적하거나 경시하는 일이 발생하기도 한다. 대체로 이런 경우에 지각 있는 분석가는 환자의 비판적인 태도 속에 숨겨져 있는 희미한 형태의 위장된 찬양을 인식하는데 별 어려움이 없을 것이다. 물론, 분석가가 이런 방어들을 다루는데는 다른 기술적 접근이 필요하며, 환자를 공격함으로써 그의 이상화 리비도를 철수시키기보다는 다르게 반응할 필요가 있다. 분석가가 이상화 전이 형성에 대해 환자가 방어를 사용하고 있음을 인식할 수만 있다면, 일반적으로 그는 분석과정을 방해할 수도 있는 부적절한 반응이 형성되는 것을 피할 수 있을 것이다.

그러나 분석 후기 단계의 극복과정 기간 동안에 환자가 분석가를 공격하는 일들이 발생하는데, 이때 실제로 분석가는 매우 힘들지만 정서적으로 인내해야 한다. 왜냐하면 대부분의 환자들은 (환자들이 분석가로부터 이상화 리비도를 철수시키기 직전에 이루어지는 현실 검증의 기간 동안에 환자들은 자신들을 실망시킨 분석가에 대해 분노하게 된다) 분석가의 실제적, 정서적, 지적, 신체적, 및 사회적 단점들을 발견하고, 그것들 가운데 어떤 것에 집착하기 때문이다. 그럼에도 불구하고, 내 경험에 의하면, 이 영역에서의 심각한 어려움들(즉 분석의 성공을 위태롭게 하는 분석가의 반응들)은 자주 일어나지 않는다. 환자가 자신의 이상화를 극복하는 동안 분석가가 공격받을 때 보이는 반응이 비교적 크게 해를 끼치지 않는데, 그 이유는 쉽게 찾을 수 있다. 분석가의 자기애적 취약성이 심각하면(그리고 특히 여기에다 자기애적 장애의 분석 치료에 대한 분석가의 기술과 경험이 불충분하다면), 그의 환자들은 이상화 전이가 체계적으로 극복되는 단계에 도달하지 못할 것이고, 따라서 그들의 자기애적 리비도가 분석가로부터 서서히 철수되는 단계에 이르지 못할 것이다. 그러나 이 영역에서 체계적인 극복과정이 형성된다면, 분석가의 잘못된 반응들로 인한 부정적인 효과를 완화시킬 수 있는 두 가지 요소들이 있다: 그것들은 (a)분석가가 일시적으로 자기애적 및 전자기애적인 리비도를 철수시키거나 후퇴시키는 것보다 좀더 심각한 실수를 하더라도, 이 실수에 대해 반응하는 환자의 민감성이 감소하는 것; 그리고 (b)분석가가 분노와 정서적인 냉담함 또는 잘못된 해석을 통한 행동화를 저지른 후에 자신의 균형감을 다시 회복할 수 있는 능력이 증가하는 것이다. 환자가 이상화 리비도 집중을 철수시키는 것은 초기의 일시적인 이상화 형성에서만큼 빠르게 일어나지는 않으며, 그가 분석가의 결점을 발견하는 것은 대체로 자연스럽게 이전의 이상화 태도로 되돌아가는 것과 혼합된다. 따라서 분석가는 환자가 찬양과 경멸 사이를 교차하고 있음을 인식하게 된다. 그리고 분석가는 분석과정 동안에 환자가 가진 욕구라는 맥락에서 그것들을 이해할 수 있기 때문에, 자신에게 직접적으로 향하는 공격들을 최적의 객관성을 가지고 바라볼 수 있게 된다. 그는 자신에 대한 환자의 공격들, 이상화하는 리비도 집중이 감소하는 것, 그리고 내면화된 자기애적 구조들(예컨대, 환자의 이상들)이 점진적으로 강화되는 과정에서 일어나는 역동적인 상호작용을 이해하게 될 것이다. 그리고 어려운 치료과정이 진전될 때 느끼는 기쁨과 그것이 어떻게 성취되는가를 이해하는 지적인 즐거움은 분석과정에서 특히 많은 어려움을 겪은 후에 분석가에게 주어지는 정서적인 보상이다.

제 11 장

거울 전이에 대한 분석가의 반응

이상화된 부모상이 활성화되는 동안에 분석가의 경험과 행동이 중요하듯이, 치료과정에서 활성화된 환자의 과대적 자기가 요구하는 것에 대한 분석가의 정서적 반응 또한 중요하다. 이런 분석가의 반응들은 자기애적 장애의 분석에 대한 분석가의 전문적인 경험의 수준뿐만 아니라 종종 분석가 자신의 인격과 그의 현재의 마음 상태에 의해서 결정된다. 그러나 이것 외에도 우리는 과대적 자기의 치료적 활성화가 다양한 형태들을 띠고 나타나며, 그에 상응하는 전이 상황은 분석가를 다양한 정서적 과제에 노출시킨다는 점을 고려하지 않으면 안 된다.

따라서 좁은 의미의 거울 전이에서 자신의 과시주의와 과대주의에 대해 반영하고 반향하며, 인정하고 찬양해주기를 바라는 환자의 요구들은 분명히 분석가를 향해 있다. 그러나 환자는 과대주의의 치료적 활성화로 인해 분석가를 자신의 제2자아 또는 쌍둥이로 지각하게 되는데, 이것은 환자의 확장된 과대적 자기가 분석가의 표상을 자신의 일부(융합)로 경험하기 시작할 때 훨씬 더 그러하다. 그때 분석가에 대한 환자의 정서적 욕구들은 질적으로 다른 것이 된다. 좁은 의미의 거울 전이에서 환자는 한정된 범위 안에서 분석가의 현존을 인식한다. 즉 환자는 자신의 자기애적 욕구들과 관련해서 그리고 분석가가 자신의 기능을 충족시키는 한에서 분석가를 인식한다. 환자는 분석가가 전적으로 이런 욕구들에 초점을 맞추어 줄 것을 주장하고, 자신의 욕구들에 대해 분석가가 어떻게 공감하는가에 따라 다양한 정서로 반응을 보인다. 그러나 활성화된 과대적 자기의 한 종류인 쌍둥이(제2자아) 전이와 또다른 종류인 융합 전이에서 독립된 개인으로서의 분석가는 환자의 연상으로부터 완전히 제거된다. 그때 분석가는 최소한의 자기애적 만족조차도, 즉 자신이 분리된 존재라는 인식마저도 박탈당한다.[1]

그러나 심지어 좁은 의미의 거울 전이에서도 환자의 요구들은 분석가에게 많은 정서적 고충을 부과하며, 분석가로 하여금 전이의 발달과 유지를 방해하고 전이의 극복과정을 가로막는 반응을 불러일으킬 수 있다. 환자는 자기애적 욕구들을 활성화시키기 시작하며, 종종 강한 내적 저항들과 싸우면서 자신의 과시주의와 과대주의를 전개시키는 장기간의 과정에서, 서서히 드러나게 되는 자신의 유아적 자기애를 반향해 주고 반영해 주는 거울의 역할을 분석가에게 떠맡긴다. 환자의 과시적인 과대주의에 대한 분석가의 적절한 수용과는 별도로, 거울 전이를 형성하고 전개시키는데 공헌하는 분석가의 활동들은 다

---

1 이 맥락에서 성인이 자신의 몸과 마음에 대한 경험과 융합 형태의 거울 전이에서 일어나는 자기애적 대상에 대한 경험 사이의 유비에 대한 진술을 참조하라(5장). 여기서 우리가 일반적으로 자신의 몸과 마음에 대해 특별히 인식하지 않으면서도 그것들의 존재와 기능을 당연하게 여기는 것처럼, 융합 전이에서 분석가에 대한 환자의 지각 또한 그러하다는 것을 덧붙일 수 있을 것이다. 우리의 신체적이고 정신적인 기능에 장애가 발생할 때(또는 거울전이에서 분석가가 멀리 떠나거나 공감적이지 않을 때)에만 우리는 일반적으로 당연히 기능해야 하는 것이 그렇게 하기를 거부하고 있다는 사실에 분노하게 되며, 비로소 그것에 대해 인식하게 된다.

음의 두 가지로 제한된다: 분석가는 환자가 자신의 과대주의가 드러나는 것에 대해 무의식적으로 저항할 때 그 저항을 해석해 준다; 그리고 분석가는 환자에게 그의 과대주의와 과시주의가 한때 시기 적절하게 역할을 수행했다는 사실과, 그 과대주의와 과시주의는 현재의 의식과 접촉되어야 한다는 사실을 깨닫게 해준다. 그러나 오랜 분석 기간 동안 분석가가 환자의 과대적 환상들의 비합리성을 강조하거나, 또는 환자의 과시적 요구들을 억제하는 것이 현실적으로 필요하다고 강조하는 것은 대체로 바람직하지 못하다. 거울 전이가 일어나는 동안에 공감석으로 이해해주는 분식가의 도움으로 과대적 자기의 활성화를 유지시키고, 그것들의 요구를 자신의 자아에 노출시킬 수 있다면, 환자의 유아적인 과대주의와 과시주의는 실로 조용히 그리고 자발적으로 (비록 아주 느리지만) 현실과 통합될 수 있을 것이다(7장의 거울 전이의 극복과정에 대한 논의를 보라).

그러나 분석가 자신이 자기애적 욕구들에 얽매여 있다면, 그는 환자의 유아적 자기애를 위한 거울이 되는 수동적인 역할을 감당하는 것이 어려워진다. 따라서 그는 미묘하거나 노골적인 말의 실수나 증상적 행동을 통해, 또는 합리화된 이론에 바탕을 둔 행동을 통해 거울 전이의 형성과 유지를 방해할 수도 있다.

이상화 전이와 관련해서, 앞에서 제시된 분석가의 반응과 역전이에 관한 대부분의 고찰들은 또한 거울 전이와 관련해서도 마찬가지로 적용될 수 있다. 그리고 이전의 숙고들이 가져온 많은 결과들은 현재의 상황에 쉽게 적용될 수 있다. 특히 우리는 분석가가 환자의 욕구들과 그것들에 대한 분석가 자신의 반응에 관해 잘 알고 있어야 하며, 자신이 환자의 욕구를 얼마만큼 충족시켜 줄 것인지, "때로는 많은 것"[2]을 충족시켜 줄 것인지를 통제할 수 있어야 한다는 프로이트

---

2 이 진술은 위에서(10장) 인용된 바 있다.

의 금언을 다시 기억해야 할 것이다. 환자의 유아적인 과대주의와 과시주의가 통합되는 과정에서 분석가는 오랫동안, 자기에 대한 사랑의 초기 형태를 활성화시키려는 환자의 시도들을 주의 깊게 반영해 주는 사람이기를 바라는 환자의 요구에 대해서 공감적으로 이해하고 있음을 보여주는 것이 필요할 뿐 아니라, 실제로 환자의 활성화된 유아적 자기애의 모습들에 대해 거부하는 것으로 인식되지 않는—종종 미묘하게 암시되는—해석을 통해 이런 욕구들을 확대시켜서 보여주는 거울로서 봉사해야 한다. 그러나 분석가는 환자가 자신을 본질적으로 아주 낮은 자리에 있는 사람으로 보고 있으며, 비교적 보잘것없는 일들을 맡긴다는 사실에 대해 분노하지 않고 감당할 수 있을 때에만 이와 같은 과제를 수행할 수 있을 것이다.

거울 전이에서 드러나는 분석가가 가진 문제들과 그에 따른 환자의 과대적 자기가 활성화되는 것에 대한 잠재적인 방해는, 그가 쌍둥이(제 2자아) 전이 및 융합 전이에 관련되었을 때 나타나는 문제들과 다르다. 거울 전이에 노출된 분석가는 환자의 자기애적 욕구들을 이해하지 못할 수 있으며 적절한 해석을 통해 그것들에 대해 반응하지 못할 수도 있다. 쌍둥이 전이 및 융합 전이와의 관계에서 분석가가 직면하는 일반적인 위험들은 지루함을 느끼는 것, 환자와 정서적 관계를 맺지 못하는 것, 그리고 환자에 대해 일관되게 주의를 기울이지 못하는 것이며, 여기에는 명백한 분노와 권고, 합리화된 긴장과 조급함의 행동화뿐만 아니라 저항에 대한 무리한 해석 등의 이차적인 반응들이 포함된다.

이런 현상에 대한 비교적 단순한 원인은 대부분의 경우에 제 2자아(쌍둥이) 전이가 일어나는 동안 분석가가 환자들과 면담할 때 지루해하고 환자들로부터 관심을 철수하는 경향성에 있는 것으로 보인다. 환자에게 주의를 기울이는 분석가의 역할에 대한 초심리학적 이해를 간단히 살펴본다면, 융합 전이나 쌍둥이 전이와 직면하게 될 때 분석가는 태만해지기 쉬운 특정한 경향성을 갖고 있음을 알 수 있다.

　오랫동안 계속되는 관찰에서 진정으로 깨어있고 주의를 집중하기 위해서는 관찰자의 정신이 환자의 정신에 깊이 참여해야 한다. 대상 지향적인 추구의 표현들은 항상 그것들이 지향하는 사람들 안에서 정서적인 반응을 일으키는 경향이 있다. 따라서 심지어 분석가가 자신의 환자가 의사소통하고자 하는 특정한 의미에 대해 알지 못하고 있는 동안에도, 그에게 있어서 (대상 본능적)전이의 표현들에 대한 관찰이 항상 따분한 일만은 아니다.

　물론, 그 상황은 분석가가 느끼는 방어적인 지루힘의 경우와는 다르다. 비록 이런 경우에 분석가가 환자의 전이가 의사소통하고자 하는 의미를 정말 잘 이해한다 하더라도, 그는 그것을 이해하려고 하지 않을 수 있다. 예컨대, 분석가는 리비도적 전이의 요청들에 의해 무의식적으로 자극받을 수 있으며, 따라서 자신을 유혹하려는 환자의 시도에 대해 무관심한 태도를 보임으로써 방어할 수도 있다. 이런 모든 경우에 우리는 진정한 지루함을 다루고 있는 것이 아니라 분석가의 인격의 표면층 밑에 존재하는, 환자와 정서적으로 관련되는 것을 거절하는 태도(전의식적인 태도를 포함하는)를 다루고 있는 것이다.

　따라서 분석가가 방어적인 지루함을 느끼는 경우에 그의 정신기구의 보다 깊은 층들은 표면층의 방어적 활동에 의해 덮이고 만다. 그러나 저항이 없는 심지어 자유롭고 편한 상태에서 마음에 떠오르는 것에 주의를 기울이는 기간 동안에, 즉 분석가의 기본적인 관찰 태도가 방해받지 않는 동안에, 분석가의 보다 깊은 정신 층들은 더욱 발달된 인식의 층들에서 행해지는 지적인 활동들이 일시적으로 또는 선택적으로 정지되는 동안에 환자와의 의사소통을 위해 열려져 있다. 무의식적인 리비도적 및 공격적인 반응과 관련된 분석가 자신의 해결되지 않은 갈등들이 분석가가 환자의 (대상 리비도적인) 전이 메시지를 수용하는 과정을 방해하지 않는다면, 분석가는 장기간 동안 주의 깊게 경청할 수 있을 것이며, 정서적 철수로 인한 무관심의 태도를 통해서 그리고 조급하게 (전)의식적인 과정을 종결짓는 행동을 통해서 자신의 과제로부터 도피하지 않을 것이다.

그러나 자기애적 성격장애로 고통받는 환자의 언어적 또는 비언어적인 행동은 (대상 지향적 본능적 추구들로 구성된) 전이 신경증에서 나타나는 연상 자료와는 다른 방식으로 분석가의 무의식적인 반응 및 주의를 이끌어 낸다. 사실, 이상화 전이는 분석가를 약간 높은 단계의 중간대상으로 취급하고 있으며, 따라서 앞에서 서술했듯이, 이상화 전이에서 분석가 자신의 자기애가 자극 받거나 실망하기 쉬운데, 이런 이유로 분석가는 보다 쉽게 환자에게 주의를 집중할 수 있게 된다.

비록 다른 이유에서이기는 하지만, 이 점은 좁은 의미의 거울 전이에서도 마찬가지로 사실이라고 생각된다. 여기에서 분석가는 다만 그가 환자의 활성화된 과대적 자기에 대해 거울 역할을 해주고 또 반향해 주는 역할을 해주기 때문에 중요성을 갖는다는 사실에도 불구하고, 분석가는 여전히 환자의 활성화된 자기애적 요구들에 대해 항의도 하고 방어도 하며 철수도 하는 대상이다. 따라서 분석가는 이런 자기애적 요구들에 대해 다양한 정서 반응들을 보일 수 있으며, 그 요구들에 대해 계속적으로 주의를 기울일 수 있다.

그러나 과대적 자기의 활성화가 분석가의 정신 표상과 융합된 형태(또는 약간 덜 심한 형태인 제 2자아 전이에서)로 발생할 경우, 거기에서 대상에 대한 리비도의 투자는 일어나지 않으며 분석가에 대한 환자의 애착은 특정한 원초적 유형을 띠고 나타날 것이다. 따라서 분석가의 관심이 원초적인 모습으로 나타나는 자기애적 관계를 이해하기 위해 인지적인 과제에 집중되고, 환자의 무리한 요구들에 의해 억눌린다고 느끼는 한편(융합 전이의 목표는 전적으로 사로잡는 것이다), 분석가의 대상 추구적 리비도는 집중되지 않기 때문에 분석가는 종종 장기간 동안 안정되게 주의 깊은 상태로 머물러 있을 수 없게 된다.

　설령 앞에서 살펴본 고찰들이 인간의 보편적인 반응이 지닌 성향을 언급하고 있다 하더라도, 훈련된 정신분석가는 대상에 대한 리비도 집중을 통해서 자신에게 자극을 주지 않는 환자에게 주의를 기울이지 못하는 경향을 극복해야 한다. 다른 말로 하면, 분석가는 자신의 공감능력을 활성화하고 유지하며 치료적으로 활성화된 환자의 자기애적 구성물에 인지적으로 참여해야 한다. 그러나 이런 종류의 실패가 자주 발생한다는 점을 고려할 때, 그것들은 분석가가 지닌 특정한 무의식적 갈등과 고착에서 기인하는 것들이라고 여겨 역전이로 분류되어서는 안 된다. 게다가 이런 주장은 분석가가 자기애적 정신병리에 대해 보다 깊고 포괄적으로 이해하게 될 때, 그리고 그에게 부과된 특정한 과제가 지닌 심리학적인 본질을 보다 분명히 인식하게 될 때, 분석가의 어려움들이 크게 감소되는 경향이 있다는 사실에 의해 지원 받는다.

　그러나 이런 문제들에 대한 설명들(예컨대, 교사, 상담 지도자 등의 전문가에 의해 주어지는)이 주어지고 그로 인해서 자기애적 성격장애의 치료와 관련된 특정한 심리적 고충에 대한 분석가의 (전)의식적 이해가 확장되는 것만으로는 충분하지 않은 경우들이 있다. 이런 경우들은 분석가의 부주의함, 지루해함, 방어적 경향성 등에서 드러나는데, 이것은 감독 상담자나 상담 지도자의 언급에 대해, 또는 심지어 분석가 자신의 신중하고 지속적인 자기 관찰 결과에 대해 스스로 저항하고 있기 때문이다. 분석가의 무의식적인 고착(일반적으로 분석가 자신의 자기애의 영역에서)이 자신의 관심과 공감능력 그리고 이해를 활성화시키고 유지하지 못하는 만성적인 무능력의 원인인 것처럼 보이는 경우에서만, 역전이라는 용어가 실제로 적절하게 사용될 수 있을 것이다. 분석가는 대상-본능적 리비도 집중이 결여된 복잡한 대인 관계에 만성적으로 관련되는데서 오는 스트레스를 피하려고 한다. 이러한 분석가의 욕구는 자신이 다른 사람의 심리 조직의 자기애적인 연결망(web) 안에서 익명의 존재가 되는 것에 대한 두려움에서 기인하는 것으로 보인다.

분석가의 성격구조 안에 이런 특정한 고착점들이 얼마나 많이 존재하는지를 알아내기란 쉽지 않다. 그런 고착점들은 설령 그것들이 분석가 안에 존재한다고 하더라도 자기애적 성격장애의 분석을 제외한 다른 영역들에서는 분석가의 전문적인 활동을 방해하지 않기 때문에, 또한 분석가가 대체로 자기애적 성격장애의 사례들을 피하기 때문에 잘 드러나지 않는다. 그러나 나는 어느 정도의 자기애적 취약성은 분석가들 사이에서 상당히 일반적이라고 생각하는데, 그렇게 생각하는 이유는 특별히 민감한 공감능력은 종종 분석가가 되는 동기로 작용하기도 하며, 그것이 자아의 통제아래 있는 한, 실제로 전문가로서의 장점으로 활용될 수 있기 때문이다. 공감적 지각에서 의식적인 자아가 적극적인 역할을 수행하지 않는다는 사실이 인정되어야겠지만, 그럼에도 불구하고 자아는 다양한 방법으로 그 작업을 통제한다: 자아는 지각의 형태에 있어서 공감적인 양태를 취할 것인지 아닌지를 결정하며; 심지어 자유롭게 연상하는 동안에 일어나는 퇴행의 깊이까지도 조절하고; 그 작업이 현실적이고 논리적인 맥락에 적합한지를 판단하고, 그것에 대해서 침묵할 것인지, 아니면 해석을 제공할 것인지, 아니면 철저한 분석을 시도할 것인지를 선택한다. 그리고 그 선택을 위한 평가 작업의 일환으로 공감적으로 지각된 심리적 기초 자료를 적절한 이차 정신과정의 활동들로 대체한다.

그러나 이러한 심리적 기능의 사용을 즐기는 성향과 공감적 지각이라는 특별한 재능은 대체로 생의 초기에 얻어진다. 그리고 공감적 재능과 심리적 기능을 사용하는 즐거움이라는 이 두 가지 능력 모두는 우리가 여기서 논의하고 있는 원초적인 얽힘(enmeshment)의 공포에 대한 취약성의 핵심부분이 형성되는 바로 그 상황에서 발생한다. 예컨대, 자기애적인 부모—전부는 아니지만 대부분의 사례들에서 더 큰 영향을 끼친 것은 어머니의 성격이다—는 이런 얽힘의 태도를 적절한 시기가 지나서까지 혹은 지나치게 강렬하게 혹은 왜곡된 반응을 통해서 지속시키고, 아이를 자기 자신의 확장으로 생각한다. 그때 아이의 미숙한 정신구조는 과도하게 어머니의 심리구조에 얽매이게 된다. 그런 초기 환경의 심리적 영향이 가져오는 결과들은 장기적으로 크게 다른 것들로 나타날 수 있다. 그것은 한편 다른 사람들의 심리적 과정을 지각하고 정교화하는 대체로 훌륭한 능력을 가진 민감한 심리적 상부 구조의 발달로 이끈다. 이와는 대조적으로 초기에 심리적인 진빌함에 극난적으로 노출됨으로써 지각을 담딩하는 정신의 표면층이 방어적으로 경화되거나 둔해지며, 이를 통해 병인적 부모가 일으키는 불안에 의해 상처받지 않도록 정신을 둘러싸고 보호막을 형성한다.

최적의 상황에서 돌보는 어머니는 어린아이와 공감적으로 융합함으로써 아이의 불안을 지각할 것이며 아이의 긴장에 적절하게 반응할 것이다. 예컨대, 아이의 심각한 불안 긴장은 어머니의 즉각적인 신호 불안(signal anxiety)을 촉발시킬 것이다. 그러나 어머니는 현실 상황을 파악하고 나서 아무런 위험도 존재하지 않다는 것을 알고 불안에서 자유로워질 것이다. 그리고 나서 그녀는 공감적 융합 상태에서 정서적인 교류가 이루어지는 적절한 행동으로, 예컨대 아이를 들어올려 포근하게 안아줌으로써 아이를 자신의 평온 안에 담아줄 것이다.[3] 그런 상호작용들은 아이의 건전하고 균형 잡힌 공감 능력의 발달을 촉진시킨다. 그러나 어머니가 건강염려증과 고통스런 정서로 인해 아이의 긴장 경험에 대해 완충 역할을 하지 못하고 초기에 나타나는

---

3 물론 이와 같이 유익한 융합 상황과 유사한 상황들이 성인들 사이에서도 발생한다. 한 사람이 당황스러워하는 친구의 어깨에 팔을 얹을 때, 그는 친구를 보호하겠다는 의지를 극적으로 표현할 뿐만 아니라 친구로 하여금 자발적인 퇴행을 통해서 자신이 지닌 평정 상태와 일시적으로 융합할 수 있도록 허용하고 있는 것이다.

아이의 가벼운 불안에 대해 안정감 있게 대처하지 못하거나 선택적으로 반응하거나 자신의 공황 불안으로 아이의 정신을 위협한다면, 그때 아이는 어머니와 거리를 둠으로써 그리고 조숙한 자율성을 획득함으로써 또는, 이 맥락에서 가장 중요한 것인, 공감적 지각을 현실 평가의 다른 양태로 시기적절하지 않게 (즉 조숙하게) 대체함으로써 외상적 상태로부터 자신을 보호하려고 시도할 것이다.

특별히 바람직한 상황하에서, 그런 초기의 외상은 나중에 타고난 심리적인 재능의 발달을 방해하지 않을 수도 있으며, 비록 드문 일이기는 하지만, 그와 같은 초기의 외상을 가진 사람들 중에는 실제로 탁월한 정신분석가가 된 사람들도 있다. 정신분석 분야에서 그들이 이룩한 뛰어난 학문적 업적은 일찍부터 심리적 현실을 이차 정신과정을 사용하여 평가하는 능력을 발달시킴으로써 그들의 손상된 공감적 능력을 대체한 결과라고 볼 수 있다. 대부분의 분석가들이 다른 사람들 안에 있는 심리적 구성물을 인식할 때 커다란 단위의 심리적 구성물에 대한 공감적 지각을 통해 (단 한번의 인지 행동을 통해 겉 표면을 인식하듯이) 그들의 자료를 수집하는 반면에, 이런 심리학자들은 복잡한 심리적인 상태를 단번의 인지적인 노력을 통해 인식하는 것이 아니라 단편적인 심리적 내용들을 모으고 함께 엮는 과정을 통해서 대부분의 공감적 관찰자들이 인식하지 못하는 많은 세부 내용을 인식하게 된다. 그러나 다른 한편 그들은 종종 쉽게 관찰할 수 있는 것을 지각하는데 많은 시간을 낭비하고, 때로는 이상한 오해의 희생자가 되기도 하며, 명백한 것을 붙들고 늘어지는 경향 때문에 대화를 지루하게 만드는 일이 흔히 있다.

나는 앞에서 민감한 공감능력의 영역 안에서 정신분석가들의 태도와 발달적 반응들에 대한 관찰에 기초해서 그들의 성격유형을 분류하였으나, 이것은 물론 지나치게 단순화한 것이다. 이런 순수한 형태들보다는 혼합된 형태들이 실제로 더 많다. 성격구조에 대한 심층 심리학적인 단순한 유형학은 전혀 성립될 수 없다. 그러나 우리가 경험을 통해 알 수 있듯이, 다른 사람들에게 공감적으로 몰두하는 일이 전문적인 활동의 중심을 이루는 직업을 선택하는 많은 사람들은 공감능력 발달의 초기 단계에서 외상 (감당할 수 있는 정도의)을 겪은 사람들이며, 아래의 두 가지 부수적인 반응들을 통해서 재외상화의 위험에 대해 이차적으로 반응해 온 사람들임을 알 수 있다: (a) 그들은 정신의 지각적 표면에 대한 과도한 민감성을 발달시킨다; 그리고 (b) 그들은 심리적 자료를 이해하고 그것에 질서를 부여하기 위해 특별히 발달된 이차 정신과정을 통해서 위협적인 자극이 유입되는 것을 극복하고자 한다.

공감능력의 영역에서 발생하는 특정한 재능 및 장애에 대한 조사는 현재 진행 중인 작업의 범위를 넘는 것이므로, 여기에서는 자기애적 성격장애의 분석에서 발생하는 특정한 역전이와 관련해서 다음의 사실만을 다루려고 할 것이다: 전이 신경증의 구조적 갈등에 대해서는 훌륭하고 뛰어난 공감적 지각 능력을 갖고 있는 분석가일지라도, 그는 자기애적 성격장애를 가진 환자의 분석에서 만나게 되는 구조적 결함, 외상적 상태, 그리고 자기애적 고착들을 공감적으로 지각하는 일에서는 특히 무능해지기 쉽다. 어머니의 압도적인 불안 반응 (또는 비합리적이거나 과장된 다른 정서적 반응들)에 의해 무방비 상태로 휩쓸리는 것에 대한 원초적 두려움은 분석가의 공감능력의 장애를 초래할 수 있다. 왜냐하면 그들은 융합을 바라는 환자의 욕구에 저항할 수 없을지도 모른다고 두려워하기 때문이며, 또한 그들 자신이 불안으로 아이를 압도하는 침범하는 어머니의 원초적인 상으로부터 자신을 방어해야 하기 때문이다. 따라서 그런 성격구조를 가지고 있는 분석가들은 원초적이고 자기애적으로 얽혀 있는 환자들과 공감적으로 관계할 수 없을 것이다. 그들은 환자와의 관계에서 쌍둥이 전이 특히 융합 전이가 나타날 경우, 대체로 그런 사례에 대해 치료적 비관주의를 담고 있는 합리화된 형태의 진술들로 자신들의 특정한 무능력을 숨긴 채, 환자의 과대적 자기의 활성화를 이해해 주지 못하고 방어적으로 철수할 것이다.

　나는 자기애적 성격의 분석적 치료에서 그와 같은 융합에 대한 깊은 공포가 얼마나 자주 분석가의 작업을 방해하는지 정확히는 알 수 없지만, 항구적이고 심각한 장애를 입은 융합에 대한 염려는 자주 발생하지 않는다고 대략적으로 평가할 수 있다. 그러나 분석가가 환자가 하는 말을 이해하지 못하거나, 지루해하거나, 정서적으로 철수하거나, 또는 방어적인 행동을 함으로써 자신이 해야 할 과제의 본질을 파악하지 못한다면, 그것에 대한 설명과 성찰이 아무런 변화를 가져오지 않는다면, 그리고 장애의 원인이 유아기에 어머니의 흥분상태를 경험했을 때 느꼈던 것과 동일한 공포, 즉 자신의 경계를 상실하고 그냥 휩쓸려 가는 것에 대한 예전의 공포와 연결되어 있다면, 그때 그런 반응들은 보다 광범위한 임상적 의미에서 역전이로 분류되어야 한다.

　가장 초기의 발달단계 그리고 원시적인 정신의 조직화 과정을 두드러지게 또는 배타적으로 중요시하는 정신분석 학파들은 이 논문에서 논의되는 특정한 현상을 보편적인 것으로 보는 경향이 있다. 예컨대 설리반(H. S. Sullivan, 1940)을 중심으로 한 "대인관계 학파"에 속한 연구자들은 단일한 축을 특징으로 하는 설명적 개념들을 사용하기 때문에, 정신병리의 다양한 형태들을 정신병의 정도와 뉘앙스 또는 는 정신병에 대한 방어의 차이로 이해한다.

　우리가 자기애적 장애에 대한 다양한 정신분석 학파들의 접근법들이 갖고 있는 유사성과 차이점을 알아야만 하는 이유는 바로 이런 배경 때문이다. 예컨대, 레온 그린버그(Leon Grinberg, 1956)는 현재의 작업에서 묘사되고 있는 것과 유사한 기술적인 어려움들을 서술한다. 그러나 그린버그의 이론적 틀—클라인 학파에 의해 강하게 영향받았으며 남미에서 주로 수용된 이론 체계—은 자기애적 리비도가 집중된 대상과 대상 본능적 리비도가 집중된 대상 사이를 구별하는 것 같지 않다. 그리고 투사와 내사는 환자의 내적 대상을 활성화시키는 중심적인 정신 기제로서 간주된다.[4] 그 결과, 정신기구의 구조적 갈등들에 기초해 있는 정신병리의 형태들(전이 신경증들)과 원초적 자기 대상과의 융합 및 탈융합이 중심적인 역할을 하는 정신 장애들(자기애적 성격장애들) 사이에 있는 결정적인 차이를 없애버렸다. 이런 이론적인 입장 때문에, 전이 신경증이 어머니와 유아 사이의 원초적인 갈등에 기초해서 설명되는 반면에, 자기애적 장애는 정신적 기구가 온전하게 구조화된 후에 그리고 자기와 대상 사이를 구별(자기애적 본능이 대상에게 투자되는 것을 포함해서)할 수 있게 된 후에 존재하게 되는 기제들—이차적인 투사와 내사—의 작용에 의한 것이라고 생각한다. 그것은 앞에서 그린버그가 역전이를 융합의 공포에 기초해서 활성화되는 보편적인 현상으로 보았던 것과 조화를 이룬다. 그러나 실제로 이런 현상들은 흔하지 않다. 그것들은 특정한 심리적 과제에 대해 분석가가 지닌 특정한 취약성으로 인해 발생한다. 다른 말로 하면, 그와 같은 현상들은 자기애적 성격장애를 갖고 있는 환자들의 자기애적인 요구들이, 자기와 대상 사이의 구별을 없애버리는 분석가의 경향성이 통제된 공감능력을 가지고 확장된 융합을 이룰 수 있는 능력으로 온전히 변형되지 못했을 때, 분석가의 정신 안으로 침범해 들어옴으로써 나타난다.

환자의 과대적 자기가 치료적으로 활성화되는 동안에 나타나는 분석가의 반응에 관한 문제가 아무리 복잡하다 할지라도, 그것의 다양한 형태들을 초심리학적으로 개괄하는 것은 때때로 구체적인 임상 사례를 통해서 분석가의 실패를 설명하고 분류하는 것보다는 쉬운 일일 수 있다. 유아적인 과대적 자기의 활성화를 보여주는 환자의 사

---

4 8장에 나오는 "영국 학파" 정신분석에 관한 논의를 보라.

례를 분석하는 동안에 발생한 분석가의 일시적인 공감의 실패에 대한 다음의 묘사는 우리의 주제를 임상적 관점에서 조명하는데 도움을 줄 것이다.

F양은 많은 만성적인 불만 때문에 분석을 받게 된 25세된 여성이었다. 그녀는 자신의 직업에서 적극적이었고 많은 사회적인 접촉과, 일련의 애정 관계를 갖고 있었음에도 불구하고, 자신이 다른 사람들과 다르며 그들로부터 고립되어 있다고 느꼈다. 그녀는 친구들이 많이 있었지만 자신은 친한 사람이 아무도 없다고 생각하고 있었다; 그녀는 몇 번의 애정 관계를 가졌고 그 과정에서 진지하게 구혼한 사람들이 있었음에도 불구하고 그들의 태도가 진지하지 않았다고 생각했기에 청혼을 거절했다. 분석과정에서 그녀가 자신의 감정과 사고에 대해 불확실하게 느끼는 만연된 느낌과 관련된, 갑작스런 기분의 변화로 인해 고통당하고 있다는 사실이 차츰 분명해졌다. 초심리학적 용어로, 그녀의 장애는 과대적 자기가 전체적인 정신기구에로 통합되지 못한데서 기인한 것이었다. 그 결과 그녀는 (1) 불안한 흥분상태와 자신이 다른 누구보다도 더 훌륭한 존재라고 느끼는 의기양양한 상태(자아가 과대적 하부 구조, 즉 리비도가 강하게 집중된 과대적 자기에 의해 압도되는 동안); 그리고 (2) 정서적 고갈, 시시함 그리고 정지된 상태들(자아가 비현실적이고 과대적인 하부구조로부터 자체를 방어하기 위해 모든 힘을 사용함으로써 주기적으로 쇠약해지는 상황을 반영하는) 사이를 이동하는 경향을 가지고 있었다. 그녀는 사람들에게 매력을 느껴서가 아니라 오히려 고통스런 자기애적 긴장들로부터 피하기 위해서 대상관계를 형성했다. 그러나 그녀의 사회적 관계들은 성인기의 삶 뿐만 아니라 후기 아동기의 삶에서도 표면적으로는 비교적 원만해 보였지만 근저의 자기애적 장애로부터 오는 고통을 완화시키는 데는 거의 아무런 도움이 되지 못했다.

발생학적 측면에서 우리가 확신할 수 있는 것은 그녀의 삶의 초기 어떤 기간 동안 어머니가 우울한 상태에 빠져 있었기 때문에 그녀의 과대적 자기의 자기애적-과시적인 리비도 집중이 통합되는 과정이 방해받았다는 사실이다. 그녀 아동기의 아주 중요한 시기에 그녀의 어머니는 딸의 현존과 활동들에 대해 즐거워하거나 긍정해 주지 못했다. 반대로, 그 소녀가 자신에 대해 말할 때면 그녀의 어머니는 언제나 자기 자신의 우울적 감정에 몰두함으로써 그 소녀에게 관심을 주지 않았으며, 따라서 그 소녀는 원시적인 과시주의와 과대주의를 적응력 있는 유용한 자존감과 자기-향유로 변형시켜 주는 최적의 모성적 수용을 경험할 수 있는 기회를 박탈당했다. 어머니의 우울한 상태가 완화된 덕택에 그녀는 유아적인 과대적 자기의 형태에 전적으로 고착되지는 않았지만, 그러한 병리적인 상황은 나중에 그녀의 유일한 형제인 세 살 위 오빠와의 관계에 의해 다시 악화되었다. 그녀의 오빠(그 자신도 신뢰할만한 부모로부터 긍정받는 경험을 갖지 못한)는 여동생을 가학적으로 다루었으며, 항상 자신이 관심을 독차지해야 했다. 따라서 그는 여동생이 자랑스럽게 말한 것이나 한 일에 대해 부모가 관심을 갖지 못하도록 지능적으로 방해했다. 따라서 그녀의 자기애적 욕구들을 실제로 만족시켜 주는 일은 계속 방해를 받았다.

나는 다음 부분에서 치료적으로 활성화된 과대적 자기를 분석하는 동안에 분석가가 부딪치는 특수한 문제들을 보여주는 임상 자료에 초점을 맞출 것이다. 내가 환자의 성격장애의 발생학적 배경을 잘 이해하지 못한 채, 환자의 정신병리의 본질에 대한 핵심적인 개념만을 이해하고 있던 초기 분석가 시절에는 분석과정에서 다음과 같은 일들이 자주 발생하곤 했다. 환자는 기분 좋은 상태로 와서 차분하게 면담에 임한다. 그리고 직장에서 있었던 일이나 가족 및 그녀가 현재 친하게 지내는 사람들과의 상호작용 등의 다양한 주제들에 관한 자신의 생각과 느낌들; 잠정적이지만 진정성을 지닌 전이에 대한 언급 및 꿈과 그 꿈에 관련된 연상들; 그리고 현재와 과거 사이, 분석가에 대한 전이와 다른 사람들과의 관계에서 나타나는 유사한 추구들 사이를 연결시켜 주는 다양한 통찰들(진정한 저항에 도달한 것으로 보이는)에 대한 생각과 느낌을 의사소통하기 시작한다. 간단히 말하면, 이 단계에 속하는 분석의 첫 부분에서 분석은 상당히 순조롭게 진행되는 것으로 보인다.

그러나 이 단계는 다음의 세 가지 점에서 진정한 분석단계와 구별되며, 진정한 분석단계 동안에 분석가는 관심 있는 관찰자로서 곧 이어 나타날 저항의 파도에 대비하는 역할을 하게 된다: (1)이 단계는 분석에서 다른 단계들 보다 훨씬 더 오래 지속된다.(2)또한, 나는 비교적 순조로운 분석이 이루어지는 동안 분석가가 환자의 자유연상 내용을 경청하는 과정에서 보통 저절로 형성되는 흥미로운 태도를 유지할 수 없다는 사실을 주목한다; 나는 종종 느리게 반응하며, 나의 생각은 표류하기 시작하고, 환자가 의사소통하려고 하는 내용에 주의를 집중하기 위해 애써 노력하지 않으면 안 된다. 이와 같이 주의를 집중하지 못하는 경향은 분석 상황의 안팎에 관련된 그리고 현재와 과거에 관련된 대상을 향한 몰두의 문제를 이미 다루고 난 상황에서 발생한다는 점에서 이해하기 힘든 것이다. 그러나 나는 그녀가 나에 대한 환상 내용을 포함하여 리비도가 투자된 현재의 대상들에 대해서 말하는 동안, 차츰 내가 주의를 집중하지 못하는 이유는 그 의사소통이 나를 향한 것이 아니며, 따라서 나의 대상 리비도적 주의 집중 반응들이 자발적으로 활성화되지 않기 때문임을 알게 되었다. (3)내가 종종 지루함과 주의를 집중하지 못하는 문제와 투쟁할 뿐만 아니라, 나의 해석이 정확하다고 주장하고 환자에게 완고한 저항이 숨겨져 있다고 의심하는, 오랜 무지와 오해의 기간이 지난 다음에야 비로소, 나는 그 환자가 자신의 의사소통에 대해 특정한 반응을 요구했으며, 그 외의 다른 것은 완전히 거절했다는 사실을 확실히 알게 되었다.

F양은 진정한 자기 분석의 단계에 도달한 환자와는 달리, 나의 침묵을 견디지 못했으며 나의 중립적인 언급에 대해 불만스러워했다; 그러나 대략 전체 상담 과정의 중간 지점에서 그녀는 갑자기 나의 침묵에 대해 격렬하게 화를 내었고 자신에게 어떤 지원도 제공하지 않는다고 나를 비난했다. 덧붙여 말하자면, 그녀의 욕구의 원초적인 성질이—아주 어린아이의 포만감에서 허기의 느낌으로 또는 허기의 느낌에서 만족감으로 갑작스럽게 변형되듯이—갑자기 드러난 것이다. 그러나 내가 바로 이러한 순간에 단순히 그녀가 본질적으로 이미 말했던 것("당신은 남자들을 믿지 못한 당신의 어머니처럼 의심에 다시 얽혀들고 싶지 않아서 애를 쓰고 있군요." 또는 "당신은 방문 중인 영국 사람에 대해 갖고 있는 당신의 환상이 당신이 나에 대해서 갖고 있는 환상들을 반영하고 있다는 점을 마침내 이해하게 되었군요" 등의 언급)을 요약하거나 반복해서 말해 줄 때, 그녀는 즉시 마음의 평정을 찾으며 만족해 한다는 사실을 차츰 알게 되었다. 그러나 내가 만일 환자가 이미 말한 것이나 발견한 것의 범위("그녀가 방문 중인 외국인에 대해 가졌던 환상들은 나에 대한 환상의 반영들이었다고 말할 뿐만 아니라, 여기에서 한 걸음 더 나아가 그것들은 그녀에 대해 아버지가 가지고 있었던 환상들에 노출되었을 때 되살아 나는 위험한 느낌이라고 생각해요"라고 말한다면)를 단 한치라도 넘어가기만 하면, 그녀는 (내가 덧붙인 말에 대해 사실 그녀도 그렇게 생각하고 있었음에도 불구하고) 격렬하게 화를 내면서, 긴장되고 격한 목소리로 내가 자신의 명예를 훼손했고 내 말로 인해 자신이 그동안 쌓아온 모든 것이 망가졌으며, 분석 또한 망가지고 있다고 맹렬히 나를 비난하였다.

몇몇 확신들은 직감적인 것들이며, 따라서 분석과정에서 이 기간 동안에 나타났던 환자의 행동의 의미와 전형적인 난관(역전이의 특정한 면들을 포함하여)의 의미에 대한 나의 결론이 정확하다는 사실을 확실하게 증명하기는 어렵다. 이 기간 동안에 환자는 확인해주고, 긍정해주며 반향해주는 존재(거울 전이)로서 나를 사용함으로써 자기애적으로 과도하게 리비도가 집중된 원초적인 자기를 자신의 전체 성격에 통합시키고자 시도했다. 이 과정은 그녀가 자신의 사고와 느낌을 생생하게 느낄 수 있게 되는 것과 함께 조심스럽게 시작되었으며, 그리고 나서 그녀의 강렬한 과시적인 욕구는 점차로 그녀 자신의 가치와 자신의 활동에 대한 즐거움으로 변형되기 시작했다. 이 과정에서 (그것은 단지 일정 기간 동안만 계속되었다), 그녀는 무용 강습을 받기 시작했다. 이러한 강습들(그리고 다양한 대중 공연에 참여하는 것)은 분석 상황에서 만족을 찾을 수 없었고 어떤 관습적인 활동을 통해서도 승화시킬 수 없었던 그녀의 자기애적인 과시적 욕구들을 발산시켜 줌으로써 중요한 완충 역할을 하였다.

내가 점차로 이와 같은 사실들을 깨닫기 시작하자, 환자는 내게 특정한 역할을 맡겼는데 그것은 아주 어린아이가 보는 세계관에 속한 것이었다. 분석과정의 이 단계에서 환자는 원초적인 자기상을 활성화하기 시작했으며, 그 상은 지금까지 불안정한 억압의 상태로 유지되어 왔던 리비도가 강렬하게 집중된 것이었다. 그녀는 고착된 상태로 남아있던 과대적 자기를 활성화하는 것과 동시에, 원초적 대상(심리적 구조의 전조)에 대한 새로운 욕구, 즉 자신의 자기애적 표현에 대해 공감적인 반응, 긍정과 반영 그리고 반향을 받음으로써 자기애적 자양분을 제공받고자 하는 욕구가 발생하는 것을 경험했다. 이 욕구는 사실상 환자의 정신이 지금까지 스스로 수행할 수 없었던 심리적 기능을 새롭게 획득하려고 하는 것이라고 할 수 있다.

그런 순간에 나는 그와 같은 전이 요구들이 포함하고 있는 함정에 대해서 충분히 경계하지 않았기 때문에, 사실상 나의 치료적 개입들은 많은 경우 심리구조 형성의 작업을 방해하였다. 그리고 나는 이해에 도달할 수 없게 만드는 장애물이 인지적 영역에만 국한되지 않는다는 사실을 잘 알고 있다; 나는 지나치게 적나라하게 자기를 드러내는 일에 탐닉하지 않은 채—사실 그것은 드러내기 보다는 감추는 목적에 사용된다—내 자신 안에 분석과정을 가로막는 장애물이 있다는 것을 인정할 수 있었다. 나는 거기에 집요하게 남아있는 깊고 오래된 고착점들과 관련된 자기애적인 나 자신의 모습을 볼 수 있었다; 물론 내가 오랜 기간 동안 나의 아동기 망상들과 씨름해왔으며 대체로 그것들을 지배할 수 있다는 생각을 갖고 있었지만, 그럼에도 불구하고, 나는 환자의 활성화된 과대적 자기와 대면함으로써 제기된 인지적인 과제를 잘 다루지 못했다. 따라서 나는 나 자신이 환자를 위한 대상이 아니며 환자의 아동기 사랑과 증오를 받아주는 대상이 아니라고 생각했으며, 또한 분석가로서의 나 자신이 환자의 활성화된 자기애적 위대함과 과시주의와의 관련을 떠나서는 환자에게 별 의미 없는 존재에 지나지 않는다는 생각을 받아들일 수 없었다.

따라서 나는 오랜 동안 환자의 비난이 특정한 전이 환상 및 오이디푸스 단계의 소망과 관련되어 있다고 생각해 왔다. 그러나 이런 방향으로 치료를 진전시키는 것은 더 이상 가능하지 않았다. 나는 내게 분석을 받고 있던 한 여성 환자가 소리쳤던 그 격앙된 목소리가 궁극적으로 나를 올바른 길로 이끌었다고 생각한다. 나는 그것이 환자가 지금까지 표현하지 못했던 권리주장에 대한 단호한 확신—아주 어린아이의 확신—을 표현하는 것이었음을 깨달았다. 그녀가 자신을 발견하고 이 사실에 대해서 보고할 때, 내가 긍정해 주고 확인해 주는 것 그 이상의 반응을 보일 때면, 그녀는 항상 나를 자기애적 리비도 집중을 아이에게서부터 자신에게로 (환자의 표현대로 가학적으로) 돌리거나 필요한 자기애적 반향을 아이에게 제공해주지 않았던 자신의 어머니처럼 느꼈으며, 또는 그녀로부터 부모의 관심을 가로채서 자신에게 집중시켰던 그녀의 오빠처럼 느꼈다.

장기간의 분석기간 동안에 환자가 주장했듯이, 환자의 어머니 (또는 이 맥락에서 환자에게는 어머니와 한 통속이며 자신의 것을 대신 차지했던 오빠)가 실제로 의식적으로, 전의식적으로 또는 무의식적으로 가학적이었는가? 라는 물음은 여기에서 별로 중요하지 않다. 원초적 대상은 전능하고 전지한 존재로 경험되기 때문에 그 대상의 행동에 따른 결과들은 아이의 견해에서는 항상 의도적인 것으로 여겨졌다. 따라서 그 환자는 내가 처음에 자신을 잘 이해해주지 못한 것이 나의 지적이고 정서적인 한계 때문이 아니라 나의 가학적인 의도 때문이었다고 가정했으며, 이러한 가정은 그녀의 심리적 능력의 범위 안에서는 당연한 것으로 여겨졌다. 나는 이런 잘못된 지각이 단순히 전이 혼란에서 기인된 것이라고 생각하지 않는다. 그것은 오히려 그녀가 본질적인 병인적 고착 수준으로, 즉 대상을 자기애적 대상으로 인식하는 사고 수준으로, 따라서 한편으로는 원인과 결과 사이의, 다른 한편으로는 결과와 의도 사이의 혼란으로 치료적인 퇴행을 했기 때문이라고 이해되어야 한다.

그러나 환자의 심리 발달을 초심리학적 관점에서 평가한다면, 우리는 그녀 어머니(그리고 오빠)의 의식적이거나 무의식적인 동기가 무엇이던 간에, 그들의 행동은 리비도가 고도로 집중된 원초적 과대적 자기를 억압하는 결과를 가져왔기 때문에 현실에 의해 수정되기가 어려웠고 자아에 의해 성숙한 자기애적 동기의 근원으로 사용되기가 어려웠다고 말할 수 있다. 여기에 덧붙여서, 환자의 아버지는 환자에게 오이디푸스적인 사랑 대상이기 보다는 어머니에게서 얻지 못한 자기애적 긍정의 대체물이었으며, 환자가 이 긍정을 얻기 위해 아버지에게 도움을 청했을 때, 소녀에 대한 환상적 사랑의 태도와 정서적 무관심 또는 지속적인 긴장으로 인한 철수 사이에서 망설임으로써, 환자에게 더 깊은 상처를 남겨 주었다. 아버지의 행동은 신뢰할만한 관심이 지속되는 상황에서 그녀에게 반응해 주지 못함으로써 그녀로 하여금 원초적인 자기애적 요소들을 현실적인 자기 안에 통합하도록 도와주지 못하고, 오히려 원초적 자기애적 요소들에 몰두하도록 자극하였다. 따라서 그는 견고한 억압 장벽이 형성되는 과정을 방해하였으며 그의 모순되고 유혹적인 행동을 통해서 그녀의 욕구들이 재성화(再性化)되는 경향성을 강화하였다. 그리고 이것은 A의 사례에서 자기애적 항상성에 대한 욕구를 재성화시켰던 상황과 유사하다.

앞에서 묘사된 임상 상황과 특히 그 상황에 대한 분석가의 치료적 반응이라는 주제는, 비록 다음에 이어지는 분석과정에 대한 논의가 현재의 주제인 거울 전이에서 나타나는 역전이에 직접적으로 해당되지 않는다 하더라도, 좀더 자세한 설명을 필요로 한다.

얼핏 들으면, 이런 경우에 내가 말하려고 하는 것이 마치 분석가는 환자의 전이 욕구를 무한히 충족시켜 주어야 한다고 주장하는 것으로 오해하기 쉽다. 특히 환자가 우울한 어머니로부터 필수적인 정서적 반향이나 긍정을 받지 못했을 경우에 분석가는 "교정적 정서 경험"(corrective emotional experience)을 제공하기 위해 지금 그러한 욕구들을 충족시켜 주어야 한다고 말하는 것처럼 들리기 쉽다 (Alexander, French, et al., 1946).

분석과정에서 실제로 이런 유형의 욕구를 충족시켜 주는 것이 성공적인 분석을 위해서 전술적으로 필요한 환자가 있다. 이들은 이런 욕구충족 없이는 정신분석 작업의 구체적인 목표에, 즉 아동기 소망에 대한 자아의 지배가 증가되는 단계에 도달하기가 어렵다. 게다가 종종 중요한 아동기 소망의 충족—특히 그것이 상호 신뢰적인 분위기 속에서 또는 유사-종교적이고 마술적인 사랑의 분위기 속에서 제공된다면—은 환자의 증상을 완화시키고 행동을 변화시키는데 유익한 영향을 미칠 수 있다. 빅터 위고의 **레 미께라블**에 나오는 장발장이 주교와 악수를 했을 때 그랬던 것처럼, 그 환자는 변화될 수 있고 치료는 성공적일 수 있다. (전문적인 정신치료의 영역 밖에서 환자들이 좋은 경험 이후에 갑작스럽게 치유되는 사건을 보기 위해서는 K. R. 아이슬러[Eissler, 1965,p. 357ff.]가 제공한 저스틴[1960]의 사례요약을 보라.)

그러나 이런 환자들과는 달리 정신분석이 가능한 사례들에서, 예컨대 F양의 사례에서, 분석과정은 다른 방식으로 전개된다. 인지적이고 정서적인 장애물들을 어느 정도 극복한 후에 나는 전이 현상(이것은 환자의 후기 발달단계와 관련되어 있으며, 환자의 대인관계가 방어적이었고 정서적으로 피상적이었음을 말해 준다)의 본질이 자료의 내용에 있는 것이 아니라 분석 시간 동안에 발생하는 상호작용에 있다는 사실을 인식했다. 특히 나는 그 환자가 나를 초기 아동기에 자신에게 필요한 자기애적 자양분을 박탈한 우울하고 건강염려증적인 그녀의 어머니로 복원시켰다는 사실을 인식했다. 그런 경우에, 전술적 이유들로 인하여 (예컨대, 환자의 자아의 건강한 부분으로부터 협력을 얻어내기 위하여) 분석가는 마음이 내키지 않더라도 환자의 아동기 소망에 대해 일시적으로 순응해 주어야 하지만, 진정한 분석의 목적은 욕구 충족에 있는 것이 아니라 (감당할 수 있는) 절제된 분석을 통해서 성취되는 통찰에 기초한 아동기 소망의 극복에 있다.

대상-본능적 욕동과 관련된 전이 신경증의 사례에서 그런 것처럼, 자기애적 성격장애의 분석에서 자기애적으로 투자된 대상에 관해서도 다음의 사항이 적용된다: 분석가는 전이 소망이 자발적으로 활성화되는 것을 (조숙한 해석이나 다른 방법으로) 방해하지 말아야 한다. 일반적으로 분석가는 전이 소망이 충족되지 않아서 환자의 협력이 중단될 때, 즉 전이가 저항이 되는 시점에서만 전이에 관한 해석 작업을 시작할 수 있다.[5] 그리고 다시 전이 신경증의 사례에

---

5 전이에 대한 해석적 언급들은, 특히 분석 초기에 전이 저항에 의해 가로막힌 분석과정을 활성화시키기 위한 목적으로 제공된 것이 아닌 해석들은 당연히 환자에 의

서와 마찬가지로 자기애적 성격장애에서도—그리고 심지어 더욱 엄격하게—다음의 사항이 적용된다: 일단 해석 작업이 시작되고, 환자가 자신의 무의식적 정신 내용을 의식 안에 받아들이기 시작할 때, 분석가는 그 첫 단계에서 환자의 자아가 강렬한 아동기 욕망을 극복할 수 있다고 기대하지 않는다. 정반대로, 분석가는 환자가 긴 시간 동안의 극복과정을 거친 후에야 처음으로 유아적 소망 충족을 강렬하게 주장하기 때문이 아니라 오히려 그러한 소망들로부터 후퇴하고자 하는 새로운 시도들 때문에 저항을 느끼는 자신을 경험하게 된다는 사실을 안다. 그리고 이때 이 후퇴의 시도들은 보통 중심적인 욕구들과 소망들이 다시 숨는 동안에, 떨어져 나간 정신의 부분이 욕구를 충족시켜 줄 것을 요란스레 주장하는 것으로 나타난다. 그러나 분석가가 전이 소망이 형성되는 것을 방해하지 않는 것과, 점진적으로 이루어지는 복잡한 극복과정을 냉정하게 받아들이는 것은 분석과정에서 분석가가 지켜야 할 필수적인 사항이다. 이 두 가지 중에 어느 것도 "교정적 정서 경험"이라는 개념 안에 함축되어 있는 교육적 수단(치료적 동맹의 성립과 유지를 위해서 합리화되는)이나 분석가 쪽에서의 다른 활동들에 의해 대체될 수 없다. 그러한 대체는 곧 정신분석의 포기를 의미한다.

F양의 사례에서, 내가 특정한 모습으로 재연된 그녀의 아동기 요구를 인식한 것은 과대적 자기를 극복하는 과정의 시작일 뿐이었다. 나는 나 자신의 역전이 저항을 극복한 후에야 그 환자가 대상 본능적 전이와 씨름하고 있다는 생각을 버릴 수 있었고, 마침내 그녀에게 "나에 대한 그녀의 분노는 자기애적 과정에 기초해 있는 것이며, 특히 그녀의 자기애적 욕구를 좌절시켰던 우울한 어머니에 대한 전이

───────────────

해 금지들로서 받아들여질 것이다. 분석가가 아무리 다정하고 친절하게 표현한다 하더라도, 환자는 그런 언급들을 "그렇게 하지 말아요-그것은 비현실적이고 유치한 것입니다!" 라는 말로 들을 것이다.

혼합에서 기인된 것"이라고 말할 수 있었다. 이런 해석들이 주어지고 나서 그녀는 어머니가 삶의 후기에 우울한 자기-몰두에 빠져 있었다는 기억들을 회상해냈다. 마침내 그 환자는 생의 보다 초기와 후기에 경험한 고통스러운 기억들을 생생하게 회상해냈다. 그것들은 주로 그녀가 유치원에서 그리고 초등학교에서 집으로 돌아왔을 때 일어난 일화들이었다. 어느 날 그녀는 학교에서 있었던 일에 대해 어머니에게 자랑하고 싶어서 가능한 한 빨리 집으로 뛰어갔다. 그때 어머니가 문을 열어 주었는데, 어머니의 얼굴 표정이 환하게 빛나는 대신에 그 표정이 얼마나 어두웠는지를 회상했다; 그리고 조금 전 학교에서 어떻게 놀았으며 자신이 어떤 일을 해냈는지를 이야기하기 시작했을 때, 어머니는 듣고 있는 것 같았으나 실제로는 대화의 주제를 어색하게 바꾸어 자신의 두통, 피곤함, 자기-몰두 등에 대해 말하기 시작했던 일들을 회상했다. 그녀는 그때 갑자기 에너지가 고갈된 텅 빈 존재처럼 느꼈던 자신에 대해 회상했다; 그녀는 오랫동안 어머니에 대해서 격노를 느꼈던 그때 그 사건을 기억하지 못했다. 오랜 기간의 극복과정을 거친 후에야 비로소 그녀는 내가 그녀의 요구를 이해하지 못했을 때 나에 대해 경험했던 진노와, 그녀가 어렸을 때 겪은 자기애적 좌절에 대한 반응으로서 경험했던 느낌들을 점차로 연결시킬 수 있었다.

환자는 나의 해석으로 인해 자신의 요구들이 충족되기를 바라는 욕구가 얼마나 강렬한 것인지를 점차로 인식하게 되었다. 그러나 그녀는 이러한 사실을 인식하는 것에 대해 격렬하게 저항했는데, 그것은 그녀가 자신은 독립적인 존재이며 스스로 충분한 존재라는 방어적인 생각을 사용하여 오랫동안 감추어 왔던 이 영역이 극단적으로 피폐한 상태였다는 사실을 더 이상 부인할 수 없었기 때문이었다. 대략적인 순서를 따라 말하자면, 이 단계 다음에 그녀의 집요한 유아적 과대주의와 과시주의가 서서히 그리고 수치심을 불러일으키면서 불안한 모습으로 드러나기 시작했다. 이 기간 동안에 이루어진 극복과정은 궁극적으로 예전의 과대주의와 과시주의에 대한 자아의 지배를 증가시켰으며, 따라서 환자로 하여금 보다 강한 자기-확신을 갖게 해주었고 그녀의 자기애 영역에 다른 호의적인 변형들을 가져다주었다.

그러나 나는 구체적인 임상적 사례를 제시하는 일없이, 환자의 과대적 자기가 분석과정에서 다양한 형태의 거울 전이의 모습으로 치료적으로 활성화되는 동안에 분석가에게 주어지는 인지적이고 정서적인 과제를 요약할 것이다. 그러한 성격장애를 분석하는 동안에 적절하게 기능하기 위해서 분석가는 비록 환자와의 사이에 이렇다 할 대상 본능적 리비도를 집중시키지 않는다고 하더라도, 활성화된 심리구조들에 대해 흥미와 관심을 가진 상태로 머물러 있어야 한다. 게다가 그는 자신이 치료적으로 활성화된 환자의 자기애적 세계관 안에 있는 원초적이고 전구조적인 대상의 자리, 즉 특히 환자의 자기애적 평정을 유지시키는 기능을 부여받은 자리라는 사실을 받아들여야 한다(이 자리는 환자의 특정한 주요 고착의 수준과 조화를 이룬다). 분석가는 앞에서 말한 이와 같은 심리적인 사실들 (즉 그는 조급해져서도, 때 이른 해석을 통해 자기애적 전이의 형성을 방해해서도, 그리고 그의 관심과 공감을 철수해서도 안 된다)을 수동적으로 감당할 수 있어야 할 뿐만 아니라, 창조적인 지각력을 사용하여 환자의 자기애적 세계와 긍정적인 관계를 유지해야 한다. 왜냐하면 환자가 전언어적인(preverbal) 성질을 지닌 초기의 경험들과 유사한 후기의 기억들을 회상해냄으로써 ("기억의 집중"를 통해) 과거의 경험과 현재의 경험을 연결시킬 수 있게 되는데, 이것을 가능케 하기 위해서 분석가는 먼저 그 경험들의 내용을 공감적으로 파악하고 그것들의 의미를 어느 정도 비슷하게 재구성해야 하기 때문이다.

활성화된 과대적 자기의 분석 치료과정에서 자신에게 부과된 과제를 수행하는데 있어서, 분석가는 자신이 다루고 있는 상황을 이론적으로 이해함으로써 커다란 도움을 받을 수 있다. 게다가, 분석가는 환자가 자신을 분석가로 경험하지 않으며 심지어 자신의 과거의 대상과 혼합하는 만성적인 상황에 대해 반발하고 있는 자신의 자기애적 요구가 잠재적으로 분석과정을 방해할 수도 있다는 사실을 인식해야 한다. 그리고 마지막으로, 특정한 경우에 분석가는 환자와 융합됨으로써 자신이 용해되는 것에 대한 원초적인 두려움 때문에, 융합 전이를 적극적으로 방해하려고 하는 유혹으로부터 자유로워야 한다. 그는 환자들의 융합 욕구들을 차단하는 것이 아니라 과도한 불안 없이 그것들이 활성화되는 것을 감당함으로써 환자와 일시적으로 융합될 수 있어야 하고, 환자의 자기애적 요구들에 대해 절제된 공감적 이해를 제공함으로써 자신이 열린 상태에 있음을 환자에게 알려 주어야 한다. 즉 치료자는 해석과 재구성을 통하여 환자에게 반응해줌으로써 환자의 자기애적 구조들을 보다 성숙하고 현실 지향적인 성격으로 점차 통합시켜 갈 수 있어야 한다. 그러나 우리가 여기서 한번 더 이런 자기애적 장애에 대한 분석과정을 조사한다면, 환자는 처음에 그리고 장기간에 걸쳐 자신의 자기애적 요구들을 잘 감당하지 못하는 경향이 있으며, 환자 자신의 자아가 점차 그것들에 대한 더욱 많은 통제력을 획득하려고 시도하기에 앞서 그것들을 받아들이고 이해하는 것을 배워야 한다는 사실을 강조할 필요가 있다.

제 12 장

자기애적 성격 분석의 치료적 변형과정

분석과정에서 원초적이고 자기애적인 심리적 자리를 활성화시킴으로써 자기애적 전이의 극복과정이 가능해지며, 이와 함께 특정한 변화들과 불특정한 변화들이 발생한다. 불특정한 변화들 중에 가장 두드러진 것은 대상을 사랑하는 환자의 능력이 증가하며 확장되는 것이며; 특정한 변화들 중에 가장 두드러진 것은 바로 자기애의 변화이다.

대상 사랑의 증가와 확장

1. 자기애적 성격 분석에서 반드시 만나게 되는, 대상을 사랑하는 능력의 증가는 치료에서 중요하지만, 그것은 특정한 결과라기보다는 이차적인 불특정한 결과로 간주되어야 한다. 일반적으로 새롭게 출현하는 대상 사랑은 이전에는 퇴행적 자기애의 벽 뒤에 숨겨져 있어서 환자가 사용할 수 없었던 대상-리비도적, 원초적 사랑이 활성화됨으로써 환자에게 유용한 것이 된다. 분석이 진행됨에 따라 대상-리비도

적 에너지 집중의 유용성이 증가하는 것은 그 자체로 활성화된 자기애가 대상 사랑으로 변한다는 것을 가리키는 것은 아니다; 그것은 다만 이전에 억압되었던 대상 리비도가 자유로워진 것일 뿐이다; 즉 그것은 자기애적 성격장애의 영역에서라기보다는 이차적인 정신병리(전이 신경증)의 영역에서 치료가 이루어진 결과이다.

2. 그러나 자기애적 환자의 확장된 대상 사랑 능력의 어떤 면들은 정신병리의 일차적인 영역에서 이루어지는 극복과정과 보다 더 직접적으로 관련되어 있다. 그것들은 환자의 대상에 대한 리비도 집중이 단순히 증가하는데 그 특징이 있는 것이 아니다. 그보다는 이상화 리비도의 유용성이 커짐으로 인해서 이미 존재하는 (또는 새롭게 활성화된) 대상 추구가 보다 세련되고 정서적으로 심화되는 특징을 띤다. 이상화 전이의 체계적인 극복과정으로 인해 발생하는 여분의 이상화 리비도는 대상-리비도 집중과 접합됨으로써 환자에게 유용한 것이 될 것이다. 이상화 리비도 집중을 대상 사랑에 덧붙임으로써, 그것이 사랑에 빠진 상태이든, 또는 인간에 대한 지속적인 사랑이든, 아니면 좋아하는 일과 목적에 대한 헌신적 사랑이든, 환자의 사랑 경험은 심화되고 세련된다. 이런 경우, 전체 사랑 경험에서 자기애적 구성요소는 본질적으로 보조적인 것이다. 자기애적 리비도 집중은 환자의 사랑 경험을 강화하고 그 맛을 내는데 공헌한다; 그러나 중심적으로 이루어지는 투자는 대상-리비도적 본능이다.

3. 자기애적 자리에 대한 체계적인 분석을 통해서 얻어지는 주요 불특정한 결과는 자기 경험을 견고하게 하고 더욱 튼튼한 자기의 응집성과 명확한 한계를 제공함으로써, 마침내 대상 사랑의 능력을 증가시키는 것이다. 자기의 응집성이 강화됨에 따라 다양한 직무들(예컨대 전문적인 일들)을 수행하는 자아의 능력이 발달하며, 이와 동시에 대상 사랑에 대해 집중적으로 관심을 갖는 자아의 능력 또한 증가한다. 하나의 명백한 사실을 행동적, 현상학적, 그리고 역동적인 용

어로 진술한다면, 다음과 같이 말할 수 있다: 개인이 자신에 대해 보다 안전하게 느낄수록 자신이 누구인가에 대한 그의 감각은 더욱 더 확실한 것이 되며, 그의 가치체계는 보다 안전하게 내면화된다. 그는 거절과 굴욕을 경험하는 일없이 보다 큰 확신을 가지고 자신의 사랑(대상-리비도적 집중)을 효과적으로 제공할 수 있게 된다.

자기애적 영역에서 일어나는 점진적 통합

자기애적 성격에 대한 정신분석 치료의 일차적이고 본질적인 결과들은 자기애적 영역 안에 놓여 있으며, 성취된 변화들은 대부분 매우 중요한 치료적 결과들로 이루어진다. 이 논문 전체가 자기애적 영역에서의 이런 통합을 이루어 가는 치료적 발달을 전반적으로 다루고 있기 때문에, 나는 여기에서 전에는 충분히 논의될 수 없었던 새롭게 획득된 여러 가지 복잡한 심리학적 통찰들을 추가시키면서 그동안에 논의된 내용들을 간략하게 요약하는 것으로 만족할 것이다.

1. 이상화된 부모상의 영역 안에서, 이 자기애적 구성물을 자아 및 초자아의 기능 안에 통합시킴으로써, 다음과 같은 결과들이 나타난다.

a. 이상화된 부모상이 지닌 초기 전오이디푸스적인 (아직 원초적인) 측면들이 점차 포기됨에 따라, 그것들은 중화된 형태로 내면화되고 충동을 통제하고 전환시키는 자아의 기초 능력이 된다. 달리 말하면, 환자의 정신은 전에는 이상화된 분석가와 융합되어 있고 연결되어 있다고 느낄 때만 수행할 수 있던, 충동을 통제하고 전환하는 기능을 점차적으로 떠맡는다.

b. 이상화된 부모상이 지닌 후기 전오이디푸스적인 측면들과 오이디푸스적인 (고도로 분화된) 측면들이 포기됨에 따라, 그런 측면들은 초자아 안에 내면화되고 저장되어 정신구조 안에 이상화 능력을 형성하

게 되며, 따라서 그 개인은 높은 가치와 가치 기준을 갖게 된다. 다른 말로 하면, 이때 환자의 초자아는 의미있는 내적 지도자, 안내자 그리고 유쾌한 긍정의 근원으로 작용하며, 이것은 다시 자아의 통합을 촉진시키고, 이전에는 단지 자신이 이상화된 분석가와 연결되어 있고 분석가가 책임을 지고 있다고 느낄 때만 그에게 유용했던, 자기애적 항상성을 증진시킨다.

2. **과대적 자기**의 측면과 관련해서, 자기애적 형태의 두 가지 주요 측면들을 자아의 기능 안에 점진적으로 통합함으로써 다음의 결과들이 성취된다.

a. 유아의 과대주의는 점차 성격 안에 야망과 목표들로 세워지며 개인으로 하여금 성숙한 관계를 추구할 수 있는 활력뿐만 아니라 성공할 수 있다는 긍정적인 자신감을 유지하는데 도움을 준다. 따라서 최적의 환경에서 이런 "정복자의 느낌"(feeling of a conqueror, 프로이트 1917c, p. 26; 존스의 번역판, 1953, p. 5)은 충분히 길들여지지만, 그것은 아직도 이전의 유아적인 정신이 지녔던 유아독존적 절대주의의 파생물이라고 할 수 있다.

b. 원초적인 과시적 리비도는 다시 점차로 통제되는 (즉 중화되는) 모습으로 드러나고, 미숙한 과시를 통해 직접적으로 만족을 얻는 유아적인 목표들로부터 조금씩 철수한다. 대신에 성인의 성격에서 찾아볼 수 있는 현실-적용적이며 사회적으로 의미 있는 활동을 고취시킨다. 따라서 이전에 수치심을 자극하던 과시주의는 환자의 행동과 성공으로부터 오는 자존감과 자아동질적인 기쁨의 주요 근원이 된다.

3. 비록 자기애적 전이의 극복과정을 전체 성격을 성취해 가는 과정으로 보는 것이 옳다 할지라도, 그것은 여전히 원초적인 자기애적 자리의 치료적 활성화 여부에 따라서 결정된다. 자기애적 전이의 극복과정은 사회 문화적으로 가치있는 많은 성격요소들 (공감능력, 창조성, 유머감각 그리고 지혜 등)을 획득할 수 있게 한다. 이 성격요소들

은 사실 그것들의 원초적인 형태와는 달리 정신의 가장 성숙한 층들을 구성하고 있는 전적으로 자율적인 정신 요소라고 할 수 있다. 이 연구의 나머지 부분에서 나는 이 네 가지 성격요소들에 관해 언급할 것이다. 왜냐하면 그 요소들이 가진 역할과 기능 및 그 기능들이 위축되고 장애를 입었을 때 나타나는 증상들을 이해하고, 치료과정 안에서 그 요소들이 어떻게 출현하는지를 이해하는 것이야말로 자기애적 성격장애의 치료 성과를 평가하는데 가장 중요한 요소이기 때문이다.

공감

공감은 복잡한 심리적 형태를 지각하기 위한 특수한 인식의 양태이다. 최적의 상황에서, 자아는 심리적 자료를 수집하기 위하여 공감적 관찰을 사용할 것이다. 그러나 수집하려고 하는 자료가 인간의 내적 삶과 관련이 없을 때에는 비공감적 지각 양태를 사용할 것이다.[1]

공감을 사용하는 능력과 관련된 많은 병리적 장애들이 있다; 공감 능력의 장애로 인해서 현실을 인식하는데 대한 인식의 오류가 발생할 수 있는데, 이 오류는 두 가지로 분류될 수 있다.

1. 첫 번째 부류에 속하는 오류는 심리 영역 **바깥의** 사실들을 관찰하는데 공감을 사용하는 경우에 해당된다. 이처럼 **비심리적인** 영역을 관찰할 때 공감을 사용하는 것은 현실성이 부족한 지각 또는 합리성이 발달하기 이전에 사용되던 물활론적 지각을 사용하는 것으로서, 이는 일반적으로 지각적 또는 인지적 유아주의의 표현에 해당된다.

심리학 연구방법에서조차 공감은 심리적 자료를 모으는 도구로 제

---

1 심리적 영역과 심리 바깥의 영역 사이의 경계에 대한 논의를 위해서는 프로이트 (1915c)를 보라.

한된다; 그것은 자료에 대한 설명을 제공하지 않는다. 다른 말로 하면, 그것은 관찰의 양태이다. 자료 수집에 이어서 그 자료들을 정리하고, 관찰 자체와는 상관없이 관찰된 현상들이 지닌 (예컨대 인과론적) 연관성에 대한 정밀한 조사가 이루어진다(하트만, 1927). 따라서 공감이 자료 수집 과정으로서의 그 역할의 한계를 받아들이지 않고 (그때에만 비로소 설명없이 이해될 수 있게 된다. Dillthey, 1924; Jaspers, 1920 을 보라) 심리학의 설명적 기능을 대신하기 시작한다면, 그때 우리는 과학적 기준의 퇴보와 주관성으로의 감상적인 퇴행, 즉 인간의 과학적 활동이 인지적 유아주의에로 퇴행하는 현상에 직면할 것이다.

2. 두 번째 부류의 지각적 결함은 심리적 영역에 대한 관찰에서, 특히 복잡한 심리적 구성물을 지각하는데 공감을 사용하지 못하는 경우들이다. 이런 영역에서 공감을 다른 관찰 양태로 대체하는 것은 심리적 실재를 기계적이고 생명없는 개념으로 만들게 된다.

이 부류에 속하는 가장 심각한 공감 사용의 결함들은 일차적인 형태의 공감을 사용하는 것으로 드러나는데, 이것은 특별히 자기의 원초적 발달단계에서 발생한 자기애적 고착과 퇴행에서 기인한다. 그것들은 어머니-아동 관계의 초기 장애들 (어머니의 냉담한 정서, 어머니와의 지속적인 접촉의 부재, 아동이 선천적으로 타고난 정서적 무반응성, 아기가 반응을 보이지 않음으로해서 어머니가 아기로부터 관심을 철수하는 것 등에서 기인하는)로 묘사될 수 있다. 이런 장애들(아기가 어머니와의 관계에서 갖는 공감적 상호작용의 첫 단계에서 발생하는 발달장애들)은 동시에 이상화된 부모상을 형성할 수 없게 하며, 신체 자기(자체 성애적인)의 원시적 단계와 과대적 자기의 원초적 (전) 단계에 대한 과도한 리비도 집중 및 고착으로 인도한다. 또한 어머니의 칭찬을 필요로 하는 아이의 욕구에 대해 어머니가 반응해 주지 못할 때 과대적 자기의 발달이 방해를 받는다.

우리는 종종 보다 경미한 형태의 공감능력의 장애들을 만나게 되는데, 이것들은—정신분석 연구소에서 훈련받는 수련생들 중에 환자에게 공감적 태도를 갖지 못하는 사람들에게서 문제로 드러나듯이—이차적인 형태의 공감능력의 장애로 나타난다; 그것들은 빗나간 공감에 대한 반동형성들로서, 대체로 세상을 물활론적으로 지각하는 경향성에 대한 방어에서 기인한 억압들이다. 이 공감능력의 장애는 대부분의 경우에 강박적 유형의 성격장애의 일부로서 이해되어야 한다. 이런 유형의 경우, 장애는 마술적 신념과 물활론적 경향성을 억압하거나 또는 (보다 빈번하게는) 그런 경향성을 고립시키거나 분리시키기 때문에 발생한다.

공감은 종종 (a)타인들의 느낌에 대한 감상적이며 주관적인 (즉 비과학적인) 직관적-공감적 반응과 (b)심리적 자료에 대한 진지하고 객관적인 (즉 과학적인) 평가를 대조하는 것을 어렵게 만들기 때문에, 일종의 직관으로 간주된다.

그러나 직관은 원칙적으로 공감과 관련되어 있지 않다. 관찰자에게 직관적으로 도달한 것으로 보이는 반응, 판단, 인식, 혹은 지각 등은 정신 작용이 빠른 속도로 수행된다는 점을 제외하고는 비직관적인 반응, 판단 등과 본질적으로 다르다. 예컨대, 재능 있고 유능한 임상가가 지닌 뛰어난 진단적 기술은 관찰자에게 직관적인 것처럼 보일 것이다. 그러나 실제에 있어서 그것은 단지 재능있고 노련한 의사가 빠른 속도로 (그리고 대부분 전의식적으로) 많은 내용들을 수집하고 검토하며 마치 컴퓨터처럼 여러 요소들을 종합하여 평가한다는 사실에서 기인할 뿐이다. 따라서 우리가 직관이라고 부르는 것은 원칙적으로, 빠르게 수행되는 정신 활동이며, 일반적인 정신활동과 본질적으로 다른 것이 아니라고 말할 수 있다. 그러나 우리는 물론 여기에서 (원초적인 과대적 자기가 지닌 전지성[全知性]을 유지하고자 하는 소망으로부터 오는) 직관적 정신 활동의 수행자의 마음에 대한 믿음과 (경외감을 일으키는 이상화된 부모상을 필요로 하는 욕구로부터 오는) 그것을 바라보는 사람의 마술적인 믿음, 이 두 가지 모두는 직관적 행동들을 분석하는 현실적인 작업에 대한 저항을 강화한다고 덧붙여 말할 수 있다.

재능, 훈련, 그리고 경험은 서로 결합됨으로써 마치 직관이 떠오르듯 우리의 마음 속에서 생각을 만들어낸다. 따라서 우리는 (정신분석가들이 사용하는 것과 같은) 복잡한 심리 상태의 영역에 대한 공감적 관찰에서 뿐 아니라, 전에 언급했듯이, 의사들이 사용하는 진단에서, 또는 서양 장기대회에서 우승하기 위해 필요한 전략 결정과정에서, 또는 심지어 의사의 실험 계획에서도 이러한 직관이 사용되는 것을 볼 수 있다. 다른 한편, 속도가 느리고 힘들게 이루어지는 비직관적인 정신과정들은 물리적 세계에 대한 비공감적 조사에 국한되어 사용되지 않는다. 사실상, 예술가와 시인의 직관적 공감능력을 과학자가 사용할 수 있는 관찰의 도구로 변형시킨 예는 경험 많은 정신분석 임상가의 판단에서 찾아볼 수 있다. 이때 그러한 판단은 마치 숙련된 내과 의사의 놀라운 진단 기술이 그러하듯이, 직관적으로 갑자기 이루어지는 것으로 보이기 쉽다. 그런 점에서 직관적 공감능력을 과학적인 관찰의 도구로 변형시킨 것은 정신분석의 특별한 공헌이라고 할 수 있다.

일반적으로, 심리학자와 정신분석가는 공감적 이해에 자유롭게 접근해야 할 뿐만 아니라 공감적 태도를 포기할 수도 있어야 한다. 만일 그들이 공감적이지 못하다면, 그들은 자신들에게 필요한 자료를 관찰하고 수집할 수 없다. 만일 그들이 공감을 넘어설 수 없다면, 그들은 가설과 이론을 세울 수 없으며, 따라서 궁극적으로 현상에 대한 설명을 제공할 수 없다.

나는 여기에서 잠시 주의를 돌려서, 자료 수집에 사용되는 공감과 설명을 위해 사용되는 정신과정 사이에 존재하는 대비관계는 실습과 이론 사이에 존재하는 일반적인 대비관계와 (전적으로 일치하는 것은 아니지만) 관련이 있다는 사실을 덧붙여 말하고자 한다. 심지어 임상 작업은, 그것이 공감의 수준을 넘어서 점차적으로 이해(즉 통찰)에 도달하지 못한다면, 일시적인 결과만을 가져오게 된다. 반면에 공감을 통해서만 관찰될 수 있는 자료와의 접촉을 계속적으로 유지하지 못하는 이론적 작업은 곧 진부해지고 공허해지며, 심리 기제와 구조들이 얼마나 정확한가라는 관심에 몰두하는 경향이 있으며, 궁극적으로는 모든 정신분석의 토대가 되는 폭넓은 인간 경험과의 접촉을 상실하게 된다.

그러므로 이런 사실들을 고려할 때, 교육분석의 특수한 과제는 훈련생으로 하여금 자신의 공감능력에 영향을 끼치는 성격의 영역에 자리잡고 있는 자기애적인 요소로부터 벗어나게 해주는 것이라고 말할 수 있다. 이 과제의 성공 여부는 훈련생의 자아 지배가 확립되는 것에 의해서, 즉 그가 당면하고 있는 전문적인 직무의 성격에 따라 자유롭게 공감적 태도를 사용하거나 포기할 수 있는 능력을 획득했다는 증거를 보여주는 것에 의해서 알 수 있게 된다.

분석가에게서 발견되는 공감능력의 특정한 장애들과 관련해서 (a) 탁월한 공감능력의 발달을 가능케 하는, 따라서 공감능력을 필요로 하는 직업을 선택하는데 영향을 끼친 발생학적인 요소들과 (b) 성장을 저해하거나 발달과정을 왜곡시킨 발생학적 요소들은 이미 앞에서 (11장) 논의되었으므로, 이 시점에서 그 문제는 다시 다루지 않을 것이다. 그러나 환자의 얼어붙은 원초적 자기애가 치료적으로 활성화됨으로써 얻게 되는 공감능력의 확장과 세련화 그리고 심화과정에 관해서 몇몇 진술들이 이루어질 것이다. 일반적으로 자기애적 성격의 성공적인 분석은 (그것이 교육분석이든 순수한 치료분석이든 간에) 환자의 공감능력을 확대시킬 것이다. 동시에 이것은 종종 환자의 직관성을 감소시키는 경향성을 갖고 있다. 직관성이 실제로 감소되는지의 문제는 판단하기가 쉽지 않다. 왜냐하면 직관적인 결론 및 결정에

도달하는 성향이 감소되는데 필요한 심리적 변화는 마술적 사고와 전지성에 대한 소망이 귀납적인 논리, 경험주의 그리고 심리적이거나 비심리적인 추구에서 사용되는 지식과 기술이 지닌 현실적인 한계를 수용하는 것으로 대체되는 것이기 때문이다. 직관적인 정신 활동들의 포기는 많은 경우에 단순히 그렇게 하고자 하는 욕구의 감소로 나타나며, 또한 곧장 결론으로 비약하는 것이 아니라 주의깊은 관찰과 자료에 대한 사려 깊은 접근으로 인해 판단과정이 지연되는 것을 감당할 수 있는 능력의 획득으로 새롭게 나타난다.

그러나 여기에는 예외들이 있다. 특히 마술적 사고와 자신들의 전지성—두 가지 주된 원초적 자기애적 형태에 고착된 심리적 경향성들—에 대한 믿음에 대해 반동형성이 강하게 형성되어 있는 사람들의 경우, 치료적으로 활성화된 자기애의 분석을 통해서 강화되는 합리성은 그들로 하여금 더욱 자유롭게 관찰할 수 있을 뿐만 아니라, 그 관찰들의 의미와 중요성에 더 자유롭게 접근할 수 있도록 허용한다. 그리고 분석 상황에서 그와 같은 인지 과정이 허용된다면, 이런 관찰과 평가들이 이전처럼 따분하고 고되며 상상력 없이 이루어지는 것이 아니라 풍부한 상상력과 함께 쉽고 즐겁게 행해진다.

그러나 직관성의 경향이 어떤 것이든 간에, 성공적인 분석에서 성취되는 공감능력의 확장은 항상 진정한 성취이다. 원초적 자기애적 구조들의 활성화와 그 극복과정은 이상화된 대상과 과대적 자기 이 두 영역 모두에서 이루어지며, 그것은 공감능력을 증가시킨다. 이상화된 대상이 지배적인 경우에는 타자들에 대한 공감능력이 우세해지며, 과대적 자기가 지배적인 경우에는 자신에 대한 공감능력이 우세해진다. 예컨대, 환자 자신의 과거 경험 또는 그의 다양한 현재 경험들에 대해 공감할 수 있는 능력; 또는 자신이 누구인가 혹은 누구라고 느껴지는가 또는 미래에 자신이 어떻게 될 것인가에 대해 예상하는 공감능력이 우세해진다. 비록 환자들은 확장되고 심화되는 자신들의 공감능력에 대해서 아주 즐거워하고 깊이 감사하지만, 그럼에도 불구하고 분석가는 여기에서 분석과정을 방해하거나 아니면 그것이 성취된 후 일시적으로 다시 원점으로 돌아가고자 하는 환자의 저항들을 만나게 된다. 공감능력의 장애를 일으키는 발생적 요소들은 아주 다양하기 때문에(11장을 보라), 분석에서 공감 능력의 획득에 대한 저항들 또한 여러 종류가 있다. 사례에서 자주 발견되듯이, 만일 공감 능력의 장애가 일차적으로 환자들의 공감 경험의 결여(또는 잘못되거나 믿을 수 없는 공감 경험)의 관련되어 있다면, 그것은 그들이 어린 시절에 이해받지 못하고, 올바른 공감적 반응을 받지 못했을 때 경험한 외상적 실망으로부터 자신을 보호하기 위해 대상과 거리를 두는 장치를 사용하여 자신을 에워쌌다는 사실을 가리킨다(여기에서 논의되는 내용을 1장에서 다룬 분열적 성격의 방어에 대한 논의와 비교하라). 치료적으로 활성화된 자기애적 구성물에 대한 분석이 진행되면서 공감적 반응을 향한 마음의 문이 다시 열릴 때, 환자는 다음의 두 가지 종류의 위험에 노출되었다고 느낀다. (1) 타자들과 공감적으로 접촉하고자 하는 의식적 소망과 다른 사람의 정신 상태에 대한 공감적 이해가 환자에게 직접적인 즐거움을 불러일으킴에도 불구하고, 그 즐거움은 종종 긴장들을 대대적으로 성화(性化)시키는 것을 통해 그것들을 통제하고 방출하려는 시도로 인도함으로써, 종종 다른 사람과 신체적으로 합일되는 일시적인 환상의 형태로 나타나는 퇴행적 융합에 대한 불안을 경험한다(8장에서 다루어진 외상 상태에 대한 일반적 논의를 보라). (2) 앞에서 이미 언급한 바 있는 수동성에 대한 공포와 관련된 심리경제적인 불균형에 의해 자극받은 보다 더 발전된 정신 기능의 수준에 해당되는 저항들은 남자들의 경우 종종 자신들이 여성적으로 굴복하는 위험에 대한 저항으로 경험된다. 그런 위험들에 대한 불안은 대부분 분석가의 공감적 이해에 대한 반응으로 환자가 분석가를 자신의 정서에 공감하고 반응할 수 있는 인간이라는 사실을 새롭게 인식함으로써 발생하기 쉽다.

분석이 다른 사람과의 공감적 접촉 및 세상에 참여할 수 있는 가능성을 제공할 때, 환자는 자기애적 고립이 성격에 제공하는 보호와 안전을 포기하도록 압력을 받게 되는데, 이때 그가 느끼는 위험은 환자 Q의 꿈에서 감동적으로 묘사되고 있다. 이 남자는 아주 초기 아동기에 어머니를 여의었으며, 이 첫 상실에 이어 다른 많은 어머니 상들의 상실을 경험했다. 꿈에서 그는 자신의 집에서 혼자 창밖을 내다보고 있었는데 그의 옆에는 낚시 장비가 있었다. 그는 창문을 통해서 크고 작은 많은 예쁜 물고기들이 헤엄치고 있는 것을 보았고, 낚시하러 가고 싶은 강한 충동을 느꼈다. 그러나 그는 자신의 집이 호수 바닥에 있기 때문에 낚시를 하기 위해 창문을 열면 그 즉시 호수의 물이 집으로 밀려 들어와 익사하게 될 것이라는 사실을 알고 있었다.

이러한 보다 가벼운 저항의 형태들은 환자를 배려해주는 분석가의 이해를 거절하는 형태를 취할 것이다. 특히 분석가가 사랑이 담긴 이해를 제공하는 것을 통해 **직접적**으로 치료하기를 원할 때, 공감은 환자에게 실제로 부담스럽고 성가신 것이 될 수 있다; 그것은 치료자의 해결되지 않은 전능 환상에서 기인한 것일 수 있다. 그러나 만일 분석가가 대체로 이해의 마술을 통해 직접적으로 치료하길 바라는 자신의 소망을 잘 조절할 수만 있다면, 그리고 실제로 환자에게 직접적인 지원을 제공하지 않는다면(즉 공감을 관찰과 적절한 의사소통을 위한 도구로 인식한다면), 환자는 공감적으로 이해 받으며 반응 받을 수 있는 가능성에 대한 방어를 포기할 수 있으며, 그렇게 할 수 있다는 단순한 사실 때문에 초기 유아기에 경험한 실망과 관련된 원초적인 공포와 직면할 수 있게 된다. 이때 그는 일시적으로 의심할 수도 있으며, 분석가가 자신의 마음을 조작하고 있고 가학적으로 자신을 실망시키려 한다고 생각할 수도 있다. 그러나 이처럼 일시적인 편집적 태도들이 종종 발생한다 하더라도, 놀라운 사실은 그것들이 대체로 일시적인 현상이며, 발생 원인에 관한 정확하고 역동적인 해석에 의해 해소될 수 있다는 것이다. 그러나 다양하게 변하는 저항의 모습들이 어떤 것이든지, 타자들과 공감할 수 있는 능력의 점진적인 증가와 타자들이 환자 자신의 느낌, 소망, 욕구들을 파악할 수 있을 것이라고 기대할 수 있는 능력의 증가는 실제로 적절하게 진행되는 자기애적 환자들의 분석에서 반드시 관찰될 수 있다.

창조성

창조성은 일정한 범위의 과제를 수행할 수 있는 새로운 능력에서부터 뛰어나고 혁신적인 예술적 세계 또는 근본적으로 새로운 과학적 이해의 출현에 이르기까지 광범위하게 관련되어 있으며, 이것은 많은 자기애적 성격의 분석 사례들에서 자연스럽게 드러나는 것으로 보인다. 창조성의 출현은 특히 과대적 자기와 이상화된 부모상이라는 두 가지 영역 모두에서 전에 얼어붙은 자기애적 집중이 활성화되는 것과 관련이 있다.

나는 우선 예술적인 활동들 뿐만 아니라 과학적인 활동들이 자발적으로 수행되는가 아니면 분석이 진행되는 동안에 발생하는 정신에너지의 심리경제적, 역동적, 구조적 변화의 결과로 수행되는가의 문제와는 별도로, 그것들을 창조적인 활동으로 여겨야 하는가라는 비교적 미묘한 문제에 대해서 말하겠다. 자기애적 성격장애의 분석이 진행되는 동안 과학적이고 예술적인 활동들이 나타나기도 하고 사라지기도 하기 때문에, 이것에 대한 이론적인 문제를 조사하는 것이 필요하다. 과학적이고 예술적인 활동들은 자기애적 성격분석의 과정과 본질적으로 동일한 맥락에서 이전의 원초적 자기애가 변형되는 과정을 포함한다.

객관적으로 볼 때, 과학과 예술은 엄격하게 구별되어 있다. 그러한 구별은 과학의 목표가 이미 존재하는 공식의 발견인 반면, 예술은 새로운 형태를 세상에 소개하는 것이라는 주장에 기초해 있다 (Eissler, 1961, p. 245f.). 그러나 객관적인 의미에서조차도 (즉 과학적 발견 및 예술 작품 완성에 포함되어 있는, 이와 연관된 심리적 과정을 무시하고) 이러한 기본적인 차이는 그렇게 분명한 것이 아니다. 위대한 과학적 발견들은 단순히 이미 존재하는 현상을 묘사하는 것만이 아니라, 그것의 중요성을 세상에 보여주거나 그것의 상호 관계를 보여주는 새로운 양태를 제공한다. 마치 새로운 스타일을 창조하는 천재적인 예술가들이 예술분야의 새로운 방향을 정하듯이, 선구적인 발견을 하는 위대한 과학자는 과학 발달의 방향을 바꾸어 놓는다. 과학의 발달이 지금까지 나아왔던 방향으로 진행될 것이라고 믿는 것은 우리의 과학적 세계관이 산출해낸 현재의 상태에 대한 과대평가에 기초한 것이다.[2] 다른 한편, 우리는 또한 어떤 위대한 예술 작품들은 새로운 창조가 아니라 예술가의 (창조적으로 선택한) 물감을 캔버스에 칠하는 것을 통해서 또는 인쇄된 지면의 언어를 통해서, 이미 존재하는 불후의 명작을 반영하고 있는 것임을 잊어서는 안 된다. 그러나 만일 우리가 과학 연구들과 예술 활동들을 객관적이며 비심리학적인 틀 안에서 평가하고 비교한다면, 우리는 후자, 즉 예술 활동들이 창조성의 특성을 보유하는 경향을 가지고 있다고 판단할 것이다. 그리고 우리가 창조성을 전자, 즉 과학 연구들에 적용할 경우에 그것은 은유적인 표현이라고 간주할 것이다.

우리가 이 문제에 관한 객관적 평가에서부터 과학자의 성격과 예

---

2 몇몇 위대한 물리학적 발견들에서 사용된 준-예술적 과정들에 대한 보다 정교한 논의를 위해서는 Alexandre Koyre의 저서 특히 그의 Metaphysics and Measurement: Essays in Scientific Revolution in 17th Century Science (초물리학과 측정: 17세기 과학의 과학적 혁명의 논문들, 1968)를 보라.

술가의 성격을 비교하는데로, 그리고 그들이 그들 자신의 작품들(특히 이 연구의 특정한 관심의 틀 안에서 자기애적 리비도 집중의 사용)과 갖는 심리적 관계성을 조사하는데로 관심을 옮긴다면, 그것들을 새로운 빛에서 볼 수 있게 되고, 따라서 더욱 세련된 구별이 가능해질 것이다.

일반적으로 말해서, 예술가의 자기애적 리비도 집중은 창조적인 과학자의 경우보다 덜 중화되는 경향이 있으며, 그의 과시적 리비도는 과학자의 경우보다 자신과 자기애적으로 투자된 그의 작품 사이를 보다 유동성 있게 흐르고 있는 것으로 간주된다. 바꾸어 말하면, 물론 전체적인 경향성 안에는 많은 예외들이 포함되어 있기는 하지만, 우리는 한편으로 예술가의 과시주의를 지나치게 억제하는 것은 그의 창조성을 방해하는 경향이 있는 반면, 다른 한편으로 원초적 자기의 수정되지 않은 과대주의적이고 과시주의적인 주장이 침범할 때 현실성 있는 과학적 결과를 산출하지 못하게 된다고 말할 수 있다.

젊은 시절의 프로이트가 플뤼스(Fluss)에게 쓴 편지들 속[3]에서 드러나는 의기양양하고 오만하며 과시적인 태도와 후기에 차츰 과시적 탐닉의 소망(그의 축하 메시지에 담겨 있는 비판적인 태도와 마술적 태도의 혼합물에 대한 자각; 그를 공적으로 축하하기 위해 마련된 기념식에 그가 불참하는 행동)을 엄격하게 통제하는 모습을 비교해 본다면, 과학자의 성격 발달에서 드러나는 전형적인 삶의 태도의 변형과정을 볼 수 있다. 다른 말로 하면, 프로이트와 같이 위대한 과학자는 점점 더 자신의 개인적인 과시주의에 대한 직접적인 자극을 덜 수용하게 되며, 따라서 자신의 연구 활동을 본능-억제적이고 중화된 자기애적 집중과 관련된 일로 제한하게 된다는 것이다.

---

3 이 글은 1872-1874년 동안에 프로이트가 썼다(프로이트, 1969). 또한 이 편지들에 대한 Gedo와 Wolf(1970)의 탁월한 개요를 보라.

그러므로 일반적으로 과학자의 활동은 대체로 예술 활동에서 사용되는 것보다 더 고도로 중화된 자기애적 리비도의 집중과 대상에 대한 더 많은 리비도의 집중을 필요로 한다고 말할 수 있다. 우리가 예술 작품이란 예술가(작곡가, 조각가, 화가이든지, 또는 시인이나 소설가이든지)에 의해 일단 완성되면 아주 신성한 것이 되어서 그것이 지닌 불완전한 부분이 어떤 것이든지 또는 개선될 수 있는 가능성이 어떠하든지, 원칙적으로 다른 사람이 변화시킬 수 없는 것이라는 사실을 주목해 본다면, 과학자의 연구활동과 예술가의 예술활동 사이의 차이는 분명하게 드러난다. 예술가의 작업은 항상 창조자의 인격과 관련되어 있는 것으로서 무의식적으로 인식되며, 그것은 다른 사람에 의해 침범되어서는 안 된다. 과학적 창조물의 경우는 그렇지 않다는 것이 명백하다. 한 과학자가 새로운 이론을 세우면 다른 과학자는 그 이론에 흠이 있음을 탐지하고, 이전의 이론을 변경시키지만 그는 이전의 연구 결과를 결코 침해하지 않는다. 그는 비록 이전의 연구 결과가 부분적으로 결함이 있거나 불완전할지라도, 그것 없이는 새로운 발견과 발전이 가능하지 않았을 것임을 기꺼이 인정한다. 다른 말로 하면, 과학자의 연구 활동은 그 활동에 대한 개인의 인격적 참여라는 점에서 예술가보다는 더 먼 거리를 유지한 채 이루어지며, 따라서 그의 연구 결과는 비교적 연구자의 인격과 독립된 것이라고 생각할 수 있다.

비록 앞에서 말한 일반적인 진술들에 대해 약간의 수정이 여전히 요구되기는 하지만, 나는 그러한 진술들이 전체적인 경향을 적절하게 표현하고 있다고 생각한다. 나는 과학자가 발견한 것이 예술가의 작업에서와 마찬가지로 사람들의 찬사의 대상이 될 수 있으며, 그 발견에 대해서 마치 예술작품처럼 반응하는 예외적인 사실을 알고 있지만, 여기에서 이 점에 대해 계속해서 추구하지는 않겠다. 그러나 예술 분야에는 실로 익명의 거장들(또는 예술가 집단이나 하나의 작품을 세대를 두고 이어가는 예술가들)이 만들어낸 위대한 작품들이 있으며, 따라서 예술작품이 그것을 만든 사람의 인격과 뗄 수 없이 밀접하게 연관되어 있다는 생각이 전적으로 맞는 것은 아니라는 사실을 인정해야 한다. 이러한 예들은 특히 중세 초기 고딕 양식에 따라 만들어진 작가 미상의 조각들과 대성당들에서 찾을 수 있다. 그것들을 만든 조각가들이 누구인지는 모르지만 우리는 여전히 그 창작품들이 그들의 예술적 행위를 표현하는 것이라고 생각한다: 예컨대, 우리는 작가 미상의 중세기 작품인 마돈나가 불완전한 모양의 귀나 코를 지니고 있다고 해서 그것들을 더 보기 좋은 형태로 대체하려고 하지 않는다. 그러나 여러 건축가들이 대를 이어 만든 거대한 고딕 성당의 경우, 상황은 더욱 복잡해진다. 실제로 이것들은 작가의 자기애적 리비도 집중이 중화된 것으로 볼 수 있는 예술적 창작물이며, 과학적 작업의 경우에서처럼 그것들을 만든 사람으로부터 독립된 것으로 여겨지는가? 아니면 이와 같이 대를 이어 계승하는 건축가들의 헌신적인 노력에 의해 이루어지는 대작업은 인간의 다른 예술적인 노력과는 비교할 수 없는 예외적 상황을 만드는가?

여기에서 이런 질문들에 대한 답을 추구하는 것은 어렵다. 다만 과학자에 비해서 예술가는 일반적으로 자신의 작업에 덜 중화된 자기애적 리비도를 투자하며, 자신의 작품과 보다 가깝게 동일시된 채로 남아 있음을 인정하는 것으로 충분할 것이다. 이런 차이들을 지나치게 강조하는 것은 권장할 만한 것이 아니다. 왜냐하면 그 차이들은 질적인 표준이 아니라 자기애적 에너지의 중화 정도와 작업에 대한 자기애적 투자의 정도에 대한 평가에 기초해 있기 때문이다. 게다가 앞에서 언급했듯이, 자기애적 성격장애의 분석과정에서 만나게 되는 과학 활동들과 예술 활동들은 의심의 여지없이 유사한 현상이며, 분석과정에서 유사한 자리를 차지하고 있다. 그러므로 다음의 사례에 대한 논의에서 이 두 가지 활동들은 별개의 것이 아니라 자기애적 성격장애를 치료하는 분석과정에서 자기애적 리비도 집중을 변형시키는 하나의 중요한 통로를 구성한다고 간주할 수 있다.

자기애적 성격분석의 극복단계에서 가끔 나타나는 현상으로서 억압되었던 자기애적 리비도가 갑작스럽게 유입될 때, 비교적 준비되지 않은 환자의 자아가 예술 활동 또는 과학 활동에 몰두하는 것은 일반적으로 오래 가지 않는다. 앞에서 지적했듯이 극복과정이 지속적으로 유지될 때, 과대주의적-과시적 리비도나 이상화 리비도는 대체로 비교적 새롭고 안정된 속성들(예컨대, 강화된 자존감 또는 이상 형성)에 크게 투자될 것이며, 일시적으로 활성화된 예술 활동 또는 과학 활동은 다시 수그러들 것이다(예를 들어, F양이 무용수로 활동했던 짧은 기간).

물론 승화 활동이 자기애적 성격장애의 분석 동안에 새롭게 시작된 것이 아니라 이미 형성된 것일 경우에, 풀려난 자기애적 리비도가 이러한 과학적 또는 예술적 활동에 사용되는 것은 다른 문제이다. 아마도 자신들의 자기애적 에너지를 사용하기 위해서 이런 통로를 선택하는 모든 환자들은 기존의 유형들을 어느 정도 가지고 있을 것이다. 왜냐하면 청소년기 동안에 거의 모든 청소년들이 창조성에 대해 어떤 실험을 해보는 일이 실제로 발생하기 때문이다. 그러나 청소년들이 아무리 정서적으로 피폐하고 억압되어 있다하더라도, 창조적인 추구들에 대한 관심을 모두 포기한 사람들과 비교할 때 그들은 상당한 정도의 창조적인 활동들을 추구하는 것이다. 이런 경우에 우리는 종종 아주 분명히 치료적으로 활성화된 자기애적 집중들이 이전에는 불확실하게 유지되었던 승화적 관심을 점차 풍부하게 하며, 별로 중요해 보이지 않던 활동을 깊은 만족감을 주는 취미 활동으로 만드는 것을 볼 수 있다. 이것은 물론 환자의 성취에 대한 공개적인 칭찬을 통해 그의 자존감을 외적으로 지지해줌으로써 이루어진다. 이전에 사회성을 갖지 못했던 자기애적 형태가 어떻게 궁극적으로 중요한 예술 작품이나 과학적 산물로 변형될 수 있는지를 사례를 통해 상세하게 설명하는 것은 환자의 신분을 노출시킬 위험이 있기 때문에 바람직하지 않은 경우가 종종 있다.

예컨대, E의 예술 활동은 처음에 단지 주말에 분석가와 떨어져 있는 동안에 자신을 유지하기 위해 사용한 일종의 비상 수단인 것 같았다(5장을 보라). 그러나 이 환자는 분석이 진행됨에 따라 창조적인 예술적 추구에 점섬 열중히게 되었고, 성공을 거두었다—그것들은 앞에서 말한 예술적 비상 수단과 관련이 있는 것이었지만 그 둘이 깊은 것은 아니었다. 그의 예술 활동들은 이전에 그를 위험스런 관음증적 활동으로 몰고 갔던 바로 그 자기애적 집중들이 재배치된 것임이 분명했다. 이와 같은 성도착은 후기 아동기에 과시적 충동들이 좌절되었을 때 최초로 나타났던 원초적인 융합 욕구에 대한 표현이었다. 그가 자신의 에너지를 점점 더 쏟아붓게 된 승화적 활동들은 그에게 접촉에 대한 자신의 욕구(그것의 강도는 그의 초기 역사에서 힐끗 보는 행동에서 쉽게 알 수 있었다)를 보다 용납될 수 있는 방식으로 표출할 수 있는 시각적인 통로를 제공하였다. 그의 접촉 욕구가 얼마나 강렬한 것이었는가는 그의 초기 내력을 일견하는 것으로서 쉽게 파악할 수 있었다. 그는 미숙아로 태어났기에 미숙아실에 있어야 했고; 그가 집에 돌아온 후에도 그의 부모들은 그에게 거의 신체접촉을 해주지 않았으며; 후기 아동기 동안에 그는 어머니가 진행성 질병을 앓는 바람에 어머니를 사용할 수 없었다; 어머니는 마침내 그가 16세 때 죽었다. 분석 후기 동안에 그가 몰두한 예술 작업은 그의 융합 욕구와 접촉 욕구를 승화된 방식으로 표현하도록 허용하였을 뿐 아니라, 세상으로부터의 인정과 경제적인 성공마저 가져다주었다.

거울 전이의 변천이라는 일반적인 배경에서 다음의 두 가지 사이를 왕복하는 움직임들을 관찰하고 이해하는 것은 분석가와 환자 모두에게 매우 유익한 것이다; (a) 성도착적 충동들과 심지어 자신의 죽은 어머니와 융합을 이루는 환각적 경험에로 일시적으로 퇴행함으로써 자신의 융합 욕구를 원초적으로 표현하는 것과, (b) 새롭게 그에게 가능해진 세련된 예술 작업들. 분석 초기 단계에서 E는 시간과 공간적으로 분석가와 분리되어 있거나 자신이 공감적으로 이해받지 못하고 있다고 느낄 때면 언제든지 자신의 예술 작업을 수행할 수 없는 상태가 되곤 했다. 나중에 그는 분석가와 떨어져 있는 것 또는 분석이 연기되는 것을 더 잘 감당할 수 있게 되었으며, 분석가가 자신을 옳게 이해하지 못한다고 느끼거나 아니면 자신으로부터 정서적으로 철수했다고 느낄 때조차도 자신의 작업을 계속할 수 있게 되었다. 이것은 분석가가 곧 자신과의 공감적 친밀함으로 되돌아갈 것이라고 믿을 수 있었기 때문이었다.

건전하게 예술적으로 승화시킬 수 있는 E의 능력은 예외적인 것은 아니지만 그렇다고 해서 모든 사람이 반드시 그렇게 되는 것도 아니다. 그는 분명히 예술 작업을 유익하게 사용할 수 있었는데, 그것은 그가 분석에 들어가기 전에 이미 예술 작업에 관한 어떤 경험을 갖고 있었기 때문이었다. F양의 무용활동이 그러했듯이, 이와 같은 승화는 대부분 일시적으로만 나타났다가 새롭게 풀려난 자기애적 리비도가 사용될 수 있는 다른 방식을 발견하면 곧 멈추게 된다.

분석기간 동안에 특히 그의 예술 활동들이 확고하게 자리잡기 이전에 일시적으로 나타났던 E의 예술 활동의 변천과정은 예술적 또는 과학적 추구를 통해서 승화된 만족을 얻기 위해서는 자기애적 욕구의 원초적 단계가 어느 정도 극복되어야 한다(분석에서 뒤늦게 성장과 발달을 통해서)는 사실을 보여주고 있다. E의 관음증은 그의 어머니가 아들의 과시적 소망에 적절히 반응해 주지 못했던 후기 아동기에 처음 나타났다. 그 어머니는 아들이 장터에서 그네를 타면서 용맹스러움을 과시했을 때 전혀 관심을 보이지 않았는데, 바로 그 순간에 그는 남자 화장실로 가서 관음증적 행동을 시작했던 것이다. 이와 동일한 일련의 일들이 오랜 분석기간 동안에 발생했다. 반향이나 공감적 칭찬에 대한 환자의 욕구가 분석가에게 이해받지 못하거나 다른 방식으로 분석가에 의해 좌절될 때면 언제든지 환자의 승화 활동은 퇴보하였으며, 성도착적 행동으로 되돌아가는 경향을 보여주었다.

그러나 좌절된 접촉 욕구들과 융합에 대한 끊임없는 소망 사이의 밀접한 관계는 점차 환경과 광범위하게 승화적이고, 공감적으로 융합하는 태도로 변히게 되고, 마침내 세상을 향해 아주 민감하게 반응하는 태도를 갖게 되는데, 이런 현상은 특히 몇몇 예술가들 또는 시인들에게서 찾아 볼 수 있다. 예를 들면, 존 키이츠(John Keats)는 자신의 관찰 대상—심지어 당구공과 같이 살아있지 않은 대상—과 동일시하는 경향성을 가지고 있었는데, 이러한 그의 경향성은 그가 자신의 감정과 생각을 다른 사람들과 의사소통하고 또 그들로부터 지원받고 있다는 느낌을 유지할 수 있는 탁월한 능력과 결합되지 않았더라면, 사람들의 눈에 병리적인 것으로 보였을 것이다(Gittings, 1968, p. 152 이하; 특히 n. 2를 보라).

자신과 당구공을 동일시하는 시인의 모습에서 우리는 창조적인 사람이 환경과 갖는 관계 안에 본질적으로 자기애적인 요소가 담겨 있음을 발견하게 된다. 그러나 그런 창조 행위가 본질적으로 자기애적이라는 사실에 대한 증거를 거장들의 사례들에서만 찾을 필요는 없다. 어느 정도의 창조적인 잠재력은—설령 정도가 크지는 않다 하더라도—많은 사람들이 경험하는 것이며, 창조 행위가 자기애적 성질을 가지고 있다는 사실(창조적 관심 대상에게 자기애적 리비도가 투자된다는 사실)은 보통의 자기-관찰과 공감을 통해서 알 수 있다. 예컨대, 해결되지 않은 지적이며 심미적인 문제들이 자기애적 불균형을 초래할 때, 사람들은 낱말 맞추기 놀이를 완성시키거나 거실 안에 새로 산 소파를 완벽한 위치에 배치시키는 행동 등을 통해서 그 불균형을 해결한다(참조, Zeigarnik, 1927). 그러나 지적 또는 심미적 문제의 해결은 특히 비교적 짧은 시간 안에 그 해답이 분명해질 때, 자기애적 즐거움을 가져다준다. 그리고 이때 그 즐거움은 자기애적 균형이 회복됨에 따른 정서이다.[4]

또한 새롭게 획득된 예술적 승화의 능력을 유지하기 위해서 분석가와 공감적 접촉을 유지하는 것이 필요하다는 사실과 간접적으로 관련된 하나의 현상—병리적 현상이 아닌—을 관찰할 수 있는데, 이것은 창조성이 왕성하게 작용하는 기간 동안에 개인들이 하나의 특별한 관계(자기애적 전이에서와 같이)를 필요로 한다는 것이다. 이러한 욕구는 창조적 개인들이 이루어낸 발견들이 이전에는 어느 누구에 의해서도 탐구되지 않았던 외로운 영역으로 그들을 인도할 때 특히 강렬해진다.[5] 창조적인 개인이 느끼는 고립감은 한편으로는 신나는 일이면서 동시에 다른 한편으로는 두려운 일이다. 그것이 두려운 이유는 그 경험이 외롭고 버림받고 지지받지 못했던 초기 아동기의 공포를 외상적으로 반복하기 때문이다. 그런 상황에서는 천재조차도 자신의 환경안에서 전능한 존재라고 그리고 자신이 일시적으로 결합할 수 있는 인물이라고 생각되는 어느 한 사람을 선택할 것이다. 자기애적으로 고착된 성격들(심지어 편집증에 가까운)의 어떤 유형들은 특히 이런 역할을 선택한다.[6] 창조적인 개인이 경험하는 강렬한 창조성

---

4 이것과 밀접히 관련되어 있는 것으로서 게슈탈트 심리학(Buhler, 1908; Maier, 1931; 그리고 Duncker, 1945)에서 말하는 "아하!-경험"은 전술한 고찰의 빛에서 그리고 그것과의 조화로운 관계 안에서 평가될 수 있을 것이다. 또한 인지적 경험을 설명하기 위해서 "숙달 본능"을 가정한 헨드릭(Hendrick, 1942)의 또다른 접근을 참조하라.

5 이런 맥락에서 과학자들 사이에 존재하는 새롭고 알려지지 않은 것에 대한 공포에 대해 연구한 Szekely의 예리한 공헌을 참조하라.

6 이런 맥락에서 9장에서 언급된 Schreber의 아버지 또는 더 나아가 히틀러와 같은 다른 구세주적 지도자들이 지녔던 카리스마에 대한 진술을 보라.

의 시기에 발생하는 그와 같은 전이는 전이 신경증의 분석에서 발생하는 전이보다 자기애적 성격 분석에서 발생하는 전이와 훨씬 더 밀접하게 관련되어 있다. 다른 말로 하면, 우리는 이 창조적 시기 동안에 거울 전이의 변형들 중 어느 하나와 닮은 적극적이고 창조적인 자기의 확장을 다루고 있거나, 아니면 보다 흔한 사례로서 이상화된 대상으로부터 힘을 얻고자 하는 소망, 또는 두드러지게 나타나는 현상은 아니지만 대상 리비도가 부착된 과거의 상을 되살려내는 현상을 다루고 있는 것이다. 플리쓰(Fliess)는 프로이트가 가장 창조적으로 활동하던 기간 동안에 프로이트를 위해 그러한 자기애적 전이의 대상이 되어 주었다; 그리고 프로이트는 자신의 위대한 창조적 업적을 완성한 후에 플리쓰와의 자기애적 관계를 스스로 해소하고, 그를 위대하다고 믿는 이상화 현상으로부터 벗어날 수 있었다.

방금 묘사한 것과 같이 프로이트와 플리쓰가 가졌던 관계는 새로운 발견에 이르는 과정에서 아주 중요한 시기 동안의 과학자에게서뿐만 아니라 창조적인 시기 동안의 예술가에게서도 발견된다. 예컨대, 멜빌(Melville)은 호돈(Hawthorne)에게 보낸 편지에서[7] 이상화된 인물을 찬양하고 그와의 자기애적 융합을 바라는 근저의 소망이 얼마나 강렬한지에 대해 은유를 사용하여 언급한다: 멜빌은 호돈이 자신의 삶의 술병에서 마시고 있다고 말했다. 그는 계속해서 "내가 나의 인생의 술병에 내 입술을 댈 때, 보라, 그 입술은 나의 것이 아닌 그대의 것이로다. 신적인 존재는 저녁 식사 때의 식빵처럼 부서졌으며, 우리 자신들이 바로 그 빵 조각들인 것처럼 여겨진다"라고 말했다. 자신의 삶과 일 그 자체가 위대한 친구(제 2자아)에게 계속 보내는 편

---

7 나는 자기애적 저항이라는 주제로 열린 패널 토의에서 Charles Kligerman이 발표한 "자기애적 융합 전이"에 대한 문헌을 접할 수 있었다(1969, p. 943). Melville과 Hawthorne 사이에 있었던 자기애적 관계와 그것이 멜빌의 창조성의 변천에 끼친 영향에 대한 폭넓은 논의를 위해서는 Kligerman(1953)을 보라.

지라고 상상하면서, 그는 궁극적으로 자신의 융합 환상을 확인하는 말로 끝맺는다: "그대에게는 신적인 자석이 있으며, 나의 자석은 그것에 반응한다. 그 둘 중에 어느 것이 더 큰 것인가? 라는 물음은 어리석은 것이다. 왜냐하면 그것은 하나이니까."

전술한 논의는 분석의 중간 단계에서 발생하는 과학적 창조성과 예술적 창조성에 관한 것이다. 이제 나는 치료의 종료 단계에서 나타나는 유사한 승화 활동에 대하여 조사할 것이다. 여기에서 나타나는 창조적, 예술적 그리고 과학적 활동들도 마찬가지로 일시적으로 나타났다가 사라지는 경향이 일반적이지만 이런 활동들이 지속되는 경우도 종종 있는 것으로 보인다(예컨대, 나의 글에서 묘사된 환자 H는 분석을 종료한지 10여 년이 지난 후에도 여전히 적극적으로 자신의 창조적인 음악 활동을 계속하고 있다. Kohut, 1957, pp. 399-403).

정신분석가에게 있어서 창조성은 특별한 주의를 기울일 만한 또 하나의 중요한 영역이다. 분석 훈련이 성공적으로 끝나갈 무렵 자기애적 자리가 성숙되어 갈 때, 그 성숙은 공감능력을 증가시키고 환자 자신의 의식의 범위를 넘어서는 심리적 문제들에 대해서 개방적인 태도를 가지고 주의를 기울이게 할뿐 아니라, 종종 진정한 창조성을 촉진시킬 것이다. 개인적인 정신병리의 특정한 잔유물과 창조적인 정신분석가가 특정한 분야의 연구에 대해 갖는 관심 사이의 관계를 조사하는 것은 매우 흥미로운 일이 될 것이다. 다른 과학적 연구들에서처럼 분석가의 창조성은 많은 자극들에 의해 고무되며, 연구자의 잠재적인 병리적 갈등을 포함한 많은 자원으로부터 그 자양분을 얻는다. 그러나 분석가의 과학적 창조성과 그의 정신병리 사이의 관계는 때때로 정신분석이라는 영역 바깥에서 이루어지는 유사한 창조적 활동들의 경우와는 달리 특별한 요소를 갖는다. 나는 진정한 정신분석적 창조성은 개인적인 분석에서 완전하게 밝혀지지 못하고 남아있는 심리 영역을 조사하려는 충동에 의해 자극받는다고 생각한다. 분석 훈련이 극복될 수 없는 환자의 내적 저항 때문에 또는 훈련을 맡은 분석가 쪽의 장애(예컨대, 역전이) 때문에 불완전하게 이루어지는 경우, 그 결과는 재분석(프로이트, 1937a를 보라)을 필요로 하거나 자기 스스로 분석(프로이트, 1937a; 또한 M. Kramer; 1959를 보라)을 수행하려고 할 것이다. 그러나 분석 작업이 정신분석학이 소유한 지식의 한계 때문에 불완전한 것일 수밖에 없는 경우(두드러진 예로, 부정적인 전이의 존재를 아직 알지 못했던 시기에 쓰여진 프로이트의 논문 "종결이 가능한 분석과 종결이 불가능한 분석"에서 그가 진술한 내용을 보라), 그 불완전성은 초개인적이고 창조적인 해결을 발견하도록 추진하는 힘이 될 것이다.

그러나 만약 분석 훈련이 불완전하다는 사실이 공개적으로 대면되지 않고 은폐된다면, 분석 훈련이 종료된 후에도 여전히 남아 있는 심리적 긴장 상태들을 해결하기 위해 시도되는 창조적인 연구가 갖고 있는 풍부한 잠재력은 활용되지 못할 것이다. 역설적으로, 이 영역에서 실수는 보다 확장된 이해를 위한 미래의 창조적 노력들을 방해하지는 않을 것이다. 그러나 다른 어디에서나 그런 것처럼, 여기에서도 진실의 가장 큰 적은 약간의 진실 또는 절반의 진실이다. 따라서 만일 분석의 끝 무렵에 남아있는 정신병리가 환자의 자아의 노력에 의해 숨겨진다면, 그는 분석 훈련이 종료된 후에도 발견되지 않은 심리적 영역에 관해서 적극적으로 연구하는 일을 결코 시작하지 않을 것이다.[8] 이것은 훈련을 맡은 분석가가 잘못된 생각이나 자신의 자기애적인 동기로 인해 사실과는 다르지만 수련생이 적절한 자아의 지배를 성취했다고 믿는 믿음에 따른 결과이다.

여기서 내가 덧붙일 수 있는 한 가지는 잠재적으로 창조적인 분석

---

8 이러한 문제점들에 대한 논의를 위해서는 코헛(1976b)을 보라: 그리고 1967년 5월 4일 과학적 활동을 지원하는 위원회(The Meeting of the Ad Hoc Committee on Scientific Activities) 모임의 회의록을 보라.

가가 될 수 있는 훈련생들의 경우, 훈련을 맡은 분석가에 대해 가지는 미해결된 자기애적 전이의 어떤 면들이 분석의 후기 단계들과 분석의 종료 후에 이 학문 분야의 창시자인 프로이트에게로 옮겨갈 수 있다는 점이다. 그런 분석가들의 창조적인 노력들은 프로이트라는 아버지 상에 초점이 맞추어진 갈등들과 관련되어 있다. 예컨대, 프로이트라는 아버지 상으로부터 자기애적 전이를 상실하는 것에 대한 두려움은 분석가로 하여금 프로이트가 발견했던 학문의 범위를 넘어서서 정신분석학을 진정으로 독창적인 수준의 학문으로 완성시키고자 하는 작업을 방해할 것이다. 아니면 훨씬 더 자주 일어나는 사실인 바, 원초적인 아버지 상과의 자기애적 융합의 상실(불완전하게 내면화된 원초적 상으로부터 오는 긍정적인 반향의 상실)에 대한 두려움은 스스로 공포의 상황을 추구하는 반항적 태도를 가지도록 유도할 것이다. 그러나 이런 태도들은 정신분석학을 프로이트가 발견했던 범위를 넘어서 더욱 발전시키는 창조성으로 인도하는 것이 아니라 (종종 강렬하게) 프로이트의 연구에 대한 비판적인 태도로 인도한다. 이에 따른 명백한 결과는, 정신의학 문헌과 정신분석 문헌에서 얼마든지 그 예를 찾을 수 있듯이, 진정한 내적 해방의 신호, 즉 건강하거나 질병이 있는 인간에 대한 우리의 심리적 이해의 확장이라는 긍정적 공헌을 얻어내는 것이 아니라 종종 반복되는 이론적 논증법의 형태를 띠는 모습으로 드러날 수 있다.

일반적으로 분석가들에게는 치료 활동을 하는 동안에 그들의 환자들이 즐기는 승화 활동들을 깊이 있고, 자세하게 관찰할 수 있는 기회가 충분하지 않다. 내가 받은 인상은 환자들이 분석 치료의 초기와 중기에 그런 활동에 열렬히 장기적으로 몰두하는 것은 대체로 방어적인 동기를 지니고 있다는 것이다. 분석과정에서 환자가 초기에 과학적인 또는 예술적인 작업에 몰두하는 것은 일반적으로 "건강으로의 도피"라고 언급되는 방어적인 수단의 일부분을 형성할 수 있다.

다른 한편, 분석가가 자신의 환자에게 창조적인 활동을 즐기라고 지나치게 강조하는 것은 해석을 통해서 자아의 확장을 성취하려는 정신분석적인 노력을 교육적이고 암시적인 방법—대체로 환자가 분석가와 대대적으로 동일시함으로써 성취되는—을 통해 자아 변화를 일으키려는 시도로 대체하려는 경향성을 드러낼 수 있다(7장을 보라). 그러나 특히 자기애적 성격을 지닌 환자의 분석과정 종료 단계에서 환자가 분석가에게 부착시켰던 자신의 자기애적 전이를 진정으로 해소할 때, 우리는 종종 다양하게 사용되는 비방어적인 창조적 승화 활동들을 만나게 된다. 그리고 그것들은 빈번히 삼재기와 청소년기에 가졌던 유사한 노력들이 재생되는 것으로 드러난다.

대체로 분석가들은 분석의 끝 무렵에 일시적으로 출현하는 자료의 경우, 그것에 대한 직접적인 분석적 관찰만으로는 그러한 활동들의 보다 깊은 역동성에 대해 충분히 알 수 없다. 그러나 그들은 때때로 지난 일들을 돌이켜 보면서 이제 새로운 자기대상, 즉 창조적인 활동을 지향하는 자기애적 세력들은 본래 활동적이었던 에너지였으며, 그 에너지가 자기애적 긴장 상태들을 창조적이지 못한 방식으로 표현하는 자기애적 전이에 사로잡혀 있었다는 사실을 발견하기도 한다. 그런 발견은 특히 자기애적 환자들의 꿈에서 표현되며, 이것은 때때로 더 후기에 나타나는 예술적 생산성의 전조로써 분명하게 인식된다.

다음에 제시되는 예는 예술적 산물의 전조라고 생각할 수 있는 하나의 꿈에 관한 내용이다. 환자 P는 30대 중반의 선천적으로 비교적 민감한 편집적인 성향의 남자였으며, 오랜 치료기간 끝 무렵에 짧지만 많은 이야기들을 쓰기 시작했고, 그것들 중 어떤 것은 내게 잊을 수 없을 만큼 아름답다는 인상을 남기기도 했다. 이 이야기들은 후기 청소년이나 젊은이의 경험을 다룬 것이었으며, 그 중에 일부는 후에 책으로 출간되었으리라고 추정된다. 그것들은 그 자신의 외로움, 세상으로부터의 소외감, 민감한 자기-몰두, 심한 성적 자극 (이야기의 주인

공이 싸구려 술집에서 스트립쇼 등을 즐기는)으로 인해 자신의 정신적 평형이 깨어지는데 대한 공포, 그리고 본질적으로 자기 자신과 비슷한 그래서 공감을 통해 그를 과도한 외상적 자극으로부터 보호할 수 있는 친구를 찾는 것 등에 대한 서술이었다. 현재의 맥락에서 우리가 관심을 갖는 것은 환자가 실제로 그의 분석기간 동안에 임박한 쌍둥이 전이의 상실을 다루고 있을 때에 쓴 이 이야기들이 갖는 특정한 전이의 의미에 관한 것이 아니라, 후기의 예술적 성취와 꿈에서 나타나는 이와 유사한 문제들에 대한 더 초기의 자발적인 표현 사이에 어떤 연결성이 있다는 점이다. 비록 환자가 분석과정 초기에 꾼 꿈이 정신적 평형이 깨어지는 것(일반적으로 초기 분석이 그에게 드러내 보여준 위험)에 대한 공포의 직접적인 표현이었다 하더라도, 보고된 꿈은 암시와 유추를 통해 밝혀진 바를 따르면, 그 꿈보다 앞서 언급된 꿈에 대한 연상을 통해서 기억된 것이었다. 그가 앞서 보고했던 꿈은 환자가 첫 번째 몽정 경험과 함께 20여 년 전에 꾸었던 "오줌을 싸는 꿈"이었다. 환자는 그 꿈을 생생하게 기억했으며, 그 꿈에 대해 마치 그것이 최근에 강렬하게 경험한 사건인양 실감나게 설명했다.

그 꿈에서 환자는 아주 아름답고 평화로운 풍경을 바라보고 있었다. 따스한 질감의 짙은 녹색 초원이 넘실거리고 있었으며, 구름 한 점 없는 파란 하늘이 비치는 시냇물이 유쾌하게 굽이굽이 흐르고 있었다. 작은 나무숲으로 둘러싸인 시골 풍의 집들이 있었으며, 사람들은 보이지 않고 동물들만 눈에 띄었다: 젖소들이 풀을 뜯고 있었으며, 특히 녹색의 초원에는 하얀 천으로 수를 놓은 듯이 양들이 한가로이 풀을 뜯고 있었다. 그때 예기치 않게 그 평화는 멀리서 들리는 굉음으로 인해 깨어졌다. 그 환자는 소리가 난 곳을 바라보았으며, 그 소리는 높은 댐의 제일 밑바닥 계곡에서 나는 것임을 알았다. 위협적인 굉음은 거기에서 울려 퍼지고 있는 것 같았다. 그때 갑자기 그는 댐에 깊은 금들이 가 있는 것을 알았다. 그곳 풍경을 이루고 있는 모든 색깔들은 약간, 그러나 뚜렷이 변하였다.[9] 하늘과 물의 파란색은 검은 빛이 나는 파란색이 되었다. 풀밭의 녹색은 선명한 인공 잔디의 색으로 변했으며 나무들은 더 어둡게 보였다. 갈라진 댐의 틈들이 넓어졌고, 갑작스럽게 추하고 더러우며 파괴적인 홍수가 범람하여 그 아름다운 시골마을의 모든 나무들과 집들 그리고 동물들을 쓸어버렸다. 공포에 질려 잠에서 깨어나기 직전에 보았던 잊을 수 없는 인상 깊은 장면은 그곳에 있던 하얀 양들이 모든 것들을 휩쓸어버리는 흰 물결의 소용돌이로 변해 가는 광경이었다.

이 아름다운 꿈에 응축되어 있는 복잡한 의미들을 찾아내는 것은 현재의 논의의 범위를 벗어난다. 그것은 사정(射精)을 동반했던 가학적인 성적 요소들이 침범함으로써 자기 몰두에 빠져 있는 행복한 자기애적 상태(환자 자신의 몸을 상징했던 풍경)가 방해받는 경험이었으며, 그 경험이 유사-예술적으로 표현된 것이었다고 말하는 것으로 충분하다. 그가 말했던 초기 아동기의 자기애적 경험과 자체 성애적 경험들에 대한 많은 것들이 그 꿈에서 인식되고 확인될 수 있었다.

내가 전에 지적했듯이, (전)자기애적 긴장들을 아름다운 꿈의 심상으로 변형시키는 이 환자의 자아가 지니고 있던 시적(詩的) 능력은 나중에 예술적 작품들(단편 소설들)을 창작하는데 사용될 수 있도록 풀려난다; 즉 그것들은 이제 보다 높은 차원의 자기대상들에게 투자될 수 있게 된다. 그의 신체 자기가 지닌 자체 성애적이고, 자기애적인 리비도 집중의 변천 경험과 관련된 꿈의 산물로부터 자신의 청소

---

9 이 꿈이 천연색 꿈(특히 그 꿈의 후반부에 인공적으로 만들어진 색깔을 띤)이었다는 사실은 그 꿈꾸는 사람의 자아가 새로운 경험들을 완전하게 통합할 수 있는 능력을 갖지 못했다는 것에 대한 표현이며, 또한 욕동 요구들의 강렬함과 내용 중에 그 어느 것도 완전히 흡수하지 못했다는 것에 대한 표현이다(천연색 꿈의 중요성에 관한 논의를 위해서 7장을 보라).

년기의 외로움, 자기-몰두, 그리고 우정의 추구와 관련된 경험을 표현하는 예술 작품으로 바뀐데서 드러나는 환자의 창조성의 변형은 그의 자기애 발달에 중요한 진전이 이루어졌음을 보여준다. 새롭게 자유로워진 창조적 능력을 통해 자신의 자기애를 사회적 상황을 위해 활용할 수 있게 되었으며, 무엇보다도 치료적 성공이라는 관점에서 볼 때, 그 변형은 이전에 환자 자신의 정서적 건강에 대한 심각한 위협과 심각한 정서 불안의 상태로 이끌었던 그의 자기애적 긴장을 해방시켜서 승화 활동을 위해 안전하게 사용할 수 있게 했다.

비록 예외가 인정되어야겠지만, 자기애적 성격 분석의 종료 단계에서 나타나는 대부분의 창조적 활동들은 분석 훈련의 마지막 단계에서 공감 능력을 꽃피우는 것과 마찬가지로 분석 작업의 좋은 결과를 가져오며, 이전의 병인적 자기애적 자리가 진정으로 변형되었음을 보여준다는 것이 나의 견해이다. 이런 이유로 그것들은 일반적인 의미의 정신분석적 해석을 요구하는 자료를 구성하지 않는다 (분석 마지막 단계에서 창조적인 승화 활동들의 출현으로 인해 제기되는 기술적 문제들에 관한 언급들을 위해서는 코헛, 1966b, p. 203 이하를 보라).

유머

자기애적 성격의 분석과정에서 진정한 유머 능력의 출현은 원초적이고 병인적인 자기애적 리비도 집중들의 변형을 보여주는 또 하나의 환영할 만한 중요한 신호라는 것이 나의 믿음이다. 자기애적 환자가 유머를 사용할 수 있게 되는 것은 이런 환자들의 분석과정에서 이루어진 또다른 좋은 결과, 즉 그들의 가치와 이상이 강화된 증거라고 나는 생각한다. 유머 그 자체로는, 특히 그것이 구강기적-가학적인 냉소주의의 분위기를 띠고 있을 때에는, 여전히 방어적인 것으로서 자기애적 리비도 집중의 변형을 나타내지 않는다. 그리고 새로 발견된 이상에 대한 고립되고 엄숙하고 강렬한 리비도 집중은 (편집증의 "원인들"과 유사한) 자기애적 자리의 성공적인 극복을 보여주는 것이 아니라 단지 자기애적 자리가 새롭게 위장된 모습에 지나지 않는다. 환자의 치료적 진전을 평가함에 있어서, 환자가 자신의 가치와 이상들에 헌신하는 모습은 광신자에게서 발견되는 헌신이 아니라 유머를 통해 표현될 수 있는 균형 감각이 수반되는 헌신이라는 사실이 아주 중요하다. 이상주의와 유머의 공존은 자기애적 자리의 내용과 위치가 변했을 뿐 아니라 자기애적 에너지가 이제 길들여시고 중화되었으며, 승화 활동을 위해 사용될 수 있게 되었다는 것을 보여준다. 한편으로, 환자가 삶의 가치에 보다 큰 심리적 중요성을 부여하고, 자신의 자아구조 안에 현실적인 목표를 통합시키며 그로 인해 자신의 삶에서 새로운 의미를 발견한다면, 그리고 동시에 다른 한편으로, 이전에 자기애적 자리가 지배하던 경직된 영역에 대해 유머감각을 가지고 생각할 수 있게 된다면, 그때 분석가는 치료과정이 실제로 성공한 것이며, 치료과정에서 얻어진 것이 확고해졌다고 평가할 수 있다.

임상상황에 대한 세부적인 묘사를 통해서만 환자의 과대적 환상들과 과시적 추구들이 점진적으로 변형되는 모습을 보여줄 수 있으며, 자기애적으로 경험된 대상이 지닌 마술적 완벽함에 대한 그의 믿음이 포기되고 대신에 균형있게 결합된 이상과 유머감각이 출현하는 모습을 보여줄 수 있다.

아마도 대부분의 경우에, 유머감각은 갑자기 출현하며, 그것은 이전의 과대적 자기와 이상화된 대상이 막강한 힘을 지녔던 것과는 대조적으로 점진적이며 조용하게 지배권을 획득한 환자의 자아에게서 뒤늦게 드러나는 모습을 보인다. 마치 태양이 예기치 않게 구름을 헤치고 나오듯이 갑자기 큰 기쁨과 함께 표현되는 환자의 진정한 유머감각은 그의 자아가 이제 새로운 능력을 획득했다는 것을 보여준다;

이제 그는 현실 감각을 가지고 과거에 자신이 유아적인 과대적 포부를 지니고 있었다는 것과 자신의 이상화된 부모상을 향해 무한한 힘과 완전함을 가질 것을 요구했던 사실을 바라볼 수 있으며, 자유스러움의 표현인 즐거움을 가지고 그가 예전에 지녔던 이러한 심리적 구성물들을 바라볼 수 있다.

그러나 중간 단계에 속하는 시기에, 환자의 자아는 아직 완전하게 극복되지 않은 자기애적 구조들에 대해서 지속적으로 공포를 느끼는 상태와 그 구조들에 관해서 유머감각을 갖는 시험적인 시도들을 허용하는 새로운 자아 능력을 획득하는 상태 사이에 머물러 있는 경우들이 있다. 내가 터득한 사실은 그런 상황에서 너무 빨리 환자와 함께 웃을 것이 아니라, 떠오르는 자료에 대한 좀더 깊은 해석을 제공함으로써 그리고 그런 중간 상태에 있는 환자의 자아에게 공감적인 설명을 제공함으로써 환자를 돕는 것이 최선이라는 것이다 (시험적으로 사용되는 유머와 여전히 지속적인 염려 사이의 중간 상태에 대한 임상적 설명을 위해서는 7장에서 보고된 C의 꿈, 즉 이미 강화된 자아가 원초적 과대주의의 급격한 고조로 인해 갑자기 위협 당하는 꿈을 보라).

나는 분석에서 나타나는 다양한 형태의 유머의 출현에 관한 주제를 더 이상 다루지 않을 것이며, 다만 F양에 대한 진술을 인용하는 것으로 제한할 것이다. 그녀는 순진하고 자기 몰두적인 성격의 소유자였으며, 오랜 분석의 끝 무렵에 자신의 전이 문제에 대해 돌이켜 보며 다음과 같이 언급했다; "나는 당신이 용서받을 수 없는 범죄를 저질렀다는 사실을 알고 있어요. 그것은 당신이 내가 아니라는 사실이에요." 이러한 말은 그녀가 충분한 유머감각을 획득하였음을 보여준다.

지혜

지혜에 대해서 간단하게 진술한다면, 다음과 같이 말할 수 있다. 지혜는 인지적이고 정서적인 자리이며, 그것은 자기애적 성격장애의 분석에서 뿐 아니라 보편적인 인간 성격의 성장과 성취에서 인간이 도달할 수 있는 절정들 중에 하나라고 생각할 수 있다.

자기애적 환자의 야망이 보다 현실적이 되고, 그의 이상이 강화되며 그의 창조성 그리고 특히 유머감각이 성장하는 것 등은 종종 분석이 성공적으로 끝날 무렵에 아주 뚜렷이 드러나는 반면에, 치료 그 자체가 약간의 지혜를 가져다 줄 수도 있다는 주장은 과장된 것처럼 보일 수 있다. 그러나 성공적인 삶에서 인지 능력이 지혜로 발달하듯이, 지식으로부터 지혜로 발전하는 현상은 성공적인 분석에서도 관찰될 수 있다. 치료가 시작되면 분석가와 환자는 환자의 내력에 대한 정보를 수집한다. 분석의 중간 단계에서 수집된 자료는 점차 정리되고, 환자의 정신이 지닌 핵심적 기능에 대한 그리고 현재와 과거 사이에 존재하는 연속성에 대한 보다 넓고 깊은 지식으로 엮어진다. 그리고 마침내 분석을 종료하는 단계에서 분석가의 지식과 자신에 대한 환자의 이해는 지혜라는 새로운 질적 요소가 된다. 이런 경험에 이르기 위해 환자는 우선, 자신의 정신 안에 있는 고착들이 원초적 자기와 지배적으로 관련되어 있든지 아니면 원초적이며 자기애적으로 확대된 이상화된 자기대상과 지배적으로 관련되어 있든지 간에, 자신의 수정되지 않은 유아적 자기애와 타협하지 않을 수 없게 된다.

그러나 자기애적 형태의 두 영역에서 자아가 지배적이 되는 것은 우리가 지혜라고 부르는 삶에 대한 전체적인 태도를 위한 전제조건일 뿐이지, 그것이 지혜 그 자체는 아니다. 지혜를 얻는 것은 우리의 환자에게서 기대할만한 것도, 우리 자신들도 기대할만한 것도 아닌 특출한 성취라고 할 수 있다. 지혜를 온전하게 이룬다는 것은 개인 존재의 무상함을 정서적으로 수용하는 것을 포함하는 것이기 때문에, 우리는 지혜의 온전한 성취란 인간의 심리적 능력의 범위를 초월하는 것이며, 아마도 소수의 사람들만이 도달할 수 있는 가치라는 사실을 인정해야 할 것이다.

그러나 특히 환자가 자신과 자신의 분석가 그리고 분석 작업의 결과에 대해 갖는 태도와 관련된 작은 지혜는 실제로 드물게 발견되는 것은 아니다. 분석가는 지혜를 성취하는데 목표를 두거나 실제로 그렇게 기대를 해서는 안 될 것이다; 그리고 우리는 아무리 미묘한 것일지라도 압력에 의해 환자가 그것을 추구하도록 설득해서도 안 될 것이다. 전에 말했듯이, 분석가 쪽에서의 그런 압력과 기대는 실제의 모습 그대로의 분석가와의 관계에서, 또는 분석가에 대한 환자의 환상과의 관계에서, 또는 분석가가 환자에게 제시하려고 하는 성격과의 관계에서 불안정한 일괄적인 동일시를 가져올 뿐이다.

비록 작고 보잘것 없는 모습일지라도, 환자에게서 지혜의 태도가 자발적으로 출현하는 것은 종종 성공적인 분석의 끝 무렵에서이다. 분석의 종료 단계에서 나타나는 그 작은 지혜는 (그것은 치료가 종료된 얼마 후에는 보다 광범위하게 형성될 것이다) 환자로 하여금 자신의 한계를 인식하면서도 자존감을 유지하게 하며, 분석가가 지닌 갈등과 한계를 인식하면서도 그에게 우호적인 존경과 감사를 느낄 수 있게 한다. 그리고 마침내 환자와 분석가는 치료를 종료함에 있어서 분석 그 자체는 불완전한 것일 수밖에 없다는 인식을 공유하게 된다. 분석가와 환자는 진지함과 지혜가 결합된 태도를 지니고 냉소주의나 비관론에 물드는 일없이, 분석이 끝난다고 해서 모든 것이 해결된 것은 아니며, 몇몇 갈등들, 억압들, 증상들 그리고 자기를 과장하거나 유아적으로 이상화하는 경향성이 남게된다는 사실을 인정할 것이다. 그리고 이제는 이런 단점들이 친숙한 것들이 되며, 넉넉한 마음과 안정된 태도를 가지고 바라볼 수 있는 것들이 된다.

참고문헌

Abraham, K. (1919), A Particular Form of Neurotic Resistance against the Psycho-Analytic Method. *Selected Papers of Karl Abraham.* London: Hogarth Press, 1927, pp. 303-311.

Adler, A. (1912), *The Neurotic Constitution.* New York: Moffat Yard, 1916; London: Kegan Paul, Trench & Trubner, 1918.

Aichhorn, A. (1936), The Narcissistic Transference of the "Juvenile Impostor." In: *Delinquency and Child Guidance: Selected Papers by August Aichhorn,* ed. O. Fleischmann, P. Kramer, & H. Ross. New York: International Universities Press, 1964, pp. 174-191.

Alexander, F., French, T. M., et al. (1946), *Psychoanalytic Therapy: Principles and Applications.* New York: Ronald Press.

Andreas-Salomé, L. (1962), The Dual Orientation of Narcissism. *Psychoanal. Quart.,* 31:1-30.

Argelander, H. (1968), Der psychoanalytische Dialog. *Psyche,* 22:325-339.

Arlow, J. A. (1966), Depersonalization and Derealization. In: *Psychoanalysis—A General Psychology,* ed. R. M. Loewenstein, L. M. Newman, M. Schur, & A. J. Solnit. New York: International Universities Press, pp. 456-478.

———— & Brenner, C. (1964), *Psychoanalytic Concepts and the Structural Theory.* New York: International Universities Press.

———— & ———— (1969), The Psychopathology of the Psychoses: A Proposed Revision. *Int. J. Psycho-Anal.,* 50:5-14.

Balint, M. (1937), Early Developmental Stages of the Ego: Primary Object-Love. *Primary Love and Psycho-Analytic Technique.* London: Hogarth Press, 1952, pp. 90-108.

———— (1968), *The Basic Fault: Therapeutic Aspects of Regression.* London: Tavistock Publications.

Barande, R. et al. (1965), Remarques sur le narcissisme dans le mouvement de la cure. *Rev. Franç. Psychoanal.,* 29:601-611.

Basch, M. F. (1968), External Reality and Disavowal (unpublished).

Baumeyer, F. (1955), Der Fall Schreber. *Psyche,* 9:513-536. English: The Schreber Case. *Int. J. Psycho-Anal.,* 37:61-74, 1956.

Bender, L. & Vogel, B. F. (1941), Imaginary Companions of Children. *Amer. J. Orthopsychiat.,* 11:56-66.

Benedek, T. F. (1949), The Psychosomatic Implications of the Primary Unit: Mother-Child. *Amer. J. Orthopsychiat.,* 19:642-654.

———— (1956), Toward the Biology of the Depressive Constellation. *J. Amer. Psychoanal. Assn.,* 4:389-427.

———— (1959), Parenthood as a Developmental Phase. *J. Amer. Psychoanal. Assn.,* 7:389-417.

Benedict, R. (1934), *Patterns of Culture.* New York: Penguin, 1946.

Benjamin, J. D. (1950), Methodological Considerations in the Validation and Elaboration of Psychoanalytic Personality Theory. *Amer. J. Orthopsychiat.,* 20:139-156.

———— (1961), Some Developmental Observations Relating to the Theory of Anxiety. *J. Amer. Psychoanal. Assn.,* 9:652-668.

Beres, D. (1956), Ego Deviation and the Concept of Schizophrenia. *The Psychoanalytic Study of the Child,* 11:164-233.

———— (1962), The Unconscious Fantasy. *Psychoanal. Quart.,* 31:309-328.

Bernstein, H. (1963), Identity and Sense of Identity. Paper read to the Chicago Psychoanalytic Society.

Bibring, E. (1947), The So-Called English School of Psychoanalysis. *Psychoanal. Quart.,* 16:69-93.

Bibring, G. L. (1964), Some Considerations Regarding the Ego Ideal in the Psychoanalytic Process. *J. Amer. Psychoanal. Assn.,* 12:517-521.

Bing, J., McLaughlin, F., & Marburg, R. (1959), The Metapsychology of Narcissism. *The Psychoanalytic Study of the Child,* 14:9-28.

———— & Marburg, R. O. (1962). Panel Report: Narcissism. *J. Amer. Psychoanal. Assn.,* 10:593-605.

Binswanger, L. (1956), *Sigmund Freud: Reminiscences of a Friendship,* tr. N. Guterman. New York: Grune & Stratton, 1957.

Bond, D. D. (1952), *The Love and the Fear of Flying.* New York: International Universities Press.

Boyer, L. B. (1956), On Maternal Overstimulation and Ego Defects. *The Psychoanalytic Study of the Child,* 11:236-256.

Braunschweig, D. R. (1965), Le narcissisme: aspects cliniques. *Rev. Franç. Psychanal.,* 29:589-600.

Brenner, C. (1968), Archaic Features of Ego Functioning. *Int. J. Psycho-Anal.,* 49:426-429.

Bressler, B. (1965), The Concept of the Self. *Psychoanal. Rev.,* 52:425-445.

Brodey, W. M. (1965), On the Dynamics of Narcissism. *The Psychoanalytic Study of the Child,* 20:165-193.

Bühler, K. (1908), Tatsachen und Probleme zu einer Psychologie der Denkvorgänge. Translated as: On Thought Connections. In: *Or-*

ganization and Pathology of Thought, tr. & ed. D. Rapaport. New York: Columbia University Press, 1951, pp. 39-57.

——— (1930), *The Mental Development of the Child: A Summary of Modern Psychological Theory.* New York: Harcourt, Brace.

Bullock, A. (1952), *Hitler: A Study in Tyranny.* New York & Evanston, Ill.: Harper & Row, rev. ed., 1962.

Burlingham, D. & Robertson, J. (1966), *Nursery School for the Blind.* Film produced by the Hampstead Child-Therapy Clinic, London. [Distributor in the U.S.: New York University Film Library, 26 Washington Place, New York, N.Y. 10003.]

Bychowski, G. (1947), The Preschizophrenic Ego. *Psychoanal. Quart.,* 16:225-233.

Deutsch, H. (1942), Some Forms of Emotional Disturbance and Their Relation to Schizophrenia. *Neurosis and Character Types.* New York: International Universities Press, 1965, pp. 262-286.

——— (1964), Some Clinical Considerations of the Ego Ideal. *J. Amer. Psychoanal. Assn.,* 12:512-516.

Dilthey, W. (1924), Ideen über eine beschreibende und zergliedernde Psychologie. *Gesammelte Schriften,* 5. Leipzig: Teubner.

Duncker, K. (1945), On Problem-Solving. *Psychological Monographs,* Vol. 58, No. 5. Washington, D.C.: American Psychological Association.

Eidelberg, L. (1959), The Concept of Narcissistic Mortification. *Int. J. Psycho-Anal.,* 40:163-168.

Eisnitz, A. J. (1969), Narcissistic Object Choice, Self Representation. *Int. J. Psycho-Anal.,* 50:15-25.

Eissler, K. R. (1961), *Leonardo da Vinci: Psychoanalytic Notes on the Enigma.* New York: International Universities Press.

——— (1963a), *Goethe: A Psychoanalytic Study,* 2 Vols. Detroit: Wayne State University Press.

——— (1963b), Die Ermordung von wievieler seiner Kinder muss ein Mensch symptomfrei ertragen können, um eine normale Konstitution zu haben? *Psyche,* 17:241-272.

——— (1965), *Medical Orthodoxy and the Future of Psychoanalysis.* New York: International Universities Press.

——— (1967), Perverted Psychiatry? *Amer. J. Psychiat.,* 123:1352-1358.

Elkisch, P. (1957), The Psychological Significance of the Mirror. *J. Amer. Psychoanal. Assn.,* 5:235-244.

Ephron, L. R. (1967), Narcissism and the Sense of Self. *Psychoanal. Rev.,* 54:499-509.

Erikson, E. H. (1950), *Childhood and Society.* New York: Norton.

——— (1956), The Problem of Ego Identity. *J. Amer. Psychoanal. Assn.,* 4:56-121.

Federn, P. (1952), *Ego Psychology and the Psychoses,* ed. E. Weiss. New York: Basic Books, esp. pp. 283-322, 323-364.

Ferenczi, S. (1919), On Influencing of the Patient in Psycho-Analysis.

Further Contributions to the Theory and Technique of Psycho-Analysis. London: Hogarth Press, 1950, pp. 235-237.

Fliess, R. (1942), The Metapsychology of the Analyst. *Psychoanal. Quart.,* 11:211-227.

Frankl, V. E. (1946), *Ein Psychologe erlebt das Konzentrationslager.* Vienna: Verlag für Jugend und Volk. English: *From Death Camp to Existentialism.* Boston: Beacon Press, 1959.

—— (1958), On Logotherapy and Existential Analysis. *Amer. J. Psychoanal.,* 18:28-37.

Freeman, T. (1963), The Concept of Narcissism in Schizophrenic States. *Int. J. Psycho-Anal.,* 44:293-303.

—— (1964), Some Aspects of Pathological Narcissism. *Int. J. Psycho-Anal.,* 12:540-561.

Freud, A. (1951), Obituary: August Aichhorn. *Int. J. Psycho-Anal.,* 32:51-56.

—— (1952), The Mutual Influences in the Development of Ego and Id. *The Psychoanalytic Study of the Child,* 7:42-50.

—— & Burlingham, D. (1942), *Young Children in War-Time.* London: Allen & Unwin.

—————— (1943), *Infants Without Families: The Case For and Against Residential Nurseries.* London: Allen & Unwin.

—— & Dann, S. (1951), An Experiment in Group Upbringing. *The Psychoanalytic Study of the Child,* 6:127-168.

Freud, S. (1900), The Interpretation of Dreams. *Standard Edition,* 4 & 5. London: Hogarth Press, 1953.

—— (1905), Three Essays on the Theory of Sexuality. *Standard Edition,* 7:125-245. London: Hogarth Press, 1953.

—— (1911), Psycho-Analytic Notes on an Autobiographical Account of a Case of Paranoia (Dementia Paranoides). *Standard Edition,* 12:3-82. London: Hogarth Press, 1958.

—— (1912), The Dynamics of Transference. *Standard Edition,* 12:97-108. London: Hogarth Press, 1958.

—— (1913), On the Beginning of Treatment. *Standard Edition,* 12:121-144. London: Hogarth Press, 1958.

—— (1914), On Narcissism. *Standard Edition,* 14:69-102. London: Hogarth Press, 1957.

—— (1915a), Instincts and Their Vicissitudes. *Standard Edition,* 14:117-140. London: Hogarth Press, 1957.

—— (1915b), Repression. *Standard Edition,* 14:141-158. London: Hogarth Press, 1957.

—— (1915c), The Unconscious. *Standard Edition,* 14:159-204. London: Hogarth Press, 1957.

—— (1917a [1915]), Mourning and Melancholia. *Standard Edition,* 14:237-258. London: Hogarth Press, 1957.

—— (1917b), A Difficulty in the Path of Psycho-Analysis. *Standard Edition,* 17:137-144. London: Hogarth Press, 1955.

———— (1917c), A Childhood Recollection from *Dichtung und Wahrheit. Standard Edition*, 17:145-156. London: Hogarth Press, 1955.

———— (1921), Group Psychology and the Analysis of the Ego. *Standard Edition*, 18:67-143. London: Hogarth Press, 1955.

———— (1923), The Ego and the Id. *Standard Edition*, 19:3-66. London: Hogarth Press, 1961.

———— (1924a [1923]), Neurosis and Psychosis. *Standard Edition*, 19:149-153. London: Hogarth Press, 1961.

———— (1924b), The Loss of Reality in Neurosis and Psychosis. *Standard Edition*, 19:183-187. London: Hogarth Press, 1961.

———— (1925), Negation. *Standard Edition*, 19:235-239. London: Hogarth Press, 1961.

———— (1926 [1925]), Inhibitions, Symptoms and Anxiety. *Standard Edition*, 20:77-175. London: Hogarth Press, 1959.

———— (1927), Fetishism. *Standard Edition*, 21:149-157. London: Hogarth Press, 1961.

———— (1937a), Analysis Terminable and Interminable. *Standard Edition*, 23:216-253. London: Hogarth Press, 1964.

———— (1937b), Constructions in Analysis. *Standard Edition*, 23:255-269. London: Hogarth Press, 1964.

———— (1940 [1938]), Splitting of the Ego in the Process of Defence. *Standard Edition*, 23:271-278. London: Hogarth Press, 1964.

———— (1969 [1872-1874]), Some Early Unpublished Letters of Freud. *Int. J. Psycho-Anal.*, 50:419-427.

Frosch, J. (1960), The Psychotic Character. Abstr. in: *J. Amer. Psychoanal. Assn.*, 8:544-548.

———— (1967a), Delusional Fixity, Sense of Conviction, and the Psychotic Conflict. *Int. J. Psycho-Anal.*, 48:475-495.

———— (1967b), Severe Regressive States during Analysis: Introduction and Summary. *J. Amer. Psychoanal. Assn.*, 15:491-507, 606-625.

———— (1970), Psychoanalytic Considerations of the Psychotic Character. *J. Amer. Psychoanal. Assn.*, 18:24-50.

Gedo, J. E. & Goldberg, A. (1969), Systems of Psychic Functioning and Their Psychoanalytic Conceptualization (unpublished manuscript).

———— & Wolf, E. (1970), Die Ichtyosaurusbriefe. *Psyche*, 24:785-797.

Gitelson, M. (1952), Re-evaluation of the Rôle of the Oedipus Complex. *Int. J. Psycho-Anal.*, 33:351-354.

———— (1958), On Ego Distortion. *Int. J. Psycho-Anal.*, 39:245-257.

Gittings, R. (1968), *John Keats*. New York: Little, Brown.

Glover, E. (1939), *Psycho-Analysis*. London, New York: Staples Press, 2nd ed., 1949.

———— (1943), The Concept of Dissociation. *On the Early Development of Mind*. New York: International Universities Press, 1956, pp. 307-327; cf. esp. pp. 316-317.

———— (1945), Examination of the Klein System of Child Psychology. *The Psychoanalytic Study of the Child*, 1:75-118.

Greenacre, P. (1949), A Contribution to the Study of Screen Memories. *The Psychoanalytic Study of the Child*, 3/4:73-84.

———— (1964), A Study on the Nature of Inspiration. *J. Amer. Psychoanal. Assn.*, 12:6-31.

Greenson, R. R. (1965), The Working Alliance and the Transference Neurosis. *Psychoanal. Quart.*, 34:155-181.

———— (1967), *The Technique and Practice of Psychoanalysis*. New York: International Universities Press.

Grinberg, L. (1956), Sobre algunos problemas de técnica psicoanalítica determinados por la identificación y contraidentificación proyectivas. *Rev. Psicoanál.*, 13:507-511.

Grinker, R. R. (1968), *The Borderline Syndrome: A Behavioral Study of Ego Functions*. New York: Basic Books.

Hammett, V. B. D. (1965), A Consideration of Psychoanalysis in Relation to Psychiatry Generally, circa 1965. *Amer. J. Psychiat.*, 122:42-54.

Hart, H. H. (1947), Narcissistic Equilibrium. *Int. J. Psycho-Anal.*, 28:106-114.

Hartmann, H. (1927), Understanding and Explanation. *Essays on Ego Psychology*. New York: International Universities Press, 1964, pp. 369-403.

———— (1939), *Ego Psychology and the Problem of Adaptation*. New York: International Universities Press, 1958.

———— (1947), On Rational and Irrational Action. *Essays on Ego Psychology*. New York: International Universities Press, 1964, pp. 37-68.

———— (1950a), Psychoanalysis and Developmental Psychology. *Essays on Ego Psychology*. New York: International Universities Press, 1964, pp. 99-112.

———— (1950b), Comments on the Psychoanalytic Theory of the Ego. *Essays on Ego Psychology*. New York: International Universities Press, 1964, pp. 113-141.

———— (1952), The Mutual Influences in the Development of Ego and Id. *Essays on Ego Psychology*. New York: International Universities Press, 1964, pp. 155-181.

———— (1953), Contribution to the Metapsychology of Schizophrenia. *Essays on Ego Psychology*. New York: International Universities Press, 1964, pp. 182-206.

———— (1956), The Development of the Ego Concept in Freud's Work. *Essays on Ego Psychology*. New York: International Universities Press, 1964, pp. 268-296.

———— (1960), *Psychoanalysis and Moral Values*. New York: International Universities Press.

———— (1964), *Essays on Ego Psychology*. New York: International Universities Press.

————— & Kris, E. (1945), The Genetic Approach in Psychoanalysis. *The Psychoaanlytic Study of the Child*, 1:11-30.

Hendrick, I. (1942), Instinct and the Ego during Infancy. *Psychoanal. Quart.*, 11:33-58.

————— (1964), Narcissism and the Prepuberty Ego Ideal. *J. Amer. Psychoanal. Assn.*, 12:522-528.

Jacobson, E. (1957), Denial and Repression. *J. Amer. Psychoanal. Assn.*, 5:61-92.

————— (1964), *The Self and the Object World*. New York: International Universities Press.

————— (1967), *Psychotic Conflict and Reality*. New York: International Universities Press.

Jaspers, K. (1920), *Allgemeine Psychopathologie*. Berlin: Springer, 2nd ed., 1946.

Joffe, W. G. (1969), A Critical Review of the Status of the Envy Concept. *Int. J. Psycho-Anal.*, 50:533-545.

————— & Sandler, J. (1967), Some Conceptual Problems Involved in the Consideration of Disorders of Narcissism. *J. Child Psychother.*, 2:56-66.

Jones, E. (1910), The Oedipus Complex as an Explanation of Hamlet's Mystery. *Amer. J. Psychol.*, 21:72-113.

————— (1913), The God Complex. *Essays in Applied Psycho-Analysis*, 2:244-265. London: Hogarth Press, 1951.

————— (1949), *Hamlet and Oedipus*. London: V. Gollancz.

————— (1953), *The Life and Work of Sigmund Freud*, Vol. I. New York: Basic Books.

————— (1957), *The Life and Work of Sigmund Freud*, Vol. III. New York: Basic Books.

Justin (1960), Menschen und Paragraphen: Die Versuchung. *Die Weltwoche*, No. 1395:24 (August 5). As quoted by Eissler, K. R. in: *Medical Orthodoxy and the Future of Psychoanalysis*.

Kanzer, M. (1964), Freud's Uses of the Terms "Autoerotism" and "Narcissism." *J. Amer. Psychoanal. Assn.*, 12:529-539.

Kaplan, S. M. & Whitman, R. M. (1965), The Negative Ego-Ideal. *Int. J. Psycho-Anal.*, 46:183-187.

Kernberg, O. (1966), Structural Derivatives of Object Relationships. *Int. J. Psycho-Anal.*, 47:236-253.

————— (1967), Borderline Personality Organization. *J. Amer. Psychoanal. Assn.*, 15:641-685.

————— (1968), The Treatment of Patients with Borderline Personality Organization. *Int. J. Psycho-Anal.*, 49:600-619.

————— (1969), Factors in the Psychoanalytic Treatment of Narcissistic Personalities. *Bull. Menninger Clin.*, 33:191-196.

————— (1970), Factors in the Psychoanalytic Treatment of Narcissistic Personalities. *J. Amer. Psychoanal. Assn.*, 18:51-85.

Khan, M. M. R. (1960a), Regression and Integration in the Analytic Setting. *Int. J. Psycho-Anal.,* 41:130-146.

———— (1960b), Clinical Aspects of the Schizoid Personality: Affects and Techniques. *Int. J. Psycho-Anal.,* 41:430-437.

———— (1963), Ego Ideal, Excitement and the Threat of Annihilation. *J. Hillside Hosp.,* 12:195-217.

Kleeman, J. (1967), The Peek-a-boo Game. *The Psychoanalytic Study of the Child,* 22:239-273.

Klein, M. (1946), Notes on Some Schizoid Mechanisms. *Int. J. Psycho-Anal.,* 27:99-110.

Kligerman, C. (1953), The Psychology of Herman Melville. *Psychoanal. Rev.,* 40:125-143.

———— (1968), In Panel: Narcissistic Resistance, rep. N. P. Segel. *J. Amer. Psychoanal. Assn.,* 17:941-954, 1969.

Koff, R. H. (1957), The Therapeutic Man Friday. *J. Amer. Psychoanal. Assn.,* 5:424-431.

Kohut, H. (1957), Observations on the Psychological Functions of Music. *J. Amer. Psychoanal. Assn.,* 5:389-407.

———— (1959), Introspection, Empathy and Psychoanalysis. *J. Amer. Psychoanal. Assn.,* 7:459-483.

———— (1961), Discussion of D. Beres's paper: "The Unconscious Phantasie." Meeting, Chicago Psychoanalytic Society. Abstr. in: *Phila. Bull. Psychoanal.,* 11:194-195.

———— (1964), Some Problems of a Metapsychological Formulation of Fantasy. *Int. J. Psycho-Anal.,* 45:199-202.

———— (1965), Autonomy and Integration. *J. Amer. Psychoanal. Assn.,* 13:851-856.

———— (1966a), Forms and Transformations of Narcissism. *J. Amer. Psychoanal. Assn.,* 14:243-272.

———— (1966b), Discussion of M. Schur's paper: Some Additional "Day Residues" of the Specimen Dream of Psychoanalysis. Read to the Chicago Psychoanalytic Society, Sept. 27, 1966.

———— (1966c), Termination of Analysis: Discussion. In: *Psychoanalysis in the Americas,* ed. R. E. Litman. New York: International Universities Press, pp. 193-204.

———— (1967), Chairman, Ad Hoc Committee on Scientific Activities of the American Psychoanalytic Association. Minutes of the Meeting of May 4, 1967.

———— (1968), The Psychoanalytic Treatment of Narcissistic Personality Disorders. *The Psychoanalytic Study of the Child,* 23:86-113.

———— (1970a), Moderator's opening and closing remarks [Discussion of D. C. Levin: The Self: A Contribution to Its Place in Theory and Technique]. *Int. J. Psycho-Anal.,* 51:176-181.

———— (1970b), Scientific Activities of the American Psychoanalytic Association: An Inquiry. *J. Amer. Psychoanal. Assn.,* 18:462-484.

────── & Seitz, P. F. D. (1963), Concepts and Theories of Psychoanalysis. In: *Concepts of Personality*, ed. J. M. Wepman & R. Heine. Chicago: Aldine, pp. 113-141.

Koyré, A. (1968), *Metaphysics and Measurement: Essays in Scientific Revolution in 17th Century Science.* Cambridge: Harvard University Press.

Kramer, M. K. (1959), On the Continuation of the Analytic Process after Psycho-Analysis. *Int. J. Psycho-Anal.,* 40:17-25.

Kris, E. (1950), Notes on the Development and on Some Current Problems of Psychoanalytic Child Psychology. *The Psychoanalytic Study of the Child,* 5:24-46.

────── (1951), Ego Psychology and Interpretation in Psychoanalytic Therapy. *Psychoanal. Quart.,* 20:15-30.

────── (1956a), The Recovery of Childhood Memories in Psychoanalysis. *The Psychoanalytic Study of the Child,* 11:54-88.

────── (1956b), On Some Vicissitudes of Insight in Psycho-Analysis. *Int. J. Psycho-Anal.,* 37:445-455.

Kubie, L. S. (1958), *Neurotic Distortions of the Creative Process.* New York: Noonday Press.

────── (1967), The Relation of Psychotic Disorganization to the Neurotic Process. *J. Amer. Psychoanal. Assn.,* 15:626-640.

────── (1971), The Destructive Potential of Humour in Psychotherapy. *Amer. J. Psychiat.,* 127:861-866.

Lagache, D. (1961), *La Psychanalyse et la Structure de la Personnalité.* Paris: Presses Universitaires de France.

Lampl-de Groot, J. (1947), The Origin and Development of Guilt Feelings. *The Development of the Mind.* New York: International Universities Press, 1965, pp. 126-137.

────── (1953), Depression and Aggression. In: *Drives, Affects, Behavior,* ed. R. M. Loewenstein. New York: International Universities Press, Vol. 1, pp. 153-168.

────── (1954), Problems of Psycho-Analytic Training. *Int. J. Psycho-Anal.,* 35:184-187.

────── (1956), The Role of Identification in Psycho-Analytic Procedure. *Int. J. Psycho-Anal.,* 37:456-459.

────── (1960), On Adolescence. *The Psychoanalytic Study of the Child,* 15:95-103.

────── (1962), Ego Ideal and Superego. *The Psychoanalytic Study of the Child,* 17:94-106.

────── (1963), Superego, Ego Ideal, and Masochistic Fantasies. *The Development of the Mind.* New York: International Universities Press, 1965, pp. 351-363.

Langer, S. (1942), *Philosophy in a New Key.* Cambridge: Harvard University Press, 3rd ed., 1957, p. 248.

Levin, D. C. (1969), The Self: A Contribution to Its Place in Theory and Technique. *Int. J. Psycho-Anal.,* 50:41-51.

Lewin, B. D. (1954), Sleep, Narcissistic Neurosis and the Analytic Situation. *Psychoanal. Quart.*, 23:487-510.

Lichtenstein, H. (1964), The Role of Narcissism in the Emergence and Maintenance of a Primary Identity. *Int. J. Psycho-Anal.*, 45:49-56.

Limentani, A. (1966), A Re-evaluation of Acting Out in Relation to Working Through. *Int. J. Psycho-Anal.*, 47:274-285.

Little, M. (1966), Transference in Borderline States. *Int. J. Psycho-Anal.*, 47:476-485.

Loch, W. (1966), Studien zur Dynamik, Genese und Therapie der frühen Objektbeziehungen. *Psyche,* 20:881-903.

——— (1967), Psychoanalytische Aspekte zur Pathogenese und Struktur depressiv-psychotischer Zustandsbilder. *Psyche,* 21:758-779.

Loewald, H. W. (1960), On the Therapeutic Action of Psycho-Analysis. *Int. J. Psycho-Anal.*, 41:16-33.

——— (1962), Internalization, Separation, Mourning, and the Superego. *Psychoanal. Quart.*, 31:483-504.

——— (1965), On Internalization (unpublished). Quoted in: Schafer, R. (1968), *Aspects of Internalization.* New York: International Universities Press, p. 10 (fn.).

Loewenstein, R. M. (1957), Some Thoughts on Interpretation in the Theory and Practice of Psychoanalysis. *The Psychoanalytic Study of the Child,* 12:127-150.

Lustman, S. L. (1968), The Economic Point of View and Defense. *The Psychoanalytic Study of the Child,* 23:189-203.

Mahler, M. S. (1952), On Child Psychosis and Schizophrenia. *The Psychoanalytic Study of the Child,* 7:286-305.

——— (1968), *On Human Symbiosis and the Vicissitudes of Individuation.* New York: International Universities Press.

——— & Gosliner, B. J. (1955), On Symbiotic Child Psychosis. *The Psychoanalytic Study of the Child,* 10:195-212.

——— & La Perriere, K. (1965), Mother-Child Interaction during Separation-Individuation. *Psychoanal. Quart.*, 34:483-498.

Maier, N. (1931), Reasoning in Humans. *J. Comp. Psychol.*, 12:181-194.

Moser, Tilmann (1969), 26. Internationaler Psychoanalytikerkongress: Bericht aus Rom. Broadcast August 8, 1969.

Murphy, L. (1960), Pride and Its Relation to Narcissism, Autonomy and Identity. *Bull. Menninger Clin.*, 24:136-143.

Murray, J. M. (1964), Narcissism and the Ego Ideal. *J. Amer. Psychoanal. Assn.*, 12:477-511.

Nagera, H. (1964), Autoerotism, Autoerotic Activities, and Ego Development. *The Psychoanalytic Study of the Child,* 19:240-255.

Nemiah, J. C. (1961), *Foundations of Psychopathology.* New York: Oxford University Press.

Niederland, W. G. (1959a), The "Miracled-up" World of Schreber's Childhood. *The Psychoanalytic Study of the Child,* 14:383-413.

——— (1959b), Schreber: Father and Son. *Psychoanal. Quart.*, 28:151-169.

——— (1960), Schreber's Father. *J. Amer. Psychoanal. Assn.*, 8:492-499.

——— (1965), Narcissistic Ego Impairment in Patients with Early Physical Malformations. *The Psychoanalytic Study of the Child*, 20:518-534.

——— (1969), Klinische Aspekte der Kreativität. *Psyche*, 23:900-928.

Nunberg, H. (1932), *Allgemeine Neurosenlehre auf psychoanalytischer Grundlage*. Bern: Hans Huber.

——— (1937), Theory of the Therapeutic Results of Psychoanalysis. *Practice and Theory of Psychoanalysis*, 1:165-173. New York: International Universities Press, 2nd ed., 1961.

Ophuijsen, J. H. W. van (1920), On the Origin of the Feeling of Persecution. *Int. J. Psycho-Anal.*, 1:235-239.

Ostow, M. (1967), The Syndrome of Narcissistic Tranquillity. *Int. J. Psycho-Anal.*, 48:573-583.

Peto, A. (1961), The Fragmentizing Function of the Ego in the Transference Neurosis. *Int. J. Psycho-Anal.*, 42:238-245.

——— (1963), The Fragmentizing Function of the Ego in the Analytic Session. *Int. J. Psycho-Anal.*, 44:334-338.

——— (1967), Dedifferentiations and Fragmentations during Analysis. *J. Amer. Psychoanal. Assn.*, 15:534-550.

Piers, G. & Singer, M. B. (1953), *Shame and Guilt: A Psychoanalytic and Cultural Study*. Springfield, Ill.: Thomas.

Pollock, G. H. (1964), On Symbiosis and Symbiotic Neurosis. *Int. J. Psycho-Anal.*, 45:1-30.

Rangell, L. (1954), The Psychology of Poise. *Int. J. Psycho-Anal.*, 35:313-332.

——— (1955), Panel Report: The Borderline Case. *J. Amer. Psychoanal. Assn.*, 3:285-298.

——— (1968), The Psychoanalytic Process. *Int. J. Psycho-Anal.*, 49:19-26.

——— (1969), The Intrapsychic Process and Its Analysis: A Recent Line of Thought and Its Current Implications. *Int. J. Psycho-Anal.*, 50:65-77.

Rapaport, D. (1950), The Autonomy of The Ego. *Collected Papers*. New York: Basic Books, 1967, pp. 357-367.

Reich, A. (1960), Pathologic Forms of Self-Esteem Regulation. *The Psychoanalytic Study of the Child*, 15:215-232.

Reich, W. (1933), *Character-Analysis*, tr. T. P. Wolfe. New York: Orgone Institute Press, 1945.

Riesman, D. (1950), *The Lonely Crowd: A Study of the Changing American Character* [in collaboration with Reuel Denney and Nathan Glazer]. New Haven: Yale University Press.

Rosen, V. H. (1958), Abstract Thinking and Object Relations. *J. Amer. Psychoanal. Assn.*, 6:653-671.

——— (1960), Some Aspects of the Role of Imagination in the Analytic Process. *J. Amer. Psychoanal. Assn.*, 8:229-251.

——— (1966), Disturbances of Representations and Reference in Ego Deviations. In: *Psychoanalysis—A General Psychology*, ed. R. M. Loewenstein, L. M. Newman, M. Schur, & A. J. Solnit. New York: International Universities Press, pp. 634-654.

Rosenfeld, H. (1964), On the Psychopathology of Narcissism. *Int. J. Psycho-Anal.*, 45:332-337.

——— (1969), On the Treatment of Psychotic States by Psychoanalysis. *Int. J. Psycho-Anal.*, 50:615-631.

Ross, N. (1960), Rivalry with the Product. *J. Amer. Psychoanal. Assn.*, 8:450-463.

——— (1967), The "As If" Concept. *J. Amer. Psychoanal. Assn.*, 15:59-82.

Sandler, J., Holder, A., & Meers, D. (1963), The Ego Ideal and the Ideal Self. *The Psychoanalytic Study of the Child*, 18:139-158.

——— & Rosenblatt, B. (1962), The Concept of the Representational World. *The Psychoanalytic Study of the Child*, 17:128-145.

Saul, L. (1947), *Emotional Maturity: The Development and Dynamics of Personality*. Philadelphia: Lippincott.

Saussure, R. de (1965), Les sources subjectives de la theorie du narcissisme chez Freud. *Rev. Franç. Psychanal.*, 29:475-483.

Schafer, R. (1968), *Aspects of Internalization*. New York: International Universities Press.

Schreber, D. G. M. (1865), *Das Buch der Erziehung an Leib und Seele*. Leipzig: Fleischer Verlag, 3rd ed., 1891.

Schreber, D. P. (1903), *Memoirs of My Nervous Illness*. London: Dawson, 1955.

Schumacher, W. (1970), Bemerkungen zur Theorie des Narzissmus. *Psyche*, 24:1-22.

Schur, M. (1966), Some Additional "Day Residues" of "The Specimen Dream of Psychoanalysis." In: *Psychoanalysis—A General Psychology*, ed. R. M. Loewenstein, L. M. Newman, M. Schur, & A. J. Solnit. New York: International Universities Press, pp. 45-85.

Schwing, G. (1940), *A Way to the Soul of the Mentally Ill*. New York: International Universities Press, 1954.

Segel, N. P. (1969), Panel Report: Narcissistic Resistance. *J. Amer. Psychoanal. Assn.*, 17:941-954.

Silberer, H. (1909), Report on a Method of Eliciting and Observing Certain Symbolic Hallucinations. In: *Organization and Pathology of Thought*, tr. & ed. D. Rapaport. New York: Columbia University Press, 1951, pp. 195-207.

Spiegel, L. A. (1966), Affects in Relation to Self and Object. *The Psychoanalytic Study of the Child*, 21:69-92.

Spitz, R. A. (in collaboration with K. Wolf) (1949), Autoerotism. *The Psychoanalytic Study of the Child*, 3/4:85-120.

——— (1950), Relevancy of Direct Infant Observation. *The Psychoanalytic Study of the Child*, 5:66-73.

———— (1957), *No and Yes: On the Genesis of Human Communication.* New York: International Universities Press.

———— (1961), Some Early Prototypes of Ego Defenses. *J. Amer. Psychoanal. Assn.,* 9:626-651.

———— (in collaboration with W. G. Cobliner) (1965), *The First Year of Life.* New York: International Universities Press.

Stein, M. (1958), The Cliché: A Phenomenon of Resistance. *J. Amer. Psychoanal. Assn.,* 6:263-277.

Sterba, E. (1960), In Panel: The Psychology of Imagination, rep. H. Kohut. *J. Amer. Psychoanal. Assn.,* 8:159-166.

Sterba, R. F. (1934), The Fate of the Ego in Analytic Therapy. *Int. J. Psycho-Anal.,* 15:117-126.

———— (1960), In Panel: The Psychology of Imagination, rep. H. Kohut. *J. Amer. Psychoanal. Assn.,* 8:159-166.

———— (1969), The First Psychoanalytic Hour. Discussion at 3rd Panamerican Congress for Psychoanalysis, New York.

Stern, A. (1938), Psychoanalytic Investigation of and Therapy in the Borderline Neuroses. *Psychoanal. Quart.,* 7:467-489.

Stone, L. (1967), The Psychoanalytic Situation and Transference. *J. Amer. Psychoanal. Assn.,* 15:3-58.

Sullivan, H. S. (1940), *Conceptions of Modern Psychiatry.* Washington: William Alanson White Psychiatric Foundation, 1947.

Székely, L. (1967), The Creative Pause. *Int. J. Psycho-Anal.,* 48:353-367.

———— (1970), Über den Beginn des Maschinenzeitalters: Psychoanalytische Bemerkungen über das Erfinden. *Schweiz. Z. Psychol.,* 29:273-282.

Tartakoff, H. H. (1966), The Normal Personality in Our Culture and the Nobel Prize Complex. In: *Psychoanalysis—A General Psychology,* ed. R. M. Loewenstein, L. M. Newman, M. Schur, & A. J. Solnit. New York: International Universities Press, pp. 222-252.

Tausk, V. (1919), On the Origin of the "Influencing Machine" in Schizophrenia. *Psychoanal. Quart.,* 2:519-556, 1933.

Tolpin, P. H. (1969), Some Psychic Determinants òf Orgastic Dysfunction. Presented to the Chicago Psychoanalytic Society in October, 1969 (unpublished).

Waals, H. G. van der (1965), Problems of Narcissism. *Bull. Menninger Clin.,* 29:293-311.

Waelder, R. (1936), The Problem of the Genesis of Psychical Conflict in Earliest Infancy: Remarks on a Paper by Joan Rivière. *Int. J. Psycho-Anal.,* 18:406-473, 1937.

———— (1939), Kriterien der Deutung. *Int. Z. Psychoanal.,* 24:136-145.

Weiss, J. (1966), Panel Report: Clinical and Theoretical Aspects of "As If" Characters. *J. Amer. Psychoanal. Assn.,* 14:569-590.

Whitman, R. M. & Kaplan, S. M. (1968), Clinical, Cultural and Literary Elaborations of the Negative Ego-Ideal. *Comprehensive Psychiatry,* 9:358-371. Copyright: H. M. Stratton, Inc.

Winnicott, D. W. (1953), Transitional Objects and Transitional Phenomena. *Int. J. Psycho-Anal.*, 34:89-97.

Wulff, M. (1946), Fetishism and Object Choice in Early Childhood. *Psychoanal. Quart.*, 15:450-471.

———— (1957), Therapeutic Alliance in the Psychoanalysis of Hysterical Syndromes (unpublished paper).

Zeigarnick, B. (1927), Über das Behalten von erledigten und unerledigten Handlungen. *Psychol. Forsch.*, 9:1-85.

Zetzel, E. R. (1956), Current Concepts of Transference. *Int. J. Psycho-Anal.*, 37:369-376.

———— (1965), The Theory of Therapy in Relation to a Developmental Model of the Psychic Apparatus. *Int. J. Psycho-Anal.*, 46:39-52.

◇정기 간행물

· 정신분석 프리즘

◇대상관계이론과 기법 시리즈

멜라니 클라인
· 멜라니 클라인
· 임상적 클라인
· 무의식적 환상

도널드 위니캇
· 놀이와 현실
· 그림놀이를 통한 어린이 심리치료
· 성숙과정과 촉진적 환경
· 박탈과 비행
· 소아의학을 거쳐 정신분석학으로
· 가정, 우리 정신의 근원
· 아이, 가족, 그리고 외부세계
· 울타리와 공간
· 참자기
· 100% 위니캇
· 안아주기와 해석

로널드 페어베언
· 성격에 관한 정신분석학적 연구

크리스토퍼 볼라스
· 대상의 그림자
· 환기적 대상세계
· 끝없는 질문
· 그들을 잡아줘 떨어지기 전에

오토 컨버그
· 내면세계와 외부현실
· 대상관계이론과 임상적 정신분석
· 인격장애와 성도착에서의 공격성

◇대상관계이론과 기법 시리즈

그 외 이론 및 기법서
· 심각한 외상과 대상관계
· 정신분석학적 대상관계이론
· 대상관계 개인치료1: 이론
· 대상관계 개인치료2: 기법
· 대상관계 부부치료
· 대상관계 단기치료
· 대상관계 가족치료1
· 대상관계 집단치료
· 초보자를 위한 대상관계 심리치료
· 단기 대상관계 부부치료
· 대상관계이론과 정신병리

◇하인즈 코헛과 자기심리학 시리즈

· 자기의 분석
· 자기의 회복
· 정신분석은 어떻게 치료하는가?
· 하인즈 코헛과 자기심리학
· 자기심리학 개론
· 코헛의 프로이트 강의
· 주관성의 구조
· 존재의 맥락

◇아스퍼거와 자폐증

· 자폐아동을 위한 심리치료
· 살아있는 동반자
· 아동 자폐증과 정신분석
· 아스퍼거 아동으로 산다는 것은?
· 자폐아동의 부모를 위한 101개의 도움말
· 자폐적 변형

◇비온학파와 현대정신분석

· 신데렐라와 그 자매들
· 애도
· 정신분열증 치료와 모던정신분석
· 정신분석과 이야기 하기
· 비온 정신분석사전
· 전이담기
· 상호주관적 과정과 무의식
· 숙고
· 윌프레드 비온의 임상 세미나
· 미래의 비망록
· 분석적 장: 임상적 개념
· 상상을 위한 틀
· 자폐적 변형

제임스 그롯슈타인
· 흑암의 빛줄기
· 그러나 동시에 또 다른 수준에서 I
· 그러나 동시에 또 다른 수준에서 II

마이클 아이건
· 독이든 양분
· 무의식으로부터의 불꽃
· 감정이 중요해
· 깊이와의 접촉
· 심연의 화염
· 정신증의 핵
· 신앙과 변형

도널드 멜처
· 멜처읽기
· 아름다움의 인식
· 폐소
· 꿈 생활
· 비온 이론의 임상적 적용
· 정신분석의 과정

◇정신분석 주요개념 및 사전

· 꿈 상징 사전
· 편집증과 심리치료
· 프로이트 이후
· 정신분석 용어사전
· 환자에게서 배우기
· 비교정신분석학
· 정신분석학 주요개념
· 정신분석학 주요개념2: 임상적 현상
· 오늘날 정신분석의 꿈 담론
· 비온 정신분석 사전

◇사회/문화/교육/종교 시리즈

· 인간의 욕망과 기독교 복음
· 살아있는 신의 탄생
· 현대 정신분석학과 종교
· 종교와 무의식
· 인간의 관계경험과 하나님 경험
· 살아있는 인간문서
· 신학과 목회상담
· 성서와 정신
· 목회와 성
· 교육, 허무주의, 생존
· 희망의 목회상담
· 전환기의 종교와 심리학
· 신경증의 치료와 기독교 신앙
· 치유의 상상력
· 영성과 심리치료
· 의례의 과정
· 외상, 심리치료 그리고 목회신학
· 모성의 재생산
· 상한 마음의 치유
· 공간의 발견

◇ 사회/문화/교육/종교 시리즈

- 그리스도인의 원형
- 융의 심리학과 기독교 영성
- 살아계신 하나님과 우리의 살아있는 정신
- 정신분석과 기독교 신앙
- 성서와 개성화
- 나의 이성 나의 감성

◇ 아동과 발달

- 유아의 심리적 탄생
- 내면의 삶
- 아기에게 말하기
- 난 멀쩡해. 도움 따윈 필요 없어!
- 놀이와 현실
- 그림놀이를 통한 어린이 심리치료
- 성숙과정과 촉진적 환경
- 박탈과 비행
- 소아의학을 거쳐 정신분석학으로
- 가정, 우리 정신의 근원
- 아이, 가족, 그리고 외부세계
- 울타리와 공간
- 참자기
- 100% 위니캇
- 자폐아동을 위한 심리치료
- 아스퍼거 아동으로 산다는 것은?
- 자폐 아동의 부모를 위한 101개의 도움말

◇ 자아심리학/분석심리학/기타 학파

- C.G. 융과 후기 융학파
- C. G, 융
- 하인즈 하트만의 자아심리학
- 자기와 대상세계
- 프로이트의 정신분석학

◇ 스토리텔링을 통한 어린이 심리치료 전집

- 스토리텔링을 통한 … 심리치료(가이드 북)
- 감정을 억누르는 아동을 도우려면
- 강박증에 시달리는 아동을 도우려면
- 마음이 굳어진 아동을 도우려면
- 꿈과 희망을 잃은 아동을 도우려면
- 두려움이 많은 아동을 도우려면
- 상실을 경험한 아동을 도우려면
- 자존감이 낮은 아동을 도우려면
- 그리움 속에 사는 아동을 도우려면
- 분노와 증오에 사로잡힌 아동을 도우려면

◇ 정신분석 아카데미 시리즈

- 성애적 사랑에서 나타나는 자기애와 대상애
- 싸이코패스는 누구인가?
- 영조, 사도세자, 정조 그들은 왜?
- 정신분석에서의 종결
- 자폐적 대상에 대한 정신분석학적 연구
- 정신분석과 은유
- 정신분열증, 그 환상의 세계로 가다
- 사라짐의 의미
- 제4차 산업혁명에 대한 정신분석적 고찰

◇ 초심자를 위한 추천도서

- 멜라니 클라인
- 놀이와 현실
- 100% 위니캇
- 초보자를 위한 대상관계 심리치료
- 하인즈 코헛과 자기심리학
- 프로이트 이후
- 왜 정신분석인가?

——— 현대정신분석연구소 수련 과정 안내 ———

이 책을 혼자 읽고 이해하기 어려우셨나요? 그렇다면 함께 공부합시다!

현대정신분석연구소에서 이 책의 내용에 대한 강의를 들으실 수 있습니다.

현대정신분석연구소는 1996년에 한국심리치료연구소라는 이름으로 창립되어, 국내에 정신분석 및 대상관계이론을 전파하는 선구자적 역할을 해왔습니다.

정신분석을 연구하고 교육하는 기관으로서 주요 정신분석 도서 130여 권을 출판 하였으며, 정신분석전문가 및 정신분석가를 양성하고 있습니다. 또한 부설기관인 광화문심리치료센터에서는 대중을 위한 정신분석 및 정신분석적 심리치료를 제공하고 있습니다.

현대정신분석연구소에서는 미국 뉴욕과 보스턴 등에서 정식 훈련을 받고 정신분석 면허를 취득한 교수진 및 수퍼바이저들로 구성되어 있으며, 뉴욕주 정신분석가 면허 기준에 의거한 분석가 및 정신분석전문가 프로그램을 운영하고 있습니다. 프로그램에서는 프로이트부터 출발하여 대상관계, 자기심리학, 상호주관성, 모던정신분석, 신경정신분석학, 애착 이론, 라깡 이론 등 최신 정신분석의 이론에 이르는 다양한 이론들을 연구하는 포용적 eclectic 관점을 채택하고 있습니다.

프로그램에서 요구하는 요건들을 모두 충족하고 프로그램을 졸업하게 되면, 사단법인 한국정신분석협회에서 공인하는 'Psychoanalyst'와 'Psychoanalytic Psychotherapist' 자격을 취득하게 됩니다. 국내에서 가장 정통있는 정신분석 기관 중 하나로서 **현대정신분석연구소**는 인간에 대한 보다 심층적인 이해를 통해 한국사회의 정신건강에 기여하고자 합니다.

■ 문의 및 오시는 길

서울시 종로구 새문안로 5가길 28(적선동, 광화문플래티넘) 918호

- Tel: 02) 730-2537~8 / Fax: 02) 730-2539

- E-mail: kicp21@naver.com

- 홈페이지: www. kicp.co.kr (홈페이지를 통해 인터넷 강의도 수강이 가능합니다)

* 정신분석에 관한 유용한 정보들을 한눈에 보실 수 있는 **정신분석플랫폼 몽상**의
  SNS 채널들과 **현대정신분석연구소** 유튜브 채널을 팔로우 해보세요!

[blog] 네이버 블로그: blog.naver.com/kicp21

[instagram] 인스타그램: @psya_reverie

[youtube] 유튜브 채널: 현대정신분석연구소KICP

[f] 페이스북 페이지: 정신분석플랫폼 몽상

QR코드로 접속하기